2025

FELIPE VARELA CAON

IMPOSSIBILIDADE COMO ALTERNATIVA ÀS OBRIGAÇÕES DE MEIOS E DE RESULTADO

OBRA VENCEDORA DO PRÊMIO RENAN LOTUFO
—— EDIÇÃO 2024 ——

Dados Internacionais de Catalogação na Publicação (CIP) de acordo com ISBD

C235i   Caon, Felipe Varela

          Impossibilidade como alternativa às obrigações de meios e de resultado / Felipe Varela Caon. - Indaiatuba, SP : Editora Foco, 2025.

         264 p. ; 17cm x 24cm.

         Inclui índice e bibliografia.

         ISBN: 978-65-6120-195-7

         1. Direito. 2. Obrigações de meios e de resultado. I. Título.

2024-3798   CDD 340   CDU 34

Elaborado por Vagner Rodolfo da Silva - CRB-8/9410

Índices para Catálogo Sistemático:

1. Direito 340

2. Direito 34

FELIPE VARELA CAON

IMPOSSIBILIDADE COMO ALTERNATIVA ÀS OBRIGAÇÕES DE MEIOS E DE RESULTADO

OBRA VENCEDORA DO PRÊMIO RENAN LOTUFO
—— EDIÇÃO 2024 ——

2025 © Editora Foco
Autor: Felipe Varela Caon
Diretor Acadêmico: Leonardo Pereira
Editor: Roberta Densa
Assistente Editorial: Paula Morishita
Capa Criação: Leonardo Hermano
Diagramação: Ladislau Lima e Aparecida Lima
Impressão miolo e capa: FORMA CERTA

DIREITOS AUTORAIS: É proibida a reprodução parcial ou total desta publicação, por qualquer forma ou meio, sem a prévia autorização da Editora FOCO, com exceção do teor das questões de concursos públicos que, por serem atos oficiais, não são protegidas como Direitos Autorais, na forma do Artigo 8º, IV, da Lei 9.610/1998. Referida vedação se estende às características gráficas da obra e sua editoração. A punição para a violação dos Direitos Autorais é crime previsto no Artigo 184 do Código Penal e as sanções civis às violações dos Direitos Autorais estão previstas nos Artigos 101 a 110 da Lei 9.610/1998. Os comentários das questões são de responsabilidade dos autores.

NOTAS DA EDITORA:

Atualizações e erratas: A presente obra é vendida como está, atualizada até a data do seu fechamento, informação que consta na página II do livro. Havendo a publicação de legislação de suma relevância, a editora, de forma discricionária, se empenhará em disponibilizar atualização futura.

Erratas: A Editora se compromete a disponibilizar no site www.editorafoco.com.br, na seção Atualizações, eventuais erratas por razões de erros técnicos ou de conteúdo. Solicitamos, outrossim, que o leitor faça a gentileza de colaborar com a perfeição da obra, comunicando eventual erro encontrado por meio de mensagem para contato@editorafoco.com.br. O acesso será disponibilizado durante a vigência da edição da obra.

Impresso no Brasil (11.2024) – Data de Fechamento (10.2024)

2025
Todos os direitos reservados à
Editora Foco Jurídico Ltda.
Rua Antonio Brunetti, 593 – Jd. Morada do Sol
CEP 13348-533 – Indaiatuba – SP
E-mail: contato@editorafoco.com.br
www.editorafoco.com.br

AGRADECIMENTOS

Este livro é fruto da tese de doutorado defendida na PUC/SP em 2023, intitulada *A primazia do modelo jurídico da impossibilidade superveniente diante da incompatibilidade do modelo dogmático das obrigações de meios e de resultado com o ordenamento jurídico brasileiro*, e premiada com o prêmio Renan Lotufo de 2024 pelo Instituto Brasileiro de Estudos de Responsabilidade Civil (IBERC).

Receber essa premiação foi uma grande alegria e agradeço a todos que contribuíram para esse resultado. Agradeço especialmente ao meu orientador, Prof. Dr. Giovanni Ettore Nanni, por sua paciência, generosidade e exemplo de seriedade acadêmica.

Agradeço ao meu marido, Vinícius Lopacinski, pelo apoio incondicional, paciência e amor. Aos meus pais e irmãos, pela formação e educação que me proporcionaram. Às amigas Aline Oliveira e Giovana Benatti, pelo apoio e momentos compartilhados. Ao amigo Rico Dalasam, pelas palavras de orientação e inspiração.

Agradeço aos sócios e amigos do Serur Advogados, especialmente Eduardo Serur, Ian Mac Dowel, Aristóteles Camara, Cristiano Luzes, Caio Azuirson, Amanda Campos, Daniel Hazin e toda a equipe pelo apoio crucial durante o doutorado.

Também sou grato à Everilda Brandão, e aos Profs. Drs. Mairan Maia Jr. e Rosa Maria de Andrade Nery pelas contribuições na qualificação da tese, e aos membros da banca de defesa, Profs. Drs. Torquato Castro Jr., Aline de Miranda Valverde Terra, Cláudia Haidamus Perri, Rubens Hideo Arai e Giovanni Ettore Nanni, pelos valiosos comentários.

Finalmente, agradeço à PUC/SP, seus professores, funcionários e amigos que fiz lá, especialmente Nattasha Lacerda e Sílvia Marzagão, pelo acolhimento e empatia. É um grande orgulho estar vinculado a uma instituição tão respeitada e importante para a sociedade brasileira.

PREFÁCIO

É motivo de satisfação escrever o prefácio do livro de Felipe Varela Caon, intitulado *Impossibilidade como alternativa às obrigações de meios e de resultado*.

Cuida-se da versão comercial de sua tese de doutoramento submetida perante a Pontifícia Universidade Católica de São Paulo (PUC-SP), que foi aprovada com aplausos pela respeitável banca examinadora composta por Aline de Miranda Valverde Terra (UERJ e PUC-Rio), Claudia Haidamus Perri (PUC-SP), Rubens Hideo Arai (PUC-SP) e Torquato da Silva Castro Junior (UFPE), que tive a honra de presidir, na qualidade de orientador, cuja defesa ocorreu em 7 de dezembro de 2023.

Além dos próprios e indubitáveis méritos do trabalho, concorreu, após sua aprovação, ao *Prêmio Renan Lotufo – edição 2024*, que foi instituído pelo Instituto Brasileiro de Responsabilidade Civil – IBERC, com periodicidade anual, destinado a homenagear o legado acadêmico do Professor Renan Lotufo (*in memoriam*) e tendo como propósito premiar a melhor tese de doutorado defendida no ano precedente ao de sua concessão. Sagrou-se vencedor.

Evidente que a premiação da tese de doutorado de Felipe Caon, concedida por conceituada Instituição, em certame de âmbito nacional, por si só, consubstancia inconteste honra ao seu orientador. Não obstante isso, outra grande significância do triunfo representa, para mim, o tributo ao Professor Renan Lotufo, com quem mantive, por anos, laços de filiação acadêmica. Peço licença para reproduzir pequeno trecho do que escrevi em obra publicada em sua homenagem, expressando o meu saudosismo: "Além de ter sido meu professor na graduação e orientador nos cursos de Mestrado e de Doutorado na PUC-SP, convivi com o Professor Renan durante muitos anos. Entre assistente na graduação e depois nos cursos de Mestrado e de Doutorado, estive com ele em sala de aula de 1994 a 2008. Contando bancas de qualificação e bancas examinadoras finais de mestrado e de doutorado, sentei ao lado dele em 60 bancas. Também coordenamos algumas obras coletivas, já esgotadas, que contaram com a valorosa colaboração de colegas de inegável escol". Depois, ao concluir: "Restam as excelentes lições, a honradez, o caráter. Ele se despede, certo da missão cumprida. Fica a minha torcida para que as próximas gerações tenham a sorte de encontrar no caminho docente de tanto valor"[1].

---

1. NANNI, Giovanni Ettore. Desconto de proveitos (*"compensatio lucri cum damno"*). In: PIRES, Fernanda Ivo (Org.); GUERRA, Alexandre; MORATO, Antonio Carlos; MARTINS, Fernando Rodrigues; ROSENVALD, Nelson (Coord.). *Da estrutura à função da responsabilidade civil*: uma homenagem do Instituto Brasileiro de Estudos de Responsabilidade Civil (IBERC) ao professor Renan Lotufo. Indaiatuba: Editora Foco, 2021a. p. 281-284.

Esse registro pessoal não interfere no mérito nem no êxito da valiosa pesquisa empreendida por Felipe Caon. Lembro-me muito bem da entrevista inerente ao processo de seleção do programa de doutorado na PUC-SP, ocorrida no segundo semestre de 2019. Não conhecia o então candidato, oriundo do Estado de Pernambuco, naquela altura já residindo em São Paulo, sendo pós-graduado em Direito Civil e Empresarial pela Universidade Federal de Pernambuco (UFPE) e Mestre em Direito Privado pela mesma instituição.

No seu mestrado perante a UFPE, iniciou seus estudos a respeito do clássico tema das obrigações de meios e de resultado, com visão crítica, cuja dissertação de mestrado foi posteriormente publicada[2]. Pretendia, no seu projeto de pesquisa, aprofundar a análise na mesma temática, que, aliás, é pouco debatida, sendo usualmente aceita a conhecida dicotomia.

Pois bem, no curso de referida entrevista, expôs seu ponto de vista quanto ao prosseguimento da investigação. Embora tal continuidade não seja comum no Direito, o autor entendeu que a matéria merecia maior problematização, apresentando inquietação. É o que Felipe Caon explica na Introdução do presente livro.

Coincidentemente, naquele ano de 2019 e até o início do segundo semestre de 2020, eu estava empenhado na redação de minha tese de livre-docência[3], voltada ao estudo do inadimplemento obrigacional, na qual, embora em poucas linhas, escrevi e estava realmente convencido da necessidade de revisitar a exaltada dicotomia. Ouvindo as asserções do candidato, percebi não apenas o seu gabarito acadêmico, mas também a aderência de suas ideias aos meus questionamentos no que concerne às obrigações de meios e de resultado. Nada mais natural, portanto, do que sua admissão no programa de doutorado da PUC-SP.

No seu curso, mantivemos várias conversas, sendo que sempre ficou claro para mim que Felipe Caon estava em vias de preparo de verdadeira tese, na mais digna acepção da palavra. Foi o que resultou de sua aprovação, na qual obteve o grau de Doutor em Direito Civil perante a PUC-SP, depois avalizada pela outorga do *Prêmio Renan Lotufo – edição 2024*.

Não há dúvida, na minha opinião, de que o livro agora publicado consiste em investigação acadêmica inédita, rediscutindo consolidado instituto e apresentando visão crítica e inaugural. Sendo assim, expresso meu apreço pela orientação de qualificada tese.

O ponto central do trabalho é expor nova abordagem quanto ao tradicional e consolidado modelo dogmático das obrigações de meios e de resultado, sustentando

---

2. CAON, Felipe Varela. *O problema das obrigações de meios e de resultado*. Belo Horizonte: Editora Dialética, 2021.
3. Depois publicada: NANNI, Giovanni Ettore. *Inadimplemento absoluto e resolução contratual*: requisitos e efeitos. São Paulo: Thomson Reuters Brasil, 2021b.

que subsiste incompatibilidade na sua adoção irrefletida no sistema jurídico pátrio. Com isso, argumenta que o instituto da impossibilidade superveniente traduz caminho pertinente para solucionar questões práticas que geralmente são tratadas na vertente de citada dicotomia.

Para tanto, inicia seu percurso, no Capítulo 1, discorrendo a respeito da origem da dicotomia e do estágio atual da teoria, inclusive no Direito brasileiro. Constata que não há critérios objetivos que permitam distinguir as obrigações de meios das de resultado, assim como inexiste consenso acerca dos efeitos delas decorrentes.

No Capítulo 2, explica que a prestação tem de ser compreendida enquanto conduta e resultado, haja vista a complexidade que marca a relação obrigacional, marcada por deveres principais, secundários e anexos, idealizada como laço de cooperação, em perspectivas funcional e finalística. Nesse sentido, destaca a importância da tópica, no contexto da boa-fé, que é utilizada como parâmetro para verificar o adimplemento/inadimplemento (relativo ou absoluto), tendo como norte o interesse do credor e a utilidade da prestação.

Fixadas tais premissas, entende que visualizar a relação obrigacional sob o viés da funcionalidade representa novo paradigma na matéria, o qual deve condicionar todo e qualquer estudo sobre o tema, incluindo as obrigações de meios e de resultado, além do instituto da impossibilidade.

A seguir, tendo como referência a ideia de modelos dogmáticos, afirma que a análise comparativa das obrigações de meios e de resultado com o ordenamento jurídico brasileiro revela evidente incompatibilidade. Por isso, defende a necessidade de revisitação com base no protótipo da funcionalidade. Explica, em diferentes perspectivas e temas, tratando o problema a partir da tópica e tomando como parâmetro diversos institutos, que há de ser privilegiada a incidência normativa dos dispositivos legais analisados no texto, em detrimento da dicotomia em tela, mormente porque o ordenamento jurídico dispõe de regras que podem resolver tais questões. É o que disserta no Capítulo 3.

Por fim, no Capítulo derradeiro, cuida da impossibilidade da prestação, discorrendo no que diz respeito à sua origem e desenvolvimento dogmático, em especial no sistema brasileiro.

Diante disso, visto que inexistente regra específica na lei pátria, indaga o destinado a ser atribuído à contraprestação quando se configura a impossibilidade da prestação, haja vista que, nessa hipótese, a obrigação é resolvida. Tal fenômeno, intrínseco ao campo da eficácia, não inibe que se perquira a melhor solução a ser dada ao caso concreto, tendo em consideração o recurso a *topoi*.

O livro prefaciado é merecedor de elogios. Fruto de pesquisa séria e dedicada, com apurado rigor acadêmico, apresenta ao público proposições desafiadoras, que decerto propiciam reflexões de valor, evidenciando a veia de pesquisador do autor.

Por isso, não hesito congratular a Editora Foco e, mais particularmente, Felipe Caon pela publicação da obra, fazendo votos por contínua progressão em sua carreira de investigação científica.

Giovanni Ettore Nanni

Livre-Docente, Doutor e Mestre em Direito Civil pela PUC-SP. Professor de Direito Civil nos Cursos de Graduação e de Pós-Graduação *Stricto Sensu* na PUC-SP, na qual também exerce atividades docentes ligadas à Arbitragem e à Mediação. Advogado, atua como árbitro e parecerista.

SUMÁRIO

AGRADECIMENTOS V

PREFÁCIO VII

INTRODUÇÃO 1

1. OBRIGAÇÕES DE MEIOS E DE RESULTADO: DA ORIGEM AO ESTÁGIO ATUAL DA TEORIA 7

    1.1   Conceituação das obrigações de meios e de resultado e suas variações terminológicas 7

    1.2   A origem das obrigações de meios e de resultado, no cenário da evolução da responsabilidade civil na França 11

    1.3   As posições críticas da doutrina em relação às obrigações de meios e de resultado 19

        1.3.1   A álea e a aceitação dos riscos 19

        1.3.2   Maior ou menor determinação da prestação prometida 25

        1.3.3   A situação do devedor 26

    1.4   As obrigações de meios e de resultado no direito brasileiro 28

    1.5   Conclusão do capítulo 1: as perigosas divergências em relação às consequências práticas da classificação das obrigações de meios e de resultado 35

2. AS PRESTAÇÕES COMO CONDUTA E RESULTADO NA RELAÇÃO OBRIGACIONAL COMPLEXA, E A IMPORTÂNCIA DA TÓPICA NA VERIFICAÇÃO DO ADIMPLEMENTO 43

    2.1   Modelo dogmático da obrigação como processo 44

    2.2   Análise da relação intraobrigacional: o conceito de prestação enquanto conduta e resultado 48

    2.3   Os direitos e deveres gerados na relação obrigacional a partir da incidência da boa-fé objetiva e as fases do processo obrigacional 52

    2.4   Breves considerações sobre a tópica 54

        2.4.1   O interesse do credor e a utilidade da prestação como *topoi*, na verificação do adimplemento/inadimplemento (relativo ou absoluto) da obrigação 57

        2.4.2   Boa-fé como *topos* que guia a relação obrigacional como processo 61

2.5 Conclusão do capítulo 2: relação obrigacional como fenômeno complexo, funcional e finalístico, cuja verificação do adimplemento se dá por meio da tópica... 64

3. OBRIGAÇÕES DE MEIOS E DE RESULTADO: UMA ANÁLISE A PARTIR DO ORDENAMENTO JURÍDICO BRASILEIRO 67

3.1 As obrigações de meios e de resultado na perspectiva dos direitos obrigacional e contratual.. 67

    3.1.1 A classificação das obrigações a partir da sua perspectiva estrutural e a necessidade de se revisitarem as obrigações de meios e de resultado, com base no paradigma da funcionalidade 68

    3.1.2 A plêiade de elementos "de resultado" e "de meios" na complexidade da relação obrigacional.. 76

        3.1.2.1 Em toda obrigação, o resultado constitui o interesse do credor. Análise sob a perspectiva dos arts. 166, II, e 313, do CC/2002.. 76

        3.1.2.2 Toda obrigação envolve meios para se atingir um resultado 82

        3.1.2.3 A diligência esperada em toda obrigação e a sua relação com a culpa.. 86

    3.1.3 A autonomia privada, a fixação das bitolas de diligência e as cláusulas de melhores esforços (*best efforts*) 93

3.2 As obrigações de meios e de resultado na perspectiva da responsabilidade civil... 101

    3.2.1 Responsabilidades civis contratual e extracontratual: da diferença à unidade.. 102

    3.2.2 A impossibilidade de definição da natureza (subjetiva ou objetiva) da responsabilidade civil por meio da classificação das obrigações de meios e de resultado, em razão da eficácia normativa do art. 927, parágrafo único, do CC/2002 111

    3.2.3 Responsabilidade civil, obrigações de meios e cláusulas de limitação de responsabilidade: as impositivas restrições dos arts. 734 do CC/2002, e 51, I, do CDC... 119

3.3 Análise das obrigações de meios e de resultado na perspectiva da distribuição do ônus probatório... 125

    3.3.1 As consequências da dicotomia das obrigações de meios e de resultado no que diz respeito ao ônus da prova: a necessária observância das normas do art. 373, §§ 1º a 3º, do CPC/2015 126

3.4 Conclusão do capítulo 3: ausência de compatibilidade do modelo dogmático das obrigações de meios e de resultado com o ordenamento jurídico brasileiro ... 134

4. A IMPOSSIBILIDADE DE PRESTAR: EFEITOS E CONSEQUÊNCIAS 145

4.1 A dogmática da impossibilidade de prestar... 145

4.2 Origem e evolução do modelo jurídico da impossibilidade: as escolas francesa e alemã... 156

4.3	O desenvolvimento da teoria da impossibilidade no Brasil................................	162
4.4	As hipóteses de impossibilidade por caso fortuito ou de força maior, no direito brasileiro..	167
4.5	A "impossibilidade imperfeita": a da afetação da prestação principal e manutenção das demais prestações..	183
4.6	A perda do sentido prático da prestação, quando se verifica a realização do fim por outra via que não o cumprimento, o desaparecimento do fim e da frustração do fim..	184
4.7	O uso da tópica para determinar destino da contraprestação (inclusive nas supostas obrigações de meios), na configuração da impossibilidade....................	193
	4.7.1 A relativização do efeito restitutório e a impossibilidade imperfeita.....	200
	4.7.2 A restituição e tópica: o uso de *topoi* para definir o destino da contraprestação, na ocorrência de impossibilidade não imputável...................	206
4.8	Conclusão do capítulo 4: o tratamento fragmentado da impossibilidade pelo direito brasileiro e o uso da tópica na definição do destino da contraprestação....	226

CONCLUSÃO 231

REFERÊNCIAS.. 237

INTRODUÇÃO

Em que pese seja comum em diversas ciências, no direito, não é usual que um pesquisador trate, em uma tese de doutorado, de assunto correlato àquele discutido na sua dissertação. Costuma-se esperar que os objetos de pesquisa mudem, que novos horizontes sejam alcançados, e que o antigo estudo permaneça no passado. Não foi o que fez, porém, o autor deste livro.

Em 2018, no programa de pós-graduação da Faculdade de Direito do Recife (UFPE), defendeu a dissertação intitulada *Análise crítica das obrigações de meio e de resultado*[1], na qual realizou um estudo sobre a dicotomia apontada. Parte da dissertação, que tratava especificamente sobre ônus da prova, foi publicada como artigo, a convite do Prof. Dr. Oswaldo Duek, na *Revista Direito e Medicina*[2], e, a sua íntegra, como livro, intitulado *O problema das obrigações de meios e de resultado*[3]. Parecia ser o suficiente, e a vida acadêmica do pesquisador deveria zarpar para novos rumos, segundo o senso comum dos acadêmicos da área, mas, o que fazer se as pesquisas publicadas ainda não encerraram a inquietação sobre o problema?

Os estudos realizados até então levaram o autor a crer que havia algo errado na forma como a dicotomia estudada era aplicada, porém, os dois anos de investigação não tinham sido suficientes para apontar, com a seriedade e a profundidade esperadas pela academia, uma solução para o "problema" que o inquietava. Impunha-se uma pesquisa mais aprofundada, que restou inviabilizada pela curta duração do mestrado e pelas limitações do próprio pesquisador, o qual, por imaturidade acadêmica, tinha optado por estudar um instituto de origem francesa sem sequer ter a habilidade de ler textos na língua francófona. E foi com o desafio de aprofundar os estudos iniciados no mestrado, sob outra perspectiva e densidade dogmática, e avançar sobre questões que ainda não haviam sido discutidas na dissertação (notadamente o modelo jurídico da impossibilidade superveniente) que o autor foi admitido no programa de pós-graduação de direito da PUC-SP, sob orientação do Prof. Dr. Giovanni Ettore Nanni.

Logicamente, durante os 4 anos do curso, o autor se dedicou a estudar e teve artigos aceitos e aprovados para publicações. Todavia, em paralelo, os estudos sobre a dicotomia

---

1. CAON, Felipe Varela. *Análise crítica das obrigações de meio e de resultado*. Dissertação (Mestrado em Direito), Universidade Federal de Pernambuco, Recife, 2018. Disponível em: https://repositorio.ufpe.br/handle/123456789/38252. Acesso em: 4 ago. 2023.
2. CAON, Felipe Varela. Reflexões sobre a distinção entre as obrigações de meios e de resultado, sob a ótica da diminuição do papel da culpa como elemento do dever de reparar e da teoria da distribuição dinâmica do ônus da prova. *Revista de Direito e Medicina*, v. 4. São Paulo: RT, out.-dez. 2019.
3. CAON, Felipe Varela. *O problema das obrigações de meios e de resultado*. Belo Horizonte: Dialética, 2021.

francesa continuaram sendo feitos, e foi o resultado deles que se buscou sintetizar na tese, e, então, neste livro.

Por abordar o mesmo tema, naturalmente, alguns pontos discutidos na dissertação também o foram na tese, como a complexidade da relação obrigacional e a distribuição do ônus probatório – pontes comumente utilizadas em todo e qualquer estudo sobre o direito obrigacional. Porém, nota-se que o percurso traçado e a profundidade da pesquisa não são os mesmos. Além disso, enfrentaram-se na tese assuntos que não haviam sido ventilados na dissertação (especialmente o modelo jurídico da impossibilidade superveniente).

Nessa perspectiva, buscou-se cotejar as consequências indicadas pela doutrina e pela jurisprudência majoritárias como derivadas da distinção das obrigações de meios e de resultado – como a distribuição do ônus da prova, o conteúdo do objeto da obrigação e a definição do tipo de responsabilidade civil – com as normas constantes de dispositivos legais que integram o ordenamento jurídico, e que regulam a matéria. Tratou-se também de a impossibilidade, como instituto positivado, ser utilizada na resolução de problemas que, até hoje, são resolvidos a partir da polêmica dicotomia. Nos limites da pesquisa, não se identificou nenhuma posição doutrinária, no Brasil, similar à defendida.

O livro tem início com uma análise histórica do contexto jurídico francês. Em dado período, houve intensos debates sobre a culpa e seu papel na responsabilidade civil, assim como sobre uma possível dicotomia no Código Civil francês (referido neste livro como *Code Civil*) relacionada à distribuição do ônus da prova em casos de responsabilidade civil extracontratual (aquiliana) e contratual. Nesse contexto, em 1927, surgiu a concepção, por René Demogue, das obrigações de meios e de resultado.

Na sequência, trata dos principais critérios utilizados pelos partidários da classificação para justificá-la e para distinguir as obrigações de meios das de resultado e encerrar a parte histórica, da recepção da teoria no direito brasileiro.

No capítulo 2, parte-se para a disciplina do direito obrigacional em si, enfrentando a complexidade da relação obrigacional e da concepção de adimplemento. A esta altura, verticaliza-se o estudo das obrigações ao se tratar do conceito de prestação, enquanto conduta e resultado, sem se afastar da concepção de que a relação obrigacional é um sistema de processos unitário e finalístico, voltado ao adimplemento.

Assim, busca-se demonstrar que o adimplemento não pode ser encarado de modo rígido e inflexível, tendo em vista que ele deve se adequar às circunstâncias exsurgidas no desenvolvimento da relação obrigacional. Nesse processo, a tópica viehweguiana é uma técnica que deve ser utilizada quando se afere a concretização, ou não, do adimplemento, a partir da observância dos *topoi* (ou pontos de vistas comuns a todos) da utilidade da prestação, do interesse do credor e da boa-fé objetiva.

O capítulo 3 é voltado à análise das obrigações de meios e de resultado sob diferentes perspectivas. Nele, ditas obrigações se traduzem em um formato indireto de distribuição de riscos entre os contratantes, revelando-se como cláusulas limitativas de responsabilidade, sem que as normas que regem a incidência dessas cláusulas sejam efetivamente observadas, gerando, assim, uma desvirtuação (indireta) dos filtros impostos pelo direito positivado voltados à proteção dos contratantes.

Indo além, trata-se dos reflexos práticos da dicotomia em relação à responsabilidade civil, e a tendência desta à unificação de tipos (contratual e extracontratual), a fim de demonstrar que o conturbado cenário do direito francês que levou à criação da *divisio* não guarda identidade com o atual estado das coisas, em relação à matéria, no direito brasileiro.

A tônica investigativa do capítulo permanece ao, fazendo referência ao estudo do direito das obrigações (capítulo 2), tratar sobre os elementos "de meios e de resultado", em toda prestação, investigando a afirmação de que toda obrigação exige determinada conduta.

Essas críticas, reunidas no capítulo 3, visam a discutir se a dicotomia se justifica no Brasil, e se a sua importação, do direito francês, revela-se acrítica, sem a devida análise de compatibilidade de suas consequências práticas com o ordenamento jurídico brasileiro.

Por fim, no capítulo 4, trata-se do instituto da impossibilidade, cujas normas e efeitos costumam deixar de ser observados quando se aplica a divisão das obrigações de meios e de resultado, e do destino da contraprestação, na configuração da impossibilidade. Busca-se discutir se, como toda obrigação contém um conteúdo finalístico, o não atingimento do resultado de determinada prestação, sem culpa do devedor, revela hipótese de impossibilidade superveniente. Nessa hipótese, aborda o descabimento do reconhecimento do adimplemento a partir da mera conduta do devedor (como ocorre nas obrigações de meios, nas quais o devedor se vê liberado da prestação mediante a simples prova de sua conduta, ainda que não alcance o resultado).

Este estudo dogmático é pautado na perspectiva realeana de que a experiência jurídica é constituída a partir das suas fontes e projeções, dentre elas, os "modelos de direito"[4], e que a atividade do jurista, dentro do proposto em prol da ciência do direito,

---

4. "O termo 'modelo jurídico' foi por nós proposto, em nosso livro *O Direito como Experiência*, como complemento necessário à teoria das fontes de direito. O conceito de modelo, em todas as espécies de ciências, não obstante as suas naturais variações, está sempre ligado à ideia de planificação lógica e à representação simbólica e antecipada dos resultados a serem alcançados por meio de uma sequência ordenada de medidas ou prescrições. Cada modelo expressa, pois, uma ordenação lógica de meios segundo fins, ou uma ordem lógica e unitária de relações. Assim acontece, por exemplo, com o '"modelo arquitetônico"', ou projeto, que antecipa e condiciona a construção de um edifício. Coisa análoga ocorre com os modelos mecânicos ou os matemáticos. Conforme já foi lembrado à pág. 176, há duas espécies de modelos do Direito: uns são de caráter puramente teórico (modelos dogmáticos); outros, os modelos jurídicos (estrito senso), além de resultarem também de uma elaboração doutrinária, muito embora pressuponham uma elaboração doutrinária, constituem a principal modalidade do conteúdo das fontes de direito. O que distingue, em suma, os modelos doutrinários, ou dogmáticos, dos modelos jurídicos, prescritivos, é que aqueles não são obrigatórios, enquanto que nestes existe a previsão ou a prefiguração de uma 'ordem de competências', ou, então, de uma 'ordem de conduta', estando sempre predeterminadas as consequências que advêm de seu adimplemento, ou de sua violação" (REALE, Miguel. *Lições preliminares de direito*. 27. ed. São Paulo: Saraiva, 2002. p. 184-185).

se constitui (dentre outros) em elaborar modelos teóricos indispensáveis à compreensão dos modelos jurídicos – isto é, em elaborar modelos dogmáticos que representam uma metalinguagem jurídica. São, portanto, um "discurso sobre modelos jurídicos, sua estrutura lógica, suas variações semânticas e pragmáticas, e sua lacunosidade nos sistemas e subsistemas que compõem o ordenamento jurídico"[5].

Ditos modelos, por sua vez, devem manter sempre a compatibilidade lógica e ética com o ordenamento jurídico positivo, uma vez que o fenômeno da positivação condiciona as investigações que se façam em seu nome[6], sendo-lhe vedado recusar eficácia a uma regra de direito positivo, na sua atividade interpretativa, pois isso fere o valor da certeza jurídica[7]. Significa dizer que teorias dogmáticas estão sujeitas a exigências que não estão relacionadas, tão somente, à sua consistência interna, mas à externa, que é exatamente a sua compatibilidade com as regras estabelecidas[8].

Dessa forma, o trabalho desenvolvido parte da premissa de que, ao criar as obrigações de meios e de resultado, a doutrina projetou um modelo dogmático, que, como tal, deve manter a sua compatibilidade com o ordenamento jurídico, privilegiando, assim, uma visão sistemática do direito. É no sentido da análise da consistência interna e principalmente externa dos modelos dogmáticos que se utiliza do termo "compatibilidade", neste estudo.

Como afirmou Judith Martins-Costa, referindo-se à metáfora criada por Walther Ratheunau, as palavras e expressões que designam os institutos do direito privado podem ser comparadas a conchas de marisco abandonadas: assim como uma concha deixada na areia da praia, o ocupante original que a preenchia há tempos pode ter desaparecido, e novas gerações de ocupantes podem agora nela residir. Porém, é certo que vestígios do antigo ocupante ainda permanecem ocultos em suas voltas, incrustados e disfarçados em sua beleza natural, sutilmente marcando suas representações[9]. O que se pretende, neste livro, é analisar as conchas "obrigações de meios e de resultado", e verificar se, nelas, encontra abrigo o direito brasileiro, ou que adaptações delas se exigiriam para tanto. Afinal, o direito é pluridimensional, e permite diversos ângulos de abordagem[10], sendo natural a existência de posições diferentes sobre o mesmo tema.

---

5. REALE, Miguel. Nota introdutória. *O direito como experiência*: introdução à epistemologia jurídica. 2. ed. São Paulo: Saraiva, 1992. p. XXVIII.
6. FERRAZ JUNIOR, Tercio Sampaio. *Função social da dogmática jurídica*. 2. ed. São Paulo: Atlas, 2015. p. 81.
7. REALE, Miguel. *Fontes e modelos do direito*: para um novo paradigma hermenêutico. São Paulo: Saraiva, 1994. p. 110.
8. NEUMANN, Ulfrid. Teoria científica da ciência do direito. *In*: KAUFMANN, Arthur; HASSEMER, Winfried (org.). *Introdução à filosofia do direito e à teoria do direito contemporâneas*. 2. ed. Lisboa: Calouste Gulbenkian, 2009. p. 474-475.
9. MARTINS-COSTA, Judith. A concha do marisco abandonada e o nomos (ou os nexos entre narrar e normatizar). *Revista do Instituto do Direito Brasileiro*, ano 2, n. 5, 2013, p. 4.121-4.157. p. 4.136.
10. FERRAZ JUNIOR, Tercio Sampaio. *Teoria da norma jurídica*: ensaio de pragmática da comunicação normativa. 5. ed. São Paulo: Atlas, 2016. p. 6.

Assim, ao fazer um estudo comparativo atento entre o modelo dogmático das obrigações de meios e de resultado e o ordenamento jurídico brasileiro, busca-se responder: **i) o modelo dogmático das obrigações de meios e de resultado é compatível com o ordenamento jurídico brasileiro?**

No mais, para além de tratar das obrigações de meios e de resultado, investiga-se o instituto da impossibilidade – especialmente as hipóteses de impossibilidade superveniente sem culpa do devedor (pois, havendo culpa, as consequências são análogas às do inadimplemento[11], e, sobre essa hipótese, não há grandes controvérsias). Assim, embora também trate de impossibilidade imputável ao devedor, o foco foi direcionado à impossibilidade absoluta, total e definitiva, não imputável ao devedor, que representa a expressão máxima ou paradigmática dessa perturbação da prestação, por si prototípica[12]. A partir desse ponto do estudo, procura-se tratar do seguinte questionamento: **ii) o modelo jurídico da impossibilidade, acolhido pelo direito positivo brasileiro, oferece caminhos para resolver as questões comumente solucionadas a partir do modelo dogmático das obrigações de meios e de resultado?**

Por fim, ao responder ao segundo questionamento, e considerando que a impossibilidade costuma inviabilizar uma prestação, e não toda a relação obrigacional, busca-se, também, enfrentar a seguinte questão: **iii) qual deve ser o destino da contraprestação, na hipótese de impossibilidade superveniente sem culpa do devedor?**

A pergunta é relevante pois, quando as questões são resolvidas sob a ótica das obrigações de meios, a mera conduta do devedor é suficiente para caracterizar o adimplemento da prestação, o que justificaria o recebimento da contraprestação. Todavia, ao se enfrentar o mesmo problema sob a ótica do modelo jurídico da impossibilidade, o não atingimento de determinado resultado revela hipótese de perturbação da prestação, o que impõe analisar a manutenção, ou não, do sinalagma (quando se constata que determinada prestação foi impossibilitada) a partir da exigibilidade integral da contraprestação.

Registra-se que, ao tratar criticamente da aplicação das obrigações de meios e de resultado, não se pretende deixar de reconhecer a (fundamental) importância dos civilistas pátrios, os quais, com muita propriedade, se posicionam no sentido da utilidade e da possibilidade de se aplicar o modelo dogmático no contexto jurídico brasileiro. Ao contrário. O que se quer é aventar um possível contraponto, e debater se, sob determinada perspectiva racional e justificada, uma conclusão diversa pode/deve ser privilegiada, o que nada desmerece e descredita todo o mérito daqueles que entendem em sentido diverso.

No mais, em que pese a seriedade com que se realizou esta pesquisa, aqui não se pretendeu, numa perspectiva muito realista, realizar um estudo completo e exaustivo

---

11. STEINER, Renata Carlos. *Descumprimento contratual*: boa-fé e violação positiva do contrato. São Paulo: Quartier Latin, 2014. p. 143.
12. PIRES, Catarina Monteiro. *Impossibilidade de prestação*. Coimbra: Almedina, 2020a. p. 213.

sobre o tema. Afinal, conforme disse Georges Ripert, já em 1949, na introdução do seu livro "A regra moral nas obrigações civis", "nas condições em que se trabalha, na vida moderna, é preciso limitar sua tarefa, e resolver-se publicar obras de que se sente o caráter incompleto"[13]. Embora se tenha pleno discernimento da limitação inerente a este trabalho e a consciência de que, mesmo com mais quatro anos de doutorado, não seria possível abranger por completo tema tão vasto e complexo, aspira-se, ao menos, a que, ao final deste livro, o leitor encontre respostas às questões formuladas anteriormente e se sinta provocado pelos argumentos deduzidos.

---

13. RIPERT, George. *A regra moral nas obrigações civis*. Campinas: Bookseller, 2009. p. 20.

1
OBRIGAÇÕES DE MEIOS E DE RESULTADO: DA ORIGEM AO ESTÁGIO ATUAL DA TEORIA

1.1 CONCEITUAÇÃO DAS OBRIGAÇÕES DE MEIOS E DE RESULTADO E SUAS VARIAÇÕES TERMINOLÓGICAS

As obrigações, ou relações obrigacionais, são alvo de diversas classificações doutrinárias, mas, quando se trata da natureza do objeto da prestação a ser cumprida pelo devedor, comumente são discernidas, ao lado das obrigações de dar, fazer, e não fazer, por uma polêmica dicotomia, objeto central deste livro: as obrigações de meios e de resultado.

De resultado seriam as obrigações por meio dais quais o devedor se obrigaria a alcançar um resultado útil[1], isto é, a efetivamente produzir uma modificação na realidade material ou na realidade jurídica[2]. Seriam exemplos clássicos de obrigações de resultado a que obriga o pintor a entregar determinado imóvel pintado e a que impõe ao empreiteiro a entrega de uma casa construída.

Nesta hipótese, por mais que, para entregar um resultado final, o devedor tenha que empreender diligência, esforçando-se para alcançar o prometido, esses atos não seriam relevantes para definir a natureza da relação obrigacional. Isto é, ainda que tenha despendido a máxima diligência para se obter o resultado, se este não for alcançado, a obrigação restaria inadimplida, e o devedor deveria, em regra, arcar com as consequências do seu inadimplemento.

Já nas obrigações de meios, a prestação não consistiria em um resultado certo e determinado a ser produzido, pelo devedor, mas em uma atividade diligente, em favor do credor[3], ou um "comportamento equivalente a uma certa capacidade deontológica de diligência"[4]. Significa dizer que, ainda que o resultado efetivamente desejado pelo credor não tivesse sido alcançado, a obrigação deveria ser considerada extinta, liberando o devedor, em razão do seu regular adimplemento.

São exemplos clássicos de obrigações de meios aquelas por meio das quais o advogado e o médico se vinculam aos respectivos clientes/pacientes: eles se compro-

---

1. COSTA, Mário Júlio de Almeida. *Direito das obrigações*. 12. ed. Coimbra: Almedina, 2006. p. 1.040.
2. DÍEZ-PICAZO, Luis. *Fundamentos del derecho civil patrimonial*: las relaciones obligatorias. 6. ed. Madrid: Civitas, 2008. v. 2. p. 238.
3. COMPARATO, Fábio Konder. Obrigações de meios, de resultado e de garantia. *Revista dos Tribunais*. São Paulo, v. 386. p. 26-35, dez. 1967. p. 29.
4. BETTI, Emilio. *Teoria geral das obrigações*. Trad. Francisco José Galvão Bruno. Campinas: Bookseller, 2006. p. 59.

meteriam a atuar diligentemente para ganhar a causa, no caso do advogado, ou para curar o paciente, no caso do médico, mas, no final, o simples agir voltado ao fim seria suficiente para caracterizar o adimplemento, ainda que a causa fosse perdida, ou que o paciente viesse a óbito. René Savatier destaca outros exemplos, dentre eles, as obrigações assumidas pelos instrutores de equitação ou de esqui: eles só seriam responsáveis em caso de acidente ou incapacidade física do aprendiz se ficasse comprovado que falharam, pois apenas se comprometem a fornecer seus cuidados, e nada mais[5].

Há ainda, segundo parte da doutrina, a obrigação de garantia, por meio da qual o devedor se vincula ainda mais intensamente ao fim almejado pelo credor do que nas obrigações de resultado, já que assumiria o risco de não verificação do efeito pretendido, não podendo ele invocar causa estranha que tenha impossibilitado o cumprimento da prestação[6]. Essa tripartição, conforme explica Judith Martins-Costa[7], vem de Emílio Betti, que, ao expor os tipos de cooperação, afirma haver prestações que se constituem: i) no "desenvolver de uma atividade no interesse do credor", ii) no colocar à disposição do credor um resultado útil de um agir; ou iii) na assunção de um risco que agravaria a esfera jurídica do segurado. A utilidade desta última residiria no fato de o credor "ser aliviado da ansiedade que lhe traz a incerteza acerca do próprio futuro"[8]. Essa categoria (há muito prevista na legislação[9]), porém, não é objeto deste estudo.

Quanto à terminologia, René Demogue, doutrinador francês a quem é atribuída a concepção da distinção em comento (apesar de haver certa polêmica quanto a isso[10-11-12]),

---

5. SAVATIER, René. *La théorie des obligations*: vision juridique et économique. 3. ed. Paris: Dalloz, 1974. p. 196.
6. COSTA, *op. cit.*, 2006, p. 1.040.
7. MARTINS-COSTA, Judith. A obrigação de diligência: sua configuração na obrigação de prestar melhores esforços e efeitos do seu inadimplemento. *In*: VALVERDE TERRA, Aline de; CRUZ GUEDES, Gisela Sampaio da (coord.). *Inexecução das obrigações*. Rio de Janeiro. Processo, 2020. v. I. p. 137.
8. BETTI, *op. cit.*, p. 59-62.
9. O Código Comercial de 1850 tratou de obrigações de garantia quando dispôs sobre fiança (arts. 256 a 263), endosso (arts. 360 a 364) e seguro marítimo (arts. 666 a 730), por exemplo. O Código Civil de 1916, por exemplo, tratou de obrigações de garantia como a fiança (arts. 1.481 a 1.504), penhor (arts. 768 a 788), caução (arts. 789 a 795), anticrese (arts. 805 a 808), hipoteca (arts. 809 a 855), contrato de seguro (arts. 1.432 a 1.476). O Decreto-Lei n. 73/66 previu o Sistema Nacional de Seguros Privados e regulou as operações de seguros e resseguros.
10. Ao comentar o Código Civil alemão, Bernhoft registrou: "toda relação obrigacional implica uma tensão da vontade do devedor em direção a um certo resultado. Assim como a relação pode ser de tal natureza que o devedor está obrigado somente a fazer o quanto está ao seu alcance para alcançar o resultado, e, com ele, quedar-se liberado independentemente da consecução do fim, se a relação contempla o resultado em si mesmo, então a obrigação não se extingue até que o resultado tenha sido produzido, salvo em caso de impossibilidade superveniente" (Tradução livre). Bernhoft, no entanto, não teria dado nome a essas obrigações. Na sequência, Fischer teria retomado a ideia para denominar as "obrigações subjetivas" e obrigações "objetivas", que seriam, posteriormente, designadas obrigações de meios e de resultado (GOMEZ, Jésus Miguel Lobato. Contribución al estudio de la distinción entre las obligaciones de medios y las obligaciones de resultado. *Anuario de Derecho Civil*. Espanha, v. 45, n. 2, 1992. p. 662-663).
11. Jésus Miguel Lobato Gómez afirma que a doutrina espanhola já tratava da distinção antes de Demogue chamar a atenção para ela, para diferenciar os contratos de *"arrendamiento de obra"* e *"arrendamiento de servicios"*. Segundo o autor, Traviesas afirmava, em 1919, que *"en el arrendamiento de servicios se promete la actividad (operae), y en el arrendamiento de obra, el resultado de la actividad (opus)"* (ibidem, p. 676). Tradução livre: "Em locações de serviços, a atividade é prometida (operae), e em locações de obras, o resultado da atividade é prometido (opus)".
12. Segundo o autor italiano Marco Azzalini, o problema do dualismo suscitado por René Demogue pertence à tradição jurídica europeia: *"Se è vero che la terminologia cui noi oggi ricorriamo per descrivere il fenomeno, e forse anche una compiuta messa a fuoco del medesimo, sono di derivazione francese, è altrettanto vero che l'individuazione embrionale del problema del dualismo di mezzo e scopo nella teoria dell'obbligazione appartiene*

nomeou as obrigações de meios (no plural) e de resultado. Apesar de a primeira menção àquelas ter-se dado no singular ("obrigações de meio")[13,] na sequência, o doutrinador passa a se referir, sempre, às obrigações "de meios", levando a crer que a primeira menção a elas, no singular, se deu por um erro de digitação/impressão[14.]

Ainda na França, Henri Mazeaud, por achar mais apropriado, adotou os termos "obrigações determinadas" e "obrigações gerais de prudência e diligência", para referir-se, respectivamente, às obrigações de resultado e de meios; André Tunc, por sua vez, optou por manter "obrigações de resultado", mas passou a chamar as obrigações de meios de "obrigações de (pura) diligência"[15.] Segundo André Tunc, essa expressão, mais precisa, evoca mais diretamente a diferença existente entre as obrigações, pois afastaria confusões que poderiam existir pelo fato de "não enfatizar que os meios considerados por René Demogue não são jamais materiais, e sim, constituídos por uma simples diligência"[16.]

Em 1936, a distinção foi acolhida pela Corte de Cassação, quando se julgava um caso relacionado à prestação de serviços médicos, sob a relatoria de Louis Josserand[17.] Considerou-se que o médico está vinculado ao seu paciente por um contrato que inclui a obrigação de prestar a ele cuidados "conscientes e atenciosos" (julgado "Mercier")[18.]

---

certamente alla tradizione giuridica europea nel suo complesso intesa" (AZZALINI, Marco. Obbligazioni di mezzi e obbligazioni di risultati: categorie giuridiche travisate. *Rivista di Diritto Civile*. Pádua: CEDAM, 2012. p. 9). Tradução livre: "Se é verdade que a terminologia que hoje usamos para descrever o fenômeno, e talvez até mesmo uma compreensão completa dele, são de origem francesa, é igualmente verdade que a identificação embrionária do problema do dualismo entre meio e finalidade na teoria da obrigação certamente pertence à tradição jurídica europeia em sua totalidade".

13. DEMOGUE, René. *Traité des obligations en general*. Paris: Rousseau, 1925. v. 5. p. 538.
14. Há, no entanto, quem entenda que René Demogue teria concebido as obrigações de meio (no singular) e de resultado)" (GÓMEZ, *op. cit.*, p. 654).
15. RIBEIRO, Ricardo Lucas. *Obrigações de meios e obrigações de resultado*. Coimbra: Coimbra, 2010. p. 29.
16. TUNC, André. A distinção entre obrigações de resultado e obrigações de diligência. São Paulo, *Revista dos Tribunais*, v. 89, n. 778. p. 755-764, ago. 2000. p. 2.
17. LEÃES, Luiz Gastão Paes de Barros. A obrigação de melhores esforços (*best efforts*). *Revista de Direito Mercantil Industrial, Econômico e Financeiro*, ano XLIII, n. 134, 2004. p. 7-11.
18. "*LA COUR; Sur le moyen unique: Attendu que la dame Mercier, atteinte d'une affection nasale, s'adressa au docteur Nicolas, radiologue, qui lui fit subir, en 1925, un traitement par les rayons X à la suite duquel se déclara chez la malade une radiodermite des muqueuses de la face; que les époux Mercier, estimant que cette nouvelle affection était imputable à une faute de l'opérateur, intentèrent contre celui-ci, en 1929, soit plus de trois années après la fin du traitement, une demande en dommages-intérêts pour une somme de 200 000 francs; Attendu que le pourvoi reproche à l'arrêt attaqué, rendu par la cour d'appel d'Aix le 16 juillet 1931, d'avoir refusé d'appliquer la prescription triennale de l'art. 638 du code d'instruction criminelle à l'action civile intenté contre le docteur Nicolas par les époux Mercier, en considérant que cette action tenait son origine, non du délit de blessures par imprudence prétendument commis par le praticien, mais du contrat antérieurement conclu entre celui-ci et ses clients et qui imposait au médecin l'obligation de donner «des soins assidus, éclairés et prudents», alors que, d'après le pourvoi, ledit contrat ne saurait comporter une assurance contre tout accident involontairement causé, et que, dès lors, la responsabilité du médecin est fondée sur une faute délictuelle tombant sous l'application des art. 319 et 320 du code pénal et justifiant en conséquence l'application de la prescription triennale instituée par ces textes; Mais attendu qu'il se forme entre le médecin et son client un véritable contrat comportant, pour le praticien, l'engagement, sinon, bien évidemment, de guérir le malade, ce qui n'a d'ailleurs jamais été allégué, du moins de lui donner des soins, non pas quelconques, ainsi que parait l'énoncer le moyen du pourvoi, mais consciencieux, attentifs et, réserve faite de circonstances exceptionnelles, conformes aux données acquises de la science; que la violation, même involontaire, de cette obligation contractuelle, est sanctionnée par une responsabilité de même nature, également contractuelle; que l'action civile, qui réalise une telle responsabilité,*

Se a dedicação terminar em fracasso, ele não seria responsável, pois, para isso, teria que ter incorrido em uma *faute* (culpa), às vezes até uma *faute lourde* (culpa grave), para ser obrigado a reparar o dano sofrido pelo paciente[19].

Na Itália, Luigi Mengoni, crítico da distinção, preferiu adotar "obrigações de (simples) comportamentos", para designar as "obrigações de meios", assumindo a terminologia originária das obrigações de resultado[20].

Na Espanha, alguns autores mantiveram a terminologia original, enquanto outros substituíram as obrigações de resultados pelas "obrigações de atividade". Os autores portugueses, por sua vez, mantiveram a terminologia originária[21].

Neste estudo, as obrigações de meios e de resultado assim serão chamadas, seja para evitar confusões durante a sua leitura, seja porque toda a crítica à terminologia utilizada por René Demogue aparenta ser resultado de um preciosismo dispensável.

---

ayant ainsi une source distincte du fait constitutif d'une infraction à la loi pénale et puisant son origine dans la convention préexistante, échappe à la prescription triennale de l'art. 638 du code d'instruction criminelle; Attendu que c'est donc à bon droit que la cour d'Aix a pu déclarer inapplicable en l'espèce ladite prescription pénale, et qu'en décidant comme elle l'a fait, loin de violer les textes visés au moyen, elle en a réalisé une juste et exacte application; D'où il suit que le moyen n'est pas fondé; Par ces motifs, rejette. Tradução livre: "A Corte; Sobre o único meio apresentado: Considerando que a senhora Mercier, afetada por uma afecção nasal, consultou o Dr. Nicolas, radiologista, que a submeteu, em 1925, a um tratamento por raios X, após o qual se manifestou na paciente uma radiodermatite das mucosas da face; que os cônjuges Mercier, considerando que essa nova afecção era imputável a uma falha do operador, propuseram uma ação por danos e prejuízos contra o mesmo, em 1929, mais de três anos após o término do tratamento, pleiteando uma quantia de 200.000 francos; Considerando que o recurso reprova a decisão impugnada, proferida pela corte de apelação de Aix em 16 de julho de 1931, por ter recusado aplicar a prescrição trienal do artigo 638 do código de instrução criminal à ação civil proposta pelos cônjuges Mercier contra o Dr. Nicolas, ao considerar que essa ação teve sua origem não no delito de lesões culposas supostamente cometido pelo profissional, mas no contrato anteriormente celebrado entre este e seus clientes, o qual impunha ao médico a obrigação de fornecer "cuidados assíduos, esclarecidos e prudentes", enquanto, segundo o recurso, o referido contrato não pode envolver um seguro contra qualquer acidente causado involuntariamente, e portanto, a responsabilidade do médico é baseada em uma falta criminal sujeita à aplicação dos artigos 319 e 320 do código penal, justificando sua aplicação da prescrição trienal instituída por esses textos; Mas considerando que se estabelece entre o médico e seu cliente um verdadeiro contrato que implica, para o profissional, o compromisso, não de curar o doente, o que, aliás, nunca foi alegado, mas sim de fornecer cuidados, não quaisquer, como parece afirmar o meio do recurso, mas conscientes e atenciosos e, salvo circunstâncias excepcionais, de acordo com os avanços científicos estabelecidos; que a violação, mesmo involuntária, dessa obrigação contratual, é sancionada por uma responsabilidade da mesma natureza, também contratual; que a ação civil, que realiza tal responsabilidade, tendo assim uma fonte distinta do fato constitutivo de uma infração à lei penal e originando-se no contrato pré-existente, escapa à prescrição trienal do artigo 638 do código de instrução criminal; Considerando que, portanto, com razão, a corte de Aix pôde declarar inaplicável, no caso, a referida prescrição penal, e ao decidir como o fez, longe de violar os textos mencionados no meio, realizou uma aplicação justa e precisa dos mesmos; Portanto, o meio não é fundamentado; Por esses motivos, rejeita" (FRANÇA, Cour de cassation, Civ., 20 maio 1936, Mercier. *Revue générale du droit online*, 1936, n. 6815. Disponível em www.revuegeneraledudroit.eu/?p=6815. Acesso em: 8 ago. 2023).

19. FROSSARD, Joseph. *La distinction des obligations de moyens et des obligations de resultat*. Imprenta: Paris, Libr. Generale de Droit Et de Jurisprudence, 1965. p. 4.
20. *Ibidem*, p. 30.
21. *Ibidem*, p. 30.

1.2 A ORIGEM DAS OBRIGAÇÕES DE MEIOS E DE RESULTADO, NO CENÁRIO DA EVOLUÇÃO DA RESPONSABILIDADE CIVIL NA FRANÇA

Com a Revolução Industrial, multiplicaram-se os acidentes provocados pela exploração massiva de operários, sem o uso adequado de equipamentos de segurança. Os primeiros a sofrerem com este fenômeno foram os que trabalhavam em fábricas. Logo em seguida, o problema atingiu os usuários dos meios de transportes, em plena expansão. Em razão do sistema de responsabilidade individual e subjetiva criado pelos redatores do Código Civil francês (*Code Civil*), as vítimas ficaram simplesmente impossibilitadas, *a priori*, de provar a origem exata do dano sofrido e, *a fortiori*, de provar a existência de culpa, de maneira que, além de perderem a sua única fonte de renda, não encontravam remédios jurídicos que viabilizassem a reparação dos danos sofridos[22].

Segundo a doutrina de Geneviève Viney, foi a partir da década de 1860 que o aumento dos danos acidentais às pessoas, especialmente aqueles provenientes de acidentes de trabalho e de transporte, revelou que a exigência de comprovar uma culpa individual como origem do dano era demasiadamente rigorosa para as vítimas. Ficou evidente que, muitas vezes, essa prova se tornava impossível de ser obtida devido à natureza súbita do acidente e sua origem mecânica[23].

Essas situações de injustiça eram tão flagrantes que nem os admiradores mais incondicionais do *Code Civil* puderam deixar de notá-las. Doutrina, jurisprudência e, depois, o legislador, conjugaram esforços para melhorar o direito à reparação de danos, notadamente daqueles resultantes de acidentes corporais[24]. Diversas foram as teses que buscavam tutelar as vítimas, facilitando-lhes a prova[25]. Afinal, "é uma visão superficial das coisas acreditar na plenitude da ordem jurídica positiva quando ela não tem para dar outras provas do seu valor se não a sua própria existência"[26].

Em um primeiro momento, tentou-se ampliar a extensão da aplicabilidade do art. 1.386[27] do *Code Civil* – que tratava de responsabilizar o proprietário de um imóvel que

---

22. VINEY, Geneviéve. *Tratado de derecho civil*: introducción a la responsabilidade. Trad. Fernando Montoya Mateus. Bogotá: Universidad Externado de Colombia, 2007. p. 470-475, (*ebook*).
23. VINEY, Geneviève. A favor ou contra um princípio geral de responsabilidade civil por culpa. Trad. Camila Ferrão dos Santos. *Revista Brasileira de Direito Cível (RDBCivil)*, Belo Horizonte, v. 31, n. 2. p. 185-200, abr.-jun. 2022. p. 187.
24. *Ibidem*, p. 470-475.
25. Em síntese apresentada por George Ripert, ao menos sete teses foram desenvolvidas com o objetivo de viabilizar a reparação das vítimas, que enfrentavam dificuldades de provar o que lhes competiam, como autores da ação: "criação da responsabilidade baseada no contrato de prestação de serviços, depressa abandonada, aliás; a mesma ideia no que diz respeito ao transporte de pessoas, ideia a princípio condenada, retomando depois um favor inesperado e triunfante, completada em seguida pela ideia duma estipulação por outrem em proveito de certos parentes da vítima; reforço das presunções dos arts. 1.385 e 1.386 declaradas inilidáveis; extensão da regra sobre responsabilidade pelo fato de outrem pela ideia de abuso de função, aplicação extensiva do art. 1.386 que parecia, portanto, bem preciso; por fim, e principalmente, a descoberta, no art. 1.384, § 1º, duma presunção geral de culpa quanto àquele que tem à sua guara uma coisa inanimada" (RIPERT, *op. cit*., p. 207-208).
26. *Ibidem*, p. 28.
27. FRANÇA. Code Civil. Art. 1.386. *Le propiétaire d'un bâtiment est responsible du dommage cause par sa ruine, lorsqu'elle est arrivée para une suite du défaut d'entretien ouou par le vice de as construction*. Tradução livre: "Art.

viesse a ruir, em razão de um defeito de construção – para responsabilizar o proprietário de uma máquina que, por defeito, causasse danos aos trabalhadores. Buscou-se, com isso, proteger mais eficazmente os trabalhadores, transferindo a questão do terreno da "responsabilidade extracontratual" (art. 1.382[28]) para o da "responsabilidade contratual" (art. 1.147[29]). O patrão, segundo essa concepção, tinha o dever de garantir a segurança dos trabalhadores, de maneira que, sempre que um deles se acidentava, restaria descumprida a obrigação, invertendo-se, em desfavor daquele, o ônus da prova. Essa teoria, apesar de alcançar o resultado almejado, era muito artificial para ser acolhida pela jurisprudência, que caminhava no sentido de que o empregador tinha o dever de pagar uma quantia pelo trabalho desenvolvido, e nada mais[30].

Diante dessa realidade, Raymond Saleilles, por meio do trabalho intitulado *Les acidentes de travail et la responsabilité civile: essai d'une théorie objetctive de la responsabilité délictuelle*, publicado em 1897, passou a defender que a culpa prevista no art. 1.382 do *Code Civil* não passava de um fato gerador de danos, principiando, assim, a discussão sobre a doutrina do risco. Louis Josserand, por sua vez, apoiou sua tese numa nova interpretação do 1.384, § 1º, do *Code Civil*[31], tudo a fim de viabilizar a reparação dos empregados, pelos patrões, em hipóteses de acidentes de trabalho. Ainda com essa intenção, esses autores, baseados em jurisprudência que responsabilizava os detentores das coisas pelos danos causados por elas, advogavam a tese da existência, nessas hipóteses, do dever de reparar, independentemente de qualquer consideração subjetiva

---

1.386. O proprietário de um edifício é responsável pelo dano causado por sua ruína, quando esta ocorre devido à falta de manutenção ou ao defeito na construção".

28. FRANÇA. Code Civil. Art. 1.382. *Tout fait quelconque de l'homme, qui cause à autrui um dommage, oblige celui par la faute duquel il est arrivé, à le réparer*. Tradução livre: Art. 1.382. Qualquer ato do homem que cause dano a outrem obriga aquele por cuja culpa ocorreu a repará-lo.

29. FRANÇA. Code Civil. Art. 1.147. *Le débiteur est condamné, s'il y a lieu, au paiment de dommages e intérêts, soit à raison de l'inexécution de l'obligation, soit à raison du retard dans l'exécution, tout ele fois qu'il ne justifie pas que l'inexécution provient d'une cause étrangère qui ne peut lui être imputée, encore qu'il n'y ait aucune mauvaise foi de sa part.* Tradução livre: "Art. 1.147. O devedor é condenado, se for o caso, ao pagamento de perdas e danos, seja em razão do não cumprimento da obrigação, seja em razão do atraso no cumprimento, desde que não prove que o não cumprimento resulta de uma causa estranha que não possa ser imputada a ele, mesmo que não haja má-fé de sua parte".

30. MAZEAUD, Henri; MAZEAUD, Léon. *Traité théorique et pratique de la responsabilité civile*: délictuelle et contractuelle. 4. ed. Paris: Librairie Du Recueil Sirey, 1938. v. 1. p. 73-74.

31. FRANÇA. Code Civil. Art. 1.384. *On est responsable non-seulement du dommage que l'on cause par son propre fait, mais encore de celui qui est causé par le fait des personnes dont on doit répondre, ou des choses que l'on a sous sa garde. Le père, et la mère après le décès du mari, sont responsables du dommage causé par leurs enfans mineurs habitant avec eux; Les maîtres et les commettans, du dommage causé par leurs domestiques et préposés dans les fonctions auxquelles ils les ont employés; Les instituteurs et les artisans, du dommage causé par leurs élèves et apprentis pendant le temps qu'ils sont sous leur surveillance. La responsabilité ci-dessus a lieu, à moins que les père et mère, instituteurs et artisans ne prouvent qu'ils n'ont pu empêcher le fait que donne lieu à cette responsabilité.* Tradução livre: "Art. 1.384. Responde-se não apenas pelo dano causado por seu próprio ato, mas também pelo dano causado pelo ato das pessoas pelas quais se deve responder, ou pelas coisas que se têm sob sua guarda. O pai, e a mãe após o falecimento do marido, são responsáveis pelo dano causado por seus filhos menores que vivem com eles; os mestres e os comitentes, pelo dano causado por seus empregados e prepostos nas funções para as quais os empregaram; os professores e os artesãos, pelo dano causado por seus alunos e aprendizes durante o tempo em que estão sob sua supervisão. A responsabilidade acima mencionada ocorre, a menos que os pais, professores e artesãos provem que não puderam evitar o ato que dá origem a essa responsabilidade".

(culpa)[32.] Era a teoria da responsabilidade derivada do fato das coisas, de importância ímpar para a evolução do princípio da responsabilidade civil[33.]

A criativa tese, no entanto, pouco tempo depois do seu surgimento, foi superada quando o legislador, em 9 de abril de 1898, estabeleceu regras favoráveis às vítimas de acidentes de trabalho, "resolvendo", assim, o problema enfrentado por elas quando perseguiam a reparação pelos danos que lhes eram causados[34.] Diversas outras leis seguiram no mesmo caminho da dissociação da responsabilidade da culpa, reforçando a doutrina do risco: a Lei de 3 de maio de 1921, que visava aos danos causados a terceiros, e não mais aos operários, na hipótese de explosão, deflagração, emanação de substâncias explosivas, corrosivas e tóxicas; a Lei de 16 de abril de 1914, que tratava dos danos decorrentes de crimes ou delitos cometidos pelas forças armadas ou por violência no território de uma comuna, por parte de tropas ou ajuntamentos; e a Lei de 31 de maio de 1924, que tratava do tráfego aéreo e responsabilizava o explorador da aeronave pelos danos causados às pessoas ou às coisas que se achassem na superfície[35.]

Isso, no entanto, não acalmou a acalorada discussão entre os partidários da teoria do risco e aqueles que defendiam ferrenhamente a culpa. Ao contrário, acirrou os ânimos dos seus opositores[36.] Em 13 de fevereiro de 1930, a Corte de Cassação de Paris proferiu julgamento o qual, segundo alguns doutrinadores, consagrou a teoria do risco[37.] Esse julgado, no entanto, foi objeto de muitas críticas: Henri Capitant

---

32. MAZEAUD; MAZEAUD, *op. cit.*, p. 74-75.
33. RIPERT, *op. cit.*, p. 209.
34. MAZEAUD; MAZEAUD, *op. cit.*, p. 75.
35. JOSSERAND, Louis. Evolução da responsabilidade civil. *Revista Forense*, Rio de Janeiro: Forense, v. 86, n. 454-559, 1941. p. 557.
36. MAZEAUD; MAZEAUD, *op. cit.*, p. 75.
37. "*Vu l'article 1384, alinéa 1er, du Code civil ; Attendu que la présomption de responsabilité établie par cet article à l'encontre de celui qui a sous sa garde la chose inanimée qui a causé un dommage à autrui ne peut être détruite que par la preuve d'un cas fortuit ou de force majeure ou d'une cause étrangère qui ne lui soit pas imputable; qu'il ne suffit pas de prouver qu'il n'a commis aucune faute ou que la cause du fait dommageable est demeurée inconnue; Attendu que, le 22 avril 1926, un camion automobile appartenant à la Société "Aux Galeries Belfortaises" a renversé et blessé la mineure Lise X; que l'arrêt attaqué a refusé d'appliquer le texte susvisé par le motif que l'accident causé par une automobile en mouvement sous l'impulsion et la direction de l'homme ne constituait pas, alors qu'aucune preuve n'existe qu'il soit dû à un vice propre de la voiture, le fait de la chose que l'on a sous sa garde dans les termes de l'article 1384, alinéa 1er, et que, dès lors, la victime était tenue, pour obtenir réparation du préjudice, d'établir à la charge du conducteur une faute qui lui fût imputable; Mais attendu que la loi, pour l'application de la présomption qu'elle édicte, ne distingue pas suivant que la chose qui a causé le dommage était ou non actionnée par la main de l'homme ; qu'il n'est pas nécessaire qu'elle ait un vice inhérent à sa nature et susceptible de causer le dommage, l'article 1384 rattachant la responsabilité à la garde de la chose, non à la chose elle-même ; D'où il suit qu'en statuant comme il l'a fait l'arrêt attaqué a interverti l'ordre légal de la preuve et violé le texte de loi susvisé; Par ces motif, CASSÉ". CASSE. FRANÇA. Cour de Cassation.* Chambres réunies, du 13 février 1930, JAND'HEUR Ch. Réunies 13 février 1930 D.P. 1930.1.57. Disponível em: https://www.legifrance.gouv.fr/juri/id/JURI-TEXT000006952821. Acesso em: 29 jul. 2023. Tradução livre: "Considerando o artigo 1384, parágrafo 1º, do Código Civil; Considerando que a presunção de responsabilidade estabelecida por este artigo contra aquele que tem sob sua guarda a coisa inanimada que causou dano a outrem só pode ser destruída pela prova de um evento fortuito, força maior ou uma causa externa que não lhe seja imputável; que não é suficiente provar que ele não cometeu nenhuma falha ou que a causa do ato prejudicial permanece desconhecida; Considerando que, em 22 de abril de 1926, um caminhão automóvel pertencente à Sociedade "Aux Galeries Belfortaises" tombou e feriu a menor Lise X; que a decisão impugnada recusou a aplicação do texto acima mencionado com base no

reprovou a atitude da Corte, afirmando que estava desempenhando as funções de legislador; George Ripert tentou demonstrar que o Tribunal não estava tratando da teoria do risco, que o órgão mantinha o seu entendimento em relação a ela; os irmãos Henri e Léon Mazeaud declararam que o julgamento apenas substituiu a expressão "presunção de culpa" por "presunção de responsabilidade", sem ferir o princípio da responsabilidade fundada na culpa; já Louis Josserand, na conferência *Les accidents d'automobile et l'arrêt solennel de février 1930*, proferida na Faculdade de Direito de Coimbra, defendeu que o aresto consagrou a teoria do risco, ao aplicar o art. 1.384, § 1º, do *Code Civil* [38].

Por outro lado, enquanto o cenário da responsabilidade civil revelava intensa discussão sobre a relevância/importância da culpa como elemento necessário à configuração do direito de reparar, também gravitava uma discussão acalorada sobre a unidade ou a dualidade existente entre as responsabilidades contratual e delitual/aquiliana [39]. Essa discussão partiu, em princípio, do intenso debate doutrinário, havido entre os anos 1850-1870, sobre a oposição absoluta da culpa contratual e da culpa delitiva, muito antes de se falar, de fato, em "responsabilidade contratual" [40]. Comumente, se ensinava que a culpa contratual, diferentemente da culpa delitiva, era presumida, e que o devedor, para exonerar-se da sua responsabilidade, deveria provar a ocorrência de um caso fortuito ou de força maior [41] (esse entendimento advinha da interpretação do art. 1.315 [42] do *Code Civil*). Somente no último quarto do século XIX, quando Marcel Planiol passou a defender a unidade da culpa (contratual e delitual), teria surgido o conceito moderno de responsabilidade contratual [43].

Nesse contexto, A. Hudelot e E. Metman defendiam que a culpa contratual derivava do fato da não execução do contrato, por isso, cabia ao devedor o ônus de provar a existência do caso fortuito ou força maior para eximir-se do dever de reparar. Já nas hipóteses da ocorrência de delito ou quase-delito (responsabilidade

---

motivo de que o acidente causado por um automóvel em movimento, impulsionado e dirigido pelo homem, não constituía, quando não existe prova de que se deve a um defeito intrínseco do carro, o ato da coisa que está sob sua guarda nos termos do artigo 1384, parágrafo 1º, e que, portanto, a vítima estava obrigada, para obter reparação pelo dano, a estabelecer a culpa do condutor que lhe fosse imputável; Mas considerando que a lei, para a aplicação da presunção que ela estabelece, não faz distinção se a coisa que causou o dano estava ou não sob operação da mão do homem; que não é necessário que ela tenha um defeito inerente à sua natureza e capaz de causar o dano, uma vez que o artigo 1384 vincula a responsabilidade à guarda da coisa, não à coisa em si; Portanto, segue-se que ao decidir como o fez, a decisão impugnada inverteu a ordem legal da prova e violou o texto da lei acima mencionada; Por essas razões, CASSADA".

38. LIMA, Alvino. *Culpa e risco*. 2. ed. São Paulo: RT, 1999. p. 122.
39. VINEY, *op. cit.*, 2007, posição 5615.
40. REMY, Phillipe. La responsabilité contractuelle: histoire d'um faux concept. *Revue trimestrielle de droit civil*. Paris: Sirey, n. 2. p. 323-355, abr.-jun. 1997. p. 330.
41. *Ibidem*, p. 330.
42. FRANÇA Code Civil. Art. 1.315. *Celui qui reclame l'inéxecution d'une obligation, doit la prouver. Réciproquement, celui qui se prétend libéré, doit justifier le paiment ou le fait que a produit l'extincion de son obligation*. Tradução livre: "Art. 1.315. Aquele que reclama o descumprimento de uma obrigação deve prová-lo. Reciprocamente, aquele que alega estar liberado deve justificar o pagamento ou o fato que resultou na extinção de sua obrigação".
43. REMY, *op. cit.*, p. 330.

delitual), o ônus da prova caberia ao credor[44], tendo em vista a regra do art. 1.382 do *Code Civil*[45].

Em 1884, Charles Sainctelette publicou *De la responsabilité et de la garantie*, na qual realizou uma vigorosa profissão de sua fé na doutrina dualista, e propôs substituir a terminologia "responsabilidade contratual" por "responsabilidade de garantia"[46]. Por trás dessa sugestão, o autor buscava afirmar a total autonomia das consequências do incumprimento do contrato em relação à responsabilidade extracontratual. A obrigação inicial decorrente do contrato não era modificada pelo incumprimento, que só a torna exigível sob a forma de indenização[47].

Em 1892, Jean Grandmoulin contestou a tese de Charles Sainctelette, defendendo a unidade entre as responsabilidades, ao propor o reconhecimento da natureza lesiva da responsabilidade por incumprimento das obrigações contratuais. Segundo ele, o incumprimento de um contrato constitui uma falta que criaria uma obrigação de reparar, independentemente da obrigação contratual primitiva, como resultante do cometimento de um delito ou quase delito[48-49].

Para Eugene Gaudemet, os danos decorrentes do incumprimento do contrato não são aqueles relacionados à responsabilidade civil delitual do art. 1.382 do *Code Civil*, em que não existe uma obrigação prévia estabelecida entre as partes. Para ele, quando há uma relação contratual entre as partes, a obrigação de indenizar é apenas continuação e extensão dessa obrigação preexistente, que simplesmente mudou seu objeto, e não uma nova obrigação surgida a partir do inadimplemento[50]. Esse pensamento, aliás, se alinhava com a tese clássica, para a qual o não cumprimento do contrato não é a causa de uma nova obrigação; era o próprio contrato a causa dos danos que deveriam ser pagos, quando da sua inexecução[51].

Christian Larroumet, nesse sentido, afirma que os redatores do *Code Civil* não haviam concebido o incumprimento do contrato como fato gerador da responsabilidade

---

44. HUDELOT, A.; METMAN, E. *Des obligations*: sources, extinction e prevue. 4. ed. Paris: Marescq Jeune, 1908. p. 330-331.
45. FRANÇA. Code Civil. Art. 1.382. *Tout fait quelconque de l'homme, qui cause à autrui um dommage, oblige celui par la faute duquel il est arrivé, à le réparer.* Tradução livre: Art. 1.382. Qualquer ato do homem que cause dano a outrem obriga aquele por cuja culpa ocorreu a repará-lo.
46. VINEY, *op. cit.*, 2007. p. 5.615.
47. VINEY, Geneviève. La responsabilité contractuelle en question. *In*: VINEY, Geneviève. Le contrat au début du XX è siècle: études ofertes à Jacques Ghestin. *Revue Internationale de Droit Compare*. Paris: Persee, 1988. p. 921.
48. *Ibidem*, p. 921.
49. No direito francês, estabelece-se uma diferença entre os delitos e quase-delitos, de acordo com a intenção de causar o dano a outrem: "chama-se delito o ato pelo qual uma pessoa, por dolo ou maldade, causa perda ou dano a outra. O quase-delito é o ato pelo qual uma pessoa, sem maldade, mas por uma imprudência que não seja desculpável, causa algum dano a outrem" (POTHIER, Robert Joseph. *Teoria das obrigações*. Trad. Adrian Sotero de Witt Batista e Douglas Dias Ferreira. Campinas: Servanda, 2001. p. 113).
50. GAUDEMET, Eugene. *Théorie générale des obligations*. Paris: Recuel Sirey, 1937. p. 378.
51. REMY, *op. cit.*, p. 325.

civil. A única responsabilidade considerada foi a prevista no art. 1.382[52] e seguintes, do *Code Civil* – que positivava o princípio base da responsabilidade aquiliana, *neminem laedere* –, pois eram herdeiros da tradição do direito antigo, advindo do direito romano. Somente no final do século XIX, os termos responsabilidade em matéria contratual ou responsabilidade decorrentes da inexecução de um contrato começaram a ser usados[53.]

Segundo Phillipe Remy, a construção dos elementos essenciais para a formação da responsabilidade contratual teve início com Marcel Planiol, como se suscitou acima. Essa criação teria sido, porém, involuntária, e ocorrido quando o jurista francês contestou a oposição tradicional entre a culpa contratual, que seria presumida, e a culpa delitual, que deveria ser provada. Na realidade, em ambos os casos, a culpa pressuporia a existência de uma obrigação anterior, e num ato que a violaria. Com isso, acabou criando uma noção geral de culpa, que engloba a violação das obrigações legais e das obrigações contratuais. Assim, a fonte da indenização seria um fato: o incumprimento de uma obrigação, legal ou contratual, e não o contrato[54.]

Marcel Planiol defendia que o art. 1.382 do *Code Civil* obrigava o autor do ilícito a reparar os danos causados, mas essa reparação, que tinha valor de sanção, somente se aplicava às obrigações legais. Para se repararem os danos causados pelo incumprimento das obrigações estabelecidas em um contrato, dever-se-ia invocar o art. 1.142[55-56] do *Code Civil*. Para o autor, não havia razão para distinguir a culpa delitual da culpa contratual, pois, segundo ele, ambas criam também uma obrigação, a de reparar por indenização o dano causado, assim como pressupõem a existência de uma obrigação anterior (legal ou contratual). A natureza da obrigação violada não teria influência sobre a culpa[57,] razão pela qual, para ele, não haveria motivo para tratar de modo tão diferente dois "devedores", vinculados por obrigações semelhantes pelo seu objeto – um por força da lei, o outro por contrato. Caminhar nesse sentido "seria um capricho desmotivado, um disparate jurídico"[58.]

Quanto à matéria probatória, Marcel Planiol entendia que não era a natureza (contratual ou legal) da obrigação que apontaria quem deveria produzir as respectivas provas, numa ação judicial; ao revés, seria recomendável considerar, para tanto, a natu-

---

52. FRANÇA. Code Civil. Art. 1382. *Tout fait quelconque de l'homme, qui cause à autrui un dommage, oblige celui par la faute duquel il est arrivé, à le réparer.* Tradução livre: "Art. 1382. Qualquer ato do homem que cause dano a outrem obriga aquele por cuja culpa ocorreu a repará-lo".
53. LARROUMET, Christian. Pour la responsabilité contratctuelle. *Le droit privé français à la fin du XXe siècle*. Études offertes à Pierre Catala. Paris: Litec, 2001. p. 544.
54. SAVAUX, Eric. La fin de la responsabilité contractuelle? *Revue Trimestrielle de Droit Civil*. Paris: Dalloz, n. 1. p. 1-26, jan.-mar. 1999. p. 5.
55. FRANÇA. Code Civil. Art. 1.142. *Toute obligation de faire ou de ne pas faire se résout en dommages et intérêts, en cas d'inexécution de la part du débiteur.* Tradução livre: "Art. 1.142. Toda obrigação de fazer ou de não fazer se resolve em perdas e danos, em caso de não cumprimento por parte do devedor".
56. PLANIOL, Marcel. *Traité élémentaire de droit civil.* 9. ed. Paris: Librairie generale de droit e de jurisprudence, 1923. v. 2. p. 283.
57. *Ibidem*, p. 293.
58. *Ibidem*, p. 299.

reza positiva ou negativa do objeto da obrigação. Quando o devedor estivesse vinculado por uma obrigação positiva de dar ou fazer, bastava ao credor provar a existência do seu crédito, que aquele deveria ser condenado, salvo se provasse a existência de fato libertador, ônus que lhe cabia por aplicação da máxima *reus excipiendo fit actor* (o réu, ao excepcionar, torna-se autor). Não haveria presunção de culpa e o credor jamais poderia ser obrigado a provar as causas que pudessem liberar o seu devedor[59]. Quando o devedor estivesse vinculado por uma obrigação negativa, o credor não teria nada a reclamar dele, enquanto não fosse comprovado o fato do incumprimento da obrigação. O ônus da prova estaria sobre o credor, nessa hipótese, porque a prova do ato de contravenção seria a condição necessária de qualquer condenação contra o devedor, e isso não guardava relação com a natureza da obrigação (decorrente do incumprimento do contrato ou da violação da lei)[60].

Essa opinião, relativa à ausência de distinção entre as obrigações decorrentes de violação de contrato ou da lei, foi, no entanto, objeto de críticas. Eugene Gaudemet afirmava que a tese de Marcel Planiol esbarrava em duas objeções: i) haveria responsabilidade pelo fato, independentemente da culpa, derivada do incumprimento de uma obrigação; ii) mesmo nos casos de culpa no sentido clássico, deveria-se-ia fazer uma distinção entre a culpa do art. 1.382 e a culpa no cumprimento de uma obrigação. Essa distinção seria necessária, segundo Eugene Gaudemet, para se verificar o campo de incidência normativa (os arts. 1.150[61] e seguintes só se aplicariam à responsabilidade por inexecução do contrato, e não àquela prevista no art. 1.382; o art. 1.137[62] somente trataria da responsabilidade pela inexecução de uma obrigação preexistente) e – no que mais importa ao presente estudo – à prova da culpa: havendo relação contratual, bastava ao credor provar a obrigação do devedor, sem a necessidade de provar o fato (ilícito) ou a culpa dele; ao devedor, caberia alegar caso fortuito, para ver-se livre do dever de indenizar. No caso de responsabilidade pelo fato lesivo, como não existiria uma relação contratual prévia entre as partes, cabia ao credor provar o fato ou a culpa[63].

Sobre a prova, Hudelot e Metman, já em 1908, sustentavam haver uma separação completa entre o domínio do contrato e o do ilícito extracontratual; a existência de um

---

59. *Ibidem*, p. 299-230.
60. *Ibidem*, p. 230.
61. FRANÇA. Code Civil. Art. 1.150. *Le débiteur n'est tenu que des dommages et intérêts qui on été prévus ou qu'on a pu prévoir lors du contrat, lorsque ce n'est point par son dol que l'obligation n'est point exécutée*. Tradução livre: "Art. 1.150. O devedor é responsável apenas pelas perdas e danos que foram previstos ou que poderiam ser previstos no momento do contrato, exceto se a obrigação não for cumprida por sua própria má-fé".
62. FRANÇA. Code Civil. Art. 1.137. *L'obligation de veiller à la conservation de la chose, soit que la convention n'ait pour objet que l'utilité de l'une des parties, soit qu'elle ait pour objet leur utilité commune, soumet celui qui en est chargé à y apporter tous les soins d'un bon père de famille. Cette obligation est plus ou moins etendue relativement à certains contrats, dont les effets, à cet égard, sont expliqués sous les titres qui les concernent*. Tradução livre: "Art. 1.137. A obrigação de garantir a conservação da coisa, seja que o contrato tenha como objetivo apenas a utilidade de uma das partes, seja que tenha como objetivo sua utilidade comum, submete aquele que está encarregado disso a aplicar todos os cuidados de um bom pai de família. Essa obrigação é mais ou menos ampla em relação a certos contratos, cujos efeitos a esse respeito são explicados sob os títulos que os concernem".
63. GAUDEMET, *op. cit.*, p. 391-392.

contrato entre o autor e a vítima do dano excluiria a aplicação do art. 1.382 do *Code Civil*. Caberia a quem não cumpriu a obrigação contratual provar que o incumprimento resulta de caso fortuito ou de força maior. Em caso de ato ilícito ou quase-delito, caberia ao credor provar que o seu adversário cometeu uma falta específica e determinada, sem a qual o dano sofrido não teria ocorrido. Assim, a depender da resposta à questão de saber se uma pessoa cometeu uma falta contratual ou extracontratual, o ônus da prova seria invertido[64].

Por volta da década de 1930, surgiram várias obras sobre o tema propondo uma síntese (uma tese intermediária entre a dualista, defendida por Charles Sainctelette, e unitária, partidária de Jean Grandmoulin) que, ainda hoje, pode ser considerada uma expressão do direito positivo francês. Em geral, houve uma grande adesão dos autores à tese dualista das responsabilidades, mas essa dualidade não seria tão fundamental como se havia defendido anteriormente. Admite-se que a responsabilidade contratual não é um simples efeito do contrato, e que a responsabilidade delitual seria uma fonte autônoma das obrigações. Em ambos os casos, a violação de uma obrigação (de origem legal ou contratual) dá origem a uma nova obrigação, a de reparar o dano causado. Como consequência, ambas as responsabilidades (delitual e contratual) são atadas tanto à teoria das fontes quanto aos efeitos das obrigações, e a dualidade não se traduz em uma diferença de natureza das instituições, pois não haveria duas responsabilidades, mas dois tipos de responsabilidade[65].

Como se vê, o final do século XIX e o início do século XX foi um momento de intensa discussão doutrinária sobre a culpa, o seu papel na responsabilidade civil e, como "consequência prática" disso, como deveria ser distribuído o ônus da prova nas hipóteses de responsabilidade civil delitual (aquiliana) e contratual. Essa discussão se dava, primordialmente, em razão da aparente contradição entre os arts. 1.137[66] e 1.147[67] do *Code Civil*. Enquanto o art. 1.137 trataria das obrigações de resultado, o art. 1.137 estaria relacionado às obrigações de meios[68]. Isso ocorria porque, segundo o art. 1.147, para se obter a condenação do devedor, bastava ao credor provar unicamente o incumprimento, sem a necessidade de provar a culpa. Já conforme o art. 1.137, aquele que

---

64. HUDELOT; METMAN, *op. cit.*, p. 330-331.
65. VINEY, *op. cit.*, 2007, posição 5668-5683.
66. Jésus Miguel Lobato Gómez chama a atenção para o fato de que o art. 1.137, § 2º, do *Code Civil*, aparenta ser ainda mais contraditório do que o seu *caput*, em relação ao art. 1.147, do mesmo diploma, pois admite expressamente que nem sempre a obrigação tem a mesma intensidade, já que pode variar em razão das circunstâncias e da sua natureza (GOMEZ, *op. cit.*, p. 658 – nota de rodapé).
67. FRANÇA. Code Civil. Art. 1.147. *Le débiteur est condamné, s'il y a lieu, au paiement de dommages et intérêts, soit à raison de l'inexécution de l'obligation, soit à raison du retard dans l'exécution, toutes les fois qu'il ne justifie pas que l'inexécution provient d'une cause étrangère qui ne peut lui être imputée, encore qu'il n'y ait aucune mauvaise foi de sa part*. Tradução livre: "Art. 1.147. O devedor é condenado, se for o caso, ao pagamento de perdas e danos, seja em razão do não cumprimento da obrigação, seja em razão do atraso na execução, sempre que não comprovar que o não cumprimento decorre de uma causa externa que não pode ser imputada a ele, ainda que não haja má-fé de sua parte".
68. GARZÓN, María Dolores Cervilla. *Jurisprudencia y doctrina en torno a las obligaciones de medios*. Espanha: ARANZADI, 2021. p. 152, (*ebook*).

estava obrigado a velar pela conservação da coisa responderia se não se comportasse, no cumprimento da obrigação, com a diligência de um bom pai de família. O credor, para estabelecer a responsabilidade pelo incumprimento, deveria provar que o devedor não observou os cuidados que exigem essa diligência. Em consequência, o devedor restaria liberado da responsabilidade se provasse exclusivamente ter agido com diligência, sem a necessidade de provar a ocorrência de caso fortuito[69].

A teoria de René Demogue, que obteve ampla repercussão na doutrina e, posteriormente, na jurisprudência, serviria, portanto, para explicar a diferença entre os casos em que o ônus da prova da culpa do devedor caberia ao devedor, no caso de incumprimento de obrigação contratual, e aqueles em que essa prova não seria necessária, com base na intensidade do conteúdo da obrigação[70].

Essa distinção chegou a ser considerada a *summa divisio* do direito das obrigações[71] e, apesar das diversas críticas doutrinárias que a ela se fez há tempos, já não mais é abordada com consciência e rigor com a sua suposta essência, mas ainda é vista como um dado inquestionável e indiscutível, um verdadeiro axioma[72].

1.3 AS POSIÇÕES CRÍTICAS DA DOUTRINA EM RELAÇÃO ÀS OBRIGAÇÕES DE MEIOS E DE RESULTADO

Apesar de amplamente aceita, a classificação das obrigações de meios e de resultado sempre foi objeto de intensas críticas, grande parte delas relativa à ausência de critérios objetivos que as distingam, o que faz ressaltar as análises subjetivas do julgador e, com isso, a incerteza da aplicação do direito – notadamente quando as partes não previram expressamente a natureza da obrigação assumida, mas, tão somente, o conteúdo das prestações.

Neste ponto, serão analisados, sob o viés crítico, os principais critérios de distinção entre as obrigações de meios e de resultado utilizados pela doutrina clássica.

1.3.1 A álea e a aceitação dos riscos

Ao tratar das obrigações de meios e de resultado, sob a designação de "obrigações de prudência e diligência" e de "obrigações determinadas", destacam os irmãos Henri e Léon Mazeaud que, em matéria contratual, para distinguir-se uma obrigação da outra, basta avaliar a verdadeira intenção das partes ao pactuar o negócio. Diante disso, questiona-se: queriam estipular e prometer que o objetivo buscado no contrato seja efetivamente alcançado (por exemplo, que um bem chegará em tal lugar no estado em que foi confiado ao transportador), ou apenas que o devedor exerça prudência e

---
69. GOMEZ, *op. cit.*, p. 658.
70. LARROUMET, *op. cit.*, p. 549.
71. RENTERÍA, Pablo. *Obrigações de meio e de resultado*: análise crítica. Rio de Janeiro: Forense, 2011. p. 1.
72. AZZALINI, *op. cit.*, p. 6.

diligência na tentativa de alcançar o objeto pretendido no contrato (por exemplo, que o médico se comporte com prudência e diligência ao tentar curar o paciente)?[73]

A autonomia privada espelhada em um negócio capaz de especificar, precisamente, a qual tipo de obrigação as partes estão vinculadas, é ponto a ser tratado mais adiante, mas o "problema" maior é presente nas hipóteses em que não é possível extrair, a partir do negócio entabulado pelas partes, a real intenção delas, no tocante à delimitação exata do objeto da obrigação que condiciona o adimplemento, por parte do devedor – revelando questão difícil de se desvendar, em um processo judicial. Nesse caso, como distinguir a natureza da obrigação entabulada?

Ao tratarem dessa questão, referindo-se a André Tunc, Henri e Léon Mazeaud defendem que a descoberta da verdadeira vontade das partes, no tocante à escolha (não explícita) da natureza da obrigação contraída, decorre da análise da aleatoriedade da obrigação. Quando o resultado pretendido fosse aleatório, a obrigação seria de prudência e diligência (de meios), e o devedor não estaria comprometido a alcançar qualquer resultado, mas, apenas, a "fazer o possível para tentar alcançá-lo"[74.] Por outro lado, quando o resultado pretendido pelas partes não fosse aleatório, poder-se-ia concluir que o devedor se comprometeu a alcançar, efetivamente, o resultado, pelo que se estaria diante de uma obrigação determinada (de resultado)[75.]

Essa posição, perfilhada por André Tunc, afirma ser o caráter aleatório, ou o caráter mais ou menos certo do resultado querido pelo credor, aquele que distinguiria as obrigações de resultado do que designou de "obrigações de pura diligência" (de meios). A obrigação teria por objeto o resultado quando se pudesse presumir que a diligência do devedor irá atingi-lo, mas quando a álea fosse tão evidente a ponto de não poder ser negligenciada, seria necessário considerar que o objeto da obrigação é, exclusivamente, a diligência do devedor; a diferença entre ambas resultaria das circunstâncias, "e não, em princípio, de uma diferença de grau de intensidade da obrigação"[76.]

A aleatoriedade do resultado esperado também é, para Fábio Konder Comparato, o critério distintivo entre as obrigações de meios e de resultado. Segundo ele, toda prestação compreende dois elementos: um objetivo (que não é forçosamente material) a ser produzido em benefício do credor, e um subjetivo, que consistiria no comportamento do devedor em prol desse resultado final. Mas, em determinadas vezes, esse resultado não poderia integrar o vínculo, pelo fato de depender de fatores estranhos à vontade do devedor[77:] "é no critério da aleatoriedade do resultado esperado que se situa, em última análise, o fundamento da nova classificação das obrigações"[78.]

---

73. MAZEAUD; MAZEAUD, *op. cit.*, p. 109.
74. *Ibidem*, p. 109.
75. *Ibidem*, p. 109.
76. TUNC, *op. cit.*
77. COMPARATO, *op. cit.*, 1967, p. 33.
78. COMPARATO, *op. cit.*, 1967, p. 33.

Ao tratar do critério da aleatoriedade, Joseph Le Callonec identificou divergências, na jurisprudência, sobre a classificação das obrigações de meios e de resultado, ao comentar um aresto proferido em 14 de maio de 1985, pela *Cour d'appel d'Angers*. O caso envolvia um proprietário que processou um perfurador de poços por supostamente não cumprir suas obrigações contratuais. Na ocasião, o Tribunal confirmou a condenação do perfurador, afirmando que ele tinha uma obrigação de meios para com seu cliente e que não demonstrou a diligência necessária[79]. O autor não discorda do resultado do julgamento, mas questiona a solidez da fundamentação, quando classificou a obrigação como "de meios". Segundo o autor, a Corte não colaborou na busca por um critério distintivo, pois não explanou as razões que o levaram a afirmar que "o escavador de poço está ligado a uma obrigação de meios e não de resultado". Os tribunais, segundo Joseph Le Callonec, raramente se esforçavam para fundamentar suas decisões sobre esse ponto[80]. Diante disso, questiona: "isso é certo?"[81].

Para responder o seu próprio questionamento, o autor trata da incerteza dos critérios utilizados pela doutrina para distinguir as obrigações. Ataca diretamente o critério da álea como elemento distintivo, pois o próprio conceito de aleatoriedade é vago e não delimitado pela doutrina, que se satisfazia com o significado dado ao termo pela linguagem cotidiana[82].

Mas o que se destaca aqui é o fato de o autor afirmar que as obrigações de meios podem, com o avanço da tecnologia, se transmutar em obrigações de resultado, caso da perfuração de poços, se passasse a existir um método que pudesse proporcionar resultados infalíveis (diminuindo, portanto, a álea)[83]. Para classificar adequadamente a obrigação do perfurador, o Tribunal deveria ter averiguado se, em 1978, quando o devedor foi contratado para cavar um poço, existia um método confiável, sem margem de erro, para determinar se havia uma fonte em determinado terreno, sua profundidade e vazão, como teria feito a *Cours d'appel d'Paris*, em 1956[84]. "A mesma obrigação pode, dependendo das circunstâncias da época, passar de uma categoria para outra"[85].

---

79. CALLONEC, Joseph Le. Le Calonnec Joseph. Le progrès technique et la distinction des obligations de résultat et des obligations de moyens. *Revue Judiciaire de l'Ouest*, 1986-2. p. 186-196.
80. *Ibidem*, p. 191.
81. *Ibidem*, p. 187.
82. *Ibidem*, p. 189.
83. *Ibidem*, p. 194.
84. *Ibidem*, p. 194-196.
85. "*Voici quarante ans, M. le Professeur TUNC écrivait: "La différence entre les deux catégories d'obligations résulte des circonstances et non, en principe, d'une différence de degré ou d'intensité de l'obligation". On a pu constater que, parmi ces circonstances, prenait place l'état des sciences et des techniques. Tout récemment, Madame le Professeur VINEY observait, de son côté que: "Les deux catégories (de résultat et de moyens) ne sont pas étanches". Sans doute, voulait-elle faire remarquer surtout que la frontière entre les deux n'était pas à un moment donné tracée avec netteté. Mais la formule utilisée est assez générale pour être doublement riche d'enseignement. Car elle avertit aussi le lecteur qu'une même obligation peut, au gré des circonstances de temps, passer d'une catégorie dans l'autre*" (CALLONEC, *op. cit.*, p. 196). Tradução livre: "Há quarenta anos, o Professor TUNC escreveu: 'A diferença entre as duas categorias de obrigações resulta das circunstâncias e não, em princípio, de uma diferença no grau ou intensidade da obrigação'. Pudemos constatar que, entre estas circunstâncias, o estado da ciência e da tecnologia tomou o seu lugar. Muito recentemente, a Professora VINEY observou, por sua vez, que: 'As duas

Isso revela como os critérios de distinção das obrigações em tratamento são frágeis e suscetíveis a avaliações subjetivas.

Nesse sentido, nota-se que, hoje, a mesma obrigação (perfurar poço) ora é tida como obrigação de meios[86-87,] ora como obrigação de resultado[88-89,] pela jurisprudência brasileira. E, assim como ocorreu no julgado comentado por Joseph Le Callonec, esses julgados não enfrentam profundamente a natureza da obrigação. Apenas se enuncia o tipo da obrigação e, na sequência, passa-se a discutir as consequências dessa classificação. Note-se que os quatro julgados indicados são relativamente recentes (2005, 2010, 2015 e 2017). Por evidente, a tecnologia de perfuração de poços de hoje é infinitamente mais "evoluída" e "precisa" do que era em 1956 ou 1978 (datas dos julgados comentados pelo autor francês, acima), mas isso não parece ter sido suficiente para uniformizar a classificação da obrigação. Como os confusos critérios distintivos existentes à época permanecem, continua a divergência jurisprudencial sobre o tema.

---

categorias (resultado e meio) não são estanques". Sem dúvida, ela quis salientar acima de tudo que a fronteira entre os dois não foi claramente traçada em nenhum momento. Mas a fórmula utilizada é suficientemente geral para ser duplamente instrutiva. Porque também alerta o leitor que a mesma obrigação pode, dependendo das circunstâncias da época, passar de uma categoria para outra".

86. "Ação declaratória de inexistência de débito c/c indenizatória a danos morais. Perfuração de poço artesiano. Obrigação de meio. Pagamento devido. A prestação de serviços de perfuração de poços artesianos configura obrigação de meio, e não de resultado, portanto, realizado o serviço, mesmo sem a localização da água no local indicado, tem o contratante a obrigação de efetuar o pagamento do preço ajustado" (Tribunal de Justiça do Estado de Minas Gerais. AC: 10451050041479001, Rel. Francisco Kupidlowski, j. 18-03-2010, 13ª Câmara Cível, Public. 08-04-2010).

87. "Ação declaratória cumulada com pleito indenizatório. Contrato de prestação de serviço. Perfuração de poço artesiano. O contrato de perfuração de poço artesiano revela uma obrigação de meio, uma vez que o resultado (vazão de água) se sujeita às condições geológicas do terreno. Inexistência de comprovação da alegada desqualificação dos prepostos da empresa contratada e nem de defeito do serviço prestado. Impropriedade da alegação de inclusão dos serviços prestados, ante o inadimplemento do contratante. Inexistência de ato ilícito, razão da improcedência do pleito indenizatório. R. sentença mantida. Recurso não provido" (Tribunal de Justiça do Estado de São Paulo. AC: 30027972520138260653, Rel. Roberto Mac Cracken, j. 09-04-2015, 22ª Câmara Cível, Public. 07-05-2015).

88. "Recurso – Apelação cível – Prestação de serviços – Perfuração de poço artesiano ou semiartesiano – Ação de cobrança – Autor, prestador de serviços de perfuração de poço de água, que diz fazer jus a parte dos honorários contratuais ajustados, porque teria sido impedido pelo contratante de terminar a perfuração do poço depois de realizado a perfuração de apenas 50% (cinquenta por cento) de sua metragem. Prova pericial comprobatória de que, em verdade, o autor realizou a perfuração completa do poço, mas não encontrou o lençol freático. Assim, correta a sentença que julgou improcedente o pedido inicial. *Inovação recursal de que a perfuração era contrato de meio, não de resultado, que também não daria guarida à pretensão do autor, porque a contratação foi de resultado e o resultado esperado não foi alcançado.* Sentença válida e mantida por seus jurídicos fundamentos, mais dos acrescidos. Improcedência. Decisão mantida. Recurso de apelação não provido" (Tribunal de Justiça do Estado de São Paulo. AC: 00001571520128260434, Rel. Marcondes D'Angelo, j. 30-03-2017, 25ª Câmara Extraordinária de Direito Privado, Public. 03-04-2017).

89. "Civil e processo civil. Ação de indenização. Serviço de perfuração de poço artesiano. Interrupção. Obrigação de resultado. Danos materiais comprovados. Obrigação de indenizar. 1 – *O contrato de realização de perfuração de poço artesiano contempla uma obrigação de resultado* e sua inexecução culposa acarreta ao contratado o dever de indenizar o contratante pelos danos materiais comprovadamente sofridos. 2 – Recurso conhecido e improvido. 3 – Sentença mantida" (Tribunal de Justiça do Distrito Federal e Territórios. AC: 20000110077266, Rel. Cruz Macedo, j. 15-08-2005, 4ª Turma Cível, Public. 04-10-2005).

Por outro lado, alguns doutrinadores utilizam o critério da aceitação dos riscos para, apenas em determinados contratos, distinguir as obrigações de meios ou de resultado. Haveria, em certos casos, o consentimento implícito da vítima, resultante da análise das circunstâncias do caso concreto, em aceitar os riscos da obrigação. Segundo os defensores deste critério, a aceitação dos riscos diminuiria a intensidade da relação obrigacional, constituindo um indício de que se trataria de uma obrigação de meios[90-91].

Para Geneviéve Viney, o papel desempenhado pelo credor é adequado, em certos casos, para qualificar as obrigações[92]. Segundo Ricardo Lucas Ribeiro, a aplicação desse critério pressupõe uma realidade fática que envolve dois elementos: a produção de um dano e a colocação voluntária do lesado numa situação de dano potencial[93]. Segundo a jurisprudência francesa, seriam exemplos de obrigações de meios relacionadas ao critério ora tratado o transporte gratuito e a participação voluntária em certas atividades desportivas violentas, como rúgbi e boxe[94].

Segundo Joseph Frossard, a aceitação dos riscos, com a colocação voluntária do credor em uma situação potencialmente danosa (a fim de caracterizar uma obrigação de meios), seria um critério a não ser considerado amplamente para qualificar as obrigações, pois se limitaria apenas a alguns contratos e obrigações específicos (transporte voluntário e prática voluntária de esportes violentos, por exemplo)[95]. Todavia, o autor afirma que esse critério, embora restrito a poucas hipóteses, não deveria ser válido, pois a aceitação dos riscos, pelo credor, não se assimilaria a uma cláusula de exoneração de responsabilidade[96], no que tem razão.

No mais, Joseph Frossard reconhece que esse critério só é utilizado na hipótese de aceitação de riscos relacionados a danos causados a pessoas naturais, isto é, não se aplica a danos causados a coisas[97]. Além disso, se, excepcionalmente, fosse previsível um risco normal, o conhecimento dele não equivaleria à sua "aceitação"[98], pois há diversas situações em que uma pessoa voluntariamente se coloca em uma posição perigosa, mesmo que tenha direito à segurança absoluta. Qualquer dano resultante dessa situação impõe ao responsável a obrigação de reparar. Isso se aplica a casos como o do socorrista voluntário, aquele que age com dedicação ou gratuitamente, assumindo riscos significativos. Nestas circunstâncias, nunca houve dúvidas de que esses indivíduos têm o direito à reparação completa dos danos sofridos, mesmo na ausência de culpa por qualquer das partes[99].

---

90. RIBEIRO, *op. cit.*, p. 56-57.
91. *Ibidem*, p. 57.
92. VINEY, Geneviève. *Traité de droit civil*. La responsabilité: conditions. Paris: LGDJ, 1982.
93. RIBEIRO, *op. cit.*, p. 57.
94. *Ibidem*, p. 57.
95. FROSSARD, *op. cit.*, p. 147.
96. *Ibidem*, p. 147.
97. *Ibidem*, p. 140.
98. *Ibidem*, p. 149.
99. *Ibidem*, p. 156.

Para além de todos esses argumentos, *não é a vontade das partes que determina a natureza de uma obrigação*. Embora se trate de caso em que um contratante aceita os riscos de uma lesão corporal, ainda assim, isso não faz transmutar a natureza da obrigação assumida. Por isso, esse critério não tem qualquer utilidade.

O critério da álea, por sua vez, também não é suficiente para justificar a existência da distinção entre as obrigações. Isso porque, como argumenta Manuel Gomes da Silva, em todas as obrigações há aleatoriedade, tanto que, em todas elas, é possível configurar a hipótese de impossibilidade derivada de caso fortuito[100]. Por essa razão, a definição do que é, ou não, aleatório – na hipótese de isso não estar evidenciado, de forma clara e indiscutível, no negócio jurídico entabulado pelas partes – revela um grau de subjetivismo que coloca em xeque a classificação.

No mais, se as partes não trataram de distribuir, explicitamente, os riscos da não obtenção do resultado, não há como se presumir quem assume a álea. Conforme defende Ernesto Clemente Wayar, como não se pode presumir a assunção de um risco, demonstra ser arbitrário supor que, no que seriam as obrigações de meios, o credor se satisfaria com a prestação cujo resultado fosse frustrado (e cujo risco lhe coube, de forma involuntária)[101]. Nos contratos (declaradamente) aleatórios, a parte que assume o risco assim o faz reduzindo a sua própria prestação. Isto é, aquele que assume o risco, em troca desse encargo, paga menos. Poder-se-ia supor que, também nas obrigações de meios o credor pagaria menos, justamente por assumir a álea do negócio?[102]

Para Jésus Miguel Lobato Gómez, a álea é uma noção incerta, que depende da avaliação, feita pelo juiz, de certas estimativas objetivas e das expectativas do credor[103]. Por essa razão, não é correto presumir que o credor é quem deve assumir álea, se assim não ficou explícito no negócio jurídico firmado pelas partes.

A propósito, nos negócios jurídicos "clássicos" envolvendo a álea, isto é, nos contratos de seguro (negócio jurídico de natureza aleatória, que resulta de sua própria função econômico-social[104]), a boa-fé se manifesta com a sua maior intensidade, "a ponto de dizer-se que são contratos de *utmost good faith* (máxima boa-fé), ou *uberrima fides* (boa-fé abundante, fértil)"[105], justamente porque o segurador se vale das informações do segurado para analisar o seu interesse em assumir o risco e regular o respectivo prêmio. Quando, intencionalmente e de forma contrária à boa-fé, as informações são insuficientes, o segurado afeta o equilíbrio da mutualidade, pois pagará menos por riscos maiores[106]. Assim, quando se trata de negócio envolvendo assumir riscos, em virtude

---

100. SILVA, Manuel Gomes da. *O dever de prestar e o dever de indemnizar*. Lisboa: Imprensa FDUL, 2020. p. 241.
101. WAYAR, Ernesto Clemente. *Derecho civil*: obligaciones. Buenos Aires: Depalma, 2004. t. I. p. 134.
102. *Ibidem*, p. 134.
103. GOMEZ, *op. cit.*, p. 702.
104. GOMES, Orlando. *Contratos*. 8. ed. Rio de Janeiro: Forense, 1981. p. 496.
105. TOMASEVICIUS FILHO, Eduardo. *O princípio da boa-fé no direito civil*. São Paulo: Almedina, 2020. p. 299.
106. *Ibidem*, p. 299.

da presença de álea, não basta a mera informação, mas o emprego de intensa diligência no cumprimento deste dever de agir em conformidade com a boa-fé[107].

Se, no contrato de seguro, a assunção de riscos se dá a partir do fornecimento do máximo de informação, justamente para se avaliar a pertinência da celebração do negócio, não é razoável supor que, embora não manifestado explicitamente, caberia ao credor toda a álea e risco da obrigação classificada como de meios.

Nesse ponto, Karl Larenz afirma não interessar de modo algum saber o que as partes "teriam desejado" se a "vontade hipotética das partes" tivesse previsto o assunto[108]. Ou seja, não há como supor que as partes, se tivessem explicitamente tratado do assunto, teriam atribuído ao credor toda a álea ou os riscos da obrigação. Essa é uma suposição que não pode partir da interpretação integrativa do contrato (precisamente porque continua a ser uma interpretação, e não apenas um complemento do conteúdo do contrato), pois seus limites estão estampados na própria declaração de vontade externada pelas partes no instrumento. Afinal, ninguém pode sofrer as consequências jurídicas de uma declaração que não foi dada explicitamente[109].

Nesse sentido, ao se referir ao art. 112 do CC/2002 ("nas declarações de vontade se atenderá mais à intenção nelas consubstanciada do que ao sentido literal da linguagem"), Felipe Kichner afirma que o intérprete não pode buscar a intenção subjetiva para compreender algo diferente do que foi dito, pois, nesse caso, estaria ignorando a força vinculante do objeto interpretado (primazia do texto da declaração negocial)[110]. A intenção comum referida no art. 112 do CC/2002 diz respeito aos propósitos objetivados na declaração e na situação objetiva complexa que constitui o contrato, e não se relaciona aos objetivos subjetivos que não encontram correspondência no ato comunicacional materializado[111].

Diante disso, como não se pode dizer que os contratantes, por meio do contrato, assumiram riscos lá não explicitados (o que é uma consequência da afirmação que determinada obrigação é de meios ou de resultado), reconhece-se a insuficiência dos critérios da álea, e da aceitação dos riscos. Desse modo, passou-se a defender que ele deve ser utilizado junto a outro parâmetro, como a maior ou menor determinação da prestação prometida.

1.3.2 Maior ou menor determinação da prestação prometida

O critério em discussão foi proposto por Joseph Frossard, segundo o qual, sempre que uma pessoa promete realizar um "serviço determinado", com contornos jurídicos e

---

107. *Ibidem*, p. 299.
108. LARENZ, Karl. *Derecho de obligaciones*. Trad. para o espanhol de Jaime Santos Briz. Madrid: Editorial Revista de Derecho Privado, 1958. t. I. p. 93.
109. *Ibidem*, p. 94.
110. KIRCHNER, Felipe. *Interpretação contratual*: hermenêutica e concreção. Curitiba: Juruá, 2016. p. 103.
111. *Ibidem*, p. 103.

materiais precisos, ter-se-ia uma obrigação de resultado. No sentido inverso, se o devedor, sem garantir o fim, reservar maior ou menor liberdade de ação, a sua "execução é indefinida", e o sujeito estaria sujeito apenas às regras relativas às obrigações de meios[112].

Segundo o autor, seriam três as razões pelas quais o grau de determinação da prestação deveria ser considerado para distinguir as obrigações de meios e de resultado: i) o devedor só é vinculado àquilo que promete, em razão da regra do *pacta sunt servanda*; ii) como o crédito é um bem que integra o patrimônio do credor, seria inconcebível sua existência e valor estarem subordinados a uma certa boa vontade do devedor. Por essa razão, o credor deverá poder contar seguramente com a prestação determinada no contrato (o que revelaria uma obrigação de resultado). Não havendo determinação, porém, o credor não poderia exigir do devedor nada além de uma conduta prudente e diligente; iii) o caráter determinado ou indeterminado da prestação corresponderá à psicologia das partes, sendo perfeitamente cognoscível o dever de efetuar uma prestação precisa, como entregar uma coisa ou pagar certa quantia em dinheiro. Todavia, quando as partes excluem da relação todo e qualquer fato preciso, extrai-se da natureza da relação que o devedor nada pode prometer além da conduta de um bom pai de família[113].

Como afirma Ricardo Lucas Ribeiro, com razão, esse critério não passa de uma fórmula vazia, pois, apesar de, supostamente, revelar um "avanço" na distinção das obrigações de meios ou de resultado, e na maior ou menor determinação da prestação prometida, não aponta os critérios que permitem ao intérprete estabelecer a linha divisória entre as prestações mais determinadas e as menos determinadas. Por essa falta de esclarecimento, entrar-se-ia numa linha argumentativa circular: é obrigação de resultado quando o devedor promete uma prestação determinada, um tipo de prestação, por outro lado, que sempre configura o objeto de uma obrigação de resultado. De lado oposto, estar-se-ia diante de uma obrigação de meios quando a prestação não fosse determinada, e uma prestação dessa natureza, por sua vez, configuraria o objeto de uma obrigação de meios[114].

Por essa razão, a maior ou menor determinação da prestação prometida não é um critério seguro para distinguir as obrigações, justamente porque, para que ele fosse útil, dever-se-ia estabelecer parâmetros para se distinguirem as respectivas prestações.

1.3.3 A situação do devedor

Outro critério comumente utilizado para distinguir as obrigações de meios e de resultado é o da "situação do devedor".

Afirma-se que a origem do uso do critério da "situação do devedor" se deu justamente quando da elaboração do conceito de obrigações de meios e de resultado, por

---

112. FROSSARD, *op. cit.*, p. 167.
113. RIBEIRO, *op. cit.*, p. 58-59.
114. RIBEIRO, *op. cit.*, p. 58-59.

René Demogue. Em *Traité des obligations*, ele afirma que os profissionais liberais, que atuam com independência, como médicos e advogados, apenas assumiriam obrigações de meios; já os operários e os arquitetos, por sua vez, vincular-se-iam a obrigações de resultado, "*car le résultat peut être atteint pres que sûrement avec la technique appropriée*"[115].

A doutrina de René Demogue ganhou grande adesão não só na França, mas em diversos países. O art. 2.236[116] do Código Civil Italiano (neste trabalho mencionado como *Codice Civile*), é um exemplo disso, ao estabelecer que os prestadores de serviço não respondem pelos danos causados, se o serviço envolver problemas técnicos de especial dificuldade, salvo se agirem com dolo ou culpa grave. O artigo sugere que, no exercício da profissão, os prestadores de serviços se submetem a obrigações de meios[117]. Segundo Susanna Tagliapietra, porém, a norma extraída desse artigo é ambígua, pois denuncia uma latente correlação entre a avaliação do grau de dificuldade que caracteriza a prestação e a identificação do objeto da obrigação[118].

A autora também critica a interpretação literal do art. 2.236, pois ela exigiria do profissional menor grau de diligência justamente nos casos em que se depara com problemas técnicos particularmente difíceis (*problemi tecnici di speciale difficoltà*)[119]. Para além disso, como a segunda parte do art. 1.176[120] dispõe que na "atividade profissional, a diligência deve ser avaliada considerando a natureza da atividade exercida", ao devedor qualificado deveria ser imposto um grau de diligência agravada, e não um menor grau de diligência, como consta do art. 2.236[121].

Apesar de ser considerada pela doutrina, a abordagem com base na situação do devedor, como sua função ou cargo, é fortemente questionável. Afinal, não é uma questão controversa o fato de que os profissionais assumem diferentes obrigações, assim, é inviável determinar sua natureza unicamente com base *em quem* as assume[122].

---

115. DEMOGUE, *op. cit.*, p. 544. Tradução livre: "porque o resultado pode ser alcançado quase com certeza com a técnica apropriada".
116. ITÁLIA. Codice Civile. Art. 2236. *Responsabilità del prestatore di opera. Se la prestazione implica la soluzione di problemi tecnici di speciale difficoltà, il prestatore d'opera non risponde dei danni, se non in caso di dolo o di colpa grave*. Tradução livre: "Art. 2236. Responsabilidade do prestador de serviços. Se a prestação envolve a resolução de problemas técnicos de especial dificuldade, o prestador de serviços não é responsável por danos, exceto em caso de dolo ou culpa grave".
117. TAGLIAPIETRA, Susanna. *La prestazione*: struttura e contenuti dell'obbligazione. Padova: Cedam, 2013. p. 24.
118. *Ibidem*, p. 24.
119. *Ibidem*, p. 25.
120. ITÁLIA. Codice Civile. Art. 1176. *Diligenza nell'adempimento. Nell'adempiere l'obbligazione il debitore deve usare la diligenza del buon padre di famiglia. Nell'adempimento delle obbligazioni inerenti all'esercizio di un'attività professionale, la diligenza deve valutarsi con riguardo alla natura dell'attività esercitata*. Tradução livre: "Art. 1176. Diligência no cumprimento. Ao cumprir a obrigação, o devedor deve empregar a diligência de um bom pai de família. No cumprimento das obrigações relacionadas ao exercício de uma atividade profissional, a diligência deve ser avaliada considerando a natureza da atividade exercida".
121. TAGLIAPIETRA, *op. cit.*, p. 25.
122. "*Enfin, et surtout, on peut ajouter qu'il est arbitraire de présumer que les conditions d'exercice de la profession ont une influence quelconque sur la précision et la fiabilité des techniques utilisées. On ne voit donc aucune raison de réserver a priori un traitement de faveur aux membres des professions libérales*". Tradução livre: "Por fim,

Nesse sentido, adotando os conceitos da distinção de René Demogue, há de se perguntar: o advogado contratado apenas para obter uma certidão perante um órgão público estaria vinculado a uma obrigação de meios, tão somente pelo fato de encontrar-se inscrito na Ordem dos Advogados? Ao contratar um médico dermatologista para a retirada de uma verruga, estaria o paciente diante de uma obrigação de meios, tão somente por que o devedor é vinculado ao Conselho Regional de Medicina? Tudo indica que não.

Para Manuel Gomes da Silva, o critério extraído da natureza da profissão no exercício da qual se assume a obrigação é absolutamente vago, por não ser fácil distinguir as profissões liberais das demais. Além disso, esse critério considera, no fundo, a aleatoriedade da obrigação: nas profissões liberais, em que o credor se abandona aos cuidados dos profissionais, as obrigações estariam revestidas de álea, mas, nas demais, poder-se-ia exigir uma garantia do resultado[123].

Por fim, Boris Starck sugeriu que, sempre que o contrato afetasse a integridade corporal ou a vida do credor, bens que justificariam uma especial proteção, estar-se-ia diante de uma obrigação de resultado. Diversamente, quando o objeto do negócio fosse puramente econômico ou moral, falar-se-ia de uma obrigação de meios[124]. Esse critério, em razão de sua clara atecnia, sequer tem chamado a atenção da doutrina ou da jurisprudência, notadamente porque ele contraria o caso mais clássico utilizado para exemplificar as obrigações de meios, isto é, a relação do médico com o paciente[125].

1.4 AS OBRIGAÇÕES DE MEIOS E DE RESULTADO NO DIREITO BRASILEIRO

Apesar de não ter sido contemplada pelo CC/1916, ou quaisquer de suas posteriores atualizações[126], a divisão entre as obrigações de meios e de resultado teve uma ampla acolhida na doutrina e na jurisprudência nacionais[127]. Natural que fosse assim, afinal, como ressalta Orlando Gomes, "a despeito da diferença flagrante entre o meio europeu e o brasileiro, muitas construções jurídicas da Europa continental são introduzidas sem maior resistência"[128].

---

e principalmente, pode-se acrescentar que é arbitrário presumir que as condições de exercício da profissão tenham qualquer influência na precisão e confiabilidade das técnicas utilizadas. Portanto, não se vê motivo algum para reservar antecipadamente um tratamento favorável aos membros das profissões liberais" (VINEY, *op. cit.*, 1982, p. 643).

123. SILVA, *op. cit.*, 2020, p. 243.
124. RIBEIRO, *op. cit.*, p. 61.
125. *Ibidem*, p. 61.
126. Não se olvida que a Lei de Liberdade Econômica (Lei n. 13.874/2019) inseriu no CC/2002 uma única menção à "obrigação de meio" (sic), no art. 1.368-D. Isso será melhor abordado adiante, mas essa simples menção não deve ser encarada como "acolhimento da dicotomia" pelo Código Civil, tendo em vista que as modalidades das obrigações são elencadas, taxativamente, no Título I (Das modalidades das obrigações), do Livro I (Do direito das obrigações), da sua Parte Especial.
127. RENTERÍA, *op. cit.*, p. 27.
128. GOMES, Orlando. *Raízes históricas e sociológicas do Código Civil Brasileiro*. Salvador: Livraria Progresso, 1958. p. 30.

A ausência de previsão da dicotomia no CC/1916, logicamente, não revela uma escolha do legislador pela sua rejeição, afinal, ela teve origem em momento posterior à vigência do diploma civil, isto é, em 1925[129]. Mas, depois da criação e da consagração em vários países da dicotomia das obrigações de meios e de resultado, o projeto do CC/2002 não positivou a classificação.

Observando-se o Anteprojeto do CC/2002, vê-se que, entre as principais diretivas do projeto do diploma vigente era preservar, sempre que possível, a redação do CC/1916[130], e aproveitar, na sua revisão, as contribuições anteriores em matéria legislativa, isto é, do primeiro Anteprojeto de Código das Obrigações (1941), de Orozimbo Nonato, Hahnemann Guimarães e Philadelpho Azevedo, do Projeto de 1965, revisto por comissão presidida por Orozimbo Nonato e integrada por Caio Mário da Silva Pereira, Orlando Gomes, e outros, e do Anteprojeto de 1963, de autoria de Orlando Gomes[131].

Nenhum desses projetos indica obrigações de meios ou de resultado como espécies de obrigações. Até 2016, não havia nenhuma Lei Federal que se referisse à dicotomia. Todavia, importa analisar a doutrina daqueles que foram os mentores dos projetos de Código Civil que influenciaram o CC/2002 (também referido na doutrina por Código Reale).

Ao tratar da classificação das obrigações, Orozimbo Nonato, após ressaltar a importância do estudo da classificação das obrigações, observa que esta varia "conforme o ângulo em que se coloque o observador"[132]. Assim, quanto à força, eficácia e perfeição do vínculo, afirma que as obrigações se dividem em civis (perfeitas ou completas) e naturais (imperfeitas e incompletas); em relação aos graus de eficácia da obrigação, esboçam-se as facultativas ou disjuntivas, conexas, principais e acessórias, parciais ou fracionárias, solidárias e com sujeito indeterminado; Consideradas à luz do objeto, repartem-se em obrigações positivas (de dar coisa certa, de dar coisa incerta, de prestação em dinheiro, de indenização e de interesse, de fazer), negativas, ou de não fazer, facultativas, alternativas, cumulativas, instantâneas e contínuas, divisíveis e indivisíveis. Indo além, se o jurista "penetrar o exame das 'modalidades acessórias das obrigações', ainda trataria das "condicionais, a têrmo, sub modo ou modais e com cláusula penal"[133].

---

129. DEMOGUE, *op. cit.*, p. 538.
130. [...] "e) Preservar, sempre que possível, a redação da atual Lei Civil, por se não justificar a mudança de seu texto, a não ser como decorrência de alterações de fundo, ou em virtude das variações semânticas ocorridas no decorrer de mais de meio século de vigência" (REALE, Miguel et al. *Anteprojeto do Código Civil*. Brasília: Ministério da Justiça, 1972. p. 8).
131. [...] "f) Aproveitar, na revisão do Código de 1916, como é de se esperar em trabalho científico ditado pelos imperativos do interesse público, as valiosas contribuições anteriores em matéria legislativa, ou seja, do primeiro Anteprojeto de Código de Obrigações, de 1941, de autoria dos eminentes mestres Hahnemann Guimarães, Philadelpho Azevedo e Orozimbo Nonato e do já citado Projeto de 1965, revisto pela douta Comissão constituída pelos ilustres juristas Orozimbo Nonato, Presidente, Caio Mário da Silva Pereira, Relator-Geral, Sylvio Marcondes, Orlando Gomes, Theophilo de Azeredo Santos e Nehemias Gueiros, bem como as do Anteprojeto de Código Civil, de 1963, de autoria do Prof. Orlando Gomes (REALE et al., *op. cit.*, p. 8-9).
132. NONATO, Orozimbo. *Curso de obrigações* – generalidades e espécies. Rio de Janeiro: Forense, 1959. v. I. p. 208.
133. *Ibidem*, p. 207-208.

Percebe-se, pois, que, apesar de conhecedor da obra de René Demogue (pois reiteradamente citada em seu livro), Orozimbo Nonato optou por não reconhecer as obrigações de meios e de resultado na sua doutrina, assim como não o fez em relação aos projetos de Código Civil os quais elaborou/contribuiu.

Caio Mário da Silva Pereira, por sua vez, integrante do corpo de juristas do projeto de 1965, afirma que as obrigações podem ser classificadas em três grupos maiores, "não é mera elaboração da doutrina, já que o Código Civil a perfilhou, e instituiu a sua normação em razão de classes ou dos grupos a que as reduziu", assim como "fez também o nosso Projeto de Código das Obrigações"[134.] O primeiro grupo divide as obrigações em relação ao objeto (positivas e negativas, de dar e restituir coisa certa, dar coisa incerta, de fazer e de não fazer), o segundo quanto ao sujeito (divisíveis ou indivisíveis e solidárias) e o terceiro, a que nomina "classificações peculiares", que pressupõe a admissão da "extremação de obrigações quanto a fatores acidentais", como as obrigações condicionais ou a termo, alternativas e principais e secundárias[135.]

Também não se veem, no quadro classificatório de Caio Mário da Silva Pereira, as obrigações de meios e de resultado. Trata-se de uma escolha deliberada, pois, nas suas *Instituições de direito civil*, o autor afirma que a dicotomia de René Demogue "não se trata, portanto, senão de agrupar obrigações tradicionalmente classificadas em certos planos, à vista do problema da apuração da responsabilidade civil", motivo pelo qual, segundo ele, "razão não vemos para construir uma classificação genérica sobre esta base"[136.]

Orlando Gomes, por outro lado, divide as obrigações pelos sujeitos (fracionárias, conjuntas, solidárias, disjuntivas, conexas e dependentes), e em relação ao seu objeto (alternativas, cumulativas, divisíveis e indivisíveis, e facultativas)[137.] Apesar disso, quando trata do objeto da obrigação, Orlando Gomes menciona, em seu livro *Obrigações*, as obrigações de meios e de resultado. No ponto em que o faz, dispensando apenas um único parágrafo sobre o assunto, afirma que, se não há dúvida de que cabe ao credor exigir do devedor a prestação a que ele se obrigou, seria controvertido se essa ação deveria consistir em uma atividade, ou um resultado. Prossegue afirmando que o direito do credor não poderia ter conteúdo diverso da obrigação do devedor, mas, enquanto o comportamento deste deveria se manifestar por uma ação ou omissão, a pretensão do credor dirigir-se-ia ao resultado dessa atividade ou inação[138.] Conclui afirmando que, para melhor compreender essa "discrepância, impõe-se a distinção entre as obrigações de meios e as obrigações de resultado", correspondendo as primeiras em "uma atividade concreta do devedor, por meio da qual faz o possível para cumpri-las", e as outras "o cumprimento só se verifica quando o resultado é atingido"[139.]

---

134. PEREIRA, Caio Mário da Silva. *Instituições de direito civil*. 15. ed. Rio de Janeiro: Forense, 1996. v. 2. p. 35.
135. *Ibidem*, p. 35-36.
136. *Ibidem*, p. 37.
137. GOMES, Orlando. *Obrigações*. 5. ed. Rio de Janeiro: Forense, 1978. p. 71.
138. *Ibidem*, p. 27.
139. *Ibidem*, p. 27.

Como se vê, apesar de entender pela "existência" da distinção entre as obrigações de meios e de resultado, Orlando Gomes não as insere na classificação que ele mesmo propõe em seu livro, nem no Anteprojeto de sua autoria[140], até mesmo porque este retirava do Código Civil o livro relativo às obrigações, tendo em vista a elaboração de Projeto de Código das Obrigações (tal como no direito suíço e polonês), por meio do qual se fazia a unificação parcial do direito civil com o comercial[141].

Outros autores entendem que as obrigações se distinguem entre obrigações de meios e de resultado. Um exemplo é Washington de Barros Monteiro, o qual, ao referenciar Henri e Léon Mazeaud, afirma que essa dicotomia representaria um progresso notável, pois permitiria precisar qual seria o objeto da obrigação, dando-lhe uma explicação lógica sobre o ônus da prova[142], mas não dispensa muitos parágrafos sobre o tema. Outro é Arnoldo Wald, que, apesar de não inserir as obrigações de meios e de resultado quando da exposição das classificações das relações obrigacionais, menciona que "a obrigação do profissional liberal é de meio e não de resultado" (sic.), razão pela qual, em relação ao médico e ao advogado, seria necessário comprovar a culpa para haver responsabilidade[143].

Agostinho Neves de Arruda Alvim, autor da parte das obrigações do Anteprojeto que culminou no CC/2002, no seu livro *Da inexecução das obrigações e suas consequências*, menciona as obrigações de resultado em dois pontos: para ressaltar a responsabilidade do transportador, que deveria ser rigorosamente apreciada, tendo em vista a natureza da obrigação assumida[144], e para tratar da responsabilidade (objetiva) do locatário pela guarda e conservação da coisa alugada[145].

Clóvis do Couto e Silva também tratou da dicotomia em *A obrigação como processo*. Segundo ele, a distinção de origem francesa "tem sido objeto de críticas", mas defende que de determinados negócios jurídicos "brotam obrigações cujo adimplemento pode considerar realizado, ainda que não se obtenha o fim do contrato e mesmo que não se tenha verificado o obstáculo da *vis major*". Assim, defende a existência de certos deveres em cujo processo a obtenção do fim, embora desejada, não constituiria, por si só, critério

---

140. GOMES, Orlando. *Anteprojeto de Código Civil*. Rio de Janeiro, 1963.
141. ALVES, José Carlos Moreira. Orlando Gomes e o direito civil. *Civilistica.com*. Rio de Janeiro, ano 8, n. 1, 2019. p. 8.
142. MONTEIRO, Washington de Barros. *Curso de direito civil*: obrigações. 3. ed. São Paulo: Saraiva, 1965. v. 1. p. 58.
143. WALD, Arnoldo. *Direito das obrigações*: teoria geral das obrigações e contratos civis e comerciais. 14. ed. São Paulo: Malheiros, 2001. p. 581.
144. "Realmente, a obrigação do transportador é de fim, e não de meio. Não se obriga ele a tomar as providências e cautelas necessárias para o bom sucesso do transporte: obriga-se pelo fim, isto é, garante o bom êxito. Daí a apreciação rigorosa de sua responsabilidade" (ALVIM, Agostinho Neves de Arruda. *Da inexecução das obrigações e suas consequências*. 5. ed. São Paulo: Saraiva, 1980. p. 318-319).
145. "A responsabilidade do locatário pela guarda e conservação da coisa, trate-se de ato seu ou de terceiro, deve ser apreciada em face da obrigação de resultado e, portanto, dentro da teoria do risco. O que não resta dúvida é que tal responsabilidade prescinde da culpa, como decorre dos princípios e da nossa própria lei" (*ibidem*, p. 286).

para verificar se houve, ou não, adimplemento[146]. Por exemplo, se um paciente viesse a falecer, mesmo após o devido tratamento, o médico poderia ser responsabilizado, mas não se presumiria a sua culpa pela não obtenção da cura[147]. Miguel Maria de Serpa Lopes, por sua vez, não só acolhe a dicotomia, como afirma que a criação de René Demogue "emocionou o mundo jurídico"[148].

Como se vê, em que pese a inexistência, até recentemente, de lei que tratasse de positivar a classificação das obrigações de meios e de resultado, ou que lhes atribuísse determinadas consequências (no campo probatório ou no da responsabilidade civil), parte significativa dos civilistas brasileiros aderiu à dicotomia. Mais recentemente, inúmeros foram os artigos que confirmaram, direta ou indiretamente, a sua aplicabilidade no Brasil[149]. Poucas foram as vozes contrárias à apontada classificação[150].

---

146. COUTO E SILVA, Clóvis do. *A obrigação como processo*. Rio de Janeiro: FGV, 2006. p. 64.
147. *Ibidem*, p. 64.
148. LOPES, Miguel Maria de Serpa. *Curso de direito civil*: obrigações em geral. 6. ed. Rio de Janeiro: Freitas Bastos, 1995. v. 2. p. 30.
149. **Em 1987**: MANCUSO, Rodolfo de Camargo. Responsabilidade civil do banco em caso de subtração fraudulenta do conteúdo de cofre locado a particular – da ação ressarcitória cabível. *Revista dos Tribunais*, São Paulo, v. 616. p. 24-33, fev.1987. "No caso específico da cláusula de exclusão de responsabilidade do banco, verifica-se que ela conduz a um *non-sense*: ela transfere para o cliente o prejuízo na hipótese em que o sistema de vigilância/segurança do banco não venha a funcionar! E, no entanto, o cliente paga ao banco uma taxa remuneratória desse mesmo serviço. Não cabe argumentar, no caso, que se trataria de mera obrigação de meio, e não de resultado, porque como já se fez sentir o banco não procede como alguém que, por liberalidade, aquiesce em guardar valores de outrem: ele vende a segurança, e por isso não pode, unilateralmente, esquivar-se de responsabilidade quando a segurança vendida não funcione". **Em 1990**: KFOURI NETO, Miguel. A responsabilidade civil do médico. *Revista dos Tribunais*, São Paulo, v. 654. p. 57-76, abr. 1990: "Ao assistir o cliente, o médico assume uma obrigação de meio, não de resultado. O devedor tem apenas que agir, é a sua própria atividade o objeto do contrato. O médico deve apenas esforçar-se para obter a cura, mesmo que não a consiga. Já na obrigação de resultado (empreitada, transporte ou no caso da cirurgia plástica estritamente estética), o profissional obriga-se a um determinado fim, o que interessa é o resultado dessa atividade – sem o que não terá cumprido a obrigação". **Em 1991**: SILVEIRA, Reynaldo Andrade da. Responsabilidade civil do médico. *Revista dos Tribunais*, São Paulo, v. 674. p. 57-62, dez. 1991: "Desta forma, a obrigação médica é de meio, e não de resultado, o que difere basicamente, sua responsabilidade das demais contratuais, mesmo que pertença no modelo jurídico a esta espécie. O que se exige do médico é a prestação de serviços conscienciosos, atentos, zelosos, a utilização de recursos e métodos adequados, e salvo circunstâncias excepcionalíssimas, de agir conforme as aquisições da ciência. A responsabilidade médica exsurgirá, pois, quando a vítima demonstrar que o profissional agiu sob qualquer modalidade culposa, negligência, imprudência, imperícia, ou ainda com dolo, incumbindo, em qualquer desses casos a prova daquele que se disser prejudicado. **Em 1992**: AMARAL JÚNIOR, Alberto do. A responsabilidade pelos vícios dos produtos no Código de Defesa do Consumidor. *Revista de Direito do Consumidor*, São Paulo, v. 2. p. 100-123, abr.-jun. 1992: "A distinção entre obrigações de meio e obrigações de resultado é de fundamental importância para que se possa compreender o sentido e o alcance das obrigações do fornecedor em relação aos vícios dos produtos ou serviços. Tradicionalmente, a garantia por vícios redibitórios consistia na criação de uma obrigação de meio para o vendedor ou alienante. Diversamente do que sucede com a evicção em que o vendedor, mesmo sem culpa, é obrigado a indenizar o comprador evicto, na hipótese de vícios redibitórios, a boa-fé do alienante (*treu und Glauben*) o exime da obrigação de reparar os prejuízos causados ao comprador. [...] A fabricação de um produto defeituoso ou viciado não é, por si só razão suficiente capaz de justificar a responsabilidade do fornecedor. Ela pressupõe a colocação do produto no mercado, sem a qual o dano não existiria. A possibilidade de dano apenas ocorre a partir do momento em que o fornecedor lança a mercadoria defeituosa ou viciada no mercado, deslocando-a para a esfera jurídica de outrem. 11 Nesse sentido, o fornecedor deve colocar em circulação produtos isentos de vícios de qualidade ou quantidade. O simples fato de colocar em circulação produtos impróprios ou inadequados caracteriza a responsabilidade do fornecedor, sem que o consumidor deva provar a ocorrência de má fé ou negligência neste ato. Trata-se, como se vê, de verdadeira obrigação de resultado, com profundas consequências de ordem prática". **Em 1992**: NERY JUNIOR, Nelson. Os princípios gerais do Código brasileiro de Defesa

do Consumidor. *Revista de Direito do Consumidor*, São Paulo, v. 3. p. 44-77, jul.-set.1992: "Deve ser feita a distinção, ainda, entre as obrigações de meio e as de resultado, para que se caracterize perfeitamente a responsabilidade do profissional liberal. Quando a obrigação do profissional liberal, ainda que escolhido *intuitu personae* pelo consumidor, for de resultado, sua responsabilidade pelo acidente de consumo ou vício do serviço é objetiva. Ao revés, quando se tratar de obrigação de meio, aplica-se o § 4.º do art. 14 do CDC em sua inteireza, devendo ser examinada a responsabilidade do profissional liberal sob a teoria da culpa. De todo modo, nas ações de indenização movidas em face do profissional liberal, quer se trate de obrigação de meio ou de resultado (objetiva ou subjetiva), é possível haver a inversão do ônus da prova em favor do consumidor, conforme autoriza o art. 6.º, VIII, do Código". **Em 1995**: AGUIAR JÚNIOR, Ruy Rosado de. Responsabilidade civil do médico. *Revista dos Tribunais*, São Paulo, v. 718. p. 33-53, ago. 1995: "A obrigação é de meios quando o profissional assume prestar um serviço ao qual dedicará atenção, cuidado e diligência exigidos pelas circunstâncias, de acordo com o seu título, com os recursos de que dispõe e com o desenvolvimento atual da ciência, sem se comprometer com a obtenção de um certo resultado. O médico, normalmente, assume uma obrigação de meios. A obrigação será de resultado quando o devedor se comprometer a realizar um certo fim, como, por exemplo, transportar uma carga de um lugar a outro, ou consertar e pôr em funcionamento uma certa máquina (será de garantia se, além disso, ainda afirmar que o maquinário atingirá uma determinada produtividade). O médico a assume, por exemplo, quando se comprometer a efetuar uma transfusão de sangue, ou a realizar certa visita. Sendo a obrigação de resultado, basta ao lesado demonstrar, além da existência do contrato, a não obtenção do resultado prometido, pois isso basta para caracterizar o descumprimento do contrato, independente das suas razões, cabendo ao devedor provar o caso fortuito ou a força maior, quando se exonerará da responsabilidade. Na obrigação de meios, o credor (lesado, paciente) deverá provar a conduta ilícita do obrigado, isto é, que o devedor (agente, médico) não agiu com atenção, diligência e cuidados adequados na execução do contrato". **Em 1995**: WALD, Arnoldo. Do regime legal da responsabilidade das instituições financeiras pelo extravio de títulos de crédito que lhes foram entregues para cobrança através de endosso-mandato. *Revista dos Tribunais*, São Paulo, v. 718. p. 63-78, ago. 1995. "A doutrina e a jurisprudência que tratam da cobrança bancária reconhecem que se trata de um serviço e não de uma operação bancária, não havendo no caso risco assumido pelo banqueiro que se cinge a ser um prestador de serviços, realizando uma obrigação de meio e respondendo de acordo com o direito comum, nos casos de dolo e culpa". **Em 1998**: STOCO, Rui. A teoria do resultado à luz do Código de Defesa do Consumidor. *Revista de Direito do Consumidor*, v. 26. p. 200-220, abr.-jun. 1998: "Na obrigação de meios o contratado obriga-se a prestar um serviço com diligência, atenção, correção e cuidado, sem visar um resultado. Na obrigação de resultado o contratado obriga-se a utilizar-se adequadamente dos meios, com correção, cuidado e atenção e, ainda, obter o resultado avençado. Em ambas, a responsabilidade do profissional está escorada na culpa, ou seja, na atividade de meios culpa-se o agente pelo erro de percurso mas não pelo resultado, pelo qual não se responsabilizou. Na atividade de resultado culpa-se pelo erro de percurso e também pela não obtenção ou insucesso do resultado, porque este era o fim colimado e avençado, a meta optada. No primeiro caso (obrigação e meio) cabe ao contratante ou credor demonstrar a culpa do contratado ou devedor. No segundo (obrigação de resultado), presume-se a culpa do contratado, invertendo-se o ônus da prova, pela simples razão de que os contratos em que o objeto colimado encerra um resultado, a sua não obtenção é *quantum satis* para empenhar, por presunção, a responsabilidade do devedor".

150. AZEVEDO, Antônio Junqueira de. A boa-fé na formação dos contratos. *Revista de Direito do Consumidor*, v. 3. p. 78-87, jul.-set. 1992: "A distinção entre obrigação de meio e de resultado, embora conhecida, não é adotada na legislação brasileira, não trazendo, portanto, nenhuma diferença para o que ficou escrito até aqui". LÔBO, Paulo. *Obrigações*. São Paulo: Saraiva, 2013. p. 39: "Tal distinção das obrigações não mais se sustenta, pois contradiz um dos principais fatores de transformação da responsabilidade civil, ou seja, a primazia do interesse da vítima. Por outro lado, estabelece uma inaceitável desigualdade na distribuição da carga da prova entre as duas espécies: na obrigação de meio, a vítima não apenas tem de provar os requisitos da responsabilidade civil para a reparação (dano, fato causador, nexo de causalidade, imputabilidade), mas que o meio empregado foi tecnicamente inadequado ou sem a diligência requerida, o que envolve informações especializadas, que o autor do dano dispõe e ela não; na obrigação de resultado, basta a prova dos requisitos. O tratamento desigual para danos reais, em virtude da qualificação do conteúdo da obrigação como de meio ou de resultado, conflita com o princípio constitucional da igualdade, que é uma das conquistas modernas da responsabilidade civil". CATALAN, Marcos Jorge. *A morte da culpa na responsabilidade contratual*. São Paulo: RT, 2013: "a dicotomia surgida há aproximadamente um século vai de encontro: (a) à necessidade de promover os interesses daquele que suportou o dano; (b) à valorização do bem comum; (c) à importância de constante respeito aos marcos que delineiam o direito de danos; e, por que não, (d) à adequação do tema aos influxos oriundos dos princípios constitucionais da isonomia substancial e da solidariedade social".

Há muito, a jurisprudência brasileira vem aplicando a dicotomia de René Demogue. Mais recentemente, três leis federais trataram explicitamente sobre o tema: i) a Lei n. 13.303/2016[151,] para trazer definições sobre cláusulas que abordassem matriz de riscos, estatutos jurídicos das empresas públicas, das sociedades de economia mista e de suas subsidiárias, no âmbito da União, dos Estados, do Distrito Federal e dos Municípios; ii) a Lei de Licitações e Contratos Administrativos (Lei n. 14.133/2021[152]), também para trazer definições sobre cláusulas que tratem de matriz de risco; e iii) a Lei da Liberdade Econômica (Lei n. 13.874/2019), que incluiu o art. 1.368-D[153] no CC/2002, para determinar (no § 2º do mencionado artigo) que, na avaliação de responsabilidade dos fundos de investimento, dever-se-á sempre levar em consideração "a natureza de obrigação de meio de seus serviços" (sic.).

Todavia, nenhuma dessas leis aponta o critério de distinção entre essas obrigações, nem indica quais seriam as consequências jurídicas da adoção de uma, ou outra, modalidade obrigacional. As duas primeiras tratam de questões de direito público, e apenas determinam que, nos contratos da administração pública federal e que tratam de licitações, ao prever-se que determinada obrigação é de meios ou de resultado, algumas especificações precisam ser feitas no instrumento contratual. A terceira, que

---

151. BRASIL. Lei n. 13.303/2016. Art. 42. Na licitação e na contratação de obras e serviços por empresas públicas e sociedades de economia mista, serão observadas as seguintes definições: X – matriz de riscos: cláusula contratual definidora de riscos e responsabilidades entre as partes e caracterizadora do equilíbrio econômico-financeiro inicial do contrato, em termos de ônus financeiro decorrente de eventos supervenientes à contratação, contendo, no mínimo, as seguintes informações: [...] b) estabelecimento preciso das frações do objeto em que haverá liberdade das contratadas para inovar em soluções metodológicas ou tecnológicas, em obrigações de resultado, em termos de modificação das soluções previamente delineadas no anteprojeto ou no projeto básico da licitação; c) estabelecimento preciso das frações do objeto em que não haverá liberdade das contratadas para inovar em soluções metodológicas ou tecnológicas, em obrigações de meio, devendo haver obrigação de identidade entre a execução e a solução pré-definida no anteprojeto ou no projeto básico da licitação.
152. BRASIL. Lei n. 14.133/2021. Art. 6º. Para os fins desta Lei, consideram-se: XXVII – matriz de riscos: cláusula contratual definidora de riscos e de responsabilidades entre as partes e caracterizadora do equilíbrio econômico-financeiro inicial do contrato, em termos de ônus financeiro decorrente de eventos supervenientes à contratação, contendo, no mínimo, as seguintes informações: [...] b) no caso de obrigações de resultado, estabelecimento das frações do objeto com relação às quais haverá liberdade para os contratados inovarem em soluções metodológicas ou tecnológicas, em termos de modificação das soluções previamente delineadas no anteprojeto ou no projeto básico; c) no caso de obrigações de meio, estabelecimento preciso das frações do objeto com relação às quais não haverá liberdade para os contratados inovarem em soluções metodológicas ou tecnológicas, devendo haver obrigação de aderência entre a execução e a solução predefinida no anteprojeto ou no projeto básico, consideradas as características do regime de execução no caso de obras e serviços de engenharia;
153. BRASIL. Código Civil (2002). Art. 1.368-D. O regulamento do fundo de investimento poderá, observado o disposto na regulamentação a que se refere o § 2º do art. 1.368-C desta Lei, estabelecer: I – a limitação da responsabilidade de cada investidor ao valor de suas cotas; II – a limitação da responsabilidade, bem como parâmetros de sua aferição, dos prestadores de serviços do fundo de investimento, perante o condomínio e entre si, ao cumprimento dos deveres particulares de cada um, sem solidariedade; e III – classes de cotas com direitos e obrigações distintos, com possibilidade de constituir patrimônio segregado para cada classe. § 1º A adoção da responsabilidade limitada por fundo de investimento constituído sem a limitação de responsabilidade somente abrangerá fatos ocorridos após a respectiva mudança em seu regulamento. § 2º A avaliação de responsabilidade dos prestadores de serviço deverá levar sempre em consideração os riscos inerentes às aplicações nos mercados de atuação do fundo de investimento e a natureza de obrigação de meio de seus serviços.

alterou o CC/2002, apenas dispõe que, na avaliação de responsabilidade dos fundos de investimento, deve-se observar o serviço prestado (sem especificar qual, exatamente) tem natureza de "obrigação de meio" (sic).

Em relação às duas primeiras leis, além de não tratarem de normas atinentes ao direito privado, somente trazem exigências relacionadas ao conteúdo de determinadas cláusulas de contratos celebrados com a administração pública, razão pela qual não dizem respeito ao objeto deste estudo. Mas, ainda que o fizessem, não são capazes de influenciar na pesquisa desenvolvida, pois tratam apenas de exigências a serem observadas quando da elaboração de cláusulas de determinados contratos administrativos. A dicotomia não é "elaborada" pelas leis.

A terceira Lei, que alterou o CC/2002, é importante para esta pesquisa. Todavia, em relação a ela, aplica-se a análise crítica realizada na seção 1.3.4. É que, como lá se disse, não é controverso o fato de que a natureza da obrigação assumida não deriva da situação jurídica de uma das partes. Assim como não se pode afirmar, *a priori*, que todas as obrigações assumidas por um médico são de meios ou de resultado, não se pode concluir, genericamente, que as obrigações assumidas pelos prestadores de serviços que operam fundos de investimento sejam de meios.

De toda forma, ainda que se assumisse essa última premissa, qual seria a repercussão prática disso? Significaria dizer que os casos devem ser julgados sob a ótica da responsabilidade subjetiva? Sempre caberia àquele que usufrui dos serviços dos fundos de investimentos o ônus da prova em ações que discutem a sua responsabilidade? Além de a Lei não esclarecer esse ponto, também não tem o condão de afastar a incidência das normas que regulam a definição da espécie de responsabilidade civil (previstas no CC/2002 e no CDC).

1.5 CONCLUSÃO DO CAPÍTULO 1: AS PERIGOSAS DIVERGÊNCIAS EM RELAÇÃO ÀS CONSEQUÊNCIAS PRÁTICAS DA CLASSIFICAÇÃO DAS OBRIGAÇÕES DE MEIOS E DE RESULTADO

Rudolf von Jhering, crítico ferrenho das extravagâncias da ciência romanística na Alemanha, publicou, de 1860 a 1866, cartas anônimas voltadas a denunciar o divórcio entre a teoria e a prática, na construção civilística, as quais, posteriormente, foram reunidas e publicadas na obra *Bromas y veras en la jurisprudencia*, em sua versão traduzida para o espanhol[154.] Na primeira delas, Rudolf von Jhering se opõe àqueles que, deliberadamente, excluem o lado prático das questões jurídicas, para ater-se, tão somente, ao seu aspecto científico, o que se daria, segundo o autor, nas discussões sobre

---

154. JHERING, Rudolf Von. *Bromas y veras em la jurisprudência*. Trad. por Tomás A. Banzhaf. Buenos Aires: Juridicas Europa-America, 1974.

as obrigações correais. "Seria uma só obrigação com vários sujeitos, ou as obrigações são tantas quanto os sujeitos?", pergunta[155].

Em resposta ao questionamento, ironicamente – tom predominante em suas cartas – afirma que muitos já teriam perdido noites para solucionar o "problema", mas que ele, quanto mais lia o que se escrevia sobre o tema, mais confuso e tonto ficava, e, curiosamente, quando precisava julgar um caso prático, só conseguia fazê-lo esquecendo tudo o que leu e ouviu sobre o assunto[156]. Se as cartas tivessem sido escritas na metade do século XX, muito possivelmente o exemplo utilizado na crítica não seria o das obrigações correais, mas o das obrigações de meios e de resultado, pois, afinal, até hoje, não há critérios objetivos de distinção que ajudem o julgador a diferenciá-las, e, indo além, não há um consenso sobre os efeitos decorrentes dessa dicotomia.

Ao abordar a dicotomia, Valeria de Lorenzi destaca que ela foi amplamente aceita e difundida, mesmo diante da relativa distinção e da ausência de critérios sólidos para classificar as relações em uma ou outra categoria. A jurisprudência, por sua vez, acolheu essa distinção, apesar de todas essas incertezas[157].

A autora tem razão. Vários são os critérios criados pelos defensores da dicotomia para diferenciá-los, mas nenhum deles é claro e objetivo o suficiente a ponto de gerar um certo consenso doutrinário sobre o tema. Enquanto uns defendem que a diferença está na álea, outros sustentam estar na situação do credor (profissionais liberais, por exemplo). Há, ainda, aqueles que se voltam para a intenção das partes na entabulação do negócio. Mas não é só. Também já se sugeriu que, em matéria contratual, as obrigações sempre seriam de resultado[158], defendeu-se que seria o papel mais ativo ou passivo do credor que diferenciaria as obrigações[159], e ainda se disse que, quando o contrato afeta a integridade corporal ou a vida, as obrigações seriam de resultado, mas quando tratassem de questões de natureza econômica ou moral, tratar-se-ia de obrigações de meios[160]. Diversos critérios, todos refutados, em maior ou menor grau, pelos próprios defensores da dicotomia, e, naturalmente, por aqueles contrários a ela.

Mas, para além dos critérios de classificação, a divergência também está presente no que diz respeito às repercussões práticas causadas pela dicotomia. Essa é uma questão extremamente importante, afinal, se a ciência jurídica classifica as situações da vida em categorias, isso não ocorre apenas para dar-lhes nomes, mas para que possam ser derivadas consequências específicas, isto é, para que um determinado conjunto de regras legais seja aplicado com base na qualificação realizada[161].

---

155. *Ibidem*, p. 26-27.
156. *Ibidem*, p. 27.
157. LORENZI, Valeria de. Obbligazioni di mezzi e obbligazioni di risultato. *Digesto delle discipline privatistiche – sezione civile*. Torino: Utet, 1995. v. 13. p. 398.
158. VINEY, *op. cit.*, 1982, p. 642.
159. *Ibidem*, p. 645.
160. RIBEIRO, *op. cit.*, p. 61.
161. MARTINS-COSTA, Judith; SILVA, Paula Costa e. *Crise e perturbações no cumprimento da prestação*: estudo do direito comparado luso-brasileiro. São Paulo: Quartier Latin, 2020. p. 179.

Segundo René Demogue, a distinção entre as obrigações contratuais e as delituais resultaria em uma diferença no nível de complexidade da prova do descumprimento da obrigação, embora ele sustentasse que o sistema de prova seria o mesmo tanto para obrigações contratuais quanto para obrigações delituais[162]. Nas obrigações de resultado, a prova da inexecução seria simples, pois, na hipótese, ela se confundiria com a não produção do resultado. Já nas obrigações de meios, a prova seria mais penosa, pois a inexecução teria que ser provada mediante prova de que ele não teria tomado as medidas que lhe cabiam para adimplir a obrigação. Mas, em ambos os casos, o ônus da prova seria do credor[163].

Luigi Mengoni defende que a distinção não atingiria diretamente a distribuição do ônus probatório. Como o inadimplemento pressuporia a existência de uma obrigação, caberia ao credor provar o fato constitutivo da obrigação e o *lo stato di insoddisfazione del suo* diritto ("o estado de insatisfação de seu direito"). Após a constituição dessa prova – que, em rigor, não seria a prova definitiva do incumprimento, mas apenas a sua materialidade –, caberia ao devedor a ocorrência de fato extintivo diverso do cumprimento, isto é, que o adimplemento se tornou impossível sem culpa sua. Ou seja, com a prova da materialidade do incumprimento pelo credor, ao devedor caberia provar a ocorrência de hipótese de caso fortuito, como contraprova, para ver-se livre das implicações do inadimplemento[164].

Pablo Rentería, por sua vez, afirma que a distinção não é decisiva para se determinar o tipo de responsabilidade do devedor, nem para se distribuir o ônus probatório[165]. Segundo o autor, a dicotomia permaneceria útil para configurar a prestação e, como consequência, para caracterizar o inadimplemento[166]. Isso se daria porque, em cada espécie de obrigação (de meios ou de resultado), haveria uma configuração da prestação devida pelo devedor, e uma diversa qualificação do interesse do credor no adimplemento da obrigação[167].

Giovanni D'Amico, por seu turno, entende que a dicotomia gera consequências quanto ao fundamento e os limites da responsabilidade. Nas obrigações de meios, a responsabilidade teria sua base na culpa, a qual o credor precisaria demonstrar para caracterizar o inadimplemento, por parte do devedor. Já nas obrigações de resultado, a responsabilidade teria como fundamento o risco[168]. O limite da responsabilidade estaria na impossibilidade objetiva e absoluta de realizar o interesse do credor, mas, enquanto nas obrigações de resultado o devedor deve responder até o limite da possi-

---

162. DEMOGUE, *op. cit.*, p. 538.
163. *Ibidem*, p. 539.
164. MENGONI, Luigi. Obbligazioni "di risultato" e obbligazioni "di mezzi" (studio critico). *Rivista del Diritto Commerciale*, Milano, anno 52, n. 5-10, parte 1, 1954. p. 62-63.
165. RENTERÍA, *op. cit.*, p. 121.
166. *Ibidem*, p. 121.
167. *Ibidem*, p. 121.
168. D'AMICO, Giovanni. *La responsabilidad ex recepto y la distinción entre obligaciones de médios y de resultados*: contribución a la teoria de la responsabilidad contractual. Santiago: Ediciones Olejnik, 2018. p. 150-151.

bilidade abstrata (respondendo pelo risco da causa desconhecida), nas obrigações de meios, o devedor responderia apenas até o limite da possibilidade concreta (medida pela diligência ordinária), além da qual se presumiria a impossibilidade, de modo que o risco da causa desconhecida ficaria com o credor[169].

Essa concepção, segundo Giovanni D'Amico, também importaria uma diferenciação do regime probatório. Ele afirma que a norma que atribui ao devedor o ônus de provar a ocorrência de causa alheia (e não imputável) que tenha tornado o cumprimento, ou o cumprimento exato, impossível, só é válida para as obrigações de resultado, pois, nas obrigações de meios, ao menos quando o devedor tiver conseguido provar *prima facie* a sua própria "diligência", o ônus é atribuído ao credor (a quem é atribuído o risco da causa desconhecida)[170].

A doutrina de Joseph Frossard caminha em sentido semelhante. Para ele, quando se trata de uma obrigação de resultado, entende não ser necessário demonstrar culpa para a condenação do réu, e o juiz deverá rejeitar todas as teses da defesa relacionadas a simples prova da boa-fé ou da conduta diligente, pois a única coisa que libera o devedor é a comprovação de um evento de força maior[171]. Já nas obrigações de meios, a culpa deverá ser discutida, o que leva à criação de duas situações diferentes: i) a culpa deve ser comprovada, exigindo o juiz a prova da má-fé ou negligência do devedor, pelo credor, considerando as suas qualidades, debilidades, competências e conhecimentos profissionais. A diligência a ser considerada é a do bom pai de família; ii) a culpa do devedor é presumida (presunção simples), e o juiz deveria permitir (ao devedor) o uso de todos os meios de prova, capazes de demonstrar ter havido conduta diligente[172]. Para Joseph Frossard, porém, a dicotomia não traria repercussões na seara probatória: "*la classification des obligations de moyens et des obligations de résultat est d'une utilité illusoire pour répartir le fardeau probatoire*"[173].

Fábio Konder Comparato, por outra banda, defende que a qualificação das obrigações influencia no tipo de responsabilidade e traz reflexos no campo do ônus probatório. Segundo ele, numa obrigação de meios, o devedor só deverá ser responsabilizado se comprovada a "total ausência do comportamento exigido, ou um comportamento pouco diligente e leal". O ônus dessa prova seria do credor. Se obrigação de resultado, o adimplemento só deveria ser reconhecido na hipótese de efetiva produção do resultado, e a ausência deste, por si só, constituiria o devedor em mora, cabendo a prova de caso fortuito ou força maior para exonerar-se da responsabilidade[174].

---

169. *Ibidem*, p. 151.
170. *Ibidem*, p. 177.
171. FROSSARD, *op. cit.*, p. 108.
172. *Ibidem*, p. 108.
173. *Ibidem*, p. 103. Tradução livre: "A classificação das obrigações de meios e das obrigações de resultado é de utilidade ilusória para distribuir o ônus probatório".
174. COMPARATO, *op. cit.*, 1967.

Valeria de Lorenzi, por fim, ao discutir a adoção da dicotomia no direito italiano, argumenta que a distinção é irrelevante quanto à responsabilidade do devedor, pois não influenciaria o critério de atribuição de responsabilidade, nem a distribuição do ônus da prova. A importância da classificação se limitaria, exclusivamente, à determinação do conteúdo da obrigação, ou seja, para definir precisamente o seu cumprimento[175].

Como se vê, a doutrina atribui à classificação das obrigações de meios e de resultado consequências distintas. Ora a dicotomia alteraria o tipo de responsabilidade civil (objetiva e subjetiva), ora a distribuição do ônus probatório, ora os dois. Não há um consenso doutrinário quanto a isso, entre aqueles que defendem a dicotomia.

Ao se analisar a jurisprudência, percebe-se, igualmente, que se atribuem consequências diversas à dicotomia aqui tratada. Nesse sentido, observa-se, por exemplo que, em 2011, ao enfrentar a responsabilidade dos profissionais da odontologia, concluiu-se que "as obrigações contratuais dos profissionais liberais, no mais das vezes, são consideradas como de meio" (sic.), razão pela qual seria "suficiente que o profissional atue com a diligência e técnica necessárias, buscando a obtenção do resultado esperado". Contudo, haveria hipóteses em que o compromisso seria com o resultado, de maneira que seria "necessário o alcance do objetivo almejado para que se possa considerar cumprido o contrato", como nos procedimentos odontológicos, notadamente os ortodônticos. Por isso, em sendo uma obrigação de resultado, haveria uma inversão do ônus da prova em desfavor do réu, a quem cabia provar que "não agiu com negligência, imprudência ou imperícia, ou mesmo que o insucesso se deu em decorrência de culpa exclusiva da autora"[176]. A definição da natureza da obrigação seria capaz, portanto, de alterar o regime probatório, no caso em análise.

---

175. *"La distinzione tra obbligazioni di mezzi e di risultato è affermata non avere rilevanza dal punto di vista della responsabilità del debitore. Essa non viene a incidere sul criterio di imputazione della responsabilità: il fondamento della responsabilità contrattuale è detto identico nelle due ipotesi, e permane soggettivo per i fautori della teoria soggettiva, oggettivo per i fautori della teoria obiettiva. Essa non viene a incidere sull'onere della prova (art. 1218 c.c.): il creditore deve provare l'inadempimento nei due casi, il debitore per esonerarsi della responsabilità deve provare nei due casi l'impossibilità della pre stazione derivante dalla causa estranea non imputabile. Essa viene però ad incidere sul contenuto della prova del creditore (inadempimento), che è diverso nelle due ipotesi: per provare l'inadempimento nelle obbligazioni di risultato il creditore dovrà provare la mancanza di risultato, nelle obbligazioni di mezzi l'inosservanza delle regole tecniche, la "negligenza" nell'esecuzione della prestazione, quindi la "colpa" del debitore. Viene a incidere sul contenuto della prova liberatoria del debitore, che viene detto diverso nelle due ipotesi"* (LORENZI, op. cit., p. 400). Tradução livre: "A distinção entre obrigações de meios e obrigações de resultado é afirmada como não tendo relevância do ponto de vista da responsabilidade do devedor. Isso não afeta o critério de imputação de responsabilidade: o fundamento da responsabilidade contratual é dito ser o mesmo nas duas hipóteses e permanece subjetivo para os defensores da teoria subjetiva e objetivo para os defensores da teoria objetiva. Isso não afeta o ônus da prova (art. 1218 c.c.): o credor deve provar o inadimplemento nos dois casos, o devedor para se exonerar da responsabilidade deve provar nos dois casos a impossibilidade da prestação decorrente de causa estranha não imputável. Isso, no entanto, afeta o conteúdo da prova do credor (inadimplemento), que é diferente nas duas hipóteses: para provar o inadimplemento nas obrigações de resultado, o credor deve provar a falta de resultado, nas obrigações de meios, a falta de observância das regras técnicas, a "negligência" na execução da prestação, portanto, a "culpa" do devedor. Isso afeta o conteúdo da prova exculpatória do devedor, que é dito ser diferente nas duas hipóteses".

176. BRASIL. Superior Tribunal de Justiça. REsp n. 1.238.746/MS. Rel. Min. Luis Felipe Salomão, Quarta Turma, j. 18-10-2011, *DJe* 4-11-2011.

No ano seguinte, em 2012, em caso que abordava responsabilidade civil médica, caminhou no mesmo sentido, concluindo que haveria uma "inversão do ônus da prova, cabendo ao profissional elidi-la de modo a exonerar-se da responsabilidade contratual pelos danos causados ao paciente", mas vai além, ao afirmar que, "em procedimento cirúrgico para fins estéticos, conquanto a obrigação seja de resultado, não se vislumbra responsabilidade objetiva pelo insucesso da cirurgia, mas mera presunção de culpa médica"[177,] na mesma linha do que se tinha definido em acórdão de 2011, quando se afirmou que embora o procedimento cirúrgico ostentasse caráter estético, "na obrigação de resultado a responsabilidade do médico remanesce subjetiva"[178.] Ou seja, a natureza da obrigação influenciaria não só na definição do regime probatório, mas no tipo de responsabilidade civil (subjetivo), gerando reflexos sobre a presunção da culpa do devedor.

Em 2016, porém, ao tratar da responsabilidade do médico em cirurgia estética, o STJ concluiu que, por se tratar de obrigação de resultado, deveria ser aplicada a responsabilidade civil objetiva, na contramão do acórdão anterior. No voto do Ministro Relator, destaca-se:

> no mérito, melhor sorte não assiste a LUCIANO quando alega que o fato de ser de resultado a obrigação nos casos de cirurgia estética, não torna objetiva a responsabilidade assumida pelo médico [...] tendo a cirurgia estética a natureza de obrigação de resultado cuja responsabilidade do médico é presumida, não cabe ao paciente a demonstração da sua culpa, negligência ou imperícia pelo procedimento insatisfatório causador dos danos, mas ao médico[179.]

Esse contexto não justificaria a inversão do ônus probatório.

Nesse julgado, portanto, a natureza da obrigação (de resultado) teria atraído a responsabilidade civil objetiva, e determinado a inversão do ônus probatório.

No mesmo ano, em 2016, o STJ, ao julgar caso sobre responsabilidade civil das instituições financeiras, concluiu que o serviço de assessoramento financeiro revela uma "obrigação de meio" (sic.), mas, em razão do fato da aplicação da teoria do risco (encampada pelo CDC), as instituições financeiras responderiam objetivamente pelos danos causados aos consumidores[180.] Não seria a natureza da obrigação, portanto, capaz de definir a espécie de responsabilidade civil que deveria ser aplicada, nem as regras de distribuição do ônus da prova. As leis específicas previstas no CDC é que serviriam para tanto.

No ano anterior, em 2015, ao enfrentar caso relacionado à responsabilidade do administrador pela má-gestão, concluiu que "o administrador assume uma responsa-

---

177. BRASIL. Superior Tribunal de Justiça. REsp n. 985.888/SP, Rel. Min. Luis Felipe Salomão, Quarta Turma, j. 16-2-2012, DJe 13-3-2012.
178. BRASIL. Superior Tribunal de Justiça. REsp n. 1.269.832/RS, Rel. Min. Castro Meira, Segunda Turma, j. 6-9-2011, DJe 13-9-2011.
179. BRASIL. Superior Tribunal de Justiça. AgRg no REsp 1468756 DF 2014/0173852-5, Rel. Min. Moura Ribeiro, Terceira Turma, j. 19-05-2016, DJe 24-05-2016.
180. BRASIL. Superior Tribunal de Justiça. REsp n. 1.606.775/SP, Rel. Min. Ricardo Villas Bôas Cueva, Terceira Turma, j. 6-12-2016, DJe 15-12-2016.

bilidade de meio [sic.] e não de resultado, de modo que somente os prejuízos causados por culpa ou dolo devem ser suportados por ele", tendo em vista a disposição do art. 153[181] da Lei n. 6.404/1976 (Lei das S/A). Por esse motivo, o caso deveria ser julgado sob a égide da responsabilidade subjetiva, tendo em vista a necessidade de se apurar a suposta falta de diligência do administrador, a fim de obrigá-lo a reparar os danos causados[182]. Nesse mesmo caso, tratou-se do ônus probatório segundo a regra geral do art. 333, II, do CPC/2015. Concluiu-se que, se o administrador excepciona a regra que o obriga pessoalmente diante da companhia pelos valores despendidos com excesso de poder, cabe a ele o ônus da prova sobre o benefício auferido, já que "eventuais acréscimos patrimoniais à pessoa jurídica constituem fatos modificativos ou extintivos do direito do autor, os quais devem ser provados pelo réu". Percebe-se, portanto, que a definição da natureza da obrigação afetou o tipo de responsabilidade civil (subjetivo), mas não afastou do réu o ônus da prova, tendo em vista a aplicabilidade das regras gerais do CPC/2015 sobre a questão.

Diante desse cenário, pertinente a observação de Marco Azzalini, ao afirmar que "nem sempre as reconstruções doutrinárias e jurisprudenciais sobre a matéria primam pela sua clareza e congruência", pois, "apresentam oscilações alarmantes e insidiosas de pensamento"[183]. Na doutrina, ora a dicotomia altera o tipo (objetivo e subjetivo) de responsabilidade civil (Giovanni D'Amico; Fábio Konder Comparato), ora gera uma presunção de culpa, em desfavor de uma das partes (Joseph Frossard), ora atinge questões relacionadas à distribuição do ônus probatório (René Demogue; Luigi Mengoni, Giovanni D'Amico; Fábio Konder Comparato), e ora serve para determinar o conteúdo da obrigação (Pablo Rentería; Valeria de Lorenzi), consequências que podem ou não ocorrer isoladamente. Assim como na doutrina, a jurisprudência, como se viu, não é pacífica acerca das consequências imediatas da classificação de uma obrigação como de meios ou de resultado.

Além disso, é de se questionar: será que uma classificação doutrinária tem o poder de modificar o tipo de responsabilidade civil ou influenciar a distribuição legal do ônus da prova, mesmo quando existem disposições legais tratando do assunto de outra maneira? Essa classificação pode afetar a aplicação da lei no que diz respeito à definição da responsabilidade civil aplicável?

---

181. BRASIL. Lei n. 6.404/1976. Art. 153. O administrador da companhia deve empregar, no exercício de suas funções, o cuidado e diligência que todo homem ativo e probo costuma empregar na administração dos seus próprios negócios.
182. BRASIL. Superior Tribunal de Justiça. REsp n. 1.349.233/SP, Rel. Min. Luis Felipe Salomão, Quarta Turma, j. 6-11-2014, *DJe* 5-2-2015.
183. AZZALINI, *op. cit.*, p. 111.

2
AS PRESTAÇÕES COMO CONDUTA E RESULTADO NA RELAÇÃO OBRIGACIONAL COMPLEXA, E A IMPORTÂNCIA DA TÓPICA NA VERIFICAÇÃO DO ADIMPLEMENTO

Muito embora a elaboração dos conceitos gerais do direito obrigacional remonte a um passado longínquo, por muito tempo a obrigação foi estudada sob uma perspectiva estanque. Um vínculo jurídico que ligava credor e devedor, submetendo este àquele, a partir de conceitos de débito e crédito que não eram comunicáveis, sobretudo em razão da análise meramente estrutural do liame.

Diante disso, as situações da vida, que hoje podem influenciar diretamente na configuração, ou não, da inexecução, não mereciam tanta relevância, afinal, se o "contrato fazia lei entre as partes", o avençado deveria ser cumprido de modo (quase) irrestrito, sem importarem as circunstâncias do momento anterior ao nascimento da obrigação, no seu curso, no ato do seu adimplemento, e, notadamente, após o término do vínculo obrigacional.

Essa perspectiva estática não deve mais prevalecer, embora seja relevante (sob o aspecto didático) o estudo da estrutura da obrigação. A vida é fluida, e, nela, as circunstâncias se impõem, notadamente nas relações sociais. Não poderia o direito, que exerce, dentre outras, a histórica função pacificadora, de equilíbrio, de segurança e de garantia[1,] estar alheio a isto, sobretudo quando se passou a reconhecer que ele, do ponto de vista funcional, exerce não só uma forma de controle, mas de direção social[2.]

Preponderou, finalmente, uma visão funcional da obrigação, que privilegia, para além da estrutura, a observação de todo o complexo dinâmico de processos que vinculam os polos ativo e passivo da relação obrigacional, por meio do qual ambos (e não mais só o devedor) devem trabalhar em cooperação para atingir uma finalidade, isto é, para se alcançar o efetivo adimplemento da obrigação, o que abrange não só a prestação principal, mas as secundárias e os deveres anexos de conduta.

---

1. NERY, Rosa Maria de Andrade; NERY JUNIOR, Nelson. *Introdução à ciência do direito privado*. 2. ed. São Paulo: Thomsom Reuters Brasil, 2019a. p. 576.
2. BOBBIO, Norberto. *Da estrutura à função: novos* estudos de teoria do direito. Trad. Daniela Beccaccia Versiani. São Paulo: Manole, 2007. p. 79.

Esse novo viés de estudo da obrigação traz relevantes mudanças nos clássicos conceitos do direito obrigacional, a exemplo da inexecução e do adimplemento, pois estes passaram a exigir a observância das circunstâncias ocorridas antes, durante e depois do percurso da relação obrigacional.

2.1 MODELO DOGMÁTICO DA OBRIGAÇÃO COMO PROCESSO

O direito das obrigações tende a manter inalterados os seus conceitos clássicos, e, em comparação com as outras disciplinas do direito civil, talvez seja uma das que menos sofreu "atualizações" ao longo da história recente[3.] Ainda hoje, a relação obrigacional se apresenta, muitas vezes, como categoria a-histórica, "sempre igual a si mesma"[4.] Por isso, o conceito de obrigação permaneceu estagnado por muitos anos, sem se afastar da sua acepção clássica, de origem romana, como vínculo jurídico por meio do qual uma pessoa (sujeito passivo, devedor) é atada a outra (sujeito ativo, credor)[5.] As obrigações assumidas deviam, portanto, ser fielmente executadas, e assistia/assiste ao credor o direito de exigir o cumprimento da obrigação estritamente conforme convencionado[6.]

Em verdade, durante séculos, desde a sistematização da civilística, o direito das obrigações foi uma das áreas do direito civil que menos sofreu alteração, pois acreditava-se que o seu auge já era uma realidade, de forma que suas regras deveriam ser, portanto, imutáveis[7.] A relação obrigacional, durante muito tempo, foi analisada apenas sob uma perspectiva externa e estrutural. Foi predominantemente entendida como a relação entre patrimônios, ou como a "submissão dum homem a outro homem"[8.]

Por exigência social da modernidade, o sistema de valores a que se condicionava a cultura jurídica sofreu alterações, para substituir não apenas as matrizes filosóficas, fundamentos e finalidades do direito privado, mas a sua dogmática[9,] até então erigida com o rigor lógico do positivismo jurídico. Para além disso, permitiu-se que o direito – por muito tempo estudado e visto mediante a separação rígida de matérias, orientada pela clássica divisão entre direito público e direito privado – fosse visto como um

---

3. "*El derecho de las obligaciones tiene una extensa tradición jurídica que se ha mantenido a lo largo del tiempo y que no es razonable alterar sustancialmente, ya que, en gran medida, constituye la arquitectura de razonamiento del derecho privado en general*". Tradução livre: "O direito das obrigações possui uma extensa tradição jurídica que tem sido mantida ao longo do tempo e que não é razoável alterar substancialmente, uma vez que, em grande medida, constitui a estrutura de raciocínio do direito privado de maneira geral" (LORENZETTI, Ricardo Luis. *Fundamentos de derecho privado*: Código Civil y Código Comercial de la Nación Argentina. Buenos Aires: La Ley, 2016. p. 188).
4. PERLINGIERI, Pietro. *Perfis do direito civil*: introdução ao direito civil constitucional. Trad. Maria Cristina de Cicco. 2. ed. Rio de Janeiro: Renovar, 2002. p. 206.
5. NANNI, Giovanni Ettore. *Inadimplemento absoluto e resolução contratual*: requisitos e efeitos. São Paulo: Thomson Reuters Brasil, 2021b. p. 22.
6. ALVIM, *op. cit.*, 1980. p. 5.
7. MARTINS-COSTA, Judith. *A boa-fé no direito privado*: critérios para sua aplicação. 2. ed. São Paulo: Saraiva, 2018. p. 222.
8. RIPERT, *op. cit.*, p. 383-384.
9. GOMES, Orlando. *Transformações gerais do direito das obrigações*. 2. ed. São Paulo: RT, 1980. p. 5.

conjunto de normas integradas, não só como mera construção teórica, mas de efetiva adequação da ordem legal em prol de valores indeclináveis do Estado Democrático de Direito, como a justiça, a igualdade e a segurança jurídica[10].

Seja em razão do desenvolvimento dos estudos da teoria geral do direito, seja em razão do desenvolvimento econômico social, várias mudanças começaram a ocorrer, no sentido de se privilegiar o plano social, em detrimento do plano individual[11]. O direito das obrigações não poderia deixar de se influenciar por essas impactantes alterações. Foi necessário, então, repensar os clássicos conceitos do direito obrigacional, de inspiração romana, para se projetarem os valores contemporâneos de uma sociedade complexa e humanista.

O mundo contemporâneo impôs a sua complexidade aos mais diversos negócios jurídicos, não só em razão da radical mudança do cenário do universo negocial – que, por força do avanço da tecnologia, está repleto de "novos negócios" (por exemplo, aqueles realizados no mundo real, mas que têm por objeto as criações do intangível mundo do metaverso) –, mas, também, da (enfim, vislumbrada) "evolução" dos direitos obrigacional e contratual.

Nesse sentido, a complexidade de uma compra e venda de gado em nada se compara, por exemplo, àquela que se enxerga numa operação de aquisição de um terreno no mundo virtual. Isso porque, enquanto naquele negócio o vínculo jurídico não envolve (ao menos em tese) terceiros, neste, percebe-se haver uma série de obrigações coligadas que vão muito além dos negociantes, e atingem, por exemplo, o idealizador do metaverso, o seu mantenedor, o criador do bem alienado, o seu adquirente, e todos aqueles que acessam o mundo virtual. A incidência normativa neste último negócio também é muito diferente do ocorrido no primeiro: não só as regras do CC/2002 devem ser respeitadas, mas todas aquelas relativas ao mundo digital, como a Lei n. 12.965/2014 (Marco Civil da Internet), a Lei n. 13.709/2018 (Lei Geral de Proteção de Dados Pessoais – LGPD), além das Leis de Propriedade Industrial e Intelectual e da Lei n. 8.078/1990 (Código de Defesa do Consumidor – CDC).

Para além da complexidade fática observada nos contratos atuais, e da comparação destes com aqueles dos clássicos civilistas, ainda há a complexidade da análise estrutural e funcional da própria relação obrigacional, da qual se passa a tratar.

A superação dessa concepção estática de obrigação, vista como um vínculo singular entre credor e devedor – que derivava da *obligatio* do direito romano[12] – é uma contribuição da doutrina germânica. Conforme explica Carlos Alberto da Mota Pinto,

---

10. NANNI, Giovanni Ettore. O dever de cooperação nas relações obrigacionais à luz do princípio constitucional da solidariedade. *In*: NANNI, Giovanni Ettore (coord.). *Temas relevantes do direito civil contemporâneo: reflexões sobre os 5 anos do Código Civil.* Estudos em homenagem ao Professor Renan Lotufo. São Paulo: Atlas, 2008a. p. 288-289.
11. LOTUFO, Renan. A codificação: o Código Civil de 2002. *In*: LOTUFO, Renan; NANNI, Giovanni Ettore (coord.). *Teoria geral do direito civil.* São Paulo: Atlas, 2008. p. 94.
12. PINTO, Carlos Alberto Mota. *Cessão da posição contratual.* Rio de Janeiro: Almedina, 1985. p. 268.

o *Bürgerliches Gesetzbuc* (BGB) – Código Civil alemão – substituiu a palavra *Obligation*, até então utilizada para referir-se às obrigações, por *Schuldverhältnis*, tendo em vista que as representações ligadas àquela expressão começaram a ser sujeitas a uma revisão crítica, tendo em vista a estreiteza do conceito da *obligatio*[13]. Nesse movimento, diversos juristas começaram a desenvolver conceitos que culminavam na seguinte concepção: a partir de uma mesma relação obrigacional, poderiam resultar vários créditos, que deveriam ser vistos como uma unidade, não redutível a uma soma de prestações, como um "organismo autônomo", segundo este último[14].

Nos comentários ao BGB, Gottlieb Karl Georg Planck afirmava que, da relação jurídica, podem brotar créditos para uma ou ambas as partes, assim como direitos, como um "organismo dirigido à criação de direitos singulares". Nessa mesma linha caminhou Heinrich Siber, ao sublinhar que, da relação jurídica, emergem créditos, direitos potestativos de denúncia, resolução e situações jurídicas. Nascia, assim, o conceito de relação obrigacional complexa, segundo Carlos Alberto da Mota Pinto[15].

Karl Larenz desenvolve esse conceito de complexidade unitária. Para ele, os diversos e complexos vínculos resultantes da relação compõem um "sistema de processos" articulado em vista da necessária colaboração intersubjetiva, voltado à satisfação do interesse do credor na prestação[16]. A relação obrigacional, segundo Karl Larenz, é um conjunto de direitos, obrigações e situações jurídicas; não apenas a soma de todos esses elementos, mas um todo. Seria, portanto, um "processo", desde o princípio encaminhado a alcançar um fim determinado, e a extinguir-se, uma vez obtido o fim, ainda que com alguma modificação para tanto, como na hipótese de superveniência de uma impossibilidade, em que o interesse do credor será satisfeito por meio diverso do planejado inicialmente (mediante uma indenização, por exemplo)[17].

Emilio Betti, por sua vez, ao distinguir as relações obrigacionais daquelas derivadas de um direito real, ressalta, com certo ineditismo, que o conteúdo econômico-social do direito obrigacional consistiria, em suma, no interesse por uma prestação alheia, cujo objeto de referência seria uma pessoa. Por outro lado, o conteúdo do direito real consistiria no interesse por uma utilidade (nos direitos reais de gozo) ou por um valor (nos direitos reais de disposição), cujo objeto de referência seria a própria coisa a ser usufruída ou sobre a qual recairia o valor a ser realizado. Isso implica que, na relação obrigacional, o interesse do titular do direito busca sua concretização por meio de um intermediário, através da cooperação e comportamento de terceiros; enquanto isso, na relação de direito real, o interesse do titular buscaria sua concretização "imediatamente", sem intermediários, e, quando muito, pela atividade do próprio titular[18].

---

13. *Ibidem*, p. 271.
14. *Ibidem*, p. 271-272.
15. *Ibidem*, p. 272-273.
16. MARTINS-COSTA, Judith. *Comentários ao Código Civil*. São Paulo: Forense, 2003. v. 1. p. 21.
17. LARENZ, *op. cit.*, 1958, p. 38-39.
18. BETTI, *op. cit.*, p. 36.

Assim, na prestação, poder-se-ia distinguir um aspecto subjetivo, relacionado ao comportamento de cooperação exigido do devedor, e um aspecto objetivo, relacionado à utilidade que a prestação visa a proporcionar ao credor – uma utilidade de natureza típica, geralmente associada ao comportamento cooperativo[19]. A cooperação estaria, portanto, no núcleo da conduta devida, que serviria para possibilitar, mensurar e qualificar o adimplemento[20], e só seria revelada (a cooperação) numa ambiência social que valorizasse a confiança[21], pressuposto da boa-fé objetiva.

Entre nós, a concepção dessa obrigação dinâmica, vista como um processo finalístico, foi desenvolvida por Clóvis do Couto e Silva, que lançou luzes à expressão "obrigação como processo", objetivando ressaltar o seu caráter dinâmico e as várias fases surgidas no desenvolvimento da relação obrigacional, que, entre si, se ligam como interdependência[22]. As fases mencionadas compreendem o i) surgimento e o desenvolvimento dos deveres e ii) o cumprimento ocorrido ao longo do tempo. Na primeira fase, uma série de ações (negociais e não negociais) e eventos dá origem aos deveres. Na segunda fase, podem surgir várias adversidades decorrentes do tempo e das circunstâncias – resultando em direitos, deveres, poderes formativos, sujeições e ônus não previstos inicialmente. No entanto, a relação obrigacional mantém sua unidade substancial e finalística[23].

Ao serem vistas como um todo, as diferentes fases da relação obrigacional formam complexos de direitos e deveres, incluindo aqueles principais, acessórios e secundários (especialmente o da cooperação). Essa estrutura interligada não mais permite visualizar a relação obrigacional sob uma perspectiva hierárquica, em que o credor está acima do devedor. Pelo contrário, ambos, no mesmo plano, devem atuar em conjunto para alcançar o cumprimento dos compromissos assumidos[24]: "a obrigação vive para morrer por intermédio do adimplemento"[25].

Assim, porque pressupõe a incidência de um conjunto de vínculos que emergem de um mesmo fato jurídico, também não mais cabe adjetivar de simples a relação obrigacional. A obrigação como processo dinâmico e tensionado a um fim deve ser encarada como uma relação jurídica complexa, que pressupõe dois tópicos conectados, mas cindíveis analiticamente: a integração de múltiplas faculdades e situações numa única relação, ou seja, seu entendimento como um organismo ou mecanismo, que permite

---

19. *Ibidem*, p. 58.
20. MARTINS-COSTA, Judith. *Comentários ao novo Código Civil*: do adimplemento das obrigações. Rio de Janeiro: Forense, 2004. v. 5. t. II. p. 26.
21. MARTINS-COSTA, *op. cit.*, 2004, p. 27.
22. COUTO E SILVA, *op. cit.*, p. 176.
23. MARTINS-COSTA, *op. cit.*, 2004, p. 53.
24. NANNI, *op. cit.*, 2008a. p. 312.
25. ASSIS, Araken de. *Resolução do contrato por inadimplemento*. 6. ed. São Paulo: Thomson Reuters Brasil, 2019. p. 81.

a consecução de fins determinados, e a conformação dessa relação jurídica à evolução das circunstâncias[26.]

Nessa perspectiva, o tempo assume inegável relevância no estudo das relações obrigacionais. Se, nos negócios instantâneos, as fases do "nascimento e desenvolvimento dos deveres" e a do "adimplemento" se dão no mesmo instante temporal, em muitos outros, essas fases são separadas por hiatos, que permitem enxergar o desenvolvimento do "processo" da relação obrigacional, que caminha sempre no sentido de realizar o interesse do credor, no tempo ajustado[27.] Para além disso, a obrigação complexa, vista sob uma perspectiva temporal, comporta até que se vislumbre o seu inadimplemento antes mesmo do seu termo[28,] o que outrora seria impensável.

O processo obrigacional pressupõe momentos distintos durante a sua marcha, considerando-se os interesses que antecedem a celebração dos contratos, isto é, a fase pré-contratual, e aqueles realizados após o período negocial, abarcando, inclusive, deveres eventualmente surgidos na fase pós-contratual[29.]

Se toda essa mudança, por um lado, transformou a obrigação em um instituto mais adequado às necessidades e valores da contemporaneidade, por outro, tornou mais complexa a análise e a constatação do seu cumprimento ou descumprimento. Se, antes, bastava provar que a obrigação principal do devedor não foi cumprida para caracterizar o inadimplemento absoluto (com as exceções de casos fortuitos ou de força maior), o que gerava situações de injustiça – tendo em vista a inobservância das nuances e especificidades e toda e qualquer relação, e a total atribuição de responsabilidade ao devedor, no que dizia respeito ao cumprimento das obrigações – hoje, a obrigação deve ser analisada considerando, em sua complexidade, todos os direitos, deveres, poderes formativos, sujeições e ônus (não só do devedor, mas, também, do credor).

2.2 ANÁLISE DA RELAÇÃO INTRAOBRIGACIONAL: O CONCEITO DE PRESTAÇÃO ENQUANTO CONDUTA E RESULTADO

Como se viu, o conceito de obrigação é complexo, por não mais contemplar uma análise estática do vínculo jurídico existente entre devedor e credor. Uma renovada visão sobre esse liame permite contemplar a presença de diversos feixes obrigacionais que, ora são estabelecidos explicitamente pelas partes, ora derivam da incidência normativa da lei, notadamente da boa-fé objetiva.

---

26. COSTA, op. cit., 2006, p. 75-76.
27. TERRA, Aline de Miranda Valverde. *Inadimplemento anterior ao termo*. Rio de Janeiro: Renovar, 2009. p. 69.
28. *Ibidem*, p. 121-122.
29. NERY, Rosa Maria de Andrade; NERY JUNIOR, Nelson. *Instituições de direito civil*: das obrigações, dos contratos e da responsabilidade civil. 2. ed. São Paulo: Thomsom Reuters Brasil, 2019b. v. 2. p. 179.

Mas, para além dessa análise da relação obrigacional complexa que, sob o viés funcional, é tensionado pelo adimplemento, uma análise mais verticalizada sobre o fenômeno obrigacional exige o enfrentamento não só do conceito do conjunto unitário de vínculos obrigacionais que ligam, reciprocamente, devedor e credor, mas o da própria prestação, questão pouco trabalhada na doutrina brasileira[30]. Ademais, a enunciação dos conceitos não é papel da lei, mas da doutrina, que, cavoucando do tecido codificado, retira do sistema os critérios privilegiados (pelo próprio sistema) quando não há solução evidente ou adequada para determinados problemas evidenciados pela experiência social[31].

As dificuldades enfrentadas pela dogmática do direito das obrigações foram postas por Franz Wieacker, em 1965, em *Leistungshandlung und Leistungserfolg im Bürgerlichen Schuldrecht*[32]. Nessa obra, o autor destaca que a relação obrigacional possui um duplo aspecto. O primeiro consiste no "ordenamento de deveres de conduta do devedor" (*Leistungshandlung*), enquanto o segundo está relacionado à "realização do interesse do credor na prestação" (*Leistungserfolg*)[33].

Essa visão dualista, porém, não é uniforme. Paul Oertmann, por exemplo, afirma que a expressão "prestação" poderia revelar três coisas distintas: i) a realização do resultado fático ou jurídico a se produzir por meio da relação obrigacional; ii) a adoção da ação de prestar, necessária em prol desse resultado; e, iii) a parte da ação de prestar que incumbe ao devedor, abstraindo a conduta de cooperação do credor (que pode consistir no fornecimento de substrato necessário à efetivação da ação de prestar)[34].

Para Volker Beuthien, no entanto, o conceito de prestação (notadamente para fins da impossibilidade de se prestar) corresponderia ao resultado. Ou seja, a prestação não seria a atividade do devedor, mas o "resultado positivo" dela resultante, para o credor[35]. Nesse sentido, segue a doutrina de António Menezes de Cordeiro: "quanto à prestação: em definitivo, ela é *Leistungserfolg* ou prestação de resultado", e o resultado surgiria, ainda, "como o objetivo pretendido pelo cumprimento"[36].

Por outro lado, Judith Martins-Costa sustenta que o resultado socialmente apreciável denominado "prestação" é a "conduta devida"[37]. Nessa linha caminha Roberto Ernesto Greco, ao afirmar que a prestação é, em todos os casos, conduta ou comportamento, um dever jurídico de conteúdo patrimonial contraído pelo devedor em uma

---

30. MARTINS-COSTA; SILVA, *op. cit.*, p. 55.
31. *Ibidem*, p. 61.
32. *Ação de desempenho e sucesso do desempenho no direito civil das obrigações*.
33. PEREIRA, Maria de Lurdes. *Conceitos de prestação e destino da contraprestação*. Coimbra: Almedina, 2001. p. 11.
34. *Ibidem*, p. 17.
35. PIRES, *op. cit.*, 2020a, p. 338-339.
36. CORDEIRO, António Menezes. *Tratado de direito civil*: direito das obrigações. 3. ed. Coimbra: Almedina, 2017. v. 9. p. 362-363.
37. MARTINS-COSTA, *op. cit.*, 2003, p. 86.

obrigação originada de um ato voluntário. Cumprir uma obrigação seria, pois, realizar uma conduta devida, positiva (modificação da situação fática existente; a entrega de uma coisa ou a realização de um fato) ou negativa (manutenção da situação fática existente; a realização de uma abstenção)[38.]

Luis Díez-Picazo também adere a esse entendimento ao enfatizar que a prestação, como objeto da obrigação, consiste sempre em uma conduta do devedor, ou seja, seu comportamento ou ação de prestação[39.]

Ao analisar-se a prestação perante os fundamentos do direito obrigacional, notadamente em razão do fato de que as relações obrigacionais têm vínculo de pessoalidade, deve-se reconhecer que a prestação é uma atividade do devedor, que pode ser positiva (uma ação) ou negativa (uma omissão). É justamente esse caráter pessoal do vínculo que justifica só se poder exigir do devedor o seu cumprimento[40.] Além disso, formalmente, o adimplemento só pode se dar pelo devedor, e não por terceiros.

Por outro lado, é evidente que o resultado esperado pelo credor só pode ser atingido por meio de conduta por parte do devedor. Sob essa perspectiva, a atividade do devedor representa o elemento subjetivo inerente a toda obrigação. Salienta-se, porém, que nessa relação também deve existir o elemento objetivo, o resultado[41.] Isso porque, ao se analisarem as relações obrigacionais sob uma perspectiva holística e funcional, deve-se ter em mente que os deveres de prestação (que integram a relação obrigacional) são articulados entre si tendo em vista uma perspectiva finalística, isto é, orientada pelo seu fim: "O adimplemento dinamiza o vínculo e polariza a própria compreensão dos deveres nela inseridos"[42.]

Significa dizer que, se o processo obrigacional possui uma finalidade, assim também é o destino da prestação, que, sob uma abordagem teleológica, visa a um resultado, não se limita, portanto, apenas a uma conduta. O devedor está obrigado, no contexto do cumprimento, não apenas a adotar meios (conduta) para alcançar um resultado, mas também a alcançar o resultado em si, o qual deve ser obtido por esforço específico[43.]

Por essa razão, a doutrina que incorpora a conduta do devedor ao seu resultado (conceito ampliado de prestação), está correta. João Calvão da Silva defende essa visão ao argumentar que, como a relação obrigacional tem o objetivo de satisfazer o interesse do credor e está direcionada para essa finalidade, é inevitável reconhecer que tanto a conduta quanto o benefício proporcionado, ou seja, o resultado, devem integrar o con-

---

38. GRECO, Roberto Ernesto. *Extincion de las obligaciones:* tres analisis de supuestos particulares del fenômeno extintivo. Buenos Aires: Abeledo-Perrot, 1987. p. 22.
39. DÍEZ-PICAZO, *op. cit., p.* 236.
40. SILVA, João Calvão da. *Cumprimento e sanção pecuniária compulsória.* Dissertação (Pós-Graduação em Ciências Jurídico-civis), Faculdade de Direito, Universidade de Coimbra, Coimbra, 1995. p. 76.
41. COMPARATO, Fábio Konder. Obrigações de meios, de resultado e de garantia. *In:* COMPARATO, Fábio Konder. *Ensaios e Pareceres de Direito Empresarial.* p. 521-539. Rio de Janeiro: Forense, 1978.
42. MARTINS-COSTA; SILVA, *op. cit.,* p. 141.
43. PIRES, Catarina Monteiro. *Contratos:* perturbações na execução. Coimbra: Almedina, 2020b. p. 28.

ceito de prestação[44]. Afinal, o credor não enxerga o cumprimento da prestação-conduta do devedor em abstrato, mas como uma prestação que, uma vez direcionada, concretiza um resultado efetivamente desejado e programado[45].

A conduta do devedor integra, portanto, a prestação. Se assim não fosse, seria impossível falar em inadimplemento anterior ao termo. Nesse tipo de situação, o credor tem legitimidade para reclamar devido à falta de ação por parte do devedor, que deveria estar agindo para alcançar um resultado no prazo estipulado (e não pela ausência do próprio resultado em si, uma vez que este deve ser entregue em data futura). Entretanto, diante da ausência de conduta, presume-se que o resultado não será alcançado (dando causa ao inadimplemento antecipado)[46].

O exemplo pode esclarecer melhor a questão: imagina-se a hipótese de um contrato firmado entre uma empresa (A) e um desenvolvedor de *software* (B). Nos termos constam que o *software* deverá ser entregue e funcionar plenamente até o dia 1º de janeiro. No entanto, quando a data de entrega se aproxima, a empresa contratante (A) percebe que o desenvolvedor (B) não realizou qualquer etapa do desenvolvimento do *software*, sem apresentar qualquer progresso ou protótipo funcional. Nesse caso, a empresa (A) pode alegar o inadimplemento anterior ao termo, pois o desenvolvedor (B) não cumpriu a conduta esperada para alcançar o resultado (entrega do *software* funcional), comprometendo a conclusão do projeto no prazo acordado. A ausência de qualquer atividade de desenvolvimento evidencia que o resultado não será alcançado na data prevista, caracterizando o descumprimento contratual. Se o credor não pudesse alegar o inadimplemento anterior ao termo, teria que aguardar até a data da entrega prevista – mesmo sabendo que o *software* não ficará pronto no prazo acordado, tendo em vista que o devedor não tomou as medidas necessárias para cumprir a obrigação – o que claramente violaria a boa-fé objetiva.

Por outro lado, esse raciocínio não exclui o resultado como parte integrante da prestação. No exemplo dado, se, devido à inércia do credor em promover a ação, o prazo for alcançado e o *software* não for entregue (resultado) na data prevista pelas partes, a obrigação não será considerada cumprida apenas com base na observação da conduta

---

44. SILVA, *op. cit.*, 1995, p. 76.
45. *Ibidem*, p. 78.
46. A propósito, Araken de Assis relaciona a figura do inadimplemento antecipado à ausência de conduta do devedor (omissão da atividade). Tal figura, segundo o autor, "se informa pela existência de época propícia ao cumprimento ou ao início da atuação condizente do obrigado, dada pelo termo, final ou inicial, por dois comportamentos: a declaração de não querer ou de não poder adimplir; e a *omissão da atividade causal concernente ao futuro* – obrigações de cumprimento instantâneo não importam à espécie – adimplemento. Em ambos os casos, *a conduta do obrigado só assume importância se ocorrida com alguma antecedência em relação ao termo*, pois, nas suas imediações, o credor se preserva dos inconvenientes da espera infrutífera e da atrelagem a vínculo de antemão inútil. O contrato bilateral produz curioso exemplo de declaração de rebeldia ao adimplemento. Se um dos contratantes afirma que não adimplirá porque o parceiro não o fez, e, contudo, o último efetivamente adimpliu ou ofereceu sua prestação, se considera a prematura e errônea manifestação de vontade ineficaz (ASSIS, *op. cit.*, p. 87).

da empresa B em trabalhar na construção do *software*. Afinal, a obrigação é entregar o *software* pronto e funcionando, e não apenas realizar esforços para desenvolvê-lo.

Um outro exemplo pode ser trazido neste contexto: desde 1882, o Templo Expiatório da Sagrada Família em Barcelona vem sendo construído, porém, ao longo de todos esses anos, toda a conduta empenhada na construção não foi suficiente para alcançar o resultado final da conclusão do projeto do arquiteto Antoni Gaudí. Nesse caso, não se pode afirmar que a obrigação hipotética assumida pelo empreiteiro, apesar de todos os esforços empreendidos, tenha sido cumprida.

Observa-se, porém, que a prestação não é a mera soma da conduta e do resultado. Deve-se analisar o fenômeno sem cindir a conduta do resultado, como adverte Francisco Cavalcanti Pontes de Miranda[47]. Nesse mesmo sentido entende António Menezes de Cordeiro: "a prestação, enquanto ação humana, engloba sempre o seu próprio fim"[48].

2.3 OS DIREITOS E DEVERES GERADOS NA RELAÇÃO OBRIGACIONAL A PARTIR DA INCIDÊNCIA DA BOA-FÉ OBJETIVA E AS FASES DO PROCESSO OBRIGACIONAL

A obrigação, principalmente em virtude dos influxos decorrentes da incidência normativa do princípio da boa-fé objetiva, não deve ser encarada como um vínculo estanque que liga o credor e o devedor, mas como um processo dinâmico, fluido, dividido em fases (muito embora deva ser visto como uma "totalidade orgânica"), voltada a uma determinada finalidade: o adimplemento. É o princípio da boa-fé, também, que contribui para determinar o "que", o "como" e os limites da prestação[49].

Isso porque, antes mesmo de se falar na criação voluntária de uma relação obrigacional, propriamente dita, há de se ter em mente que o princípio da boa-fé regula o agir dos indivíduos, direta e indiretamente[50]. Significa dizer que, antes mesmo de os indivíduos instituírem, entre si, qualquer vínculo que possa ser designado como obrigação, o princípio da boa-fé já é incidente, como uma regra de conduta que deve guiar o seu agir. Afinal, a boa-fé exprime os valores basilares do direito, que permeia todas as relações jurídicas, como um padrão de comportamento que integra a autonomia privada[51], notadamente após o início de vigência do CC/2002 – diploma que, principalmente

---

47. PONTES DE MIRANDA, Francisco Cavalcanti. *Tratado de Direito Privado*. Campinas: Bookseller, 2003. t. XXIII. p. 71.
48. CORDEIRO, António Menezes. *Tratado de direito civil*: direito das obrigações. 2. ed. Coimbra: Almedina, 2012. v. 6. p. 480.
49. COUTO E SILVA, *op. cit.*, 2006, p. 34.
50. CORDEIRO, António Menezes. *Da boa fé no direito civil*. Coimbra: Almedina, 2015. p. 527.
51. NANNI, Giovanni Ettore. Abuso do direito. *In*: LOTUFO, Renan; NANNI, Giovanni Ettore (coord.). *Teoria geral do direito civil*. São Paulo: Atlas, 2008b. p. 754.

por intermédio dos arts. 157[52] e 422[53,] supriu a omissão do legislador, consistente em não tratar, expressamente, sobre a violação dos direitos secundários (*rectius*: laterais/ anexos) decorrentes da boa-fé objetiva[54.]

Assim, quando erigida uma relação obrigacional, a incidência da boa-fé objetiva faz gerar, para além dos deveres principais, dos deveres secundários com prestação autônoma (*v.g.* dever de indenizar, por perdas e danos, por inadimplemento culposo) e dos deveres acessórios da prestação principal (*v.g.* custodiar, embalar e transportar a coisa prometida à venda), deveres laterais orientados para o interesse no cumprimento do dever principal de prestação, caracterizando-se por uma função auxiliar da realização positiva do fim do contrato e de proteção da pessoa e seus bens contra os riscos de danos concomitantes[55.]

Esses deveres laterais não visam primariamente à execução da prestação principal, mas à proteção de outros interesses da contraparte envolvidos no interesse contratual. Todos esses mecanismos têm a finalidade de assegurar a plena realização dos interesses cuja satisfação representa o objetivo do contrato, podendo incidir tanto em ações ou comportamentos positivos (declarações, informações, cooperação com a contraparte, proteção desta) quanto em omissões (evitar ações que possam causar danos ao objeto da prestação, ao patrimônio ou à esfera jurídica pessoal da contraparte ou, de forma mais ampla, que possam representar qualquer ameaça à realização do propósito contratual)[56.]

Ainda, esses deveres laterais não se referem a elementos pré-existentes na relação contratual, fixos em um *numerus clausus* cujo conteúdo seja imutável desde o início. Sua manifestação, ou melhor, sua concretização, depende da verificação de pressupostos variáveis que, à luz da finalidade do contrato, adquirem eficácia. Não se trata apenas de sua manifestação inicial; também seu conteúdo, intensidade e duração são influenciados pelas circunstâncias atuais. Esses deveres implicam obrigação de se adotar determinado comportamento (por exemplo, a guarda da coisa) e não de assegurar um resultado. Em certo sentido, diz-se que existem potencialmente desde o início e que são atualizados à medida que ocorrem situações que possam comprometer a realização do interesse contratual. Portanto, é possível fixá-los em um momento temporal específico[57.]

Até mesmo a finalidade dos negócios jurídicos é influenciada pela incidência da boa-fé objetiva, pois gera um *plus* que integra o fim da atribuição. Exemplo trazido por

---

52. BRASIL. Código Civil (2002). Art. 157. Ocorre a lesão quando uma pessoa, sob premente necessidade, ou por inexperiência, se obriga a prestação manifestamente desproporcional ao valor da prestação oposta. § 1º Aprecia-se a desproporção das prestações segundo os valores vigentes ao tempo em que foi celebrado o negócio jurídico. § 2º Não se decretará a anulação do negócio, se for oferecido suplemento suficiente, ou se a parte favorecida concordar com a redução do proveito.
53. BRASIL. Código Civil (2002). Art. 422. Os contratantes são obrigados a guardar, assim na conclusão do contrato, como em sua execução, os princípios de probidade e boa-fé.
54. STEINER, *op. cit.*, 2014, p. 699.
55. PINTO, *op. cit.*, p. 279-281.
56. *Ibidem*, p. 284.
57. *Ibidem*, p. 288.

Clóvis do Couto e Silva esclarece essa ideia: um comerciante A convenciona a fabricação e a divulgação de anúncios luminosos para efeitos de propaganda; B, contratado por A, fabrica e instala os anúncios, mas em local pouco frequentado[58]. Em princípio, objetivamente, a prestação parece ter sido integralmente cumprida (afinal, os anúncios foram fabricados e instalados), contudo, embora não se tenha deixado claro, na avença, o local no qual deveriam ser instalados os anúncios luminosos, sabe-se que a finalidade deles é realizar propaganda, pelo que a sua instalação em local ermo impossibilita o reconhecimento do adimplemento satisfatório.

Ao gerar esse reflexo, não trata a boa-fé de gerar uma ruptura no direito, mas atuar como brecha ético-jurídica do direito positivado[59]. Isto é, a boa-fé guia e limita a autonomia privada, incide antes mesmo da formação das relações obrigacionais, molda o conteúdo destas, direciona o agir das partes, e continua gerando efeitos após a extinção dos vínculos jurídicos estabelecidos, corporificando direitos independentemente de previsão normativa expressa.

Isso permite, por exemplo, teoricamente, revisar as contraprestações devido a uma mudança radical nas circunstâncias econômicas, mesmo que não se configure uma situação de inexigibilidade, impossibilidade econômica ou extinção da base do negócio. Além disso, permite abordar a dificuldade desproporcional da obrigação ou a transferência do limite do sacrifício, considerando a prevalência do princípio da equivalência das prestações, tanto em benefício do credor quanto do devedor[60].

E, ainda que não tenha sobrevindo nenhuma situação ensejadora da remodelação dos direitos, das obrigações e das situações jurídicas vislumbrados durante todo o processo obrigacional, é possível observar o surgimento de deveres de proteção, após o adimplemento, no caso de culpa *post pactum finitum* ("depois do pacto finalizado")[61].

Portanto, não há como analisar todo o processo obrigacional, do nascimento e desenvolvimento dos deveres, ao adimplemento, sem se ter como parâmetro, guia, e farol, a boa-fé objetiva. Ela é fundamental no processo de análise funcional do processo obrigacional, lugar comum a viabilizar o processo de constatação do adimplemento, ou do inadimplemento, inclusive quanto à distinção entre as espécies deste, isto é, a mora e o inadimplemento absoluto.

2.4 BREVES CONSIDERAÇÕES SOBRE A TÓPICA

Em 1953, quando predominava o pensamento positivista, que levava os juristas à exacerbação do culto dos textos legais, com a progressiva perda de contato com a reali-

---

58. COUTO E SILVA, *op. cit.*, 2006, p. 41.
59. WIEACKER, Franz. *El principio general de la buena fe*. Trad. para o espanhol de Luis Díez-Picazo. Santiago: Ediciones Olejnik, 2019. p. 50.
60. *Ibidem*, p. 50-51.
61. MARTINS-COSTA, *op. cit.*, 2018, p. 245.

dade histórica e os valores ideais[62,] Theodor Viehweg lançou *Tópica e Jurisprudência*. Seu texto servia à crítica ao positivismo, diante da sua incapacidade de lidar com questões controvertidas, para as quais é simplesmente impossível uma perfeita demonstração mediante critérios rígidos e infalíveis[63.] O autor parte da constatação de que, no direito, nem sempre é possível encontrar uma resposta evidente e inquestionável em cada caso concreto, e que, nessas hipóteses, a lógica formal ou o método cientificista-experimental quase nada podem contribuir. Diante disso, o juiz é chamado a realizar valorações que acabam condicionando sua decisão[64.]

Com isso, Theodor Viehweg, partindo da tópica aristotélica e ciceriana, como uma técnica[65] de pensar problemas a partir da retórica[66,] busca reabilitar o caráter argumentativo do direito, sufocado pela duradoura opressão de um raciocínio apodíctico[67.] Para ele, a estrutura da ciência do direito não poderia ser captada com o auxílio do pensamento sistemático[68,] pois isso só se daria se se caminhasse além da redução lógica, na busca inventiva do justo material, no confronto com o concreto problema jurídico[69.] Afinal, não são poucos os casos nos quais é impossível imaginar uma certeza conclusiva acerca dos problemas jurídicos, todavia, estes, por sua vez, não podem deixar de ser resolvidos, em razão da proibição do *non liquet*. A inquietação de Theodor Viehweg, portanto, não estava ligada, tão somente, à academia, mas à efetiva prática do direito, que é essencialmente problemático, porque opera com um problema ou aporia[70.]

O pensamento tópico representaria, assim, uma ruptura da racionalidade sistemática da modernidade[71.] Só aparentemente o direito comportaria uma estrutura sistemática, por meio da qual se possibilitaria deduzir suas proposições a partir de axiomas, pois,

---

62. REALE, Miguel. *Teoria tridimensional do direito*. 5. ed. São Paulo: Saraiva, 2001. p. 3.
63. BUSTAMANTE, Thomas da Rosa de. Tópica e argumentação jurídica. *Revista de Informação Legislativa*. Brasília: RIL, 2004. p. 155. Disponível em:
https://www2.senado.leg.br/bdsf/bitstream/handle/id/985/R163-10.pdf?sequence=4&isAllowed=y. Acesso em: 24 set. 2021.
64. *Ibidem*, p. 153-154.
65. Sobre o termo "técnica": "Quando se fala, hoje, em tópica pensa-se, como já dissemos, numa técnica de pensar, e não, propriamente, de um método. Ou seja, não é um conjunto de princípios de avaliação da evidência nem de cânones para julgar a adequação de explicações propostas, nem ainda critério para selecionar hipóteses. Em suma, não se trata de um procedimento verificável rigorosamente. Ao contrário, é um modo de pensar, problemático, que nos permite abordar problemas, deles partir e neles culminar. Assim, pensar topicamente significa manter princípios, conceitos, postulados com caráter problemático visto que jamais perdem sua qualidade de tentativa" (FERRAZ JUNIOR, Tercio Sampaio. *Introdução ao estudo do direito*: técnica, decisão, dominação. 11. ed. São Paulo: Atlas, 2019. p. 292).
66. VIEHWEG, Theodor. *Tópica e jurisprudência*: uma contribuição à investigação dos fundamentos jurídicos-científicos. Trad. Alflen da Silva, Kelly Susane. Porto Alegre: Sergio Antonio Fabris, 2008. p. 16.
67. NEDEL, Antônio. *Uma tópica jurídica*: clareira para a emergência do direito. Porto Alegre: Livraria do Advogado, 2006. p. 203.
68. CANARIS, Claus-Wilhelm. *Pensamento sistemático e conceito de sistema na ciência do direito*. Trad. António Manuel da Rocha de Menezes Cordeiro. 3. ed. Lisboa: Fundação Calouste Gulbenkian, 2002. p. 243.
69. NEDEL, *op. cit.*, p. 17.
70. MARTINS-COSTA, *op. cit.*, 2018, p. 198.
71. NEDEL, *op. cit.*, p. 221.

quando o julgador deve resolver um problema, seu raciocínio se estrutura a partir dele, e não dos axiomas que estruturam o sistema[72].

A tópica se situa, assim, no campo do dialético, ou seja, no campo da disputa, em oposição ao campo do apodítico (campo da verdade para a pretensão dos filósofos)[73]. Ela parte de problemas que seriam solucionados a partir de conclusões decorrentes de premissas que se revelam "verdadeiras", com base em opiniões respeitáveis e verossímeis, das quais se possa presumir a aceitação[74]. É como sintetiza Juan Antonio García Amado:

> En suma, todo el edificio jurídico se explicaría en razón de la necesidad de resolver problemas, casos concretos. Pero a ello se suma, como circunstancia que confiere al trabajo con el derecho su impronta particular y lo hace desembocar en la tópica, el hecho de que nunca encuentra, con carácter definitivo, general e indiscutible, la respuesta al interrogante que ante cada caso se plantea: que sea lo justo aquí y ahora. Esa naturaleza discutible, «opinable», de todas las soluciones posibles sería el terreno abonado para el modo de proceder de la tópica. Ésta cifraría su aportación esencial en servir de vía para la propuesta de soluciones y de argumentos y base para el intercambio argumentativo de razones, con vistas al proceso que debe conducir a la decisión [75].

Essa "técnica de pensar problemas"[76] está relacionada a pontos de vistas aceitáveis, comuns a todos (tópicos, ou *topoi*), fórmulas de procura, construções ou operações estruturantes, que orientam a argumentação, e que podem ajudar a extrair conclusões dialéticas em relação a qualquer problema[77]. Ela se desenvolve, considerando os *topoi*, a partir do problema, a fim de abordá-lo sob vários ângulos, descobrindo o contexto inteligível anterior a ele, em que este tem o seu lugar[78]. É a partir desse exercício que se possibilita a obtenção de silogismos ou entimemas a serem empregados a favor ou contra o opinável, podendo conduzir à verdade[79]. A racionalidade, por sua vez, estaria garantida mediante o processo dialético de discussões dos pontos de vista (tópicos) legitimados pelo consenso, isto é, a opinião fundamentada de todos, dos melhores, ou dos mais conceituados, à vista de um problema concreto[80], afinal, para o pensamento tópico, o sistema não oferece todas as soluções para os problemas da vida social.

---

72. MARTINS-COSTA, *op. cit.*, 2018, p. 199.
73. VIEHWEG, *op. cit.*, p. 22.
74. *Ibidem*, p. 24.
75. GARCÍA AMADO, Juan Antonio. Tópica, derecho y método jurídico. *Doxa* – Cuadernos de Filosofia del Derecho, Alicante, n. 4, 1987. p. 164. Disponível em: https://rua.ua.es/dspace/bitstream/10045/10908/1/Doxa4_12.pdf. Acesso em: 23 set. 2021. Tradução livre: "Em resumo, todo o edifício jurídico se explicaria em função da necessidade de resolver problemas, casos concretos. No entanto, além disso, há uma circunstância que confere ao trabalho com o direito sua marca peculiar e o leva a desembocar na tópica: o fato de que nunca encontra, de forma definitiva, geral e indiscutível, a resposta para o questionamento que surge a cada caso: o que é justo aqui e agora. Essa natureza discutível, "opinável", de todas as soluções possíveis seria o terreno fértil para o método da tópica. Essa abordagem centralizaria sua contribuição essencial em oferecer um caminho para a proposição de soluções e argumentos, além de servir como base para a troca argumentativa de razões, visando ao processo que deve levar à tomada de decisão".
76. FERRAZ JUNIOR, *op. cit.*, 2019, p. 292.
77. VIEHWEG, *op. cit.*, p. 26.
78. LARENZ, *op. cit.*, 1958, p. 202.
79. VIEHWEG, *op. cit.*, p. 25-26.
80. MARTINS-COSTA, *op. cit.*, 2018, p. 200.

Inclusive, a tópica ataca a concepção de sistema jurídico como algo unitário, definitivo, imutável e fechado, ao adotar a ideia de um sistema aberto e elástico, que viabilize a oferta de soluções satisfatórias, que integram a sistemática jurídica[81.] Essa, aliás, é a função da tópica: auxiliar a aplicação do direito, entendido como um sistema aberto, maleável e adaptável às contingências e mutações da vida, no sentido de amoldar o justo e adequar a ordem jurídica à realidade social presente[82.] Afinal, a função do direito não é apenas a de manter a ordem constituída, mas de mudá-la, adaptando-a às mudanças sociais[83.]

A tópica, porém, não é isenta de críticas. Claus-Wilhelm Canaris recrimina a tópica viehweguiana, afirmando que Theodor Viehweg resolveu adotar uma concepção reducionista acerca do sistema jurídico (o que seria a causa do seu pensamento antissistemático)[84,] mas nela vê utilidade, afirmando que o pensamento tópico não se opõe completamente ao sistemático; eles se complementariam, se interpenetrando mutuamente, pois a tópica bem se adequa aos casos de lacunas nos quais o direito positivo não contenha valorações para integração, e à tarefa de concretização das cláusulas gerais[85.]

De fato, o raciocínio lógico-dedutivo é fundamental para o jurista, que não pode prescindir dele ao lidar com categorias gerais, como negócio jurídico, direito subjetivo e ilicitude[86.] Mas o certo é que, como afirma Judith Martins-Costa, "nem o raciocínio jurídico está cingido à lógica formal, nem a lógica formal há de ser reduzida à operação mental de subsunção"[87.]

O que acontece são situações nas quais não se vislumbra uma relação de identidade entre o fato e a previsão normativa (suporte fático), mas uma relação de correspondência. Nessa hipótese, não há como solucionar o caso aplicando-se, tão somente, o pensamento lógico-dedutivo, e é aí que se vislumbra a possibilidade de aplicação do pensamento tópico para resolver o problema.

2.4.1 O interesse do credor e a utilidade da prestação como *topoi*, na verificação do adimplemento/inadimplemento (relativo ou absoluto) da obrigação

A prestação tem por finalidade satisfazer a necessidade de alguém de obter um bem ou realizar um fato, que, naturalmente, deve ser-lhe útil. Até se alcançar esse

---

81. DINIZ, Maria Helena. *As lacunas no direito*. 10. ed. São Paulo: Saraiva, 2019. p. 139-140.
82. *Ibidem*, p. 140.
83. BOBBIO, *op. cit.*, p. 94.
84. Segundo Claus-Wilhelm Canaris, na época da 1ª edição de Tópica e Jurisprudência, já havia outras concepções de sistema, inclusive a distinção de Philipp Heck entre "sistema externo" e "sistema interno", este último composto pelos valores e princípios gerais de direito que dão forma à noção genérica de "Ideia de Direito", e que isso havia sido ignorado por Theodor Viehweg, que parecia crer que a única espécie de sistema na época era o sistema lógico-dedutivo (BUSTAMANTE, *op. cit., p.* 161).
85. CANARIS, Claus-Wilhelm. O novo direito das obrigações na Alemanha. *Revista de Direito da EMERJ*, Rio de Janeiro, v. 7, n. 27, 2004. p. 273.
86. MARTINS-COSTA, *op. cit.*, 2018, p. 202.
87. *Ibidem*, p. 202.

objetivo há, de um lado, a necessidade do credor (revelada pela sua carência, pelo seu desejo, curiosidade, ou qualquer outra questão motivacional subjetiva), e, do outro, um bem ou fato, derivado de outra pessoa, capaz de satisfazer essa necessidade. Entre eles (a necessidade e o bem ou fato), há o interesse, palavra cuja origem latina (*inter + est*) remonta o significado de estar entre algo, no meio[88.]

Esse interesse, porém, apesar de ter matriz subjetiva, deve ser aferido objetivamente. Isso porque, a partir da diretriz da concretude, orientadora do CC/2002, e da observância do princípio da boa-fé objetiva, não deve ser atribuído valor jurídico àquelas circunstâncias que podem ser, em última análise e, tendo em vista as especificidades do caso, consideradas elementos subjetivos não compartilhados socialmente, não protegidos como valores sociais juridicamente relevantes[89.] Logicamente, os dados subjetivos e as condições concretas devem ser analisados, mas nem todos os elementos subjetivos devem ser considerados, para fins obrigacionais relevantes. Exemplo disso é o devedor que, por convicções religiosas, é contrário à incidência de juros, mas não pode deixar de pagá-los quando configurada hipótese de inadimplemento relativo ou mora[90.]

Ao contrário do que se pode pensar, nem sempre é fácil definir, em casos concretos, quando se dá a conversão do inadimplemento relativo (mora) em inadimplemento absoluto, para, assim, incidirem as repercussões legais. Essa dificuldade advém do fato de que o conceito de inadimplemento absoluto parte da ideia da frustração do interesse do credor, que, embora deva ser analisada objetivamente, contém traços de subjetividade que podem levar, em hipóteses aparentemente semelhantes, a resultados diversos.

Isso ocorre porque o princípio da boa-fé objetiva é uma norma incidente sobre as relações privadas que, de modo geral, impõe deveres de conduta não necessariamente expressos na lei ou em algum pacto negocial firmado pelas partes. Esses deveres impõem a cooperação das partes não só para a consecução do fim da obrigação, mas, também, o agir ético, transparente, e voltado à proteção do outro e dos seus respectivos bens.

Como esse agir em prol da cooperação não está descrito em qualquer rol taxativo, mas é algo desenvolvido (e modificado) na medida em que novas circunstâncias apareçam – na criação, no desenvolvimento, e até mesmo após a extinção da relação obrigacional (considerando-se as prestações principais e secundárias) – é indispensável o recurso a algum método, não rígido como a mera subsunção, que viabilize a observância das nuances de cada relação, que permita constatar eventual inadimplemento, inclusive quanto à sua espécie (relativo ou absoluto).

A tópica viehweguiana, como técnica de pensar problemas a partir de lugares comuns (*topoi*), dispõe da flexibilidade que permite analisar a situação do inadimplemento sem as amarras de um pensamento positivista clássico, viabilizando a observância das nuances que gravitam em torno de toda e qualquer relação obrigacional.

---

88. SILVA, Jorge Cesa Ferreira da. *Adimplemento e extinção das obrigações*. São Paulo: RT, 2007. p. 43.
89. *Ibidem*, p. 44-45.
90. *Ibidem*, p. 45.

Tradicionalmente, o adimplemento (ou cumprimento) da obrigação, principal meio extintivo da obrigação, ocorre quando se realiza voluntariamente a prestação debitória[91.] Por outro lado, diz-se que o inadimplemento (absoluto) ocorre quando a obrigação não foi cumprida, e nem poderá sê-lo, por culpa do devedor[92.] Quando, porém, se enxerga a relação obrigacional como processo dinâmico tensionado a um fim, envolvendo a cooperação do credor e do devedor na realização das prestações, algumas considerações se impõem. A primeira delas é que esses conceitos clássicos de adimplemento e inadimplemento só consideram a prestação principal, quando se sabe, hoje, que a obrigação transcende, em muito, o dever nela consubstanciado[93.]

Sob essa perspectiva, considerando que toda obrigação, para além das suas prestações principal e secundária (ou acessória), também é composta por deveres anexos (ou laterais) de conduta e de proteção[94,] o adimplemento não pode ser verificado considerando, tão somente, a obrigação principal. Embora cumpridas regularmente, no tempo, no lugar e na forma, as obrigações principais e secundárias, sem defeito nenhum em seus objetos (como no cumprimento imperfeito), o devedor terá cumprido mal a obrigação se não tiver observado os deveres anexos de conduta[95.] É o que alguns chamam de violação positiva do crédito ou da pretensão[96.]

Por outro lado, o inadimplemento é um gênero que compreende duas espécies: 1) o inadimplemento absoluto e 2) a mora (inadimplemento relativo)[97.] Diante disso, nem sempre é fácil constatar, sem um olhar atento e percuciente, a diferença entre elas. Daí a necessidade de se apontarem instrumentos que ofereçam suporte ao exegeta, nessa complicada operação, sem desnaturar a relação obrigacional como um processo dinâmico e teleológico.

Essa tarefa é extremamente importante visto que as consequências do inadimplemento absoluto são muito mais graves do que aquelas advindas do inadimplemento relativo. Enquanto caracterizada a mora, tão somente, isto é, enquanto ao devedor não tiver cumprido a(s) prestação(ões), ou o credor oferecer resistência em recebê-la(s), no lugar, na forma e no tempo combinados (art. 394[98,] do CC/2002), a obrigação per-

---

91. VARELA, João de Matos Antunes. *Obrigações em geral*. 7. ed. Coimbra: Almedina, 1997. v. 2. p. 7.
92. ALVIM, *op. cit.*, 1980, p. 7.
93. SCHREIBER, Anderson. A tríplice transformação do adimplemento: adimplemento substancial, inadimplemento antecipado e outras figuras. *Revista Trimestral de Direito Civil*. Rio de Janeiro, v. 32, out.-dez. 2007. p. 5-6.
94. Quando se observa a relação obrigacional como processo dinâmico que se protrai no tempo e que envolve não só a prestação principal, mas as secundárias, laterais e de proteção, vê-se que, ainda após a extinção da obrigação, ainda pode remanescer, entre o devedor e o credor, algum dever: "Mesmo após a extinção do vínculo, e esgotado o interesse à prestação, podem, por vezes, remanescer deveres correlativos a interesses de proteção ("deveres de proteção"), gerando, quando injustamente violados, a chamada indenização pela culpa *post factum finitum*" (MARTINS-COSTA, *op. cit.*, 2018, p. 232-233).
95. STEINER, *op. cit.*, 2014, p. 231.
96. MARTINS-COSTA, *op. cit.*, 2018, p. 772.
97. ALVIM, *op. cit.*, 1980, p. 45.
98. BRASIL. Código Civil (2002). Art. 394. Considera-se em mora o devedor que não efetuar o pagamento e o credor que não quiser recebê-lo no tempo, lugar e forma que a lei ou a convenção estabelecer.

manece hígida, e pode ter suas prestações adimplidas, mediante a purgação da mora (art. 401[99] do CC/2002).

Nessa hipótese, o devedor responde pelos prejuízos a que tiver dado causa, acrescidos de juros, atualização dos valores monetários segundo índices oficiais estabelecidos, e honorários de advogado (art. 395[100,] do CC/2002). Se a mora tiver sido causada pelo credor, porém, configura-se a isenção da responsabilidade do devedor pela conservação da coisa (desde que não tenha agido com dolo), e aquele, além de se obrigar perante este a ressarcir as despesas empregadas na conservação da coisa, ainda se sujeita a recebê-la pela estimação mais favorável à parte adversa, se o valor oscilar entre o dia do pagamento e o da sua efetiva realização (art. 400[101,] do CC/2002).

Já se o estado de mora tiver sido ultrapassado, caracterizando, assim, o inadimplemento absoluto, o credor pode optar pela execução forçada da obrigação, se possível for, ou pela resolução do contrato, acrescido de perdas e danos. Se não couber a execução forçada, ou a resolução, cabe a ele o equivalente pecuniário das perdas e danos sofridos em virtude da mora[102.]

Vê-se, pois, que a distinção entre os inadimplementos absoluto e relativo é fundamental para se preverem as consequências no caso concreto. Mas a chave da distinção, definitivamente, não está na simples observação do cumprimento, ou não, da prestação principal, mas na utilidade dela para o credor, e no interesse deste em relação àquela (art. 395[103,] parágrafo único, do CC/2002).

Em um primeiro momento, pode-se imaginar que definir se a prestação é ou não útil é uma simples faculdade do credor, mas, ao se analisar a obrigação diante da complexidade da sua essência e razão de ser (atingir a sua finalidade econômica e social), percebe-se que essa distinção não cabe mais somente ao credor, mas à conjuntura da hipótese fática desenhada.

Um simples exemplo pode esclarecer melhor a discussão: imagina-se a hipótese de um contrato de locação no qual convencionou-se que o locatário deveria pagar a prestação até o 5º dia útil do mês, sob pena de incidência de multa de 10%, e juros de 1% ao mês. No dia quinze do corrente, por alguma razão, o pagamento não foi feito. É

---

99. BRASIL. Código Civil (2002). Art. 401. Purga-se a mora: I – por parte do devedor, oferecendo este a prestação mais a importância dos prejuízos decorrentes do dia da oferta; II – por parte do credor, oferecendo-se este a receber o pagamento e sujeitando-se aos efeitos da mora até a mesma data.
100. BRASIL. Código Civil (2002). Art. 395. Responde o devedor pelos prejuízos a que sua mora der causa, mais juros, atualização dos valores monetários segundo índices oficiais regularmente estabelecidos, e honorários de advogado.
101. BRASIL. Código Civil (2002). Art. 400. A mora do credor subtrai o devedor isento de dolo à responsabilidade pela conservação da coisa, obriga o credor a ressarcir as despesas empregadas em conservá-la, e sujeita-o a recebê-la pela estimação mais favorável ao devedor, se o seu valor oscilar entre o dia estabelecido para o pagamento e o da sua efetivação.
102. MARTINS-COSTA, op. cit., 2004, p. 321-322.
103. BRASIL. Código Civil (2002). Art. 395, Parágrafo único. Se a prestação, devido à mora, se tornar inútil ao credor, este poderá enjeitá-la, e exigir a satisfação das perdas e danos.

razoável que o credor considere ter havido o inadimplemento absoluto, e passe a perseguir as suas respectivas consequências, em desfavor do devedor? Não é o caso, pois o recebimento do valor do aluguel, acrescido dos encargos contratuais, ainda é útil ao credor, por mais que ele, por uma questão subjetiva qualquer, entenda de forma diversa.

É diferente, no entanto, uma situação em que dois nubentes tenham comprado 200 garrafas de vinho, a serem entregues até o dia 14, do mês subsequente – tendo em vista que serão consumidas no dia 15, data do casamento –, mas só chegaram ao local da entrega no dia 16? *A priori,* sim. Se, de fato, o casamento tiver ocorrido no dia 15, revela-se evidente que, após o casamento, a bebida não será mais útil ao casal. No entanto, se, por alguma razão (em virtude de uma forte tempestade, por exemplo), o casamento tiver sido adiado para o dia 17, a prestação ainda se mostra útil ao credor, logo, não há de se falar em inadimplemento absoluto.

Esses exemplos ilustram que a avaliação da utilidade da prestação e do interesse do credor não é fixa, mas mutável, e deve ser sempre adaptada às circunstâncias. Isso ocorre porque as obrigações são estabelecidas com a expectativa de serem cumpridas, que só é alterada em situações excepcionais, quando fica claro que as prestações não têm mais valor para o credor. Se, antes, o credor exercia um poder de sujeição do devedor, hoje, a simples vontade dele, desgarrada de fatos que demonstrem a inutilidade efetiva da prestação, não mais tem a relevância outrora.

Ou seja, esse "interesse" (do credor) não deve estar relacionado a um arbítrio, porque o devedor pode se insurgir quanto à opção do credor, prontificando-se a purgar a mora, instaurando-se verdadeiras situações de vaivém[104:] enquanto um quer pagar, o outro não quer receber. O que vai dizer se há, ou não, interesse, são as circunstâncias.

2.4.2 Boa-fé como *topos* que guia a relação obrigacional como processo

O juiz *bouche de la loi* ("boca da lei") sempre foi uma utopia, assim como é ficção a ideia de um sistema jurídico fechado, marcado pela ausência de lacunas[105,] pois impossível a existência de um ordenamento jurídico composto por normas específicas que contemplem toda e qualquer situação da vida cotidiana. A todo momento surgem fatos novos e aqueles que já são de domínio da lei, a todo tempo, ganham novas cores, o que torna o legislador um "eterno frustrado", que, por um "carma sisífico", jamais conseguirá regular relações jurídicas globais.

Para que o sistema pudesse, ao mesmo tempo, garantir maior longevidade de suas normas e oferecer direções para o julgador resolver casos não previstos expressamente em lei, foi necessário recorrer a princípios e normas abertas, que, em razão da sua flexibilidade, pudessem oferecer as soluções perseguidas pelos operadores do direito. A operação de subsunção é, lógico, importantíssima para o exegeta encontrar a solução

---
104. ALVIM, *op. cit., 1980*, p. 48.
105. FERRAZ JUNIOR, *op. cit.*, 2015, p. 71.

dos problemas a partir das normas postas, mas a sua fórmula básica (proposição à qual se encaixa determinado fato, e se aponta a respectiva consequência) simplesmente não é adequada à complexidade do mundo contemporâneo.

Ou seja, quando as situações da vida não se encaixam, com perfeição, em nenhuma solução indicada pela norma, segundo a operação lógico-subsuntiva, está-se diante de um problema, que aparentemente permite mais de uma alternativa, mas que exige apenas uma única resposta[106]. É justamente para distinguir essas situações que serve o pensamento tópico, por meio do qual são estabelecidos os critérios que irão estabelecer, concretamente, os fins da programação setorial e a definição do interesse a ser protegido[107], possibilitando a distinção entre os inadimplementos absoluto e relativo.

Não se pode dizer que os direitos e obrigações vislumbrados no início do processo obrigacional são os mesmos presentes no seu fim. Da criação, ao desenvolvimento e à extinção do vínculo obrigacional, não raro, fatos da vida impõem a adequação, ou a remodelação desses direitos e obrigações, sempre tendo em vista os paradigmas da boa-fé objetiva e da utilidade da prestação pelo credor, como *topoi,* ou seja, consensos sobre a utilidade de determinado ponto de vista para, no contexto de cada situação, resolver os problemas postos[108]. Significa dizer que uma mesma obrigação pode ser cumprida por meio de prestação diversa daquela inicialmente pactuada, sem configurar com isso qualquer espécie de inadimplemento. Ou ainda, mesmo existindo a possibilidade da prestação, essa pode não ser suficiente para extinguir o vínculo obrigacional por meio do adimplemento.

A chave a guiar o intérprete ao verificar, no caso concreto, a caracterização da conversão da mora (inadimplemento relativo) em inadimplemento absoluto é justamente o interesse do credor e a utilidade da prestação, que são aferidos, no caso concreto, mediante o uso da cláusula geral da boa-fé objetiva, a fim de expurgar da análise a mera subjetividade do referido interesse[109]. Afinal, não é o arbítrio do credor que revela a utilidade, ou não, da prestação, mas a situação, as características, as idiossincrasias do caso concreto – considerando elementos suscetíveis de valoração pelo comum das pessoas[110] –, apurando-se, no contexto da lei ou da convenção os critérios gerais objetivos decorrentes do dever de cooperação (decorrente da boa-fé objetiva) das partes, na realização cabal do interesse do credor com o menor sacrifício do devedor[111].

---

106. MARTINS-COSTA, *op. cit.,* 2018, p. 203.
107. *Ibidem,* p. 210.
108. BRITO, Alexis Augusto Couto de. Princípios e topoi: a abordagem do sistema e da tópica na ciência do direito. In: LOTUFO, Renan (coord.). *Sistema e tópica na interpretação do ordenamento.* São Paulo: EPD, 2019. p. 193.
109. Nesse sentido, caminha o Enunciado 162 da III Jornada de Direito Civil do Centro de Estudos Jurídicos da Justiça Federal, que tratou do art. 395 do CC/2002: "A inutilidade da prestação que autoriza a recusa da prestação por parte do credor deverá ser aferida objetivamente, consoante o princípio da boa-fé e a manutenção do sinalagma, e não de acordo com o mero interesse subjetivo do credor".
110. COSTA, *op. cit.,* 2006, p. 1.054.
111. VARELA, *op. cit.,* 1997, p. 13.

A abordagem analítica para se identificar o que se entende por boa-fé objetiva desloca-se da conduta ou da intenção do agente, e se centra no ajuste dessa conduta em face do caso concreto projetado, ou no resultado gerado, considerando sempre a as circunstâncias externas que apontam para o equilíbrio entre a conduta e os vínculos sociais e jurídicos em questão, a fim de não comprometer a equidade[112].

Essa análise deve ser feita sob o prisma dinâmico e funcional[113], pois nem sempre é a realização formal da prestação debitória que deve guiar o adimplemento. João de Matos Antunes Varela defende, por exemplo, ser contrária à boa-fé a atitude do devedor que se proponha a cumprir certas obrigações num dia em que sabe ter ocorrido uma tragédia familiar ao credor[114]. Se se analisar a hipótese fática considerando-se, tão somente, o interesse do credor manifestado no início da relação obrigacional, não se enxergará problema algum na atitude do devedor, mas a noção de interesse deve sempre ser analisada de forma imbricada e indissociável à realidade.

Outro exemplo hipotético que expurga a análise rígida da configuração do inadimplemento absoluto é o caso no qual um advogado, ao saber da designação da data do julgamento de um caso de extrema importância, encomenda um parecer a um jurista renomado, que já havia adiantado o seu posicionamento favorável à tese do causídico, como mais um elemento de convicção dos julgadores. Ocorre que, uma semana antes do julgamento, o jurista é afligido por um problema de ordem pessoal (que não configura hipótese de caso fortuito ou de força maior) que o impede de finalizar o parecer até a data do julgamento. *A priori,* o interesse do credor (advogado) aparenta ter decaído, afinal, o parecer não ficará pronto e acabado antes do julgamento, e, logicamente, não terá serventia após o evento. Mas, se por uma razão qualquer, alheia às vontades do advogado e do jurista, o julgamento é adiado, o interesse do credor permanecerá hígido, não havendo motivo para falar-se em inadimplemento absoluto, mas, tão somente, relativo (pelo descumprimento do prazo de entrega), de modo a viabilizar a aplicação de alguma penalidade prevista no contrato firmado pelas partes.

A utilidade também deve ser observada em situações como a da pandemia da Covid-19, por exemplo. Mesmo havendo inadimplemento decorrente dos efeitos da doença global, se mantidos a utilidade e o interesse para os contratantes quanto ao adimplemento da prestação, deve ser reconhecida a possibilidade de o contratante inadimplente pleitear a manutenção do contrato, mesmo contra a vontade da contraparte, sem deixar, no entanto, de se observar a ótica do credor, no caso concreto[115].

---

112. NERY, Rosa Maria de Andrade. *Vínculo obrigacional:* relação jurídica de razão. 334 f. Tese (Livre-docência). Pontifícia Universidade Católica de São Paulo (PUC-SP), São Paulo, 2004. p. 247.
113. FURTADO, Gabriel Rocha. Inadimplemento por perda do interesse útil para o credor. *In:* TERRA, Aline de Miranda Valverde; GUEDES, Gisela Sampaio da Cruz (coord.). *Inexecução das obrigações:* pressupostos, evolução e remédios. Rio de Janeiro: Processo, 2020. v. 1. p. 81.
114. VARELA, *op. cit.*, 1997, p. 10.
115. MAIA JÚNIOR, Mairan Gonçalves. O impacto do coronavírus (Covid-19) no inadimplemento contratual e suas consequências. *Revista de Direito Civil Contemporâneo*, v. 34, ano 10. p. 31-46. São Paulo: RT, jan.-mar. 2023. Acesso pela Revista dos Tribunais *Online*.

Percebe-se, assim, que tanto o tópico da utilidade imanta a noção de prestação[116,] como a boa-fé objetiva é, tal quanto aquela, um lugar comum que não pode escapar, em hipótese alguma, à análise da conversão da mora ao inadimplemento absoluto.

2.5 CONCLUSÃO DO CAPÍTULO 2: RELAÇÃO OBRIGACIONAL COMO FENÔMENO COMPLEXO, FUNCIONAL E FINALÍSTICO, CUJA VERIFICAÇÃO DO ADIMPLEMENTO SE DÁ POR MEIO DA TÓPICA

Ao tratar da ideia da obrigação, Clóvis Beviláqua afirma que a sua análise leva a dois elementos essenciais: a restrição, que implica controle da liberdade psíquica e contenção do desenvolvimento da personalidade, e simultaneamente, um estímulo que direciona as energias contidas por um curso específico. O primeiro desses elementos, de natureza negativa, agiria sobre o espírito, apelando à razão e ao sentimento, para nele impedir o surto de volições contrárias provocadas pelo segundo elemento, ou para que sejam sacrificadas as que, apesar disso, emergirem na mente agitada, de modo a não transpor os limites do mundo psíquico, evitando se expressarem por fatos. Da combinação entre essa força inibitória e esse estímulo surgiria o estado de consciência ao qual se daria o nome de obrigação[117.]

Da visão de Clóvis Beviláqua, percebe-se que o conceito de obrigação, por si só, revela um estado de tensão, que vai além do campo da subjetividade do indivíduo (derivada da submissão de si próprio ao cumprimento de determinada prestação), e atinge todos aqueles os que se submetem a ela. Obrigar-se é vincular-se, é, sob determinada perspectiva, ceder parte da liberdade em prol de outrem, visando à obtenção de uma contraprestação que lhe seja útil. O preço por se vincular e descumprir determinada obrigação, quando do surgimento do conceito de obrigação, poderia ser muito alto, por vezes, a própria vida.

O imenso rigor dado à obrigação partia da necessidade de se garantir a segurança nas negociações, e essa tônica permaneceu por muitos séculos, fazendo com que o direito obrigacional fosse um dos que menos sofresse alterações no curso da história. Se deve, pague. Obrigou-se, cumpra. Independentemente do custo envolvido.

Ocorre que o direito serve à sociedade, e não a sociedade ao direito, de maneira que este não é imune às modificações das relações sociais. Diante disso, o conceito de obrigação precisou se adequar às novas exigências daqueles que vivem em comunidade. O rigor absoluto e a forma meramente estrutural de se enxergar uma obrigação acabou, por fim, encontrando abrandamentos, até mesmo para que pudesse continuar privilegiando o equilíbrio, a segurança e a garantia, na complexidade do mundo moderno. Enfim, a obrigação passou a ser vista sob uma perspectiva funcional.

---

116. MARTINS-COSTA; SILVA, *op. cit.*, p. 63.
117. BEVILÁQUA, Clóvis. *Direito das obrigações*. Rio de Janeiro: Editora Rio, 1977. p. 11-12.

De liame estanque de sujeição do devedor pelo credor, a relação obrigacional passou a ser idealizada como um laço de cooperação, ao qual todos que a ele estão vinculados devem colaborar para se atingir o fim que deu causa ao surgimento do vínculo. Atribuiu-se, portanto, à relação obrigacional uma perspectiva finalística. A obrigação surge para se extinguir, com o alcance de seu fim.

Nesse cenário, passou-se a vislumbrar que essa relação obrigacional não se resume a um único vínculo, mas a diversos outros que vão além da prestação principal, e envolve prestações secundárias, deveres laterais de conduta, deveres de proteção, direitos, deveres, poderes formativos, sujeições e ônus, ainda que não previstos expressamente no negócio celebrado pelos contraentes. Portanto, esse vínculo – que há de ser visto como um todo, e não somente como a soma dos elementos – não é simples, pois se traduz em um complexo processo, ou um conjunto de processos, dinâmicos, que vinculam credor e devedor, mas sem se falar em sujeição, menos ainda em ameaças à integridade física e à vida do devedor, em razão do inadimplemento, como outrora.

A relação obrigacional, enfim, passou a ser vislumbrada sob um prisma da flexibilidade ou da maleabilidade, o que não se dá em detrimento da segurança dos negócios, mas, justamente, para privilegiar o seu cumprimento efetivo, já que, sob esse novo viés, a relação obrigacional é capaz de se moldar aos fatos da vida, viabilizando que seu fim seja atingido, ainda que diverso do previsto inicialmente. Desde que seja útil para o credor, e se mantenha a possibilidade de cumprimento, a obrigação pode ser adimplida.

Por outro lado, no estudo verticalizado da obrigação, não há como não deixar de reconhecer a perspectiva finalística da própria prestação. Assim como a própria obrigação, a prestação é atraída pelo seu próprio fim, isto é, pelo adimplemento, o que impõe que se a enxergue sob a perspectiva teleológica do atingimento do resultado. A conduta, muito embora integrante da própria prestação, logo, necessária ao adimplemento, é tão somente um meio para se alcançar o resultado.

No mais, antes mesmo de as partes, voluntariamente, estabelecerem uma relação obrigacional, a boa-fé incide sobre elas como uma regra de conduta que serve para guiar o seu agir. Essa regra, no entanto, não tem um formato pré-fixado, mas varia e se adequa a pressupostos variáveis, e cujo conteúdo interno, intensidade e duração dependem das circunstâncias.

Diante de todas essas mudanças substanciais relacionadas ao conceito de relação obrigacional, não poderiam o adimplemento (e, por reflexo, a impossibilidade) continuar sendo tratados sob uma perspectiva tradicional. Assim como o conceito de obrigação complexa, que importa um conjunto de prestações advindas não só da convenção, mas da incidência da boa-fé objetiva, e que alteram conforme as circunstâncias do caso concreto, é indispensável o recurso a algum método, não rígido como a mera subsunção, que permita constatar o adimplemento, ou, consequentemente, o inadimplemento, inclusive quanto à sua espécie (relativo ou absoluto).

Nesse contexto, suscita-se que a tópica viehweguiana é flexível e permite analisar a situação do inadimplemento sem as amarras de um pensamento positivista clássico, viabilizando a observância das nuances que gravitam em torno de toda e qualquer relação obrigacional.

Para se recorrer a ela, necessário utilizar pontos de vista comuns (*topoi*), como a existência (ou permanência) do interesse do credor na prestação, e a sua utilidade, sempre considerando a boa-fé objetiva como parâmetro (e como guia na relação obrigacional como processo). Isso porque, embora tenha havido todas essas alterações no direito obrigacional, é indiscutível que a relação obrigacional ainda serve o propósito de atender os interesses do credor (sem olvidar dos interesses do devedor, tendo em vista o dever de cooperação), e que a prestação só faz sentido, em um pensamento lógico-dedutivo, se ela ainda guardar utilidade.

Esse novo viés renovado da relação obrigacional (como processo) facilita o desenvolvimento de institutos como o inadimplemento anterior ao termo, o dever de renegociação, o adimplemento substancial, a frustração do fim do contrato, o inadimplemento pela perda útil do credor, a resolução por onerosidade excessiva, entre tantos outros. Enxergar a relação sob o viés da funcionalidade representa um novo paradigma do direito obrigacional.

Esse ponto é extremamente relevante para o objeto deste livro, pois não há reduto, dentro do direito obrigacional, que escape dessa nova perspectiva da relação obrigacional, de modo que esse novo prisma do direito obrigacional deve condicionar todo e qualquer estudo sobre o tema, incluindo as obrigações de meios e de resultado, além do instituto da impossibilidade.

3
OBRIGAÇÕES DE MEIOS E DE RESULTADO: UMA ANÁLISE A PARTIR DO ORDENAMENTO JURÍDICO BRASILEIRO

Por escolha metodológica, este capítulo será dividido em três partes, nas quais se discutem as repercussões do modelo dogmático das obrigações de meios e de resultado sob as seguintes perspectivas: 1) do direito obrigacional e da obrigação no contexto do contrato; 2) da responsabilidade civil; e 3) das regras de distribuição do ônus probatório.

3.1 AS OBRIGAÇÕES DE MEIOS E DE RESULTADO NA PERSPECTIVA DOS DIREITOS OBRIGACIONAL E CONTRATUAL

O direito não é uma ciência exata, e é natural que os seus institutos sejam criticados, notadamente quando se percebe que eles não se adequam a novas realidades sociais.

Nesse sentido, se os clássicos exemplos de Caio, Tício e Mévio eram didáticos e refletiam uma sociedade mais "simples", que exigia fórmulas menos complexas para se pacificar as relações sociais, hoje, tais fórmulas não mais são adequadas a um mundo que se desvencilhou de todos os tipos tradicionais de ordem social[1] e é caracterizado como cibernético-informático, informacional e instantâneo[2].

Ao projetar a classificação das obrigações de meios e de resultado, René Demogue utilizou exemplos de relações sociais simples, como a do inquilino que promete manter o imóvel em boas condições[3], ou um banqueiro que promete vigiar o acesso ao cofre do seu contratante[4]. Evidentemente, essas mesmas relações sociais continuam existindo, mas não da mesma forma. Exemplo disso é que o contrato de aluguel, hoje, pode ser celebrado remotamente, por meio de assinatura eletrônica, mediante o uso da internet, e de um intermediador (Airbnb, Booking ou Quinto Andar). O que dizer de um contrato de aluguel de um imóvel situado no metaverso?

---

1. GIDDENS, Anthony. *As consequências da modernidade*. Trad. Raul Fiker. São Paulo: Unesp, 1991. p. 14.
2. DONINNI, Rogério. *Responsabilidade civil na pós-modernidade*. Felicidade, proteção, enriquecimento com causa e tempo perdido. Porto Alegre: Sergio Antonio Fabris, 2015. p. 21.
3. DEMOGUE, *op. cit.*, p. 542.
4. *Ibidem*, p. 539.

As relações bancárias também mudaram. Bancos digitais realizam transações por meio de aplicativos instalados em celulares, e usam tecnologias de geolocalização e biometria facial para conceder empréstimos, que podem ser transferidos imediatamente, por meio da tecnologia PIX, para a conta de um consumidor. Esses novos formatos de contratação são necessários tendo em vista os perigos derivados dos golpes virtuais, praticados por *hackers* que, a todo momento, estão trabalhando para descortinar todas as medidas de segurança criadas pelas instituições financeiras. Esse simples dever de "vigiar um cofre" é, hoje, algo bem mais complexo.

Diante disso, mostra-se relevante a discussão da pertinência e do cabimento da classificação de René Demogue perante essa nova complexidade presente nas relações sociais contemporâneas, sem escapar da sua análise diante dos dados do ordenamento jurídico brasileiro.

3.1.1 A classificação das obrigações a partir da sua perspectiva estrutural e a necessidade de se revisitarem as obrigações de meios e de resultado, com base no paradigma da funcionalidade

Assim como boa parte dos institutos jurídicos, as obrigações foram analisadas e classificadas segundo uma perspectiva estrutural. Estava em vista apenas a prestação principal (que, por muito tempo, era a única existente numa relação obrigacional) para guiar o jurista no trabalho de sua individualização[5,] criando as classificações das relações obrigacionais (e dos contratos nos quais aquelas se consubstanciam) que, hoje, são estudadas e referidas pelas normas positivadas. Quanto ao conteúdo da prestação principal, por exemplo, têm-se as obrigações de dar, fazer, ou não fazer. Em relação à indivisibilidade do objeto (que materializava a prestação), criou-se a noção de obrigação divisível e indivisível. Assim também ocorreu em relação às classificações das obrigações de um modo geral.

Quando se fala das obrigações de meios e de resultado, considera-se o conteúdo da prestação principal e o interesse legítimo do credor (em relação a ela)[6.] Nas obrigações de meios, a prestação principal se consubstancia no comportamento do devedor, e não na verdadeira pretensão do credor (afinal, quem vai ao médico quer se curar, e não somente assistir à boa atuação do profissional). Nas obrigações de resultado, a prestação deve espelhar o que o credor efetivamente quer, por exemplo, chegar ao destino após contratar um serviço de transporte.

Essa abordagem, embora didaticamente relevante, está associada a uma lente desatualizada, que desconsidera a complexidade das relações obrigacionais para fins de classificação e o viés funcional, que analisa todo o sistema ou o processo obrigacio-

---

5. LEITÃO, Luís Manuel Teles de Menezes. *Direito das obrigações*. Lisboa: Almedina, 2018. v. 1. p. 118.
6. MIRAGEM, Bruno. *Direito das obrigações*. São Paulo: Forense, 2021. p. 238.

nal direcionado a um propósito específico. Além disso, os métodos de classificação mencionados são mais eficazes no exame estático de prestações isoladas, mas perdem efetividade quando se deparam com um cenário envolvendo diversas obrigações decorrentes do mesmo contrato[7-8].

Conforme sublinha Jordano Fraga, a classificação das obrigações nunca é um *prius*, mas sempre um *posterius*, que exige verificar, caso a caso, como se definiu concretamente, em uma obrigação, pelas partes ou pela lei, o conteúdo da prestação debitória, e, na falta de uma definição, como fazê-lo, segundo os critérios integrativos complementares dos usos e da boa-fé objetiva (art. 1.258[9] do Código Civil espanhol)[10].

Mas, talvez, o maior mal-entendido que leva à aplicação acrítica da polêmica classificação das obrigações de meios e de resultado seja o fato de não se enxergar que toda e qualquer obrigação, se analisada na minúcia, envolve resultados efetivos e diligências a serem prestadas pelo devedor. Dessa maneira, pinçar o conteúdo de uma obrigação, elegendo uma única prestação (tida como principal, ou primária), dentro da plêiade de feixes obrigacionais (prestações, igualmente) presentes em toda relação obrigacional, para conceituá-la, é um ato simplista, que acaba gerando uma série de repercussões negativas para os credores e devedores que se vejam atados à loteria classificatória das obrigações de meios e de resultado[11].

Exemplo disso é observar a divergência jurisprudencial acerca da natureza da obrigação do médico ao realizar o procedimento de vasectomia. Para alguns julgado-

---

7. NANNI, *op. cit.*, 2021b, p. 155.
8. Segundo Judith Martins-Costa, numa mesma relação, a obrigação principal pode ser de meios (dando o exemplo da atuação do advogado, no contrato de mandato para ajuizamento de uma ação judicial, de um consultor financeiro, na prestação de serviços de consultoria, e de uma empresa de engenharia, contratada para prospectar imóveis para serem incorporados), um dever secundário pode ser de resultado (como, por exemplo, a entrega de um laudo ou de um parecer, que auxiliará o advogado no cumprimento do seu mandato), e outro (secundário) de garantia. Ou seja, "numa mesma relação contratual, podem estar acopladas as três espécies de deveres, bem como modalidades de resultado e meios" (MARTINS-COSTA, *op. cit.*, 2020, p.142).
9. ESPANHA. Código Civil. Art. 1.258. *Los contratos se perfeccionan por el mero consentimiento, y desde entonces obligan, no sólo al cumplimiento de lo expresamente pactado, sino también a todas las consecuencias que, según su naturaleza, sean conformes a la buena fe, al uso y a la ley.* Tradução livre: "Art. 1.258. Os contratos são aperfeiçoados pelo mero consentimento, e a partir desse momento, vinculam não apenas ao cumprimento do que foi expressamente acordado, mas também a todas as consequências que, de acordo com sua natureza, sejam compatíveis com a boa-fé, o uso e a lei".
10. FRAGA, Francisco Jordano. Obligaciones de medios y de resultados: (a propósito de alguna jurisprudencia reciente). *Anuario de derecho civil*, v. 44, n. 1, 1991, p. 5-96. p. 9-10.
11. Diz-se lotérica classificação pois, não raramente, tendo em vista o alto grau de subjetividade que envolve os critérios de distinção entre as obrigações de meios e de resultado, os próprios tribunais divergem quanto à classificação das obrigações em análise, ora concluindo tratar-se de obrigação de meios, ora de obrigação de resultado, influenciando, assim, a distribuição do ônus probatório, fator decisivo para o êxito, ou perda, de uma ação judicial. Essa incerteza paira até mesmo sobre a natureza das obrigações assumidas por profissionais liberais (CATALAN, *op. cit.*, p. 206).

res, essa é uma obrigação de meios (TJRJ[12] – TJGO[13]), pois o médico não pode garantir o resultado efetivo (infertilidade), já que uma reversão involuntária é possível, ainda que em proporções ínfimas. Para outros juízes dos mesmos tribunais, no entanto, essa é uma obrigação de resultado (TJRJ[14] – TJGO[15]), de maneira que a gravidez não dese-

---

12. "Responsabilidade civil. Ação indenizatória. *Gravidez após realização de vasectomia. Alegação de erro médico.* Hospital público. Inaplicabilidade das regras do CDC. Hipótese regida pelo estabelecido no art. 37, parágrafo 6º da Constituição da República. Legitimidade passiva do município de Niterói em litisconsórcio com a fundação municipal de saúde de Niterói. Súmula 65 do TJERJ. Tese de repercussão geral nº 793 firmada pelo STF. Informação ao casal acerca do objetivo e riscos do procedimento. Ausência de responsabilidade. Sentença de improcedência do pedido. Apelação cível visando à reforma integral da sentença. Inexistência de método contraceptivo absolutamente infalível. Não realização de novo exame de espermograma, em laboratório referência na rede privada, solicitado pelo médico antes da alta médica. Não comprovação de erro médico, estando dentro das margens de insucesso do ato. *Vasectomia. Obrigação de meio.* Perícia que não aponta atecnia do procedimento. Prestação pelo médico de todas as informações, de maneira adequada, clara e precisa, sobre as chances de êxito do procedimento, bem assim do percentual de insucesso. Recurso não provido" (Tribunal de Justiça do Estado do Rio de Janeiro. AC: 10469020320118190002, Rel. André Luiz Cidra, j. 09- 10-2019, 24ª Câmara Cível, Public. 11-10-2019).
13. "Apelação cível. Ação de indenização por danos materiais e morais. Procedimento médico. *Vasectomia. Gravidez superveniente.* Defeito na prestação de serviços. Inocorrência. Dever de prestação de informações realizado. Excludente de responsabilidade. Sentença confirmada. 1. *Sabe-se que a obrigação assumida pelo profissional liberal, via de regra, é de meio*, isto é, o médico assume a obrigação de prestar os seus serviços de acordo com as regras e os métodos da profissão, com os recursos de que dispõe, e com o desenvolvimento atual da ciência, de modo a proporcionar ao paciente todos os cuidados e conselhos tendentes à recuperação da sua saúde. 2. A responsabilidade civil médica, em nosso sistema jurídico, exige tradicionalmente a presença de culpa para sua configuração, isto é, a demonstração de uma falta do profissional em relação aos deveres decorrentes da obrigação de prestação de serviços médicos, que denote o dolo, a negligência, a imprudência ou a imperícia no cumprimento dessa obrigação. 3. Na *espécie, as provas coligidas aos autos demonstraram, de forma satisfatória, que o procedimento de Vasectomia foi realizado sem qualquer intercorrência, com orientação ao paciente sobre a natureza da cirurgia, bem como os cuidados pós-operatórios para recuperação e garantia da efetividade do método anticonceptivo eleito, não havendo que se falar em erro médico indenizável*. Apelação cível conhecida e desprovida. Sentença confirmada" (Tribunal de Justiça do Estado de Goiás. AC: 51081085820208090051, Rel. José Carlos de Oliveira, j. 22-08-2022, 2ª Câmara Cível, Public. 26-08-2022).
14. "Ação indenizatória de danos materiais e morais decorrentes de erro médico. *Cirurgia de vasectomia, que configura procedimento simples e método anticoncepcional bastante eficaz e amplamente realizado na atualidade. Obrigação de resultado.* Demanda ajuizada contra o hospital em cujas dependências o procedimento cirúrgico foi realizado. Insucesso da cirurgia comprovado através do resultado do exame pós-cirúrgico e a gravidez inesperada da esposa do apelante. Falha na prestação do serviço. Responsabilidade civil objetiva da empresa-apelada. Dano moral configurado. Provimento do recurso" (Tribunal de Justiça do Estado do Rio de Janeiro. AC: 00007477020078190075, Rel. Denise Levy Tredler, j. 07-04-2009, 19ª Câmara Cível, Public. 14-08-2009).
15. "Apelação cível. Ação de indenização. Petição apócrifa. Vício sanável. Julgamento *extra petita*. Inocorrência. Documentos apresentados com os memoriais. Alegação de nulidade processual. Afastamento. Preliminares rejeitadas. *Responsabilidade civil do médico. Vasectomia. Onus probandi invertido. Culpa demonstrada. Obrigação de resultado.* 1. Se petição do recurso de apelação for apócrifa, deve ser concedido prazo para o recorrente sanar o vício, por se tratar de mera irregularidade formal. 2. A sentença que decide a lide dentro dos limites estabelecido pelo pedido não se caracteriza como extra petita. 3. Não ocorre nulidade se os documentos colacionados com a apresentação dos memoriais for irrelevante, ou seja, a juntada de documento novo no processo, sem a oitiva da outra parte, só compromete a validade da sentença se tiver influência no julgamento da lide. 4. Comprovada a prática do ato ilícito, do dano e do nexo de causalidade entre estes dois primeiros elementos, surge para o agente responsável pela lesão o dever de indenizar o lesado. 5. *A intervenção cirúrgica contratada (vasectomia) não pode ser considerada obrigação de meio e, ainda que assim o fosse, compete ao profissional prestar o serviço com atenção, cuidado e diligência exigidos pelas circunstâncias, de acordo com sua qualificação/especialidade*. 6. Apelação cível conhecida e desprovida" (Tribunal de Justiça do Estado de Goiás. AC: 863758820018090051, Rel. Francisco Vildon José Valente, j. 09-12-2010, 5ª Câmara Cível, Public. 11-02-2011).

jada, após a realização do procedimento, resulta no dever de indenizar. A ausência de critérios objetivos para distinguir as obrigações de meios das de resultado faz com que o direito das partes dependa, em certos casos, da sorte na distribuição dos seus processos/recursos, o que não deve ser admitido.

A situação se revela deveras delicada quando comparados os exemplos trazidos pelas construções doutrinárias sobre o tema e aqueles enfrentados pelo Poder Judiciário no complexo mundo contemporâneo. Enquanto os livros tratam de simples relações entre médicos e seus pacientes e advogados e seus clientes (que, hoje, revelam uma complexidade infinitamente superior à outrora), o cenário empresarial está repleto de pactos sofisticados, carregados de prestações de diversas naturezas e particularidades que, não raro, advêm da realidade de segmentos de atuação não explorados, e ainda são levados a termo por meio de modelos e cláusulas importadas de sistemas jurídicos estrangeiros[16]. Como questiona Giovanni Ettore Nanni: "ter-se-ia que qualificar uma a uma para distinguir qual atribui o ônus da prova ao credor e qual ao devedor?"[17-18]

Na vida empresarial, as situações discutidas e postas em contratos são variáveis e multiformes, apresentam uma gama de nuances que não permite uma classificação rígida das obrigações em uma ou outra categoria. Dizer que um determinado contrato só apresenta obrigações de meios ou só prevê obrigações de resultado é uma rigidez sistemática fora de cogitação[19]. Especialmente nos contratos atípicos, característicos do mundo econômico atual, complexo e mutável, no qual as obrigações assumidas pelas partes não ocorrem a partir de uma única característica, mas integram um plexo que impõe "meios", ou "resultados", ou ambos de uma vez[20-21].

---

16. NANNI, *op. cit.*, 2021b, p. 155.
17. *Ibidem*, p. 155.
18. Para o STJ, nas cirurgias estéticas reparadora e embelezadora, em razão da sua natureza mista, não se poderia generalizar a responsabilidade do médico, mas ter-se-ia que realizar uma análise fracionada, devendo ser considerada de resultado a obrigação relacionada à parcela estética do procedimento, e de meios, no que diz respeito ao aspecto reparador. Nesse sentido: "Processo civil e civil. Responsabilidade civil. Médico. Cirurgia de natureza mista – estética e reparadora. Limites. Petição inicial. Pedido. Interpretação. Limites. 1. A relação médico-paciente encerra obrigação de meio, e não de resultado, salvo na hipótese de cirurgias estéticas. Precedentes. 2. Nas cirurgias de natureza mista – estética e reparadora –, a responsabilidade do médico não pode ser generalizada, devendo ser analisada de forma fracionada, sendo de resultado em relação à sua parcela estética e de meio em relação à sua parcela reparadora. 3. O pedido deve ser extraído da interpretação lógico-sistemática da petição inicial, a partir da análise de todo o seu conteúdo. Precedentes. 4. A decisão que interpreta de forma ampla o pedido formulado pelas partes não viola os arts. 128 e 460 do CPC, pois o pedido é o que se pretende com a instauração da ação. Precedentes. 5. O valor fixado a título de danos morais somente comporta revisão nesta sede nas hipóteses em que se mostrar ínfimo ou exagerado. Precedentes. 6. Recurso especial não provido" (Superior Tribunal de Justiça. REsp n. 1.097.955/MG, Rel. Min. Nancy Andrighi, Terceira Turma, j. 27-9-2011, DJe 3-10-2011).
19. COMPARATO, *op. cit.*, 1967, p. 29.
20. ALTERINI, Atilio Aníbal; AMEAL, Oscar José; LÓPEZ CABANA, Roberto M. *Derecho de obligaciones civiles y comerciales*. 4. ed. Buenos Aires: Abeledo-Perrot, 1995. p. 501.
21. "O tipo do dever-se de meios, resultado ou de garantia – elemento a ser considerado para qualificá-lo entre as espécies componentes da estrutura de deveres (principais, secundários e anexos). Modalidades e espécies apenas analiticamente encontram-se separadas. Na prática, um dever de meios pode consistir na obrigação principal (por exemplo: o dever do advogado no exercício do contrato de mandato para o ajuizamento de uma causa

Adiante-se, inclusive, que essa crítica à distinção das obrigações de meios e de resultado pelos doutrinadores contrários a essa classificação costuma ser considerada uma objeção não séria ou não convincente, pois a presença de obrigações distintas em um mesmo contrato, por si só, não constituiria obstáculo à distinção[22] (o que não deixa de ser uma verdade, sob determinada perspectiva). Ocorre que esse posicionamento se revela simples e superficial. É certo que, em um contrato, possam ser estabelecidas obrigações de natureza diversa. Porém, estabelecer o regime de distribuição do ônus probatório com base na natureza de cada uma dessas complexas obrigações – em um cenário de inexistência de critérios seguros de distinção entre elas – revela-se altamente contraproducente, além de representar atentado à segurança jurídica a qual o ordenamento jurídico se presta.

Indo além, essa visão revela-se limitada, porque não enxerga o fenômeno obrigacional sob sua perspectiva dinâmica, funcional e, principalmente, complexa, que impõe a observação não só da prestação principal de uma obrigação, mas de todo o conjunto, uno, de feixes obrigacionais. É tentar reduzir a complexidade dos fatos e das obrigações tão somente para "facilitar" a forma de se enfrentarem os problemas decorrentes do eventual inadimplemento, o que, absolutamente, não é certo, nem sob o ponto de vista ético (tendo em vista que essa postura acaba por gerar insegurança jurídica e a prejudicar indivíduos com a imposição aleatória de ônus probatório), nem sob o ponto de vista científico, cujo rigor é indispensável para se criarem institutos jurídicos.

A utilização contínua e variada das duas categorias, em vez de fornecer uma visão clara do fenômeno, tem gradualmente aumentado a sua ambiguidade, favorecendo sua aplicação pontual para atender aos interesses das partes envolvidas e às relações contratuais específicas. Esse cenário prejudica não só a segurança jurídica, como se disse, mas também o princípio constitucional da isonomia[23].

Para se aprofundar na crítica, mostra-se como um exemplo "simples", quando perscrutado com rigor e didatismo, revela uma complexidade que não é exposta nas críticas favoráveis à distinção das obrigações de meios e de resultado. E, para isso, basta recorrer ao clássico exemplo da relação entre médico e paciente, por meio da qual

---

judicial; o do consultor financeiro, na prestação de serviços de consultoria; o de uma empresa de engenharia contratada para "prospectar" imóveis para serem incorporados). Um dever de resultado pode configurar um dever secundário (por exemplo, a entrega de um laudo, ou de um parecer, que auxiliará o advogado no cumprimento do seu mandato), e assim por diante. Uma garantia pode vir posta como dever secundário em contrato cuja prestação principal é de resultado ou mesmo de diligência. Em suma: numa mesma relação contratual, podem estar acopladas as três espécies de deveres, bem como as modalidades de resultado e de meios, como, e.g., quando um profissional é contratado para consertar certa máquina danificada: deve empregar diligência no conserto (meios) e repor peças, substituindo as prejudicadas (resultado); o dever principal será a prestação do serviço de conserto; um dever secundário pode ser o de fazer testes, a fim de verificar, em vários cenários, o desempenho da máquina; e um de ver anexo ao dever principal seria o de informar sobre o correto uso da máquina" (MARTINS-COSTA, op. cit., 2020, p. 142).

22. GOMEZ, op. cit., p. 667.
23. AZZALINI, op. cit., p. 18.

aquele "promete" a este o tratamento de uma doença arterial coronariana, mediante a implantação de um *stent*.

O resultado final prometido constitui a prestação principal, que, segundo entendimento jurisprudencial majoritário, no Brasil, revela uma obrigação de meios[24,] tendo em vista que o médico não pode garantir a cura do paciente. Isso significa dizer que o paciente deve se contentar com a atuação diligente do médico, apesar de, no fundo, naturalmente, almejar a cura. Ocorre que a inserção de um *stent* é precedida de uma série de outras obrigações, como a de prestar todas as informações sobre os riscos ao paciente, o que inclui a indicação de todas as medidas preparatórias da cirurgia.

Ainda, antes da cirurgia, o paciente precisa ser sedado. Essa seria uma obrigação de meios ou de resultado? Tendo em vista que, para a sedação, não basta a atuação diligente do médico – afinal, o paciente precisa estar desacordado antes do início da cirurgia – aparentemente, essa obrigação seria classificada como de resultado. Indo além, para evitar infecções, a sala de cirurgia e os equipamentos médicos precisam estar limpos e esterilizados. Essa, também, não sugere uma obrigação de meios. O paciente não almeja os esforços na limpeza dos equipamentos, mas que eles estejam de fato limpos e esterilizados.

Iniciada a cirurgia, o médico procederá com uma incisão (mais uma obrigação de resultado), a inserção do *stent*, por meio de uma guia, através de uma artéria periférica (mais uma obrigação de resultado, afinal, somente a diligência do médico durante esse percurso não será suficiente para cumprir a prestação), até o local no qual aquele será colocado (essa, prestação principal, de meios), a fim de aumentar o fluxo sanguíneo da região. Após a colocação do *stent*, o médico precisa retirar a guia, suturar o paciente, acompanhar seu resultado e desenvolvimento clínico, prestando todo auxílio e informação (obrigações de resultado), até a sua recuperação.

Uma análise simples dessa obrigação revela ser composta por diversas prestações "de resultado", e, aparentemente, tão somente a prestação principal seria considerada "de meios". Havendo um erro médico, a questão deveria ser tratada como uma obrigação de meios, com todos os seus reflexos relacionados à definição do tipo (objetivo ou subjetivo) da responsabilidade civil, e à definição do ônus da prova? E se o erro tiver ocorrido na fase de sedação, ou na sutura? E se a inserção da guia tiver sido feita incorretamente e gerado uma reação que levou o paciente a óbito? Por outro lado, e se o médico não tiver prestado as informações necessárias, e essa omissão tiver gerado um problema na fase de recuperação? Em todas essas hipóteses, a questão deve ser tratada sob o prisma e as regras das "obrigações de meios"?

Tratando brevemente sobre o ônus da prova, questiona-se: se a discussão sobre o passível erro médico girar em torno da sutura, cabe ao paciente o ônus da prova? Se

---

24. Supremo Tribunal Federal. Apelação: 0008880-18.2007.8.26.0363. 2ª Câmara de Direito Privado. Rel. Des. Guilherme Santini Teodoro, 2 out. 2016. Disponível em: https://tj-sp.jusbrasil.com.br/jurisprudencia/370430061/apelacao-apl-88801820078260363-sp-0008880-1820078260363. Acesso em: 14 jan. 2022.

uma artéria for perfurada antes mesmo de o *stent* chegar no local em que seria colocado, cabe ao paciente ou ao médico o ônus probatório?

Indo além: imagine-se que, na hipótese relacionada ao exemplo destrinchado, o ônus probatório tenha sido atribuído ao paciente (tendo em vista a natureza da prestação principal e, consequentemente, a classificação da obrigação do médico como sendo de meios), mas, que, na realidade, o erro médico esteja relacionado a uma prestação determinada (como não furar a artéria de um paciente quando da condução do *stent* até o seu ponto final). Não é difícil imaginar que o paciente terá uma enorme dificuldade de provar o erro que lhe causou danos – estimulando, assim, a impunidade –, e que, por outro lado, o médico estará se beneficiando de um sistema frágil e falho de distribuição de ônus probatório, mesmo quando eventual erro não está diretamente relacionado à prestação principal da obrigação.

Como se observa a partir desse exemplo, a natureza da obrigação principal não pode ser considerada o critério para distinguir o sistema de atribuição de ônus probatório.

Caminhando, e até mesmo adiantando parte da conclusão deste estudo, a própria classificação em abstrato das obrigações de meios e de resultado não se revela acertada. Como afirma Anderson Schreiber, ao se concluir abstratamente que a obrigação do médico é de meios, isso beneficia profissionais charlatães que, apesar de prometerem resultados concretos, estariam vinculados apenas aos seus próprios esforços, contrariando o prometido ou pactuado. Por outro lado, se se considera que as cirurgias plásticas embelezadoras revelam obrigações de resultado, há um desestímulo ao bom profissional, que, apesar de indicar ao paciente os riscos concretos e a imprevisibilidade do procedimento, acaba respondendo pela não obtenção de um resultado nunca prometido[25].

Dê-se outro exemplo: duas empresas (uma de tecnologia e, a outra, farmacêutica) celebram um contrato de *joint venture* para desenvolver e comercializar um produto inovador no mercado. Os contratantes desejam unir seus recursos e conhecimentos para criar um medicamento revolucionário para o tratamento de uma doença específica. Nesse contrato de *joint venture*, ambas assumem diversas obrigações para alcançar o objetivo comum, que não envolvem resultados efetivos (segundo parte da doutrina, poderiam ser classificadas como "de meios"), por exemplo: i) formar uma equipe de pesquisa e desenvolvimento composta por cientistas, médicos e especialistas das duas empresas; ii) realizar extensas pesquisas, testes clínicos e experimentos para desenvolver a fórmula do medicamento; iii) garantir a segurança, a eficácia e a conformidade regulatória do medicamento em desenvolvimento; iv) adaptar ou construir instalações para a fabricação em larga escala do medicamento; e v) investir recursos financeiros e tecnológicos para desenvolver o medicamento.

Por outro lado, outras obrigações são assumidas, envolvendo algumas entregas mais concretas (segundo parte da doutrina, poderiam ser classificadas como "de resul-

---

25. SCHREIBER, *op. cit.*, 2021, p. 39.

tado"), por exemplo: i) registrar o medicamento junto aos órgãos regulatórios e obter a aprovação da agência de vigilância sanitária para a comercialização do produto; ii) lançar o medicamento no mercado após a obtenção das aprovações necessárias; iii) alcançar metas de vendas e participação de mercado para o medicamento; iv) promover o medicamento de forma efetiva e obter reconhecimento no mercado; e v) obter o retorno financeiro esperado do investimento na *joint venture*.

Todavia, transcorrido algum tempo, as empresas percebem que a parceria não está funcionando, e alegam várias razões para o insucesso, de parte a parte. A empresa farmacêutica: i) aduz que a empresa de tecnologia não está investindo recursos financeiros e tecnológicos suficientes no desenvolvimento do medicamento, comprometendo a qualidade e a eficácia do produto; ii) acusa a empresa de tecnologia de não fornecer os recursos e a colaboração necessários dentro do prazo acordado, causando atrasos no desenvolvimento do medicamento; iii) afirma que a empresa de tecnologia não está seguindo adequadamente os procedimentos regulatórios para obter a aprovação do medicamento, prejudicando o processo de registro; e iv) alega que a empresa de tecnologia compartilhou informações confidenciais ou segredos comerciais com terceiros sem autorização, prejudicando a confidencialidade da *joint venture*.

A empresa de tecnologia, por sua vez: i) defende que a empresa farmacêutica não está fornecendo os recursos financeiros e de pesquisa necessários para alcançar o desenvolvimento do medicamento dentro dos parâmetros acordados; ii) acusa a empresa farmacêutica de não fornecer informações e colaboração essenciais dentro do cronograma estabelecido, resultando em atrasos no desenvolvimento do medicamento; iii) afirma que a empresa farmacêutica não está fornecendo todas as informações e documentos necessários para cumprir as exigências regulatórias, o que dificulta a obtenção da aprovação do medicamento.

Em um processo judicial, teria o juiz que elencar, uma a uma, quais seriam as obrigações "de meios" e "de resultado" e, a partir disso, distribuir o ônus probatório? Não aparenta ser a conduta mais adequada. Em uma demanda dessa complexidade, é mais racional (e acertado) respeitar as regras gerais de distribuição do ônus da prova, previstas no art. 373, I e II, do CPC/2015, e para especificidades apontadas pelas partes ("peculiaridades da causa relacionadas à impossibilidade ou à excessiva dificuldade de cumprir o encargo"), atribuir o ônus da prova de modo diverso, como permite o § 1º do artigo, como se melhor tratará adiante.

Não se deve prescindir do exame concreto das relações estabelecidas pelas partes, nem da perspectiva funcional que elas atribuíram ao negócio, privilegiando, com isso, uma análise puramente abstrata e estrutural da questão[26,] o que acaba por prejudicar as vítimas e impedir o alcance à efetiva reparação.

---

26. SCHREIBER, *op. cit.*, 2021, p. 39.

3.1.2 A plêiade de elementos "de resultado" e "de meios" na complexidade da relação obrigacional

Como se defende no capítulo 2, deste estudo, a obrigação não mais deve ser encarada sob uma perspectiva simples e estanque, como um vínculo jurídico que une o credor ao devedor. Ao revés, deve ser encarada como um sistema de processos envolvendo inúmeras prestações: principais, secundárias, laterais e de segurança.

Quando se vislumbra a obrigação dessa forma, é fácil perceber que em toda e qualquer obrigação há prestações de conduta ("meios") e de "resultado".

Por exemplo: o médico dermatologista que realiza um procedimento em um paciente que vive com HIV não tem o dever de sigilo? Seria ele satisfeito com a mera conduta do médico, ou com o efetivo resultado de não divulgar o estado sorológico do paciente (o que, a propósito, é crime, conforme a Lei n. 14.289/2022)?

O exemplo provocativo revela que a análise da obrigação como fenômeno complexo não é simples, pois envolve a observação das especificidades do caso concreto. Por isso, não é razoável definir a natureza de uma obrigação *a priori*, a partir do suposto conteúdo da sua prestação principal. Isto porque em toda obrigação existem elementos "de resultado" e "de meios".

3.1.2.1 *Em toda obrigação, o resultado constitui o interesse do credor. Análise sob a perspectiva dos arts. 166, II, e 313, do CC/2002*

Não há dúvidas de que a relação obrigacional é constituída para satisfazer os interesses do credor, pelo que a sua função é atendê-lo[27]. Evidentemente, o processo obrigacional também costuma gerar ao devedor um benefício, traduzido na contraprestação, mas a razão de ser da obrigação é, indubitavelmente, atender aos interesses do credor.

Diante disso, observa-se que a obrigação não é um fim em si mesma. Ela é *um meio*, um instrumento jurídico criado para satisfazer determinado interesse do credor, o qual, por sua vez, é assente na necessidade ou na situação de carência de que ele é portador[28]. É um instrumento de convivência, cujo *fim* é a tutela dos interesses do credor[29].

Antes de existir uma obrigação, deve existir um fato social – uma necessidade ou carência do credor –, que leva o credor a, nos limites da autonomia privada, vincular um terceiro, o devedor, que se submeterá a uma obrigação juridicamente exigível. O efeito natural dessa obrigação criada é o seu exato cumprimento, pois ela deve ser fielmente executada[30]. Não por outra razão, para Karl Larenz, por "execução da prestação" entende-se não só a ação do devedor para cumpri-la, mas também a obtenção do seu

---

27. NANNI, *op. cit.*, 2021b, p. 31.
28. VARELA, João de Matos Antunes. *Das obrigações em geral*. 10. ed. Coimbra: Almedina, 2000. v. 1. p. 158.
29. BETTI, *op. cit.*, p. 33.
30. ALVIM, *op. cit.*, 1980.

resultado[31]. Para ele, o cumprimento exige sempre a produção do resultado por meio de uma ação destinada a obtê-lo, e que, de forma reconhecível, corresponde ao ato devido[32]. Afinal, o credor "não está interessado propriamente na ação ou omissão do devedor, mas no resultado dessa conduta"[33].

É para atender esse interesse do credor que o sistema jurídico lhe assegura, por meio do art. 313[34] do CC/2002, o direito de receber a prestação exatamente como convencionada. Trata-se do princípio do exato adimplemento, que permite ao credor recusar a prestação se entender que ela é distinta do convencionado, ainda que mais valiosa.

Naturalmente, os interesses do devedor também devem ser observados, pois a análise da relação obrigacional sob o prisma funcional permite entendê-la como um instrumento de cooperação. É certo que ambas as partes devem colaborar mutuamente, tendo em vista a cláusula geral da boa-fé objetiva, para a plena realização dos seus interesses[35]. Fato é que a obrigação surge a partir de uma carência ou necessidade do credor, e é por isso que o seu interesse assume especial relevância.

Se a obrigação for entendida como um processo, considera-se que, de forma dinâmica, se desencadeia e se desdobra em direção ao adimplemento, isto é, à satisfação do interesse do credor, conforme defende Clóvis do Couto e Silva[36].

Diante dessa perspectiva, ao analisar-se uma obrigação, seja para avaliar a situação de inadimplemento (absoluto ou relativo), ou uma situação de impossibilidade, deve-se entender o interesse do credor na relação obrigacional; o porquê de ele ter-se vinculado a um devedor, e qual é o objetivo do liame jurídico instituído.

Logicamente, não é todo e qualquer direito juridicamente tutelado. O interesse do credor deve ser lícito e digno de proteção legal[37]. E, dentro desse espectro, não há de se fazerem julgamentos morais sobre o objeto de interesse, que pode, inclusive, se estender a manias e caprichos, segundo explicam António Menezes Cordeiro e Luís Manuel Teles de Menezes Leitão[38].

Sob um enfoque factual e realista, o interesse do credor é obter um resultado concreto, um bem final que atenda às suas necessidades. É uma ilusão pensar que o interesse do credor é satisfeito apenas pela conduta do devedor. Mesmo no que seria uma obrigação de meios, defende Luís Manuel Teles de Menezes Leitão (concordando com

---

31. LARENZ, op. cit., 1958, p. 273.
32. Ibidem, p. 274.
33. NORONHA, Fernando. Direito das obrigações. 4. ed. São Paulo: Saraiva, 2013, (ebook – posição 979 de 13713)
34. BRASIL. Código Civil (2002). Art. 313. O credor não é obrigado a receber prestação diversa da que lhe é devida, ainda que mais valiosa.
35. TERRA, Aline de Miranda Valverde. Cláusula resolutiva expressa. Belo Horizonte: Fórum, 2017. p. 100-101.
36. COUTO E SILVA, op. cit., 2006, p. 17.
37. BICHARA, Maria Carolina. O interesse do credor na prestação como critério de distinção entre as hipóteses de execução específica e execução pelo equivalente pecuniário. In: VALVERDE TERRA, Aline de Miranda; CRUZ GUEDES, Gisela Sampaio da (coord.). Inexecução das obrigações: pressupostos, evolução e remédios. Rio de Janeiro: Processo, 2020. v. I. p. 32.
38. LEITÃO, op. cit., p. 89.

a doutrina de Manuel Gomes da Silva), existe a vinculação a um fim, a um resultado, que corresponde ao interesse do credor[39].

Segundo Henri Capitant, a obrigação de quem contrata é necessariamente dominada pelo desejo de alcançar um fim previsto, pois obrigar-se sem tendência a um fim é um "ato próprio de loucos" (*sic*)[40]. Isso porque a finalidade integra a manifestação da vontade criadora da obrigação, é elemento essencial da sua existência. E o ato da vontade, por sua vez, se comporia de dois elementos: 1) o consentimento, que é o fato de prometer, de estar vinculado, e depois, 2) a consideração do fim que se propõe alcançar por meio dessa promessa. A obrigação nada mais é do que um meio para um fim, e essas duas coisas não podem ser separadas[41].

Qualquer pessoa em busca de serviços médicos, por exemplo, persegue um resultado: curar-se, aliviar a sua dor, embelezar parte de seu corpo (cirurgia estética). Esse interesse está sempre presente, pois seria absurdo pensar que se vai ao médico sem a intenção de se curar[42], mas, tão somente, para observar o médico administrar uma série de cuidados, segundo uma técnica científica e profissional[43]. Ninguém procura um cirurgião para obter, como resultado final, uma operação cirúrgica, pois não há quem se deixe operar pelo bel prazer da operação[44]. Segundo Orlando Gomes, enquanto o comportamento do devedor se há de manifestar por meio de uma ação ou omissão, a pretensão do credor se dirige ao resultado dessa atividade ou inação, que é precisamente o que lhe interessa[45].

Quem contrata um profissional liberal não o faz com o objetivo de alcançar a excelência dos meios por ele empregados, mas com a finalidade de se alcançar um resultado, no grau mais alto de probabilidade[46]. Afinal, o credor não vê a prestação-conduta do devedor em abstrato, como um fim em si mesmo, mas como prestação que concretiza um resultado desejado[47]. Não há razão para que o interesse do paciente em ser curado não tenha a mesma proteção legal do que o interesse do vendedor em receber o seu dinheiro[48].

Por outro lado, seria curioso imaginar que o médico pudesse aceitar tratar um paciente sem o objetivo efetivo de curá-lo, já que o devedor deve buscar, em toda obri-

---
39. LEITÃO, *op. cit.*, p. 135-136.
40. CAPITANT, Henri. *De la causa de las obligaciones*. Granada: Comares, 2019. p. 1.
41. *Ibidem*, p. 3.
42. Miguel Maria de Serpa Lopes, apoiador das obrigações de meios e de resultado, afirma: "se perscrutarmos a psicologia profunda de um contrato de serviços médicos, podemos desde logo concluir que o seu objetivo ou o seu resultado não pode consistir apenas nos cuidados, na prudência e na diligência". Todavia, apesar da afirmativa, conclui: "o resultado ideal é a cura, mas, como tal sucesso não pode ser garantido, a obrigação se reduz aos meios tendentes àquele fim" (LOPES, *op. cit.*, p. 31).
43. ZANNONI, Eduardo A. *Elementos de la obligación*. Buenos Aires: Editoral Astrea, 1996. p. 134-135.
44. COMPARATO, *op. cit.*, 1967, p. 30.
45. GOMES, *op. cit.*, 1978. p. 27.
46. LÔBO, *op. cit.*, p. 39.
47. SILVA, *op. cit.*, 1995, p. 78.
48. WAYAR, *op. cit.*, p. 132.

gação, satisfazer os interesses do credor (que persegue a cura, e não a simples atuação do médico)[49.] Naturalmente, por vezes, a cura não depende diretamente da atuação do médico, mas a sua conduta do profissional deve sempre estar voltada ao atingimento desse resultado[50.]

Não custa lembrar que a incidência da boa-fé objetiva nas relações obrigacionais impõe a consideração dos interesses da contraparte[51,] daí ser indispensável a observância constante dos interesses do credor. Mas, como registra Judith Martins-Costa, a expectativa do credor à satisfação não é qualquer uma, subjetivamente considerada, mas, antes, deve-se qualificar como "expectativa de prestação" cujo "evento que constitui seu objeto possa e deva ser cumprido pelo devedor"[52.] Ora, quando se pactua uma obrigação, ainda que, segundo a classificação contemporânea, seja considerada de meios, sua prestação deve ser possível (como um pressuposto ontológico da obrigação), sob pena de o negócio ser considerado nulo[53.] Também deve ser considerada nula, por indeterminação do objeto, quando na obrigação não há um mínimo de resultado[54.]

Manuel Gomes da Silva sublinha que o direito à prestação, em que o bem vinculado é justamente a prestação, há de envolver em sua estrutura um objetivo realizável, que se atinge por meio do comportamento do devedor[55.] Não sendo realizável, não há como atribuir validade a esse negócio, uma vez que, para existir no plano da validade, ele deve ser possível (art. 166[56,] II, do CC/2002).

Todos esses argumentos levam à conclusão de que o princípio do exato cumprimento, consagrado no art. 313, do CC/2002, se revela um obstáculo à aplicação, no Brasil, do modelo dogmático das obrigações de meios. Esse dispositivo legal visa a proteger o interesse do credor ao garantir que a prestação recebida corresponda exatamente àquela acordada, priorizando a satisfação desse interesse. Ao examinar uma obrigação dentro da perspectiva de um processo dinâmico em direção ao cumprimento, é essencial entender o interesse do credor como algo que vincula o devedor a um objetivo específico.

---

49. *Ibidem*, p. 132.
50. Não se olvida da existência da medicina paliativa, que é uma abordagem da assistência médica que se concentra na melhoria da qualidade de vida de pacientes que enfrentam doenças graves, crônicas, progressivas ou terminais. Como, nesses casos, não há cura, o objetivo a ser perseguido (resultado) é o conforto físico, psicológico e emocional aos pacientes, aliviando sintomas, gerenciando o sofrimento e respeitando suas escolhas e valores.
51. MARTINS-COSTA, Judith. O Novo Código Civil brasileiro: em busca da ética da situação. *Revista da Faculdade de Direito da UFRGS*, v. 20, 2001. p. 611-612. Disponível em: https://seer.ufrgs.br/ppgdir/article/download/49214/30844. Acesso em: 09 fev. 2022.
52. MARTINS-COSTA, *op. cit.*, 2003, p. 87.
53. PIRES, *op. cit.*, 2020a, p. 53-54.
54. THOMAS, Claude. La distinction des obligations de moyens et des obligations de résultat. *Rev. Crit. de Legisl. et de Jurisp.* 1937. p. 643.
55. SILVA, *op. cit.*, 2020, p. 244.
56. BRASIL. Código Civil (2002). Art. 166. É nulo o negócio jurídico quando: I – celebrado por pessoa absolutamente incapaz; II – for ilícito, impossível ou indeterminável o seu objeto; III – o motivo determinante, comum a ambas as partes, for ilícito; IV – não revestir a forma prescrita em lei; V – for preterida alguma solenidade que a lei considere essencial para a sua validade; VI – tiver por objetivo fraudar lei imperativa; VII – a lei taxativamente o declarar nulo, ou proibir-lhe a prática, sem cominar sanção.

Esse interesse, sob uma abordagem factual e realista, é alcançar um resultado concreto que atenda às suas necessidades no contexto de qualquer obrigação. Se se permite que as obrigações possam ser cumpridas mediante a simples conduta do devedor, inclusive em situações que posteriormente revelem ser o resultado impossível de ser alcançado, como ocorre ao aplicar o modelo dogmático das obrigações de meios, está-se violando o princípio do exato cumprimento e, consequentemente, o art. 313 do CC/ 2002.

Nessa perspectiva, ao permitir-se, em certos casos, que obrigações com objeto inicialmente impossível (o que pode ser descoberto posteriormente) sejam cumpridas por meio da simples conduta do devedor, como ocorre na aplicação das obrigações de meios, deixa-se de reconhecer a incidência do art. 166, II, do CC/2002, que tem reflexos na validade do ato jurídico. Isso acaba por admitir uma situação de convalidação de atos jurídicos nulos.

Nessa linha, ainda considerando o exemplo anterior, quando se procura um médico, existe a legítima expectativa dele atingir um resultado, o qual, em regra, é a obtenção da cura. Ainda que essa obrigação seja revestida de álea, de modo a haver pouca possibilidade de cura, como pressuposto, ela deve ser considerada existente[57,] de maneira que a obrigação seja considerada possível, sob pena de ser considerada inválida, por caracterizar impossibilidade originária (ou inicial, segundo Francisco Cavalcanti Pontes de Miranda)[58.] Se o paciente não alcança a cura e vem a morrer, está-se diante de uma perturbação no cumprimento da prestação, pois esta, que era possível, não foi realizada, pois o legítimo interesse do paciente não foi atendido.

Importa dizer que o termo "perturbação na prestação"[59,] aqui utilizado, se refere genericamente a todas as figuras (codificadas ou não) que alteram o curso regular de uma prestação, desde o seu nascimento até a sua extinção pelo adimplemento satisfatório. Quando um doente procura um médico, ele persegue a cura, e, se esse resultado não for atendido, não se pode reconhecer que o fim natural da prestação (adimplemento) foi alcançado. Daí diz-se ter alcançado um estado patológico, uma crise, ou uma perturbação da prestação.

Isso não significa, porém, que o médico há de ser imediatamente responsabilizado, pois a morte, nessa hipótese, revela situação de impossibilidade objetiva e absoluta (conceitos que serão melhor tratados no capítulo 4), de alcance do resultado útil para o credor (cura). A impossibilidade objetiva e absoluta do resultado equivale, em qualquer situação, à impossibilidade objetiva e absoluta do cumprimento obrigatório, pois

---

57. Há de se considerar os casos tratados pela medicina paliativa, em que o interesse do credor é a supressão da dor e do sofrimento.
58. PONTES DE MIRANDA, op. cit., 2003, p. 133.
59. Conforme ressalta Judith Martins-Costa, a expressão "perturbações na prestação" advém da reforma do Código Civil alemão de 2001/2002, e contempla todas as figuras que vêm alterar o curso regular de uma prestação, desde o seu nascimento até a sua extinção natural, o adimplemento satisfatório (MARTINS-COSTA; SILVA, op. cit., p. 64). Utiliza-se, aqui, essa expressão em razão da sua amplitude, por abarcar toda e qualquer situação que represente o não adimplemento regular da prestação.

a impossibilidade do fim implica a impossibilidade dos meios. Em outras palavras, ela exclui efetivamente o caráter dos meios de tudo o que poderia ser concebido abstratamente como tal[60].

Nesse sentido, Susanna Tagliapietra observa ter havido, na jurisprudência das cortes da Itália, uma espécie de "metamorfose" em relação à classificação das obrigações profissionais. As obrigações que seriam de meios vêm sendo consideradas de resultado, através da individualização do dever de informação e advertência, e dos deveres advindos do princípio da boa-fé objetiva, como as obrigações de proteção[61]. A distinção *non ha alcuna incidenza* ("não tem nenhuma incidência"), o conteúdo da obrigação do profissional deve ser extraído das regras comuns de diligência, em particular, do art. 1.176[62] do *Codice Civile*, observando-se a definição geral de incumprimento (art. 1.218[63] do mesmo diploma).

Segundo a autora, a Suprema Corte da Itália já se manifestou desconsiderando a distinção aqui tratada:

> Si può anzi dire che qui la Corte addirittura prescinde dalla stessa distinzione fra prestazioni di mezzi e di risultato. Una volta enucleato l'obbligo di informare il paziente, inteso come obbligo di prospettare con realismo la possibilità di ottenere il risultato perseguito, la considerazione di questo risultato in termini di realizzabilità dello stesso – e dunque la sua (probabilistica) realizzazione – entra a far parte della prestazione promessa, a nulla valendo lo scudo della categoria della obbligazione di mezzi. Se ne ricava che, se il medico non informa il paziente circa il modesto risultato raggiungibile, egli risponde del mancato conseguimento del risultato più alto[64].

Portanto, o esforço diligente do devedor visa, em todo o caso, à prossecução do resultado devido, ainda no que supostamente constituiria uma obrigação chamada de meios[65].

---

60. OSTI, Giuseppe. Revisione critica della teoria sulla impossibilità della prestazione. *In*: OSTI, Giuseppe. *Scritti Giuridici*. Milano: Dott. A. Giuffrè Editore, 1973. t. 1. p. 106.
61. TAGLIAPIETRA, *op. cit.*, p. 37.
62. ITÁLIA. Codice Civile. Art. 1.176. *Diligenza nell'adempimento. Nell'adempiere l'obbligazione il debitore deve usare la diligenza del buon padre di famiglia. Nell'adempimento delle obbligazioni inerenti all'esercizio di un'attività professionale, la diligenza deve valutarsi con riguardo alla natura dell'attività esercitata*. Tradução livre: "Art. 1.176. Diligência no cumprimento. Ao cumprir a obrigação, o devedor deve empregar a diligência de um bom pai de família. No cumprimento das obrigações relacionadas ao exercício de uma atividade profissional, a diligência deve ser avaliada considerando a natureza da atividade exercida".
63. ITÁLIA. Codice Civile. Art. 1.218. *Responsabilità del debitore. Il debitore che non esegue esattamente la prestazione dovuta è tenuto al risarcimento del danno, se non prova che l'inadempimento o il ritardo è stato determinato da impossibilità della prestazione derivante da causa a lui non imputabile*. Tradução livre: "Art. 1.218. Responsabilidade do devedor. O devedor que não executa exatamente a prestação devida é obrigado a reparar o dano, a menos que prove que o inadimplemento ou a demora foi causado por impossibilidade de execução decorrente de uma causa não imputável a ele".
64. TAGLIAPIETRA, *op. cit.*, p. 38. Tradução livre: "Pode-se até dizer que aqui o Tribunal até mesmo desconsidera a distinção entre obrigações de meios e de resultados. Uma vez estabelecida a obrigação de informar o paciente, entendida como a obrigação de apresentar com realismo a possibilidade de obter o resultado buscado, a consideração desse resultado em termos de sua realizabilidade – e, portanto, sua realização (probabilística) – passa a fazer parte da prestação prometida, sendo irrelevante o escudo da categoria da obrigação de meios. Daí se conclui que, se o médico não informa o paciente sobre o modesto resultado alcançável, ele é responsável pelo não alcance do resultado mais significativo".
65. *Ibidem*, p. 37.

3.1.2.2 Toda obrigação envolve meios para se atingir um resultado

Toda obrigação é tensionada a um fim, qual seja, o de atender ao interesse legítimo do credor, isto é, um resultado, e implica a adoção de determinados meios, concretizados em esforços e dispêndios a cargo do devedor[66]. Afinal, não há dever de diligência apenas nos que a doutrina classifica como obrigações de meios, mas em toda e qualquer obrigação, notadamente nas obrigações de fazer[67]. Como afirmam Maria de Lurdes Pereira e Pedro Múrias, numa perspectiva *ex ante*, os atos exigidos em uma obrigação de meios são rigorosamente idênticos àqueles que se esperam numa obrigação de resultado[68].

Nesse sentido, as obrigações, vistas sob o prisma complexo e funcional, devem ser consideradas um programa obrigacional, voltado a uma finalidade específica, que é o cumprimento. E, sob o ponto de vista do cumprir, ou não cumprir, todas as obrigações envolvem "meios", porque, enquanto instrumentos de cooperação entre devedor e credor, a fim de se obter alguma vantagem para este, requerem sempre a atuação diligente voltada ao alcance do interesse do credor[69].

Não se pode admitir que uma promessa mantenha sua força obrigatória quando não *conduz* ao fim desejado. O meio só é válido desde que conduza à consecução do fim[70]. Isto é, para se obter determinado resultado, o devedor percorre um caminho, um *meio*, sem o qual não consegue cumprir a obrigação. A obtenção do resultado, portanto, implica sempre o emprego de uma diligência por parte do devedor, que se traduz no sacrifício a que ele deve se submeter para realizar o programa obrigacional a que está adstrito[71]. O meio é o instrumento para se alcançar o fim, por isso, a instrumentalidade é característica de toda e qualquer obrigação[72], e não somente naquelas designadas como obrigação de meios, pelo doutrinador clássico.

A conduta integra o adimplemento da prestação, assim como o próprio resultado, pois este somente é alcançado por meio daquela[73]. "Meios" e "fim" são elementos intimamente ligados dentro da estrutura de toda relação obrigacional, constituindo parte da sua essência[74]. Não é correto cindir a atividade humana do seu resultado[75]. Portanto, não faz sentido distinguir-se, em relação ao objeto da prestação, a conduta

---

66. PIRES, Catarina Monteiro. Limites dos esforços e dispêndios exigíveis ao devedor para cumprir. *Revista da Ordem dos Advogados*, n. 76, Lisboa, 2016. p. 105.
67. MARTINS-COSTA, *op. cit.*, 2020, p. 143.
68. PEREIRA, Maria de Lurdes; MÚRIAS, Pedro. Obrigações de meios, obrigações de resultado e custos da prestação. *In*: CORDEIRO, António Menezes (coord.) *Centenário do Nascimento do Prof. Doutor Paulo Cunha*. Estudos em homenagem. Coimbra: Almedina, 2012. p. 1.005.
69. SILVA, *op. cit.*, 1995, p. 80.
70. CAPITANT, *op. cit.*, p. 14.
71. SILVA, *op. cit.*, 1995, p. 81.
72. *Ibidem*, p. 81.
73. OSTERLING PARODI, Felipe; CASTILLO FREYRE, Mario. El tema fundamental de las obligaciones de medios y de resultados frente a la responsabilidad civil. *Derecho PUCP*, [s.l.], n. 53. p. 475-512, dec. 2013. Disponível em: http://revistas.pucp.edu.pe/index.php/derechopucp/article/view/6568. Acesso em: 6 ago. 2022. p. 483.
74. WAYAR, *op. cit.*, p. 132.
75. PONTES DE MIRANDA, *op. cit.*, 2003, p. 71.

e o resultado. A atividade do devedor é sempre obrigatória, assim como o resultado, conceitualmente, é sempre necessário, já que expressa a direção do comportamento do devedor para satisfazer o interesse do credor[76].

Resumindo a doutrina clássica sobre a dicotomia em análise, diz-se que a distinção residiria no fato de que, nas obrigações de fim, o resultado almejado representaria a realização final que atende plenamente ao interesse do credor, resolvendo o objetivo econômico que deu causa ao vínculo, enquanto isso, nas obrigações de meios, o foco estaria no comportamento qualificado por sua adequação e utilidade em relação ao fim, mas a realização desse fim não estaria intrinsecamente incluída na relação obrigacional. Entretanto, importante destacar que essa definição, baseada na relatividade do conceito de resultado, pode ser contestada por confundir o objeto da obrigação com uma das regras de conduta estabelecidas para sua execução. Ao afirmar que nas obrigações de meios o resultado se resolveria automaticamente por intermédio de um comportamento orientado para o fim, há o risco de não distinguir corretamente o resultado da obrigação do comportamento que o alcança e, consequentemente, da diligência a ser empregada pelo devedor[77].

A diligência, conforme destaca Gastone Cottino, é uma maneira de executar e representa a forma típica de execução, a ponto de parecer contraditório afirmar que um profissional assume uma obrigação de diligência quando essa obrigação já é derivada da lei (referindo-se, na hipótese, ao art. 1.176[78] do *Codice Civile*). A maior fraqueza da doutrina francesa criticada, segundo o autor, reside nessa confusão. O cuidado adequado e a conduta prudente em um caso não se confundem necessariamente com o próprio comportamento, ou seja, com o uso de diligência, cautela e meios técnicos adequados, pelos quais esse bom cuidado e conduta prudente devem ser alcançados. Eles são o resultado disso, como é natural, considerando que a atividade do devedor voltada ao cumprimento não deve ser confundida com o fim a ser alcançado[79].

Na realidade, o resultado pode, às vezes, ser o efeito de uma série de comportamentos, nem todos diligentes (assim como o cumprimento pode ocorrer apesar da negligência do devedor), e ainda assim é considerado como atendendo perfeitamente às expectativas do credor. A conduta imprudente do advogado ou médico pode ser auxiliada – e muitas vezes é – pela sorte; nesse caso, ninguém negará que, com um cuidado e uma condução adequados do caso, o resultado não obrigatório foi alcançado. O

---

76. TAGLIAPIETRA, *op. cit.*, p. 58.
77. COTTINO, Gastone. *L'impossibilità sopravvenuta della prestazione e la responsabilità del debitore*: problemi generali. Milano: Dott. A. Giuffrè Editore, 1955. p. 75.
78. ITÁLIA. Codice Civile. Art. 1.176. *Diligenza nell'adempimento. Nell'adempiere l'obbligazione il debitore deve usare la diligenza del buon padre di famiglia. Nell'adempimento delle obbligazioni inerenti all'esercizio di un'attività professionale, la diligenza deve valutarsi con riguardo alla natura dell'attività esercitata.* Tradução livre: "Art. 1.176. Diligência no cumprimento. Ao cumprir a obrigação, o devedor deve empregar a diligência de um bom pai de família. No cumprimento das obrigações relacionadas ao exercício de uma atividade profissional, a diligência deve ser avaliada considerando a natureza da atividade exercida".
79. COTTINO, *op. cit.*, p. 75-76.

fato de o resultado, em tese, não ser a recuperação do paciente ou a vitória no caso, não significa que ele seja idêntico ao comportamento. Isso simplesmente indicaria que esse não seria o resultado da obrigação. A diligência permanece sendo diligência e, como tal, uma regra de conduta para o cumprimento, e não é o objeto, em si, da obrigação[80].

Nesse sentido, mas sob outra perspectiva, reside a doutrina de Nuno Manuel Pinto de Oliveira. O autor, crítico da dicotomia, questiona: i) é possível para o devedor prometer um resultado?; ii) ao prometer um comportamento, somente o cumprimento desse comportamento com diligência média será o critério para determinar se o devedor cumpriu ou não a obrigação, ou isso deve ser considerado o critério da culpa?[81]

Respondendo ao primeiro dos questionamentos suscitados, afirma o autor que o argumento decisivo é de cunho filosófico, pois o sujeito só deve algo que depende de si e de sua vontade, o que só compreenderia a diligência, e não o resultado, pois este depende (sempre) de circunstâncias estranhas à sua vontade. O conceito de prestação como um comportamento seria sempre uma consequência da impossibilidade lógica de um dever de resultado. Independentemente de a prestação ter sido definida pela lei ou pelo contrato, o devedor está vinculado a um comportamento, pois não poderia logicamente estar restrito a um resultado[82].

Para abordar a segunda questão, o estudioso afirma que, uma vez que a diligência representa o esforço concretamente necessário ou esperado, o comportamento que está em conformidade com o dever é sempre um comportamento diligente. A distinção entre os conceitos de prestação como comportamento e comportamento diligente é puramente linguística, pois, de acordo com considerações ontológicas fundamentais, a prestação, por sua própria natureza, implica em certo grau de diligência, ou então não existiria[83]. O devedor cumprirá sua obrigação quando realizar a prestação com o mais elevado nível de cuidado exterior (adoção de uma conduta conforme aos deveres decorrentes das normas jurídicas, escritas ou não escritas), e não cumprirá quando não a realizar, ou quando a realizar sem atender a esse elevado padrão de cuidado. O critério da culpa, invocado pelo artigo 487.º/2[84], do Código Civil português, e aplicável por referência ao artigo 799.º/2[85], do mesmo diploma, será a medida normal de cuida-

---

80. Ibidem, p. 76-77.
81. OLIVEIRA, Nuno Manuel Pinto de. *Princípios de direito dos contratos*. Coimbra: Coimbra Editora, 2011. p. 34.
82. Ibidem, p. 34-36.
83. Ibidem, p. 37.
84. Artigo 487.º (Culpa)
    1. É ao lesado que incumbe provar a culpa do autor da lesão, salvo havendo presunção legal de culpa.
    2. A culpa é apreciada, na falta de outro critério legal, pela diligência de um bom pai de família, em face das circunstâncias de cada caso.
85. Artigo 799.º
    (Presunção de culpa e apreciação desta)
    1. Incumbe ao devedor provar que a falta de cumprimento ou o cumprimento defeituoso da obrigação não procede de culpa sua.
    2. A culpa é apreciada nos termos aplicáveis à responsabilidade civil.

do, seja ela de natureza interior ou exterior[86] O advogado deve adotar uma conduta alinhada com os mais elevados padrões da ciência jurídica; o arquiteto ou engenheiro deve manter uma conduta em conformidade com os mais altos padrões de sua arte ou ciência; o médico deve oferecer um tratamento de acordo com os mais elevados padrões da ciência médica[87]

No entendimento de Marco Azzalini, mesmo na obrigação de resultado, não é possível ignorar o comportamento do devedor voltado a alcançá-lo, pois, em qualquer caso, necessário, para seu correto cumprimento, que ele tenha se comportado com precisão e diligência[88] Tanto é assim que a responsabilidade do devedor pode ser questionada se o resultado tiver sido alcançado mesmo diante de um comportamento negligente[89]

Exemplo disso é quando o devedor se compromete, contratualmente, a alcançar um determinado resultado. Mesmo nesses casos, é esperado que ele mantenha um comportamento diligente. Por exemplo, se um motorista se comprometeu a transportar passageiros para um destino específico, espera-se não apenas que os passageiros cheguem ao seu destino, mas, também, que o veículo seja conduzido com cautela e segurança, seguindo todas as normas de trânsito. A conduta diligente é essencial para alcançar o resultado desejado. Caso o motorista chegue ao local de embarque embriagado[90] o contrato poderá ser imediatamente rescindido por *inadimplemento*, por culpa do devedor, ainda que este, em tese, possa entregar o resultado, isto é, transportar as pessoas até o local acordado.

O descumprimento do dever de agir com diligência, quando se traduz em um comportamento contrário à obrigação de proteção (presente em toda obrigação, de forma autônoma, inclusive), ainda quando não traduza em um dano efetivo – razão pela qual não se poderia, em tese, falar em dever de indenizar –, daria legitimidade a uma ação voltada à resolução do negócio[91]

Isso ocorre porque o comportamento do devedor integra a estrutura da prestação, independentemente de ser tradicionalmente considerada como "de meios" ou "de resultado". Em ambas as situações, a conduta do devedor é fundamental para o cumprimento adequado da obrigação assumida. O alcance de um resultado, por outro lado, integra o objeto da obrigação, mas ele só pode ser considerado parte integrante do cumprimento

---

86. "O cuidado exterior consiste na adopção de uma conduta conforme aos deveres decorrentes das normas jurídicas (escritas ou não escritas). O cuidado interior subdivide-se em dois (sub-)elementos. O primeiro corresponde ao seu elemento intelectual – e consiste no conhecimento do dever (da norma jurídica). O segundo corresponde ao seu elemento volitivo – e consiste na conformação de uma vontade de agir conforme ao dever, de acordo com a norma jurídica" (OLIVEIRA, op. cit., p. 38-39).
87. *Ibidem*, p. 38-39.
88. AZZALINI, *op. cit.*, p. 49.
89. *Ibidem*, p. 49.
90. TAGLIAPIETRA, *op. cit.*, p. 55.
91. TAGLIAPIETRA, *op. cit.*, p. 99.

na medida em que for consequência do comportamento do devedor, e não quando o resultado alheio a isto[92.]

Assim, tem razão Michele Giorgianni quando, após demonstrar ceticismo em relação à dicotomia colocada, afirma que a conduta do devedor está sempre vinculada à obrigação, e que representa o elemento distintivo da relação obrigacional em comparação com outras situações jurídicas. Observa que o "resultado" (que pode se manifestar em forma de "coisa") é sempre essencial, apontando para a direção do cumprimento para satisfazer o interesse do credor. A proporção entre esses dois elementos pode variar. Há casos em que a conduta tem maior relevância em relação ao resultado, ou vice-versa, abarcando uma ampla gama de possibilidades. No entanto, a essência da relação obrigacional permaneceria inalterada, caracterizada pela conduta do devedor, através da qual o interesse do credor é atendido[93.]

3.1.2.3 A diligência esperada em toda obrigação e a sua relação com a culpa

Conforme destacado, a partir do momento em que se analisa a noção de prestação, questão pouco trabalhada na doutrina brasileira[94,] observa-se que esta é tida como a realização do interesse do credor, através da ação de prestar (díade apresentada por Franz Wieacker: vista pelos olhos do devedor, consistiria em um dever de conduta; pelos olhos do credor, porém, a realização de um interesse[95)]. A palavra prestação está intimamente ligada a uma atividade do devedor, voltada a uma finalidade ou a um resultado[96.] Afinal, "uma conduta humana implica, sempre, um esforço, por parte de

---

92. AZZALINI, *op. cit.*, p. 50.
93. "*A conclusione delle suddette considerazioni dovrebbe esser chiaro il nostro deciso scetticismo sulla validità di una netta distinzione tra obbligazioni di "mezzi" (o di "comportamento") e obbligazioni di "risultato", alla quale si è voluto da più parti attribuire una varia rilevanza. A nostro avviso, un comportamento del debitore è sempre in obligatione, e la sua presenza costituisce anzi l'elemento individuatore del rapporto obbligatorio rispetto ad altre situazioni giuridiche; mentre, d'altro canto, un "risultato" (che talora si materializza in una cosa) è sempre necessario, indicando la direzione della prestazione verso il soddisfacimento di un interesse del creditore. Varia, è vero, la proporzione dei due elementi, cosicché vi sono rapporti in cui il comportamento prevale rispetto al risultato o viceversa, secondo un'ampli – sima gamma di valori, senza tuttavia che venga giammai alterata la fisionomia del rapporto obbligatorio in cui di un comportamento del debitore, attraverso il quale presenza viene soddisfatto l'interesse del creditore*" (GIORGIANNI, Michele. Obligazione (diritto privato). In: *Novissimo Digesto Italiano*. Torino: UTET, 1965. v. XI. p. 598). Tradução livre: "A conclusão das considerações acima deve tornar claro nossa cética firmeza quanto à validade de uma distinção nítida entre obrigações de 'meios' (ou de 'comportamento') e obrigações de 'resultado', à qual se atribuiu vária importância de diferentes fontes. Em nossa opinião, o comportamento do devedor está sempre em obrigação, e sua presença de fato é o elemento identificador da relação obrigacional em relação a outras situações jurídicas; enquanto, por outro lado, um 'resultado' (que às vezes se materializa em uma coisa) é sempre necessário, indicando a direção da prestação em direção à satisfação do interesse do credor. A proporção dos dois elementos varia, é verdade, de modo que existem relações em que o comportamento predomina sobre o resultado ou vice-versa, em uma ampla gama de valores, sem, no entanto, que a fisionomia da relação obrigacional em que o comportamento do devedor, através de sua presença, satisfaz o interesse do credor seja jamais alterada".
94. MARTINS-COSTA; SILVA, *op. cit.*, p. 55.
95. FERRANTE, Edoardo. *Ad impossibilia*: la prestazione del debitores in um saggio de Franz Wiacker. Bologna: Il mulino, 2021. p. 11.
96. MARTINS-COSTA; SILVA, *op. cit.*, p. 59.

quem leve a cabo"[97], e "qualquer prestação é, por elementares considerações ontológicas, uma certa diligência – ou não existiria"[98].

Entretanto, essa atividade não se refere a qualquer ação, mas a uma atividade diligente. A diligência, por sua vez, não é apenas um comportamento em si, mas uma forma de agir, uma medida do conteúdo específico do dever a ser cumprido[99]. Segundo Luigi Mengoni,

> La «diligentia» è una qualità soggettiva di una attività, significa cura, sollecitudine, sforzo, studio, attenzione al fine: la funzione tecnica della diligenza riguarda non tanto l'adempimento, quanto la conservazione della possibilità di adempiere. Il momento determinante dell'adempimento è invece la «bonitas» o «utilitas», cioè una qualità inerente al risultato dell'azione, un giudizio oggettivo di valore che implica la coincidenza del risultato materiale con gli elementi del risultato dovuto. La diligenza è una funzione della volontà; la bontà o utilità dell'azione è una funzione di determinate regole la cui osservanza trasforma il semplice agere (attività pratica) in un facere (attività poietica, ossia produttiva), in una azione capace di dar principio al processo di attuazione dello scopo considerato. Chi opera bene agisce per ciò stesso diligentemente: ma appunto la diligenza è soltanto una modalità del contenuto del vincolo, un presupposto dell'(esatto) adempimento[100].

Porém, isso não significa que o dever de diligência só existe em determinadas obrigações (tradicionalmente consideradas de meios); esse dever é ínsito a toda e qualquer obrigação, especialmente nas obrigações de fazer, pois, para se atingir determinado resultado voltado à satisfação do interesse do credor, é indispensável o agir cuidadoso, não negligente, isto é, diligente[101].

A questão é importante, tendo em vista que a não atuação do devedor com a diligência que lhe cabe costuma ser relacionada à caracterização da culpa[102]. Para Paulo Lôbo, por exemplo, "culpa é a violação de diligência que se exige dos homens normais, causando prejuízo a outrem"[103]. Já para Orlando Gomes, "a obrigação de proceder como bom pai de família [...] decorre do princípio geral segundo o qual o desvio da conduta normal importa culpa"[104].

---

97. CORDEIRO, *op. cit.*, 2012, p. 481.
98. *Ibidem*, p. 482.
99. AZZALINI, *op. cit.*, p. 47.
100. MENGONI, *op. cit.*, p. 9. Tradução livre: "Diligência" é uma qualidade subjetiva de uma atividade, significa cuidado, solicitude, esforço, estudo, atenção ao objetivo: a função técnica da diligência diz respeito não tanto ao cumprimento, mas à preservação da possibilidade de cumprir. O momento determinante do cumprimento é antes a "bonitas" ou "utilitas", que é uma qualidade inerente ao resultado da ação, um juízo objetivo de valor que implica a coincidência do resultado material com os elementos do resultado devido. A diligência é uma função da vontade; a bondade ou utilidade da ação é função de certas regras cuja observância transforma o simples *agere* (atividade prática) em *facere* (poiético, isto é, atividade produtiva), em ação capaz de iniciar o processo de implementação da finalidade considerada. Quem trabalha bem age diligentemente para isso: mas a diligência é apenas uma modalidade do conteúdo do vínculo, um pressuposto de cumprimento (exato)".
101. MARTINS-COSTA, *op. cit.*, 2020, p. 143.
102. "A culpa obrigacional consiste no desrespeito à diligência devida pelo obrigado consoante os parâmetros ajustados" (NANNI, *op. cit.*, 2021b, p. 128).
103. LÔBO, *op. cit.*, p. 234.
104. GOMES, *op. cit.*, 1981, p. 464.

O conceito de culpa é extremamente variado e não cabe, nos limites do objeto deste estudo, esgotá-lo. Todavia, ontologicamente, a culpa é uma só, embora os autores costumem tratá-la de modo específico, quando se está diante de um negócio jurídico. Assim, é importante abordar a culpa como inobservância de determinada diligência[105], pois, até mesmo diante das consequências, a culpa gera a impossibilidade.

Nesse sentido, é comum a referência à culpa como um "desvio ou erro de conduta, por negligência, por desatenção, por imprudência"[106]. No direito brasileiro, não há previsão de gradação de culpa, conforme fizeram os glosadores, ao estabelecerem um padrão abstrato, o "homem diligente" ou *bonus pater familias*, e ao avaliarem a conduta do agente em relação à diligência que esse homem-ideal teria no caso em análise, adotado por alguns sistemas legais. Sob essa perspectiva, a *culpa levis* representa a falta de uma diligência média que uma pessoa comum teria; a *culpa lata* denota uma negligência mais grave que poderia ter sido evitada por alguém abaixo do padrão médio; a *culpa levissima* se refere à falta decorrente de uma conduta que está além do padrão médio, mas que um *diligentissimus pater familias*, extremamente cuidadoso, adotaria. Essa distinção, baseada na intensidade da culpa, e que resulta em uma graduação de responsabilidade, não é adotada pelo sistema jurídico brasileiro[107].

O CC/2002, em seu art. 186[108], faz referência expressa à negligência e à imprudência. Mas esses conceitos vão além do direito civil, e costumam ser utilizados no direito penal, sempre relacionados ao conceito de culpa. Ante a similitude dos conceitos, interessante é a imersão, ainda que breve, nessa seara, notadamente em razão da clareza pela qual o tema é lá tratado – especialmente no campo dos crimes culposos.

Sob essa perspectiva, Aníbal Bruno relaciona a culpa à negligência, à imprudência e à imperícia[109], e defende que o elemento fundamental daquela está relacionado à falta da exigência imposta a todo indivíduo de "atual com a necessária diligência e precaução nos atos da vida [...] por meio das quais ele teria podido evitar o fato punível"[110]. Esse dever a que todo homem é imposto, afirma o autor, deve ser julgado conforme as circunstâncias do caso concreto e as condições individuais do sujeito[111].

Para Nelson Hungria, "só há culpa onde há imprudência, negligência ou imperícia"[112]. Nas duas primeiras, ocorreria a não observância das precauções recomendadas

---

105. RODOTÀ, Stefano. Diligenza (diritto civile). *Enciclopedia del Diritto*. Varese: Giufrè, 1964. v. XII. p. 539.
106. PEREIRA, *op. cit.*, 1996, p. 233.
107. *Ibidem*, p. 233.
108. BRASIL. Código Civil (2002). Art. 186. Aquele que, por ação ou omissão voluntária, negligência ou imprudência, violar direito e causar dano a outrem, ainda que exclusivamente moral, comete ato ilícito.
109. [...] "a culpa por uma conduta contrária ao dever, que se exprime na imprudência, negligência ou imperícia do ato voluntário inicial e, por uma relação entre o agente e o resultado, que consiste na falta de previsão do previsível" (BRUNO, Aníbal. *Direito penal*: parte geral. 3. ed. Rio de Janeiro: Forense, 1967a. t. 2: fato punível. p. 39).
110. *Ibidem*, p. 85.
111. *Ibidem*, p. 86.
112. HUNGRIA, Nélson. *Comentários ao Código Penal*: Decreto-lei n. 2.848, de 7 de dezembro de 1940. 2. ed. Rio de Janeiro: Forense, 1953. v. 1. t. 2: arts. 11 a 27. p. 197.

pela experiência comum ao realizar certas ações ou usar certas coisas. No entanto, enquanto a imprudência teria uma natureza ativa ou comissiva, representando um comportamento impulsivo, a negligência seria o desleixo, a inação, a torpidez. Por outro lado, a imperícia seria simplesmente uma forma específica de imprudência ou negligência, refletindo a falta de observância das precauções específicas necessárias ao exercer uma arte, profissão ou habilidade, devido à falta de preparo prático ou conhecimentos técnicos adequados[113].

Ao se referir às normas de direito penal, Galdino Siqueira afirma que imprudência, negligência e imperícia são formas de culpa taxativas, e aponta exemplos elucidativos para diferenciar cada uma delas. Imprudência seria agir sem as necessárias precauções, como um motorista que dirige em alta velocidade em ruas movimentadas; o dono de um cão agressivo que o deixa solto pelas ruas sem coleira; alguém que, junto com outras pessoas, manipula uma arma carregada sem as devidas precauções; andar a cavalo em vias públicas com cavalos agitados e difíceis de controlar; ou caçar em locais muito frequentados[114]. A negligência se revelaria na omissão da escolha dos meios mais aptos para a execução do ato ou em retardar ou relaxar a sua execução, como transportar animais ferozes em gaiolas de madeira sem proteções de ferro; deixar sem iluminação canos expostos na rua, em frente à sua porta; ou não cobrir poços ou qualquer outra abertura no solo[115]. Já a imperícia seria uma forma específica da culpa profissional, que consistiria na insuficiente aptidão ao exercício de uma arte ou de uma profissão, dando o exemplo clássico dos "erros da arte médica", como a realização de operações inadequadas ou a transmissão de doenças contagiosas por instrumentos mal higienizados[116].

Ao voltar à civilística, percebe-se haver muitas semelhanças em relação aos conceitos apontados. José de Aguiar Dias afirma que a classificação dos atos ilícitos em dolosos ou culposos não é relevante para o jurista brasileiro, que se concentra apenas no ato ilícito em si, o qual é qualquer fato não autorizado pelo direito que causa dano a outrem. Segundo o autor, adotou-se a concepção de culpa genérica, que se desdobra em dolo e culpa propriamente dita. No caso do dolo, não se trata de um defeito na vontade, mas de um elemento interno que impregna o ato com a intenção de causar o resultado. Já na culpa, em sentido restrito, a vontade se voltaria para o fato que causa a lesão, mas o resultado não seria intencional pelo agente. A culpa representaria a falta de diligência na observância da norma de conduta, ou seja, a negligência do agente ao esforço necessário para segui-la, resultando em um dano não intencional[117].

---

113. *Ibidem*, p. 197.
114. SIQUEIRA, Galdino. *Tratado de direito penal*: parte geral. 2. ed. Rio de Janeiro: José Konfino, 1950. t. 1. p. 523.
115. *Ibidem*, p. 523.
116. *Ibidem*, p. 524-526.
117. DIAS, José de Aguiar. *Da responsabilidade civil*. 4. ed. Rio de Janeiro: Forense, 1960. v. 1. p. 151.

Segundo o autor, da culpa, caracterizada no art. 159 do CC/1916[118,] como negligência ou imprudência, derivam outras noções que merecem análise. Nesse artigo, incluem-se a negligência, a imprudência e a imperícia, todas representando formas desse elemento essencial: a falta de diligência, de prevenção e de cuidado. A negligência seria a omissão daquilo que razoavelmente se faz, considerando as condições emergentes e as normas que orientam a conduta normal das atividades humanas. Seria a inobservância das regras que instruem os indivíduos a operar com atenção, habilidade, solicitude e discernimento[119.]

A imprudência estaria relacionada à precipitação, ao procedimento inconsiderado e sem cautela, contrariando as normas do procedimento sensato. Seria agir de maneira precipitada, deixando de lado precauções que se deve tomar nos atos. A negligência estaria principalmente ligada à desatenção; a imprudência estaria relacionada, antes de tudo, à temeridade; a imperícia, em sua origem, representaria a falta de habilidade. No entanto, afirma o autor, seria necessário observar que essas espécies se entrelaçariam, resultando "na negligência revestida de imprudência, na imprudência forrada pelo desprezo à diligência e às regras de habilidade, e na imperícia marcada pela negligência"[120.]

A diligência não pode ser considerada um parâmetro puramente teórico ou abstrato, mas deve ter em vista o conteúdo concreto da prestação[121.] Nesse ponto, merece ser enxergado de modo crítico o usual critério do *bonus pater familia*, segundo o qual a diligência deve ser analisada considerando a que seria adotada por um "bom pai de família". Esse critério consta expressamente na legislação portuguesa[122] e na italiana[123,] mas também é utilizado no Brasil, apesar da ausência de previsão normativa, por força da tradição romana[124.] Orozimbo Nonato ensina que o modelo deriva "das fontes romanas, corresponde ao *homo diligens et studiosus pater familias*, a que alude a L. 4.25, D., de prob. Et act., XXII, 3"[125.]

---

118. BRASIL. Código Civil (1916). Art. 159. Aquele que, por ação ou omissão voluntária, negligência, ou imprudência, violar direito, ou causar prejuízo a outrem, fica obrigado a reparar o dano. A verificação da culpa e a avaliação da responsabilidade regulam-se pelo disposto neste Código, arts. 1.518 a 1.532 e 1.537 a 1.553.
119. DIAS, *op. cit.*, 1960, p. 152.
120. *Ibidem*, p. 152-153.
121. AZZALINI, *op. cit.*, p. 47.
122. Ao tratar da apreciação da culpa pelo cumprimento defeituoso ou pela falta de cumprimento da obrigação, o art. 799.º, II, faz referência à culpa na responsabilidade civil aquiliana ("2. A culpa é apreciada nos termos aplicáveis à responsabilidade civil"), a qual, por sua vez, é regulada pelo art. 487.º/2, que dispõe: "2. A culpa é apreciada, na falta de outro critério legal, pela diligência de um bom pai de família, em face das circunstâncias de cada caso".
123. ITÁLIA. Codice Civile. Art. 1.176. *"Diligenza nell'adempimento. Nell'adempiere l'obbligazione il debitore deve usare la diligenza del buon padre di famiglia. Nell'adempimento delle obbligazioni inerenti all'esercizio di un'attività professionale, la diligenza deve valutarsi con riguardo alla natura dell'attività esercitata"*. Tradução livre: "Art. 1.176. Diligência no cumprimento. Ao cumprir a obrigação, o devedor deve empregar a diligência de um bom pai de família. No cumprimento das obrigações relacionadas ao exercício de uma atividade profissional, a diligência deve ser avaliada considerando a natureza da atividade exercida".
124. PONTES DE MIRANDA, *op. cit.*, 2003, p. 99.
125. NONATO, *op. cit.*, p. 220.

Na França, a redação original do art. 1.137[126] do *Code Civil* (da qual derivou o art. 1.176 do *Codice Civile* italiano) previa o parâmetro do "bom pai de família" na conservação da coisa na obrigação de dar[127]. Essa norma, no entanto, foi alterada em 2014, quando se substituiu pelo paradigma do "razoável"[128]; hoje, depois da reforma de 2016, consta na norma o parâmetro da *personne raisonnable* ("pessoa razoável")[129-130]. A origem da adoção dessa terminologia remonta à lei francesa de 4 de agosto de 2014, relacionada à igualdade real entre homens e mulheres, ao oficializar a eliminação daquela expressão no documento legislativo atual e provocar críticas por parte da doutrina e dos profissionais do direito[131].

Sobre o tema, António Menezes Cordeiro destaca que a referência ao *bonus pater familias* não é, por si, um critério, pois, sem mais precisões, ameaça tornar-se uma fórmula vazia[132]. Menciona, ainda, que no projeto do BGB, o § 197 mencionava o *or-*

---

126. FRANÇA. Code Civil. Art. 1.137. *L'obligation de veiller à la conservation de la chose, soit que la convention n'ait pour objet que l'utilité de l'une des parties, soit qu'elle ait pour objet leur utilité commune, soumet celui qui en est chargé à y apporter tous les soins d'un bon père de famille. Cette obligation est plus ou moins étendue relativement à certains contrats, dont les effets, à cet égard, sont expliqués sous les titres qui les concernent.* Tradução livre: "Art. 1.137. A obrigação de zelar pela conservação da coisa, quer a convenção tenha como objeto apenas a utilidade de uma das partes, quer tenha como objeto a utilidade comum delas, sujeita aquele que está encarregado dela a tomar todos os cuidados de um bom pai de família. Essa obrigação é mais ou menos ampla em relação a certos contratos, cujos efeitos, nesse aspecto, são explicados sob os títulos que os concernem".
127. Ao comentarem o artigo em referência, Ambroise Colin e Henry Capitant esclarecem o que seria o *bonus pater familias* a que se refere a Lei: "*Ainsi, le principe consacré par la loi, c'est qu'il faut comparer la conduite du débiteur à celle d'un bonus pater familias, c'est-à-dire à la diligence qu'un homme attentif et soigneux apporte à l'administration de ses affaires, et voir si elle a été conforme aux errements habituels d'un individu de ce genre. Si elle ne l'a pas été, il y a faute du débiteur, et il encourt la responsabilité du dommage subi par le créancier. On exprime quelquefois cette solution en disant que le débiteur est tenu en général de la culpa levis in abstracto*". Tradução livre: "Assim, o princípio consagrado pela lei é que se deve comparar a conduta do devedor com a de um 'bonus pater familias', ou seja, com a diligência que um homem atento e cuidadoso emprega na administração de seus assuntos, e verificar se ela foi conforme às práticas usuais de um indivíduo desse tipo. Se não foi, há culpa por parte do devedor, e ele incorre na responsabilidade pelo dano sofrido pelo credor. Às vezes, essa solução é expressa ao dizer que o devedor é geralmente responsável pela 'culpa levis in abstracto'" (COLIN, Ambroise; CAPITANT, Henri. *Cours elementaire de droit civil français*. 4 ed. Paris: Dalloz, 1924. t. 2. p. 8).
128. FRANÇA. Code Civil. Art. 1.137. *L'obligation de veiller à la conservation de la chose, soit que la convention n'ait pour objet que l'utilité de l'une des parties, soit qu'elle ait pour objet leur utilité commune, soumet celui qui en est chargé à y apporter tous les soins raisonnables. Cette obligation est plus ou moins étendue relativement à certains contrats, dont les effets, à cet égard, sont expliqués sous les titres qui les concernent.* Tradução livre: "Art. 1.137. A obrigação de zelar pela conservação da coisa, quer a convenção tenha como objeto apenas a utilidade de uma das partes, quer tenha como objeto a utilidade comum delas, sujeita aquele que está encarregado dela a tomar todos os cuidados de um bom pai de família. Essa obrigação é mais ou menos ampla em relação a certos contratos, cujos efeitos, nesse aspecto, são explicados sob os títulos que os concernem".
129. FRANÇA. Code Civil. Art. 1.197. *L'obligation de délivrer la chose entraîne l'obligation de la conserver jusqu'à la délivrance en prenant tous les soins d'une personne raisonnable.* Tradução livre: "Art. 1.197. A obrigação de entregar a coisa implica a obrigação de conservá-la até a entrega, tomando todos os cuidados de uma pessoa razoável".
130. NANNI, *op. cit.*, 2021b, p. 39.
131. FRADERA, Vera Maria Jacob de. Interpretação dos contratos. *In*: BARBOSA, Henrique; SILVA, Jorge Cesa Ferreira da (coord.). *A evolução do direito empresarial e obrigacional*, São Paulo: Quartier Latin, 2021. p. 417-441. v. 2. p. 434.
132. CORDEIRO, *op. cit.*, 2012, p. 486.

dentlicher Hausvater ("o bom pai de família"), remissão que foi extremamente criticada em razão da vagueza do conceito[133.]

Por essa razão, António Menezes Cordeiro afirma que, para concretizar o que seria "o bom pai de família", e evitar toda ordem de imprecisões, deve-se incluir esse conceito na específica área de interesses e de competências técnicas na qual se coloque o devedor, conforme alguns exemplos: de um médico, espera-se uma diligência de um médico habilitado; no trânsito, o condutor deve agir com conhecimentos habituais de todos os cidadãos; o banqueiro deve ser competente, pois dispõe de apetrechos esperados nestas circunstâncias[134.]

Francisco Cavalcanti Pontes de Miranda, no mesmo sentido, afirma:

> o homem normal não é apreciado fora das circunstâncias subjetivas, porque o especialista se põe, por si mesmo, em plano acima do homem comum [...] tem-se de exigir dele a diligência dos especialistas, portanto dos homens normais especialistas. Não bastaria, então, ser como o 'o bom pai de família em seus negócios' (*diligens pater famílias in suis rebus*)[135.]

Estabelecer um *standard* genérico de comportamento revela uma abstração descolada da realidade. O homem médio é apenas um "manequim de escola, que não corresponde a nenhuma realidade concreta"[136.] Por isso, definir que o modelo de conduta deve partir do conceito de bom pai de família é atribuir um critério com alto grau de subjetividade, a partir de um equivocado pressuposto de que existe, entre todos os indivíduos da sociedade, uma uniformidade padrão de valores e de comportamentos, o que é algo absolutamente contrário à complexa noção do "sujeito pós-moderno", caracterizado por "identidades abertas, contraditórias, inacabadas, fragmentadas"[137.]

Giovanni Ettore Nanni, ao discutir o comprometimento do devedor para satisfazer o interesse legítimo do credor, destaca que o esforço esperado do primeiro é a simples conduta desejada em qualquer outra relação obrigacional compatível com ela. Mas a apuração disso traz diversas nuances casuísticas, por isso, é indispensável analisar "a natureza da prestação, as partes e suas habilidades específicas, a convenção, as circunstâncias que a tipificam, a atividade profissional dos contraentes, os usos etc.". Por isso, continua, não é factível estabelecer métrica única, pois essa "deve corresponder ao paradigma que se reputa adequado consoante as peculiaridades do evento real"[138.]

O autor ainda se posiciona contrariamente à utilização do critério do "bom pai de família":

---

133. *Ibidem*, p. 486.
134. *Ibidem*, p. 487.
135. PONTES DE MIRANDA, *op. cit.*, 2003, p. 99.
136. SIQUEIRA, *op. cit.*, p. 392.
137. HALL, Stuart. *A identidade cultural na pós-modernidade*. Trad. Tomaz Tadeu da Silva e Guacira Lopes Louro. 12. ed. Rio de Janeiro: Lamparina, 2019. p. 28.
138. NANNI, *op. cit.*, 2021b, p. 37.

Embora a lei italiana estipule como critério em tal situação a diligência do bom pai de família (art. 1176 CC italiano), assim também a portuguesa (art. 487°, n. 2 por remissão do art. 799, n. 2), não se afigura como referência necessária no contexto pátrio. Isso porque a sua noção em senso objetivo, alheio ao subjetivo, melhor expressa o seu domínio caso se afaste do modelo ser humano, rumando para outro abstrato, mais genérico, pessoa, o que inclui a natural e a jurídica.

Convém definir o seu alcance prescindindo da vetusta fórmula, notadamente pelo incremento cada vez mais acentuado de relações obrigacionais envolvendo empresas, não só indivíduos, como no passado[139].

Conforme argumenta Stefano Rodotà, as críticas ao *standard*, contrárias à fórmula *irrimediabilmente invecchiata* ("irremediavelmente envelhecida") adotada pelo legislador italiano (*buon padre di famiglia* – "bom pai de família") para tratar do critério de diligência a ser adotado no cumprimento das obrigações, voltaram a ocorrer tendo em vista a adoção, pelo sistema jurídico italiano, de opções que têm acentuado a natureza relativa da diligência, a qual, por sua vez, deve se adequar às características de cada situação considerada; por outro lado, essas mudanças também visam a superar a distinção entre os seus múltiplos graus de diligência, com o estabelecimento de um fim programático mais direto da atividade de execução voltada ao interesse do credor. Tudo isso é consistente com uma orientação legislativa destinada a apreciar os resultados objetivos do comportamento mais do que as formas voluntárias de operar, tendendo a exigir dos indivíduos o esforço que mais permite adaptar o comportamento ao resultado devido[140]. Em relação às diversas modalidades que especificam seu conteúdo, a diligência é um critério abstrato de responsabilidade (deve ser considerado sob o perfil objetivo e geral) e relativo (que não é uniforme, mas proporcional às diversas situações)[141].

Vê-se, portanto, uma ligação direta entre a diligência e a caracterização da culpa, e que aquela é um requisito intrínseco de toda e qualquer obrigação. Diante disso, o grau de esforço deve sempre observar as especificidades do caso concreto, não sendo aconselhável a referência a *standards* genéricos (como o homem médio ou o bom pai de família) para tratar do assunto, pois eles são nada mais do que fórmula vazia.

3.1.3 A autonomia privada, a fixação das bitolas de diligência e as cláusulas de melhores esforços (*best efforts*)

Quando se fala da autonomia privada, não se está referindo a toda liberdade do sujeito, nem mesmo à liberdade privada, mas apenas a uma vertente desta, isto é, à liberdade negocial, que exprime um conteúdo diretamente patrimonial[142]. Esta, por sua vez, significa a liberdade dos sujeitos de determinarem, eventualmente com uma contraparte, o conteúdo das obrigações assumidas, e das modificações desejadas em seu patrimônio[143].

---

139. *Ibidem*, p. 38.
140. RODOTÀ, *op. cit.*, 1964, p. 545.
141. *Ibidem*, p. 546.
142. PRATA, Ana. *A tutela constitucional da autonomia privada*. Coimbra: Almedina, 2016. p. 15.
143. ROPPO, Enzo. *O contrato*. Trad. Ana Coimbra, M. Januário C. Gomes. Coimbra: Almedina, 2009. p. 128.

Em regra, os sujeitos são livres para se obrigarem como quiserem, mas, ao fazerem, vinculam-se efetivamente ao acordado, fazendo-o tornar um vínculo rigoroso dos seus comportamentos[144.] Significa dizer, por exemplo, que os sujeitos podem se obrigar a comprar determinado objeto, fixar o formato de pagamento, estabelecer critérios relacionados à entrega do bem, e até mesmo celebrar uma garantia acessória ao negócio. Determinada, pois, a obrigação, ela deve ser cumprida conforme estipulado. Nem mais, nem menos, mas exatamente o convencionado (art. 313[145] do CC/2002). É o que se denomina princípio do exato adimplemento ou princípio da identidade da prestação, da pontualidade, da exatidão ou da correspondência[146.]

Essa liberdade, porém, não é absoluta, pois encontra limites na legislação civil e na própria CF/1988. Quanto àquela, destaque-se, por exemplo, o art. 2.035[147,] parágrafo único, do CC/2002, que apresenta a ordem pública – consubstanciada naqueles que existem para assegurar a função social da propriedade e dos contratos – como limite da autonomia privada. As cláusulas gerais, como a ordem pública e a boa-fé, representam o caminho pelo qual os direitos fundamentais, previstos na CF/1988, se infiltram e limitam a autonomia privada[148.]

A propósito, se nem mesmo no regime dos contratos as partes ficam vinculadas aos tipos legais – tendo em vista a possibilidade de celebrar contratos atípicos (art. 425[149] do CC/2002) –, no direito obrigacional vigora o princípio do *numerus apertus*, ou da atipicidade, que se contrapõe ao princípio do *numerus clausus* ou da tipicidade, a orientar os direitos reais, de família e sucessões[150.]

Significa dizer que, respeitadas as limitações, as partes podem, sob o abrigo da autonomia privada, estabelecer o *conteúdo* das obrigações, inclusive quanto à fixação das bitolas da diligência a ser desempenhada a fim de se concretizar o adimplemento da obrigação[151.] Isto é, em razão da autonomia privada, é lícito às partes definirem um

---

144. *Ibidem*, p. 128.
145. BRASIL. Código Civil (2002). Art. 313. O credor não é obrigado a receber prestação diversa da que lhe é devida, ainda que mais valiosa.
146. NANNI, Giovanni Ettore. Arts. 233 a 420. In: NANNI, Giovanni Ettore (coord.). *Comentários ao Código Civil*: direito privado contemporâneo. São Paulo: Saraiva, 2018. p. 494.
147. BRASIL. Código Civil (2002). Art. 2.035. A validade dos negócios e demais atos jurídicos, constituídos antes da entrada em vigor deste Código, obedece ao disposto nas leis anteriores, referidas no art. 2.045, mas os seus efeitos, produzidos após a vigência deste Código, aos preceitos dele se subordinam, salvo se houver sido prevista pelas partes determinada forma de execução. Parágrafo único. Nenhuma convenção prevalecerá se contrariar preceitos de ordem pública, tais como os estabelecidos por este Código para assegurar a função social da propriedade e dos contratos.
148. MAILART, Adriana da Silva; SANCHES, Samyra Dal Farra Naspolino. Os limites à liberdade na autonomia privada. *Revista Pensar*, Fortaleza, v. 16, n. 1. p. 9-34, jan.-jun. 2011. p. 11.
149. BRASIL. Código Civil (2002). Art. 425. É lícito às partes estipular contratos atípicos, observadas as normas gerais fixadas neste Código.
150. RIBEIRO, *op. cit.*, p. 64.
151. CORDEIRO, *op. cit.*, 2012, p. 487.

grau maior ou menor de diligência, sem se tolerar, naturalmente, o desleixo, ou o padrão abaixo do patamar minimamente aceitável, pois isso é contrário à boa-fé objetiva[152].

Materialmente, o que pretendem os indivíduos ao fixarem essas bitolas – ou até mesmo ao recorrerem às figuras das obrigações de meios de resultado – é regular a distribuição dos riscos do negócio entre si[153]. Ou seja, ao se estabelecer um nível elevado de diligência, por parte do devedor, estão diminuindo o risco do inadimplemento, colocando o credor em uma situação vantajosa (normalmente mediante maior contraprestação).

Nesse ponto, importante analisar as disposições relacionadas às obrigações de meios e de resultado nos princípios UNIDROIT (regras não cogentes – *soft law* – transnacionais que objetivam a unificação do direito privado). Nesses princípios, consta expressamente a possibilidade de as partes determinarem, em um instrumento contratual, quais obrigações são de meios ou de resultado[154], além de regras hermenêuticas voltadas à interpretação do que consistiria, em cada caso, cada uma dessas obrigações. Isso deixa claro que essa análise deve passar, dentre outros, pelo "preço fixado no contrato e outras cláusulas contratuais", e pelo "nível de risco normalmente envolvido na obtenção do resultado esperado"[155].

Ao estabelecerem que uma obrigação é de meios ou de resultado, como se disse, as partes estão, na realidade (e muitas vezes sem se dar conta disso), distribuindo riscos pelo inadimplemento. Ao fixarem uma obrigação "de resultado", desejam garantir que a obrigação será cumprida, o que, naturalmente, deve estar refletido no valor a ser recebido. Se o devedor não assume o risco pelo não cumprimento da obrigação, fala-se de obrigações de meios (o risco ficaria, neste caso, com o credor); ao assumi-lo, porém, diz-se tratar de uma obrigação de resultado[156].

A distribuição dos riscos se tornaria, nesse cenário, a chave para avaliar se houve, ou não, inadimplemento. A assunção dos riscos do não adimplemento de uma determinada obrigação expressa dos referenciais das obrigações de meios ou de resultado, na entabulação de negócios jurídicos, seria apenas uma forma de tratar da responsabilização pela álea do negócio. Isso porque a assunção dos riscos nada mais é do que a

---

152. NANNI, *op. cit.*, 2021b, p. 38.
153. CORDEIRO, *op. cit.*, 2012, p. 481.
154. UNIDROIT. Artigo 5.1.4 (Obrigação de resultado e obrigação de meios). (1) Quando a obrigação de uma parte envolva o dever de obtenção de um resultado específico, essa parte está obrigada a alcançá-lo. (2) Quando a obrigação de uma parte envolva o dever de melhores esforços no cumprimento de uma atividade, essa parte está obrigada a empreendê-los, como uma pessoa razoável, com as mesmas qualificações, e nas mesmas circunstâncias.
155. UNIDROIT. Artigo 5.1.5 (Determinação do tipo de obrigação). Para determinar em que medida a obrigação de uma parte envolve um dever de melhores esforços na execução de uma atividade ou o dever de obtenção de um resultado específico, devem considerar-se, entre outros fatores: (a) o modo pelo qual a obrigação é expressa no contrato; (b) o preço fixado no contrato e outras cláusulas contratuais; (a) o nível de risco normalmente envolvido na obtenção do resultado esperado; (b) a capacidade da outra parte de influenciar o cumprimento da obrigação.
156. GARZÓN, *op. cit.*, p. 425-427.

vertente subjetiva de uma outra realidade, relacionada à presença, ou não, de álea. Esta, por sua vez, pode ser analisada sob uma perspectiva objetiva, relacionada à natureza da prestação[157].

Ocorre que a simples menção a determinada obrigação como "de meios" ou "de resultado" não é suficiente para definir a natureza jurídica da obrigação. Nesse sentido, tome-se o exemplo de Maria de Lurdes Pereira e Pedro Múrias, para os quais é possível celebrar com um advogado uma operação sem o respectivo custo fiscal (resultado), ou apenas a tentativa para isso acontecer dessa forma (de meios)[158]. Ora, em que pesem as partes tenham a liberdade para distribuir os riscos do contrato, e estabelecer o conteúdo das relações obrigacionais, não podem *determinar a natureza* de uma obrigação assumida. Nesse exemplo, o advogado não poderia ser responsabilizado se, apesar de todo o seu esforço para construir uma operação sem custo fiscal, impostos viessem a ser cobrados (devida ou indevidamente), uma vez que ele não detém controle sobre isso[159]. O fato gerador do imposto estaria relacionado à existência ou ao exercício da

---

157. *Ibidem*, p. 429.
158. PEREIRA; MÚRIAS, *op. cit.*, p. 1.005.
159. A propósito, veja-se o seguinte aresto do STJ, que caminha no sentido de reconhecer que a obrigação assumida pelo advogado, para consultoria jurídico-tributária, é "de meios", razão pela qual o profissional não deve responder na ocorrência de autuação: "Recurso especial. Direito civil e processual civil. Ação de resolução contratual c/c perdas e danos. Contratos de prestação de serviços de advocacia e assessoria jurídico-tributária. Obrigação de meio. Ausência de demonstração da culpa da parte contratada. Inadimplemento contratual não configurado. Ausência de cláusula leoninas. Restabelecimento da sentença em todos os seus termos, inclusive com relação aos ônus sucumbenciais. 1. Controvérsia relativa ao direito das contratadas, ora recorridas, à resolução de contratos de prestação de serviços de advocacia e assessoria tributária, em razão de alegado inadimplemento da contratada, ora recorrente. 2. A pretendida resolução contratual decorre da alegação de que a contratada, orquestrando um "'verdadeiro golpe'", orientou as contratantes a adotarem uma tese jurídico-tributária "'estapafúrdia'", consistente na utilização da taxa SELIC composta como índice de correção monetária de créditos tributários objetos de futura compensação tributária, o que acabou causando prejuízos financeiros enormes decorrentes de autuações fiscais milionárias. 3. É deficiente a fundamentação recursal em que as razões recursais se limitam a indicar os dispositivos supostamente violados, deixando de informar de que modo a legislação federal foi violada ou teve negada sua aplicação, dando azo à aplicação, por analogia, do óbice da Súmula 284/STF. 4. Na forma da jurisprudência do STJ, a simples revaloração dos critérios jurídicos utilizados pelo Tribunal de origem na apreciação dos fatos incontroversos e das cláusulas contratuais expressamente mencionadas não encontra óbice nas Súmulas 5 e 7/STJ. 5. Não obstante as peculiaridades do caso concreto, *os contratos de prestação de serviços de advocacia e assessoria jurídico-tributária encerram uma obrigação de meio, na qual a contratada se obrigou tão somente a bem realizar as atividades ali descritas, desatrelada à obtenção de um resultado específico.* 6. De acordo com a doutrina e precedentes desta Corte, a responsabilidade civil subjetiva do advogado, por inadimplemento de suas obrigações de meio, depende da demonstração de ato culposo ou doloso, do nexo causal e do dano causado a seu cliente. 7. Especificidades do caso concreto que revelam que as contratantes não lograram êxito em demonstrar qualquer conduta ilícita da contratada, consistente em eventuais falhas de diligência, desatenção e cuidados afetos à atividade advocatícia. 8. A boa-fé objetiva tem por escopo resguardar as expectativas legítimas de ambas as partes na relação contratual, por intermédio do cumprimento de um dever genérico de lealdade e crença, sem distinção. 9. A pretendida declaração de descumprimento da obrigação contratual está em nítido descompasso com o proceder anterior das contratantes, conduta vedada pelo ordenamento jurídico. 10. Ressoa dos autos que as contratantes sabiam exatamente dos riscos envolvidos nas operações e mesmo assim os assumiu, fragiliza o nexo causal. 11. Com relação aos prejuízos supostamente suportados pelas contratantes, sequer se formou nos autos um juízo de certeza, ante a presença de divergência entre as instâncias julgadoras. 12. Impossibilidade de acolhimento do pedido de declaração de nulidade de cláusula contratual, ante à ausência de demonstração da sua abusividade. 13. Relativamente à pretensão da recorrente em sede reconvencional, alterar as premissas de fato assentadas no acórdão recorrido – de que não se

empresa, e não ao ato praticado pelo advogado, a quem cabe, nessa atividade consultiva, apenas demonstrar as soluções viáveis. Assim, ainda que as partes, de modo declarado, determinassem que a obrigação do advogado é "de resultado", essa disposição não teria o condão de definir a natureza da relação obrigacional[160.]

Igualmente, se em um contrato médico se estabelecer que o transplante de coração é uma obrigação de resultado, deveria o médico ser responsabilizado caso o paciente viesse a óbito, por causas não relacionadas a erro de técnica? Claro que não. Afinal, embora as partes tenham liberdade para convencionar os limites de diligência e distribuir os riscos contratuais, não podem determinar a natureza jurídica das obrigações.

Indo adiante: imagine-se que, em determinado contrato de compra e venda de soja, estabeleça-se que a obrigação do devedor é infungível, ou que, em um contrato de prestação de serviço de poda das plantas de determinado jardim, afirme-se que a obrigação do jardineiro é de não fazer. Nesses exemplos, a natureza da obrigação não se dá em razão da vontade das partes, mas a partir da análise das circunstâncias fáticas, somada ao âmbito de incidência da norma. Evidentemente, no contrato de compra e venda de soja, a prestação é fungível, assim como a obrigação do jardineiro é de fazer, ainda que as partes tenham registrado no contrato sua natureza diversa.

---

fez prova constitutiva do direito alegado, demandaria o revolvimento do conjunto fático-probatório dos autos, providência vedada nesta sede especial a teor da Súmula 7/STJ. 14. Com relação aos honorários advocatícios sucumbenciais, deve ser restabelecida a sentença que os fixou à luz do Código de Processo Civil de 1973. 15. Recurso especial provido" (Superior Tribunal de Justiça. REsp: 1659893 RJ 2017/0052224-2, Rel. Min. Paulo de Tarso Sanseverino, Terceira Turma, j. 16-03-2021, Public. 19-03-2021).

160. Por outro lado, julgado do Tribunal de Justiça do Distrito Federal e Territórios caminha no sentido de que a obrigação assumida por consultoria tributária é "de resultado": "Civil e processual civil. Preliminar. Cerceamento de defesa. Indeferimento da denunciação da lide e da produção de provas. Rejeição. *Contrato de prestação de serviços de assessoria tributária. Obrigação de resultado.* Inexecução contratual. Danos materiais. Reparação. Art. 475 do Código Civil. Danos morais. Pessoa jurídica. Necessidade de efetiva comprovação. Reconvenção. Ausência de pressuposto de constituição e de desenvolvimento válido e regular do processo. Inciso III do § 1º do art. 330 do CPC. Extinção sem julgamento de mérito. Sentença parcialmente reformada. 1. Havendo a interposição do recurso adequado contra a decisão interlocutória em que foi indeferida a denunciação da lide, opera-se a preclusão consumativa a respeito da matéria. 2. Relativamente à necessidade da produção de provas para a formação do convencimento do Magistrado, a matéria é pacífica na jurisprudência, resolvendo-se mediante a aplicação do princípio da persuasão racional do Juiz. O Código de Processo Civil não confere ao Julgador mera faculdade de rechaçar provas inúteis, mas verdadeiro poder-dever, zelando pela celeridade do processo. 3. *Constatando-se que o contrato de assessoria tributária celebrado entre as partes teve como objeto uma obrigação de resultado consistente na efetiva extinção de débitos tributários mediante compensação, a inexecução contratual faz surgir o dever de reparação dos danos materiais causados, nos termos do art. 475 do Código Civil.* Ademais, considerando que o aludido contrato de prestação de serviços foi celebrado exclusivamente entre a Autora e a Ré, não se verifica, a princípio, qualquer responsabilidade imputável a terceiro. No entanto, caso assim entenda, é certo que a Ré poderá exercer eventual direito de regresso contra o terceiro em demanda própria, nos termos do art. 125, § 1º, do CPC. 4. A despeito de ser a pessoa jurídica titular de honra objetiva e poder sofrer dano moral decorrente de ato ilícito (Súmula n. 227/STJ), incumbe a ela a comprovação do abalo ao seu nome, à sua credibilidade e imagem junto a terceiros, o que não ocorreu nos autos. 5. Confirma-se a ausência de pressuposto de constituição e de desenvolvimento válido e regular do processo quando, da leitura da petição da reconvenção, verifica-se que da narração dos fatos não decorre logicamente a conclusão (CPC, art. 330, § 1º, III). Preliminar rejeitada. Apelação Cível parcialmente provida" (Tribunal de Justiça do Distrito Federal e Territórios. TJ-DF 07198384920198070001, Rel. Angelo Passareli, 5ª Turma Cível, j. 19-08-2020, Public. 02-09-2020, s/p).

Por outro lado, como não é viável esgotar todas as disposições contratuais, quanto à definição da natureza de qualquer obrigação contratual, e dado que, de um mesmo contrato, é possível deduzir prestações "de ambas as espécies", hoje, falar de obrigações de resultado e obrigações de meios só pode ter o sentido de indicar como, na assunção de uma obrigação, existem duas gradações típicas de compromisso do devedor[161], que seriam muito melhor delimitadas se não se recorresse às figuras descritas por estes institutos (meios e resultado). Melhor seria tratar, de modo claro e explícito, sobre os encargos efetivamente atribuídos a cada um dos contratantes, considerando a natureza dos riscos assumidos e os beneficiários das prestações e das contraprestações (já que o aumento do risco deve refletir no valor das prestações, o que não costuma ser observado ao tratar das obrigações de meios e de resultado). Até mesmo porque, como se viu nos capítulos precedentes, não existe um critério claro e objetivo que distinga uma obrigação de meios de uma de resultados, nem há uniformidade, na doutrina e na jurisprudência, quanto às consequências derivadas de uma obrigação de conduta ou de outra obrigação de fim. Isso revela que a menção às obrigações de meios e de resultado pode representar uma medida inócua (e contrária ao interesse das partes), pois é algo que só gera instabilidade e imprevisibilidade quanto às consequências dessa medida.

Nesse contexto, ressaltam-se as cláusulas de "melhores esforços" (*best efforts*), amplamente utilizadas no âmbito internacional, originadas do sistema jurídico da *common law*, frequentes em contratos no Brasil, especialmente nas relações empresariais. Segundo apuração realizada por Márcio Henrique da Costa, em 2016, 72% dos acordos de acionistas registrados na CVM previam uma ou várias "obrigações de melhores esforços" (128, dos 177 acordos registrados)[162], o que demonstra a relevância do tema para o cenário empresarial. Verificou, ainda, que, desde 1996, a presença desta disposição é um padrão constante[163]. No período da pesquisa, foram encontradas 312 cláusulas de "melhores esforços" nos acordos registrados junto à Comissão de Valores Mobiliários (CVM), o que resulta em uma média de 1,76 cláusula por acordo de acionistas, distribuídas em seções distintas dos instrumentos, abrangendo áreas como garantias oferecidas, compromissos das partes para obter diversas autorizações, confidencialidade, organização de reuniões e assembleias, restrições de competição, investimentos e capitalização, ofertas públicas e resolução de impasses[164].

Segundo Judith Martins-Costa, essa cláusula seria comparada a uma obrigação "de meios", na qual é deliberadamente estabelecido um alto padrão de diligência. Apesar disso, segundo a autora, essa obrigação de meios costuma estar associada a uma obrigação de resultado[165].

---

161. TAGLIAPIETRA, *op. cit.*, p. 63.
162. COSTA, Márcio Henrique da. *Cláusula de melhores esforços – best efforts*: da incidência e efetividade nos contratos, intepretação e prática. Curitiba: Juruá, 2016. p. 17.
163. *Ibidem*, p. 19.
164. *Ibidem*, p. 20-21.
165. MARTINS-COSTA, *op. cit.*, 2020, p. 133-174.

Um exemplo recorrente do uso da cláusula são os contratos de cessão onerosa de cotas sociais de empresas. Geralmente, a cláusula de melhores esforços é inserida para que o cessionário e a empresa possam substituir as garantias anteriormente oferecidas pelo sócio cedente (enquanto pessoa natural), quando administrava/integrava a sociedade empresária. Ao impor um nível mais elevado de diligência ao cessionário, o objetivo dos contratantes é assegurar que o cedente não seja responsabilizado em caso de inadimplemento das dívidas garantidas pela sociedade empresária e seus sócios remanescentes. Em outras palavras, a cláusula visa a, efetivamente, eximir o ex-sócio cedente das obrigações da sociedade.

Ocorre que o nível de diligência a ser exigido deve sempre considerar a natureza da prestação, as circunstâncias da sua pactuação e a atividade profissional dos contraentes, entre outros fatores. Assim, quando se estabelece um contrato dessa natureza entre empresários experientes do "mundo dos negócios", naturalmente já se espera deles uma diligência de alto nível. O ordenamento jurídico, ao tratar do *standard* do administrador diligente (art. 1.011[166,] do CC/2002) indica que o nível de diligência esperado nas relações empresariais é mais elevado. Além disso, é uma consequência da boa-fé objetiva fazer com que os vínculos estabelecidos pelas partes sejam amoldados conforme a situação posta, e não apenas segundo uma análise puramente teórica, deslocada da realidade fática.

Isso não significa, porém, que o estabelecimento da cláusula é ineficaz, pois representaria uma "simples exortação, a uma carta de intenções ou mero acordo de cavalheiros"[167-168.] Isso porque ele detém o efeito prático de revelar ao intérprete a importância

---

166. BRASIL. Código Civil (2002). Art. 1.011. O administrador da sociedade deverá ter, no exercício de suas funções, o cuidado e a diligência que todo homem ativo e probo costuma empregar na administração de seus próprios negócios.
167. VENOSA, Sílvio de Salvo. A cláusula de melhores esforços nos contratos. *Migalhas de Peso*. 12 jan. 2003. Disponível em: https://www.migalhas.com.br/depeso/936/a-clausula-de-melhores-esforcos-nos-contratos. Acesso em: 25 set. 2022.
168. Não se olvida que parte da jurisprudência caminha no sentido da desnecessidade do estabelecimento das cláusulas de melhores esforços, tendo em vista que o princípio do *pacta sunt servanda* é suficiente para compelir um contratante a cumprir suas obrigações contratuais. Nesse sentido, veja-se a ementa de um julgado do Tribunal de Justiça de São Paulo sobre o tema: "Ação cominatória (obrigação de fazer), ajuizada por cedente de cotas de sociedade limitada (posto de gasolina) contra os cessionários e a empresa, objetivando a compeli-los a substituir garantia hipotecária perante a distribuidora de combustíveis (Petrobras). Sentença de procedência. Apelação dos cessionários. Obrigação assumida pelos réus de obter a liberação do autor da garantia prestada à distribuidora que se afirma, diante do princípio da obrigatoriedade dos contratos comerciais. 'O dever, assumido pelo cessionário, de substituir as garantias prestadas pelo cedente é promessa de fato de terceiro pela qual o cessionário promete ao cedente que um terceiro realizará uma prestação em seu favor. [...] O cedente das quotas sociais poderá pretender o cumprimento forçado de substituição de garantias e de alteração de informações cadastrais, sendo essa, ademais, hipótese em que é cabível a antecipação de tutela jurisdicional e a imposição de multa diária para o caso de descumprimento, especialmente se caracterizada a inércia do cessionário e a falta de resistência injustificada dos beneficiários das garantias e dos órgãos responsáveis pela manutenção das informações cadastrais.' (WALFRIDO JORGE WARDE JÚNIOR e RUY DE MELLO JUNQUEIRA NETO). Caso em que, ademais, os réus não demonstram ao menos terem tentado obter a substituição da garantia, como era seu dever, decorrente do art. 422 do Código Civil (cláusula de boa-fé objetiva ínsita em todas as relações contratuais). Entre nós, assim como na generalidade dos países de direito romano-germânico, dispensa-se,

do resultado almejado pelas partes, de modo a orientá-lo sobre as consequências do seu não atingimento. Isso pode repercutir, por exemplo, no convencimento do juiz para o deferimento de tutela de urgência cominatória, a fim de se cumprir a respectiva obrigação de fazer, sob pena de uma multa mais elevada em relação ao usual, por exemplo, na hipótese da inexistência da cláusula. Mas nada além disso.

Isso porque, mesmo que a cláusula de melhores esforços esteja vinculada ao desempenho, ou seja, ao nível de diligência que o devedor deve aplicar, o seu impacto prático é assegurar o resultado efetivo (e não, tão somente, o bom desempenho). Tanto é assim que, embora seja tratada textualmente apenas como uma "bitola de diligência", normalmente a cláusula de melhores esforços é "acoplada de uma obrigação de resultado"[169]. Na hipótese do não cumprimento da obrigação atrelada à cláusula de elevação da bitola da diligência, é comum os contratantes recorrerem ao Poder Judiciário ou à Justiça arbitral a fim de garantir o resultado almejado.

Voltando ao exemplo da cessão onerosa das cotas: ao se estabelecer uma cláusula de melhores esforços para substituir a garantia, a pretensão exercida pelo cessionário, na hipótese do inadimplemento da obrigação de fazer, é forçar o cessionário a transferir, efetivamente, as garantias prestadas ("resultado"), e não o fazer provar que despendeu os "melhores esforços" ("meios"). Pois, ao final, não faz sentido o cessionário das cotas continuar garantindo as dívidas da sociedade empresária da qual não mais faz parte[170]. Essa é uma obrigação que deve ser assumida pelo cedente, pois ela integra os "riscos" ou a função econômica, do negócio jurídico celebrado.

Portanto, não aparenta ter fundamento afirmar que as cláusulas de melhores esforços traduzem obrigações de meios, uma vez que, ao incluí-las, as partes estão buscando o resultado efetivo ou a garantia desse resultado (obrigação de resultado). Esse raciocínio, inclusive, não só se aplica às cláusulas de melhores esforços, mas às supostas obrigações de meios. Nesse sentido, Manuel Gomes da Silva ao tratar da distinção das obrigações de meios e de resultados:

> a distinção perde, para o nosso objectivo, todo o interêsse porque passa a assentar exclusivamente sôbre a intenção dos contraentes estabelecerem ou não uma garantia contra a falta do resultado, aspecto indiferente para caracterizar o regime legal da obrigação. Serve, no entanto, êste critério para pôr em relêvo que a «obrigação de resultado» é uma relação de crédito em que, além do dever de prestar, existe garantia

---

efetivamente, a inserção de cláusulas de melhores esforços (*best efforts*), próprias do direito anglo-saxão, para estimular as partes ao cumprimento das obrigações contratadas (*pacta sunt servanda*). Apelação dos réus a que se nega provimento, confirmando-se a sentença na forma do art. 252 do Regimento Interno deste Tribunal de Justiça" (Tribunal de Justiça do Estado de São Paulo. AC: 10091874120188260048 SP 1009187-41.2018.8.26.0048, Rel. Cesar Ciampolini, j. 29-04-2020, 1ª Câmara Reservada de Direito Empresarial, Public. 29-04-2020).

169. MARTINS-COSTA, *op. cit.*, 2020, p. 133-174.

170. O TJ-SP se posicionou em um caso que tratava do não cumprimento da obrigação de substituir as garantias que haviam sido prestadas pelo cessionário das cotas: "não pode ser admitida como excludente de responsabilidade pelo cumprimento da promessa de fato de terceiro a que as partes devedoras, porquanto não se justifica a manutenção do patrimônio da parte apelada como garantia em favor de empresa da qual não figura mais como acionista" (Tribunal de Justiça do Estado de São Paulo. AC: 10168432420178260100 SP, Rel. Rebello Pinho, j. 23-06-2020, 20ª Câmara de Direito Privado, Public. 23-06-2020).

do resultado, isto é, o dever de indemnizar pela falta objectiva do resultado; mostra-nos, numa palavra, que o obrigar-se alguém a um resultado não é assumir um dever de prestar particularmente intenso, mas assumir, ao lado do dever de efectuar a prestação, um dever especial de indemnizar – pormenor êste, de grande importância, porque o defeito básico da noção de obrigação de resultado é precisamente, como melhor diremos em breve, o de confundir o dever de prestar com êsse dever de garantia[171].

Marco Azzalini, por sua vez, defende que toda obrigação impõe ao devedor o dever de diligência, razão pela qual – referindo-se às obrigações de resultado – constituiria uma verdadeira "anomalia" a existência de uma dívida que, ao mesmo tempo, atraísse uma espécie de responsabilidade objetiva e em que o nível de diligência (voltado para o adimplemento) não assumisse qualquer importância, isto é, uma dívida que representasse uma garantia apodítica, por parte do devedor[172].

A natureza "garantidora" da obrigação de resultado também é destacada por Claude Thomas. Segundo ele, nas obrigações de resultado, o devedor garante o credor contra eventual ineficiência dos meios utilizados. A prova disso residiria nas obrigações de segurança assumidos pelo transportador para com o viajante[173]. Referia-se, com o exemplo, à jurisprudência francesa, que, desde 1911, impunha ao transportador uma obrigação contratual de segurança, da qual surgiria a inversão do ônus da prova, em favor do passageiro, e só permitiria a exclusão do dever de indenizar, pelo transportador, na comprovação da ocorrência de uma *cause étrangère du dommage* ("causa estranha ao dano") [174].

Diante disso, percebe-se que os indivíduos têm liberdade para firmar os parâmetros da diligência, porém, ao fazê-lo, têm o verdadeiro propósito de garantir o resultado, ou seja, o cumprimento efetivo da obrigação (obrigação de garantia), através da distribuição dos riscos do negócio.

A fixação de bitolas de diligência, portanto, não é uma medida que tem por implicação "configurar" uma obrigação de meios.

3.2 AS OBRIGAÇÕES DE MEIOS E DE RESULTADO NA PERSPECTIVA DA RESPONSABILIDADE CIVIL

Conforme visto no capítulo 1, parte da doutrina destaca que a dicotomia entre obrigações de meios e de resultado tem implicações cruciais quanto ao fundamento e aos limites da responsabilidade. Nas obrigações de meios, o nexo de imputação de responsabilidade seria fundamentado na culpa (responsabilidade subjetiva), exigindo que o credor prove a negligência para estabelecer o descumprimento do devedor. Já nas obrigações de resultado, o nexo de imputação da responsabilidade residiria no risco (responsabilidade objetiva).

---

171. SILVA, *op. cit.*, 2020, p. 242.
172. AZZALINI, *op. cit.*, p. 48.
173. THOMAS, *op. cit.*, p. 645.
174. *Ibidem*, p. 645-646.

Nesta segunda parte do capítulo 3, busca-se tratar criticamente as consequências das obrigações de meios e de resultado na responsabilidade civil.

3.2.1 Responsabilidades civis contratual e extracontratual: da diferença à unidade

Não é recente, mas continua sendo atual, a discussão sobre a unicidade dos tipos de responsabilidade civil. Inclusive, a distinção entre as obrigações de meios e de resultado surgiu em um cenário no qual se discutia a existência, ou não, de espécies de responsabilidade civil distintas, isto é, um para tratar da responsabilidade extracontratual, extranegocial ou aquiliana (quando não havia um vínculo prévio entre causador do dano e vítima), e outro, o contratual ou negocial (quando havia entre as partes, antes do fato danoso, um negócio jurídico prévio).

Em um primeiro momento, sobre a terminologia, não é correto falar-se em responsabilidade contratual, pois ela não se limita aos contratos. Igualmente, também não demonstra ser adequado tratar da responsabilidade negocial, pois essa categoria usualmente também encontra aplicabilidade em relação aos danos causados por atos unilaterais (promessa de recompensa ou gestão de negócio, por exemplo)[175].

Igualmente, não é correto falar-se em responsabilidade extracontratual, tendo em vista que a aplicação dessa categoria não se limita aos danos não decorrentes de negócios jurídicos. A sua aplicabilidade é mais ampla, e se refere a todo e qualquer dano causado em razão da violação de direito absoluto, isto é, do "regime" geral de responsabilidade civil, o direito comum aplicável em matéria de danos[176]. Revelam-se corretas, portanto, as terminologias "responsabilidade obrigacional" e "responsabilidade delitual"[177]. Contudo, não se nega a longa tradição dos termos "responsabilidade civil contratual" e "responsabilidade civil extracontratual". Por essa razão, continua-se a utilizar esses termos neste contexto, uma vez que são amplamente referenciados e conhecidos. De fato, todas as expressões podem ser usadas, a depender do aspecto a ser enfatizado no contexto específico.

Conforme adverte San Tiago Dantas, "não se vê necessidade de fazer diferenciação dogmática, quando esta diferenciação não corresponde a uma finalidade prática"[178]. Afinal, existe alguma finalidade prática na distinção entre os tipos de responsabilidade civil?

Apesar de serem muitas e alongadas as discussões sobre o tema, percebe-se, em termos práticos, que os principais pontos de divergência estão na diferença dos prazos prescricionais e no regime de distribuição do ônus da prova da culpa (questões do

---

175. EHRHARDT JUNIOR, Marcos. *Responsabilidade civil pelo inadimplemento da boa-fé*. Belo Horizonte: Fórum, 2014, p.119.
176. *Ibidem*, p. 119.
177. CORDEIRO, António Menezes. *Tratado de direito civil*: direito das obrigações. Rio de Janeiro: Almedina, 2014. v. 8. p. 387.
178. DANTAS, San Tiago. *Programa de direito civil*. Rio de Janeiro: Rio, 1978. v. II. p. 93-94.

direito positivado). Todavia, a discussão sobre o tema, pela doutrina, é algo complexo e difícil. Segundo Manuel Gomes da Silva, a discussão sobre a distinção entre as responsabilidades contratual e extracontratual é "uma das mais intricadas e vãs que têm ocupado o espírito dos juristas"[179].

Na França, o debate teve origem no fato de que o *Code Civil* não concebeu o incumprimento de uma obrigação como fato gerador da responsabilidade civil. A única responsabilidade prevista era a extracontratual (arts. 1.382[180] e seguintes). Somente no final do século XIX, os termos responsabilidade em matéria contratual e em razão do inadimplemento do contrato começaram a ser utilizados[181].

Já em 1892, Jean Grandmoulin defendia, em tese de doutorado, a unicidade entre os tipos de responsabilidade civil, propondo o reconhecimento da natureza lesiva da responsabilidade por incumprimento das obrigações contratuais. O incumprimento de um contrato constituiria uma *faute* (culpa) que ensejaria na obrigação de reparar, independentemente da obrigação contratual primitiva, como aquela que resulta do cometimento de um delito ou quase-delito[182]. A obrigação secundária de reparar, sanção pela infração à lei ou ao contrato, tem uma origem legal. A origem da obrigação violada seria indiferente[183]. Apesar de, à época, não ter atraído grandes adeptos, a tese de Jean Grandmoulin desencadeou um movimento de reflexão sobre as justificações e o alcance da distinção entre as espécies de responsabilidade civil[184].

A concepção de contrato e delito, de origem romana, como duas fontes do direito à reparação sofreu pesados ataques. Essa ideia, que separava de maneira absoluta as responsabilidades civis contratuais e delituais considerava, na segunda, o direito à reparação como um resultado à censura semelhante ao ocorrido no direito penal[185], o que não se revela mais adequado no atual estágio evolutivo do direito civil[186].

---

179. SILVA, *op. cit.*, 2020, p. 190.
180. FRANÇA. Code Civil. Art. 1382. *Tout fait quelconque de l'homme, qui cause à autrui un dommage, oblige celui par la faute duquel il est arrivé, à le réparer.* Tradução livre: Art. 1.382. Qualquer ato do homem que cause dano a outrem obriga aquele por cuja culpa ocorreu a repará-lo.
181. LARROUMET, *op. cit.*, p. 544.
182. VINEY, *op. cit.*, 1988. p. 921.
183. VINEY, *op. cit.*, 2007. p. 5.649.
184. *Ibidem*, p. 5.664.
185. COUTO E SILVA, Clóvis do. *Princípios fundamentais da responsabilidade civil em direito brasileiro e comparado*. Porto Alegre: Sergio Antonio Fabris, 2022. p. 132-133.
186. Sobre o caráter punitivo da indenização por danos morais, afirma Maria Celina Bodin de Moraes: "A este respeito, é de se ressaltar ainda que grande parte dos danos morais, aos quais se pode impor o caráter punitivo, configura-se também como crime. Abre-se, com o caráter punitivo, não apenas uma brecha, mas uma verdadeira fenda num sistema que sempre buscou oferecer todas as garantias contra o injustificável *bis in eadem*. O ofensor, neste caso, estaria sendo punido duplamente, tanto em sede civil como em sede penal, considerando-se, ainda, de relevo o fato de que as sanções pecuniárias cíveis têm potencial para exceder, em muito, as correspondentes do juízo criminal. Ainda mais gravoso parece o caráter punitivo da reparação do dano moral quando se pensa que ele tem, como única possibilidade de recurso à máxima instância, a completa desproporção entre o dano e o ilícito cometido" (MORAES, Maria Celina Bodin de. *Danos à pessoa humana*: uma leitura civil-constitucional dos danos morais. 2. ed. Rio de Janeiro: Processo, 2017. p. 260-261). Em conclusão, afirma: "É de admitir-se, pois, como exceção, uma figura semelhante à do dano punitivo, em sua função de exemplaridade, quando for

Quando tratam do assunto, os doutrinadores costumam apresentar perspectivas diversas, englobando especificidades do direito positivo, questões conceituais sobre a diferença da culpa (contratual ou extracontratual), origens históricas dos conceitos, tornando o tema demasiadamente complexo.

Para Geneviève Viney, o direito positivo francês nunca consagrou a unificação da responsabilidade; ele teria adotado uma posição intermediária, admitindo a vinculação do inadimplemento contratual à noção de responsabilidade, sem, no entanto, admitir a sua identificação com o delito ou quase-delito[187]. Para a autora, a indenização por danos consubstanciados pelo incumprimento só deve ser considerada equivalente à execução do contrato quando se tratar de uma obrigação de pagar uma quantia em dinheiro, pois, tratando-se de uma obrigação de conduta, seria impreciso e perigoso equiparar as perdas e danos (compensação pelo inadimplemento) a uma forma de execução do contrato. Tratá-las como uma forma de desempenho do contrato seria negar a prioridade do desempenho específico sobre a compensação[188].

Todavia, se o credor assim preferir, poderia exigir uma compensação financeira, em vez de reivindicar o desempenho específico previsto no contrato, opção prevista nos arts. 1.142[189] e 1.145[190] do *Code Civil* (ambos alterados pela *Ordonnance* n. 2016-13, de 10 de fevereiro de 2016). Essa compensação confere à condenação que lhe impõe uma função econômica análoga à da execução, o que não seria suficiente para levar a uma real identificação entre elas[191]. Ao reforçar a ideia da separação dos tipos de responsabilidade civil, Geneviève Viney conclui que a assimilação entre as perdas e danos contratuais e a execução do contrato, embora por equivalência, não só contradiria a tradição histórica, como também não seria exata[192]. Seria irrealista defender o desaparecimento da responsabilidade contratual em favor de um conceito de prestação pelo equivalente[193].

---

imperioso dar uma resposta à sociedade, isto é, à consciência social, tratando-se, por exemplo, de conduta particularmente ultrajante, ou insultuosa, em relação à consciência coletiva, ou, ainda, quando se der o caso, não incomum, de prática danosa reiterada. Requer-se a manifestação do legislador tanto para delinear as estremas do instituto, quanto para estabelecer as garantias processuais respectivas, necessárias sempre que se trate de juízo de punição. É de aceitar-se, ainda, um caráter punitivo na reparação de dano moral para situações potencialmente causadoras de lesões a um grande número de pessoas, como ocorre nos direitos difusos, tanto na relação de consumo quanto no Direito Ambiental. Aqui, a *ratio* será a função preventivo-precautória, que o caráter punitivo inegavelmente detém, em relação às dimensões do universo a ser protegido" (*ibidem*, p. 263).

187. VINEY, *op. cit.*, 1988. p. 921.
188. *Ibidem*, p. 932.
189. FRANÇA. Code Civil. Article 1142 (*Version en vigueur du 21 mars 1804 au 01 octobre 2016*). *Toute obligation de faire ou de ne pas faire se résout en dommages et intérêts en cas d'inexécution de la part du débiteur.* Tradução livre: "Artigo 1142 (Versão em vigor de 21 de março de 1804 a 1º de outubro de 2016). Qualquer obrigação de fazer ou não fazer é resolvida em indemnização em caso de incumprimento por parte do devedor".
190. FRANÇA. Code Civil. Article 1145 (*Version en vigueur du 21 mars 1804 au 01 octobre 2016*). *Si l'obligation est de ne pas faire, celui qui y contrevient doit des dommages et in. térêts par le seul fait de la contravention*). Tradução livre: "Artigo 1145 (Versão em vigor de 21 de março de 1804 a 1º de outubro de 2016). Se a obrigação for de não agir, quem a viola deve uma indenização simplesmente em virtude da contravenção".
191. VINEY, *op. cit.*, 1988, p. 933.
192. *Ibidem*, p. 936.
193. *Ibidem*, p. 946.

Para Eric Savaux, diversamente, a indenização atribuída à vítima em um ato ilícito (no que comumente se chamaria responsabilidade extracontratual), não se compara àquela atribuída ao credor em um caso de incumprimento de uma obrigação, pois esta não teria o condão de reparar um prejuízo, mas, apenas, proporcionar-lhe a satisfação que poderia esperar da execução do contrato. A recepção desse "falso conceito" (responsabilidade contratual) pelo direito moderno seria, pois, uma causa de grande desordem, tanto no direito contratual como na responsabilidade civil[194.]

Quanto ao direito contratual, Eric Savaux critica o suposto aumento artificial do contrato – por meio da obrigação de segurança, por exemplo – para garantir a indenização da vítima. O contrato seria, tão somente, um instrumento de troca de bens e serviços, existente para garantir a circulação de riqueza, e não para permitir que os danos sejam reparados. Seu uso para essa finalidade acrescenta ao contrato obrigações as quais as partes realmente não queriam[195.]

Ao tratar da influência da "responsabilidade contratual inventada" na responsabilidade civil, critica a hesitação da jurisprudência sobre o reconhecimento, ou não, da responsabilidade contratual quando se trata de danos causados a terceiros. Alguns julgados reconheceriam a existência de responsabilidade contratual, ao considerar que teria sido celebrado um verdadeiro acordo entre as partes, o que daria origem a uma obrigação acessória de garantia, e outros que caminhavam no sentido de não reconhecer essa responsabilidade (contratual), tendo em vista a ausência de convenção entre o autor do dano e a vítima[196.]

Em Portugal, António Menezes Cordeiro sustenta a distinção entre os tipos. Em princípio, destaca a correta ressalva sobre os termos adequados a serem utilizados. Segundo ele, seria mais apropriado falar em "responsabilidade obrigacional" e "responsabilidade aquiliana" em vez de "responsabilidade contratual" e "responsabilidade extracontratual", pois o cerne estaria no descumprimento de obrigações, independentemente de sua origem (prevista em negócio jurídico ou em lei)[197.]

Para António Menezes Cordeiro, na responsabilidade contratual, o ponto de partida seria sempre a constituição da obrigação, seguindo-se uma série de passos, isto é, a interpelação, a cominação de um prazo admonitório ou o desinteresse objetivo superveniente e, posteriormente, o dever de indenizar. Já na responsabilidade extracontratual, o momento zero seria o da perpetração do fato em causa, construindo-se, a partir daí, toda uma relação entre o agente e o lesado[198.]

Ao abordar o direito positivado português, vai além, para afirmar que há uma presunção de culpa na hipótese do incumprimento definitivo. Na responsabilidade

---

194. SAVAUX, *op. cit.*, p. 7.
195. *Ibidem*, p. 8-9.
196. *Ibidem*, p. 9-10.
197. CORDEIRO, *op. cit.*, 2014, p. 387.
198. *Ibidem*, p. 391.

contratual, presume-se que ela se deu de forma ilícita e com culpa (arte. 342.º/2[199] e 799.º/1[200]), o que não ocorreria na responsabilidade extracontratual, em que caberia ao lesado provar os diversos elementos constitutivos da invocada responsabilidade (art. 487.º/1[201])[202]. Segundo o autor, as diferenças práticas seriam consideráveis, e não menores seriam as razões dogmáticas que as conduzem. Cita também outras diferenças, como a competência territorial do juiz, os prazos prescricionais e demais peculiaridades do direito português[203].

Manuel Gomes da Silva, por sua vez, argumenta que as duas espécies (responsabilidade contratual e extracontratual) não diferem nem em sua essência, nem na abrangência ou especificidade das relações surgidas a partir de uma violação. Segundo ele, a natureza dessas responsabilidades não é distinta, pois em ambas há sempre a violação de um direito e de um dever[204]. Luís Manuel Teles de Menezes Leitão também defende a ausência de distinção entre os tipos. Segundo ele, a obrigação de indenização não deve ser confundida com a obrigação inicialmente violada, pois possui um fundamento diferente: o princípio do ressarcimento de danos decorrentes da violação do direito de crédito. A responsabilidade obrigacional, assim como a delitual, indistintamente, representaria uma fonte das obrigações[205]. A diferença só existiria no fato de que, enquanto a responsabilidade delitual surgiria a partir da violação de um direito absoluto, deslocado de qualquer relação intersubjetiva pré-existente entre o agente e o lesado, na responsabilidade obrigacional, pressuporia a existência e a violação de um dever de prestação decorrente dessa prévia relação, já existente entre as partes antes do fato danoso[206].

Aparentemente, a virtude está em uma posição intermediária. Apesar de não haver, em princípio, diferenças claras quanto à natureza das responsabilidades delitual e obrigacional, a distinção é uma construção artificial expressa nas normas do direito positivado[207]. São instituições da mesma natureza, mas considerações de ordem prática levam a regulamentações distintas (tão somente no que divergem). Como destaca Clóvis do Couto e Silva[208], tanto é possível analisar os institutos com base em uma análise interna, estrutural dos deveres – o que revela uma unidade entre as responsabilidades contratual e extracontratual –, como é admissível uma análise externa, contemplando hipóteses

---

199. PORTUGAL. Código Civil. 2. A prova dos factos impeditivos, modificativos ou extintivos do direito invocado compete àquele contra quem a invocação é feita.
200. PORTUGAL. Código Civil. 1. Incumbe ao devedor provar que a falta de cumprimento ou o cumprimento defeituoso da obrigação não procede de culpa sua.
201. PORTUGAL. Código Civil. 1. É ao lesado que incumbe provar a culpa do autor da lesão, salvo havendo presunção legal de culpa.
202. CORDEIRO, *op. cit.*, 2014, p. 392.
203. *Ibidem*, p. 392-394.
204. SILVA, *op. cit.*, 2020, p. 192.
205. LEITÃO, *op. cit.*, p. 277-278.
206. *Ibidem*, p. 278.
207. MAZEAUD; MAZEAUD, *op. cit.*, p. 99.
208. COUTO E SILVA, *op. cit.*, 2022, p. 39.

em que não são idênticas, em razão de determinadas especificidades – demonstrando as diferenças entre as responsabilidades que demandam tratamentos específicos.

O CC/2002 faz uma distinção organizacional entre as responsabilidades, tratando da contratual nos Títulos IV e VI, do Livro I, da Parte Especial, e da responsabilidade extracontratual no Título IX, do mesmo Livro. Essa foi uma opção legislativa em virtude da necessidade de se tratar de situações específicas de cada uma das responsabilidades, o que não afasta a unicidade da natureza delas. É uma divisão artificial (e não de natureza), concebida para tratar das diferentes situações de ordem prática, mas a unidade é percebida quando se vê que muitas normas da responsabilidade contratual se aplicam à responsabilidade extracontratual (arts. 402 a 407[209])[210.] Naturalmente, há outros dispositivos que se aplicam a apenas uma das responsabilidades, caso dos arts. 408 a 416[211] (abordam a cláusula penal, apenas na responsabilidade contratual). Afinal, só há de se falar em cláusula penal se as partes tiverem celebrado um contrato, e é por isso que esses dispositivos não se aplicam à responsabilidade extracontratual.

---

209. BRASIL. Código Civil (2002). Art. 402. Salvo as exceções expressamente previstas em lei, as perdas e danos devidas ao credor abrangem, além do que ele efetivamente perdeu, o que razoavelmente deixou de lucrar; Art. 403. Ainda que a inexecução resulte de dolo do devedor, as perdas e danos só incluem os prejuízos efetivos e os lucros cessantes por efeito dela direto e imediato, sem prejuízo do disposto na lei processual; Art. 404. As perdas e danos, nas obrigações de pagamento em dinheiro, serão pagas com atualização monetária segundo índices oficiais regularmente estabelecidos, abrangendo juros, custas e honorários de advogado, sem prejuízo da pena convencional; Parágrafo único. Provado que os juros da mora não cobrem o prejuízo, e não havendo pena convencional, pode o juiz conceder ao credor indenização suplementar; Art. 405. Contam-se os juros de mora desde a citação inicial; Art. 406. Quando os juros moratórios não forem convencionados, ou o forem sem taxa estipulada, ou quando provierem de determinação da lei, serão fixados segundo a taxa que estiver em vigor para a mora do pagamento de impostos devidos à Fazenda Nacional; Art. 407. Ainda que se não alegue prejuízo, é obrigado o devedor aos juros da mora que se contarão assim às dívidas em dinheiro, como às prestações de outra natureza, uma vez que lhes esteja fixado o valor pecuniário por sentença judicial, arbitramento, ou acordo entre as partes.
210. CALIXTO, Marcelo Junqueira. *A culpa na responsabilidade civil*: estrutura e função. Rio de Janeiro: Renovar, 2008. p. 77.
211. BRASIL. Código Civil (2002). Art. 408. Incorre de pleno direito o devedor na cláusula penal, desde que, culposamente, deixe de cumprir a obrigação ou se constitua em mora; Art. 409. A cláusula penal estipulada conjuntamente com a obrigação, ou em ato posterior, pode referir-se à inexecução completa da obrigação, à de alguma cláusula especial ou simplesmente à mora; Art. 410. Quando se estipular a cláusula penal para o caso de total inadimplemento da obrigação, esta converter-se-á em alternativa a benefício do credor; Art. 411. Quando se estipular a cláusula penal para o caso de mora, ou em segurança especial de outra cláusula determinada, terá o credor o arbítrio de exigir a satisfação da pena cominada, juntamente com o desempenho da obrigação principal; Art. 412. O valor da cominação imposta na cláusula penal não pode exceder o da obrigação principal; Art. 413. A penalidade deve ser reduzida eqüitativamente pelo juiz se a obrigação principal tiver sido cumprida em parte, ou se o montante da penalidade for manifestamente excessivo, tendo-se em vista a natureza e a finalidade do negócio; Art. 414. Sendo indivisível a obrigação, todos os devedores, caindo em falta um deles, incorrerão na pena; mas esta só se poderá demandar integralmente do culpado, respondendo cada um dos outros somente pela sua quota; Parágrafo único. Aos não culpados fica reservada a ação regressiva contra aquele que deu causa à aplicação da pena; Art. 415. Quando a obrigação for divisível, só incorre na pena o devedor ou o herdeiro do devedor que a infringir, e proporcionalmente à sua parte na obrigação; Art. 416. Para exigir a pena convencional, não é necessário que o credor alegue prejuízo. Parágrafo único. Ainda que o prejuízo exceda ao previsto na cláusula penal, não pode o credor exigir indenização suplementar se assim não foi convencionado. Se o tiver sido, a pena vale como mínimo da indenização, competindo ao credor provar o prejuízo excedente.

Para além do direito positivo, ao se perceber que as duas espécies de responsabilidade civil estão fundamentadas na lesão a deveres pré-existentes, não há como negar uma aproximação entre os dois tipos de responsabilidade[212]. O contato social seria a fonte comum das obrigações contratuais e delituais, pois a vida em sociedade exige de todos o respeito irrestrito aos direitos alheios e de terceiros (sejam eles originados da lei ou dos negócios jurídicos)[213].

Muito embora haja nos contratos um maior grau de concretização (tendo em vista que os contratos são polarizados pela sua finalidade objetiva), esse "detalhe" não traduz uma diferença de natureza, pois a vontade exercida nos contratos não muda completamente os deveres decorrentes do contato social. "A diferença entre [as responsabilidades contratual e extracontratual] é meramente circunstancial, pois o contrato é apenas um tipo de contato social qualificado pela vontade"[214].

Sob essa perspectiva, as obrigações surgidas após a ocorrência de um dano (seja ele decorrente do inadimplemento de um contrato ou da violação de um dever geral) são totalmente equivalentes, em ambos os tipos de responsabilidade. Trata-se de uma obrigação envolvendo duas partes específicas – o credor e o devedor – com o objetivo de promover uma efetiva reparação, seja por meio da restituição em espécie ou da compensação por perdas e danos[215].

Especificamente sobre a responsabilidade contratual, é importante perceber que as perdas e danos advindas do inadimplemento contratual não representam um simples substitutivo da obrigação principal (a qual pode ser perseguida sem se falar em responsabilidade civil), mas de um fato autônomo em relação ao negócio jurídico preexistente, isto é, a ocorrência do dano[216].

De fato, a responsabilidade obrigacional, diversamente da responsabilidade aquiliana, não só está relacionada à indenização pelo dano causado, mas a diversas posições jurídicas passivas, como a sujeição à execução forçada e ao direito à resolução do negócio[217]. Eis aí um ponto importante no estudo das diferenças e semelhanças entre os tipos de responsabilidade civil.

Como ressalta Aline de Miranda Valverde Terra, a responsabilidade que se segue ao inadimplemento é gênero, do qual a reponsabilidade civil é espécie[218]. Isso fica evidente ao se analisarem os remédios disponíveis ao credor na hipótese de inadimplemento.

---

212. COUTO E SILVA, op. cit., 2022, p. 28-29.
213. Ibidem, p. 22.
214. BECKER, Anelise. Elementos para uma teoria unitária da responsabilidade civil. *Revista de Direito do Consumidor*, v. 13, p. 42-55, jan.-mar. 1995; *Doutrinas Essenciais de Responsabilidade Civil*, v. 1, p. 353-372, out. 2011
215. COUTO E SILVA, op. cit., 2022, p. 132.
216. MONTEIRO FILHO, Carlos Edison do Rêgo. Unificação da responsabilidade civil e seus perfis contemporâneos. In: PIRES, Fernanda Ivo. *Da estrutura à função da responsabilidade civil*: uma homenagem do Instituto Brasileiro de Estudos de Responsabilidade Civil (IBERC) ao Professor Renan Lotufo. Indaiatuba: Foco, 2022. p. 558.
217. NANNI, op. cit., 2021b, p. 125.
218. TERRA, Aline de Miranda Valverde. Execução pelo equivalente como alternativa à resolução: repercussões sobre a responsabilidade civil. *Revista Brasileira de Direito Civil – RBDCivil*, Belo Horizonte, v. 18. p. 49-73, out.-dez. 2018. p. 56.

Se este for relativo, cabe-lhe a execução específica (tendo em vista a existência de utilidade e interesse), mas se for absoluto, ao credor é possível o desfazimento do negócio, a execução pelo equivalente (já que a prestação original, por alguma razão, se tornou impossível), e, em todo caso, perdas e danos (se houver). É o que se conclui da análise conjunta dos arts. 234[219,] 279[220] e 475[221] do CC/2002.

As possibilidades relacionadas ao desfazimento do negócio, à execução específica, ou execução pelo equivalente, são remédios disponíveis ao credor que advêm da responsabilidade patrimonial, mas não da responsabilidade civil, que só se vislumbra (dentre as soluções apontadas) na hipótese de haver perdas ou danos.

No contexto obrigacional, observa-se sempre o princípio do exato adimplemento (art. 313[222,] do CC/2002), o que, em termos práticos, permite ao credor, havendo inadimplemento, exigir o cumprimento do contrato (ou o equivalente, caso a prestação original tenha se tornado impossível), caso não lhe interesse a rescisão, cabendo-lhe, em qualquer das hipóteses, indenização por perdas ou danos (art. 475[223] do CC/2002). Mas, exigir o exato cumprimento do contrato, ou o equivalente, é o mesmo que falar em reparação? Nesse ponto, existe uma substituição da obrigação originária pela nova obrigação (a de indenizar)? A resposta a ambas às perguntas deve ser negativa.

Em verdade, o simples inadimplemento do contrato não é fato capaz de gerar, por si só, um dano a ser reparado. Na realidade, há casos (que, logicamente, não constituem a regra) nos quais o inadimplemento deixa o credor em uma situação mais vantajosa em relação àquela na qual a obrigação tivesse sido cumprida (inadimplemento não danoso)[224.] Numa situação como essa, não é pertinente falar em reparação, quando o credor exige forçadamente o cumprimento do contrato (ou o cumprimento pelo equivalente[225)], mas, apenas, a satisfação que poderia esperar da execução do contrato. Não fosse assim, estar-se-ia tratando de responsabilidade independentemente de dano, o que redundaria em mera punição do devedor[226,] o que, naturalmente, não pode ocorrer[227.]

Discute-se também a divergência entre as responsabilidades quanto à culpa, quando esta é exigida com um pressuposto do dever de reparar. Como haveria, na responsabilidade

---

219. BRASIL. Código Civil (2002). Art. 234. Se, no caso do artigo antecedente, a coisa se perder, sem culpa do devedor, antes da tradição, ou pendente a condição suspensiva, fica resolvida a obrigação para ambas as partes; se a perda resultar de culpa do devedor, responderá este pelo equivalente e mais perdas e danos.
220. BRASIL. Código Civil (2002). Art. 279. Impossibilitando-se a prestação por culpa de um dos devedores solidários, subsiste para todos o encargo de pagar o equivalente; mas pelas perdas e danos só responde o culpado.
221. BRASIL. Código Civil (2002). Art. 475. A parte lesada pelo inadimplemento pode pedir a resolução do contrato, se não preferir exigir-lhe o cumprimento, cabendo, em qualquer dos casos, indenização por perdas e danos.
222. BRASIL. Código Civil (2002). Art. 313. O credor não é obrigado a receber prestação diversa da que lhe é devida, ainda que mais valiosa.
223. BRASIL. Código Civil (2002). Art. 475. A parte lesada pelo inadimplemento pode pedir a resolução do contrato, se não preferir exigir-lhe o cumprimento, cabendo, em qualquer dos casos, indenização por perdas e danos.
224. NANNI, *op. cit.*, 2021b, p. 228.
225. SAVAUX, *op. cit.*, p. 11.
226. ALVIM, *op. cit.*,1980, p. 181.
227. Salvo quando se tratar de juros, arras ou cláusula penal, institutos que admitem indenização, independentemente de dano (*ibidem*, p. 180).

contratual, um vínculo preexistente, culpa seria graduada de modo variável segundo as relações existentes entre as partes, o que não seria possível na responsabilidade aquiliana. Na culpa contratual, a apreciação se daria de modo concreto, tendo em vista a existência de uma relação prévia entre as partes, e na extracontratual, de modo abstrato[228].

Inclusive, o papel da culpa como elemento do dever de reparar tem sido objeto de críticas[229], mas, para além delas, não é exatamente o fato de as partes estarem vinculadas por um negócio jurídico que determina a variação da diligência. Como ressalta Manuel Gomes da Silva, a divergência do grau de diligência exigido resulta, primordialmente, "das diferenças que separam as circunstâncias materiais em que, relativamente a cada tipo de relação jurídica, se encontram os respectivos sujeitos"[230]. A diligência esperada de um motorista não é a mesma esperada de um ciclista, assim como a exigida na vigilância de animais não é a mesma esperada do domador de feras[231].

Segundo o Código Civil português, a culpa contratual é idêntica à culpa delitual (art. 799º, n. 2[232]). Esta, por sua vez, deve ser apreciada "pela diligência de um bom pai de família, segundo as circunstâncias do caso" (art. 487º, n. 2)[233]. O *Codice Civile* também se refere ao parâmetro do bom pai de família (art. 1.176[234]). No Brasil, porém, a legislação não menciona um *standard* de conduta, tendo em vista a necessidade de se afastar essa análise do modelo de ser humano, seguindo para a ideia de pessoa, natural ou jurídica, o que revela uma concepção mais genérica e abstrata[235].

Conforme destaca Luís Manuel Teles de Menezes Leitão, deve-se sempre analisar as circunstâncias do caso, pois não se pode exigir de um transeunte em passeio numa situação de emergência o mesmo grau de diligência de um profissional qualificado na sua atividade[236]. Esse enfoque distinto não está diretamente relacionado à presença ou ausência de uma relação prévia (antes do evento danoso) entre o causador do dano e a vítima, mas à análise das circunstâncias.

Não se nega que, em uma relação contratual, é possível estabelecer um grau de diligência diferenciado, mas isso, por si só, não altera a *natureza* da culpa. Inclusive, ao tratar do grau de diligência em um contrato, as partes não estão discorrendo sobre

---

228. CALIXTO, *op. cit.*, p. 82.
229. CATALAN, *op. cit.*
230. SILVA, *op. cit.*, 2020, p. 194.
231. *Ibidem*, p. 194.
232. PORTUGAL. Código Civil. 2. A culpa é apreciada nos termos aplicáveis à responsabilidade civil.
233. PORTUGAL. Código Civil 2. A culpa é apreciada, na falta de outro critério legal, pela diligência de um bom pai de família, em face das circunstâncias de cada caso.
234. ITÁLIA. Codice Civile. Art. 1.176. (*Diligenza nell'adempimento*). *Nell'adempiere l'obbligazione il debitore deve usare la diligenza del buon padre di famiglia. Nell'adempimento delle obbligazioni inerenti all'esercizio di un'attivita' professionale, la diligenza deve valutarsi con riguardo alla natura dell'attivita' esercitata.* Tradução livre: "Art. 1.176. (Diligência no cumprimento). Ao cumprir a obrigação, o devedor deve empregar a diligência de um bom pai de família. No cumprimento das obrigações relacionadas ao exercício de uma atividade profissional, a diligência deve ser avaliada considerando a natureza da atividade exercida".
235. NANNI, *op. cit.*, 2021b, p. 38.
236. LEITÃO, *op. cit.*, p. 312.

a culpa em si, na hipótese de inadimplemento, mas tratando da distribuição de riscos e garantias.

Retornando à questão, haverá responsabilidade civil quando se tratar da reparação das perdas e dos danos derivados do inadimplemento (relativo ou absoluto), e não quando o credor simplesmente exigir o cumprimento do avençado (ou o equivalente). Diante disso, quando se analisa a "natureza" dessa responsabilidade advinda do inadimplemento contratual, não se encontra uma diferença substancial daquela vislumbrada quando se fala em responsabilidade aquiliana, pois em ambas sempre haverá a violação de um direito e a violação a um dever[237]. Então, por que tratar de modo desigual institutos que detêm uma mesma natureza? Isso acaba gerando uma série de inconvenientes e prejudicando a efetiva reparação da vítima.

A divergência de regras relacionadas a cada um dos tipos gera disparidades de tratamento entre as vítimas do mesmo ato lesivo, quando algumas contraíram negócio jurídico prévio com o devedor, e outras não[238] o fizeram, prejudicando-as[239]. Divergência de prazos prescricionais e de competência territorial também aumentam a complexidade da matéria desnecessariamente[240].

Por isso, identifica-se uma tendência legislativa voltada a unificar os tipos, como no Código Civil de Quebec, votado em 1991, no Código Federal suíço de obrigações, e nos Códigos dos países da Europa Central, promulgados durante as décadas de 1969 e 1970[241]. Mais recentemente, o Código Civil e Comercial da Argentina optou por unificar os tipos de responsabilidade civil (contratual e extracontratual), seguindo a doutrina de que a ilicitude é um fenômeno que responde a uma unidade sistemática[242].

Não há razão, pois, para o estabelecimento artificial de diferenças entre institutos da mesma natureza.

3.2.2 A impossibilidade de definição da natureza (subjetiva ou objetiva) da responsabilidade civil por meio da classificação das obrigações de meios e de resultado, em razão da eficácia normativa do art. 927, parágrafo único, do CC/2002

Em relação à responsabilidade civil, quanto ao dever de indenizar, são dois os fatores de imputação previstos no ordenamento brasileiro: a culpa e o risco[243]. O sistema

---

237. SILVA, *op. cit.*, 2020, p. 192.
238. VINEY, *op. cit.*, 1988. p. 936-939.
239. SAVAUX, *op. cit.*, p. 10.
240. EHRHARDT JUNIOR, *op. cit.*, p. 130.
241. VINEY, *op. cit.*, 1988, p. 922.
242. LORENZETTI, *op. cit.*, p. 381.
243. MARTINS-COSTA, Judith. A culpa no direito das obrigações: notas para uma história de conceitos jurídicos fundamentais. *In*: PIRES, Fernanda Ivo. *Da estrutura à função da responsabilidade civil*: uma homenagem do Instituto Brasileiro de Estudos de Responsabilidade Civil (IBERC) ao Professor Renan Lotufo. Indaiatuba: Foco, 2021. p. 171.

geral do CC/2002 é o da responsabilidade subjetiva[244,] isto é, mediante apreciação da culpa, mas o ordenamento jurídico também prevê a responsabilidade objetiva (sem culpa), quando a lei assim o determinar (como na hipótese das relações de consumo, segundo os arts. 12[245] e 14[246] do CDC), ou quando a atividade do agente, por sua natureza, implicar risco ao direito de outrem (art. 927, parágrafo único, do CC/2002)[247-248].

O risco a que se refere o CC/2002 é aquele oriundo da teoria do risco, cuja origem histórica, na França, é brevemente trazida no início deste livro. O conceito se desenvolve ao se constatar que a culpa, como único fator de imputação da responsabilidade civil, leva a situações de injustiça, pois impossibilita o alcance da reparação, em razão da dificuldade da prova da sua existência, como nas hipóteses de acidentes de trabalho[249.] No

---

244. Hoje, parte da doutrina entende que a regra é a responsabilidade objetiva, em razão da quantidade de hipóteses de seu cabimento, que superariam aquelas em que se aplica a responsabilidade subjetiva: "constata-se que a regra geral do Código de 1916 da responsabilidade civil subjetiva, seguida pelo *caput* do art. 927 do atual Código, não se traduz mais na maioria das hipóteses em que se uma busca a reparação de danos, pois basta a análise do sistema objetivo de responsabilidade civil que o Código de Defesa do Consumidor, os casos que se referem a questões ambientais, o sistema objetivo do parágrafo único do artigo em comento e as exceções estabelecidas nos arts. 936 a 940 do Código Civil, entre outras, para concluirmos que a regra passou a ser a aplicação da responsabilidade objetiva" (DONNINI, Rogério. Arts. 927 a 954. *In*: CARVALHO, Washington Rocha de *et al*. Comentários ao Código Civil brasileiro. Rio de Janeiro: Forense, 2013. v. VIII: dos atos unilaterais, dos títulos de crédito, da responsabilidade civil. p. 385).
245. BRASIL. Lei n. 8.078/1990. Art. 12. O fabricante, o produtor, o construtor, nacional ou estrangeiro, e o importador respondem, independentemente da existência de culpa, pela reparação dos danos causados aos consumidores por defeitos decorrentes de projeto, fabricação, construção, montagem, fórmulas, manipulação, apresentação ou acondicionamento de seus produtos, bem como por informações insuficientes ou inadequadas sobre sua utilização e riscos. § 1º O produto é defeituoso quando não oferece a segurança que dele legitimamente se espera, levando-se em consideração as circunstâncias relevantes, entre as quais: I – sua apresentação; II – o uso e os riscos que razoavelmente dele se esperam; III – a época em que foi colocado em circulação. § 2º O produto não é considerado defeituoso pelo fato de outro de melhor qualidade ter sido colocado no mercado. § 3º O fabricante, o construtor, o produtor ou importador só não será responsabilizado quando provar: I – que não colocou o produto no mercado; II – que, embora haja colocado o produto no mercado, o defeito inexiste; III – a culpa exclusiva do consumidor ou de terceiro.
246. BRASIL. Lei n. 8.078/1990. Art. 14. O fornecedor de serviços responde, independentemente da existência de culpa, pela reparação dos danos causados aos consumidores por defeitos relativos à prestação dos serviços, bem como por informações insuficientes ou inadequadas sobre sua fruição e riscos. § 1º O serviço é defeituoso quando não fornece a segurança que o consumidor dele pode esperar, levando-se em consideração as circunstâncias relevantes, entre as quais: I – o modo de seu fornecimento; II – o resultado e os riscos que razoavelmente dele se esperam; III – a época em que foi fornecido. § 2º O serviço não é considerado defeituoso pela adoção de novas técnicas. § 3º O fornecedor de serviços só não será responsabilizado quando provar: I – que, tendo prestado o serviço, o defeito inexiste; II – a culpa exclusiva do consumidor ou de terceiro. § 4º A responsabilidade pessoal dos profissionais liberais será apurada mediante a verificação de culpa.
247. NERY; NERY JUNIOR, *op. cit.*, 2019b, p. 399.
248. BRASIL. Código Civil (2002). Art. 927. Aquele que, por ato ilícito (arts. 186 e 187), causar dano a outrem, fica obrigado a repará-lo. Parágrafo único. Haverá obrigação de reparar o dano, independentemente de culpa, nos casos especificados em lei, ou quando a atividade normalmente desenvolvida pelo autor do dano implicar, por sua natureza, risco para os direitos de outrem.
249. Segundo Louis Josserand, ao tratar da história da evolução da responsabilidade civil: "Ora, não convém ir mais longe e banir completamente do domínio da responsabilidade, pelo menos do número das eventualidades, essa noção de culpa, tão delgada, tão desprezada, tão relegada; não convém admitir que somos responsáveis, não somente por nossos atos culposos, mas pelos nossos atos pura e simplesmente, pelo menos, bem entendido, se causaram um dano injusto, anormal a outrem? O fazedor de atos, como dizem os americanos, não deve ser responsável por seus atos? Problema capital, que é o da objetivação da responsabilidade, da substituição

Brasil, lembra-se a doutrina de Mário Moacyr Porto, ao defender que a responsabilidade subjetiva, da culpa individual, já não se mostrava suficiente diante da "robotização" das atividades fabris, do tráfego alucinante das megalópolis, das agressões ao meio ambiente pelos grandes complexos industriais [...] enfim, da despersonalização do homem"[250,] revelando o "ocaso da culpa".

Como narra Caio Mário da Silva Pereira[251,] a doutrina do risco ingressou no direito brasileiro através da elaboração doutrinária. Nesse sentido, destaca a conferência proferida por Orozimbo Nonato, no Instituto dos Advogados Brasileiros e publicada em 1931, na qual abordou os aspectos do modernismo jurídico e o elemento moral na culpa objetiva"[252.] Embora favorável à teoria subjetiva, considerando perigoso substituir o princípio central da culpa por outras abordagens, o autor demonstrou familiaridade com a doutrina objetiva, afirmando que o ato ilícito ocorre não apenas quando se viola um dever imposto pela lei, mas também quando se fere uma obrigação derivada da técnica normal da vida em sociedade, conforme existente e desenvolvida em determinado tempo e lugar. Essa concepção mostrou que, para o civilista, a noção de culpa, como elemento central da responsabilidade civil, possui maior elasticidade do que sua definição comum.

Seguindo a narrativa, Caio Mário da Silva Pereira[253] destaca a tese de Alvino Lima *Da culpa ao risco*, apresentada em concurso na Faculdade de Direito de São Paulo, em 1938, na qual analisa o processo evolutivo que parte da teoria subjetiva e avança em direção à doutrina do risco. Posteriormente, a tese foi reeditada e publicada com o título *Culpa e risco*[254,] cujo texto sustenta a penetração da teoria objetiva na doutrina.

---

do ponto de vista subjetivo pelo ponto de vista objetivo, da noção de culpa pela do risco. Por essa concepção nova, quem cria um risco deve, se êsse risco vem a verificar-se à custa de outrem, suportar as consequências, abstração feita de qualquer falta cometida" (JOSSERAND, *op. cit.*, p. 556).

250. PORTO, Mário Moacyr. O ocaso da culpa como fundamento da responsabilidade civil. In: PORTO, Mário Moacyr. *Temas de responsabilidade civil*. São Paulo: RT, 1989a. p. 15-22. p. 16.
251. PEREIRA, Caio Mário da Silva. *Responsabilidade civil*. 9. ed. Rio de Janeiro: Forense, 1999. p. 20.
252. "São casos excepcionaes em que a responsabilidade vem da lei para que não recaia, exclusivamente, em uma das partes sem culpa, a situação anormal que lles presuppõem. Não quebram o systema fundamental estabelecido antes com decisão e energia e deixam entrever o elemento moral, já que entram em jogo a ausencia de culpa da victima e considerações de equidade. Justiniano de Serpa, que defendeu os dispositivos citados da crítica de Afranio Mello Franco, Amaro Cavalcante e João Luiz Alves que lhes patentearam a inconcilialibidade com o princípio gravitario da culpa, salientou-lhes "o fundamento ethico bem claro". Comtudo é possivel, diante delles, affirmar, como o egrégio Clovis, que a idéa de damno resarcivel é, em nosso direito, mais ampla do que a de acto illicito. O que não é possivel é negar a existencia, nesses e em outros casos de responsabilidade, do elemento moral, e perigoso seria, generalizando, pretender substituir o principio central da culpa pelo da normalidade, ou da confiança, ou do risco ou da causalidade objectiva, que escondem uma idéa repugnante á nossa sensibilidade juridica e que, pretendendo amoralizar o direito, procura destruil-o em seus fundamentos primarios" (sic) (NONATO, Orozimbo. Aspectos do modernismo jurídico e o elemento moral na culpa objectiva. Rio de Janeiro, *Revista Forense*, n. 56. p. 5-26, 1931. p. 42).
253. PEREIRA, *op. cit.*, 1999, p. 20-21.
254. "Uma das funções primaciais da lei é anular o desequilíbrio das partes, vindo em socorro dos mais fracos; assim se procede no próprio terreno contratual onde há a livre manifestação da vontade. Com mais força de razão, quando as circunstâncias da vida, múltiplas, imprevisíveis, inexoráveis, colocam os homens mais à mercê uns dos outros, justifica-se, sobremaneira, o amparo da lei na proteção da vítima. A insegurança material da vida

Mas teria sido José Aguiar Dias[255,] segundo Caio Mário da Silva Pereira[256,] o maior defensor da responsabilidade objetiva. Ao estudar a responsabilidade civil em todos os seus aspectos e embasar suas proposições com doutrina e decisões judiciais, José Aguiar Dias se posiciona claramente favorável à concepção objetivista ao afirmar que o direito brasileiro adota o princípio da culpa como fundamento da responsabilidade, mas não se filia decisivamente a nenhum dos tipos discutidos. Além disso, considera que o legislador brasileiro (antes do CC/2002, frise-se) teria ficado aquém das conquistas do direito da responsabilidade, uma vez que ainda prevalecia o critério da culpa e suas exigências retrógradas, apesar das presunções admitidas, e que não teria alcançado a extensão atingida na maioria das legislações contemporâneas.

Caio Mário da Silva Pereira menciona o trabalho de Wilson Melo da Silva *Responsabilidade sem culpa* (livro derivado da tese para o concurso na Faculdade de Direito da Universidade Federal de Minas Gerais), no qual o autor defende fervorosamente a responsabilidade objetiva, a ponto de afirmar que não há lugar para a teoria subjetiva sobreviver no mundo jurídico, tamanha a sua objeção a ela[257.]

Segundo Rosa Maria de Andrade Nery, a resposta jurídica tomou a forma de uma solução visando garantir a reparação do prejuízo através da aplicação de um tipo diferente de responsabilidade: a responsabilidade objetiva. Essa abordagem é uma consequência lógica do princípio constitucional da solidariedade social, principalmente por conta do risco da vida[258.]

Em relação ao direito positivo, até a edição do CC/2002, a penetração da doutrina do risco teria se dado em incidências específicas[259.] O CC/1916, embora tivesse ade-

---

moderna criou a teoria do risco-proveito, sem se afastar dos princípios de uma moral elevada, sem postergar a dignidade humana e sem deter a marcha das conquistas dos homens" (LIMA, *op. cit.*, p. 335-336).

255. "Para nós, a culpa é a situação contrária ao que consideramos, recorrendo à linguagem teológica, o estado de graça, isto é, aquele em que não há possibilidade de censura, em face da lei moral, da lei positiva ou de quaisquer espécies de mandamento imposto ao homem, como tal, como membro da sociedade ou como religioso. Ora, a teoria subjetiva admite a responsabilidade quando não há possibilidade de semelhante censura. Para fugir à dificuldade, proíbe a prova em contrário. Exatamente como o ditador que, não querendo admitir que seu povo passe fome, começa por fuzilar os famintos. O argumento de que a adoção da teoria do risco condenaria o homem à inércia está desmoralizado pelos fatos. É tão desmoralizado, que os irmãos Mazeaud, dispondo de fascinantes recursos para sustentar sua tese, invocam simplesmente a circunstância de, em seu país, atribuir a lei de acidentes do trabalho tão somente a metade do dano ao operário prejudicado. O argumento se desfaria com a recordação de que na maioria dos países vigora outro critério, se não fosse de si mesmo insubsistente, porque o que se discute é o princípio e não a sua aplicação quantitativa" (DIAS, José de Aguiar. *Da responsabilidade civil*. 11. ed. revista, atualizada de acordo com o Código Civil de 2002, e aumentada por Rui Belford Dias. Rio de Janeiro: Renovar, 2006. p. 93).
256. PEREIRA, *op. cit.*, 1999, p. 21-22.
257. *Ibidem*, p. 22-23.
258. NERY, *op. cit.*, p. 273.
259. "Numerosas disposições contidas em leis especiais consagram a responsabilidade objetiva, podendo citar-se, em primeiro lugar, a legislação sobre acidentes no trabalho, inaugurada com o Decreto n. 3.724, de 15 de janeiro de 1919; substituído pelo Decreto n. 24.637, de 10 de julho de 1934, e depois pelo Decreto-Lei n. 7.036, de 10 de novembro de 1944; pela Lei n. 5.316, de 1967, e finalmente pela Lei n. 6.367, de 19 de outubro de 1976. Informados pela teoria do risco o Código Brasileiro do Ar, Decreto-Lei n. 483, de 8 de junho de 1938; Decreto-Lei n. 32, de 10 de novembro de 1966, com as alterações do Decreto-Lei n. 234, de 28 de fevereiro de 1967; da Lei

rido à teoria da culpa como tema central, apresentava disposições que revelam uma interpretação coordenada com a teoria do risco, como a responsabilidade pelo fato das coisas, nos arts. 1.519[260,] 1.520 (parágrafo único)[261,] 1.528[262] e 1.529[263-264,] em que se demonstraria uma conotação objetiva[265.]

Ao incorporar o conceito de risco, no art. 927, parágrafo único, do CC/2002, o legislador optou por fazê-lo por meio da técnica legislativa das cláusulas gerais, normas dotadas de elevado grau de valoração e generalidade, ao lado dos conceitos indeterminados, frequentemente presentes em seus enunciados[266.] Essa cláusula estabelece que a obrigação de reparar independerá de culpa (responsabilidade objetiva) "nos casos especificados em lei, ou quando a atividade normalmente desenvolvida pelo autor do dano implicar, por sua natureza, risco para os direitos de outrem".

Perceptível a semelhança desse dispositivo com o art. 2.050[267,] do *Codice Civile* italiano, segundo o qual quem causar prejuízo a outrem no exercício de atividade perigosa, em razão da sua natureza, ou pela natureza dos meios utilizados, é obrigado a indenizar. Todavia, diversamente do Código Civil brasileiro, o *Codice Civile* não estabelece a aplicação da responsabilidade civil objetiva, isto é, sem culpa, nessa hipótese. Na realidade, impõe a inversão do ônus da prova da culpa em desfavor do devedor, que só se livrará do dever de indenizar se não provar que tomou todas as medidas idôneas para evitar o dano[268.] Ao impor essa exigência ao devedor, o *Codice Civile* também lhe

---

n. 5.710, de 7 de outubro de 1971; da Lei n. 6.298, de 15 de dezembro de 1975; da Lei n. 6.350, de 7 de julho de 1976; da Lei n. 6.833, de 30 de setembro de 1980; da Lei n. 6.997, de 7 de junho de 1982, e atualmente no Código Brasileiro de Aeronáutica com a Lei n. 7.565, de 19 de dezembro de 1986" (PEREIRA, *op. cit.*, 1999, p. 22-23).

260. BRASIL. Código Civil (1916). Art. 1.519. Se o dono da coisa, no caso do art. 160, n. II, não for culpado do perigo, assistir-lhe-á direto à indenização do prejuízo que sofreu.

261. BRASIL. Código Civil (1916). Art. 1.520. Se o perigo ocorrer por culpa de terceiro, contra este ficará com ação regressiva, no caso do art. 160, n. II o autor do dano, para haver importância, que tiver ressarcido ao dono da coisa. Parágrafo único. A mesma ação competirá contra aquele em defesa de quem se danificou a coisa (art. 160, n. I).

262. BRASIL. Código Civil (1916). Art. 1.528. O dono do edifício ou construção responde pelos danos que resultarem de sua ruína, se esta provier de falta de reparos, cuja necessidade fosse manifesta.

263. BRASIL. Código Civil (1916). Art. 1.529. Aquele que habitar uma casa, ou parte dela responde, pelo dano proveniente das coisas, que dela caírem ou forem lançadas em lugar indevido.

264. Ao comentar sobre o art. 1.529 do CC/1916, Clóvis Beviláqua menciona expressamente o dispositivo a respeito da responsabilidade objetiva: "Pouco importa que não haja postura municipal ou regulamento de higiene proibindo atirar coisas para fora de casa em lugar não destinado a esse mister. O ponto de vista do Código Civil é o dano à pessoa ou aos bens de outrem. A responsabilidade é objetiva e recai sobre o habitante da casa, que se não excusa, alegando que o ato prejudicial foi praticado por outra pessoa" (BEVILÁQUA, Clóvis. *Código Civil dos Estados Unidos do Brasil*. 9. ed. Rio de Janeiro: Paulo de Azevedo Ltda., 1954. v. 5. t. 2. p. 239).

265. PEREIRA, *op. cit.*, 1999, p. 23.

266. JORGE JUNIOR, Alberto Gosson. *Cláusulas gerais no novo Código Civil*. São Paulo: Saraiva, 2004. p. 123.

267. ITÁLIA. Codice Civile. Art. 2.050. *Responsabilità per l'esercizio di attività pericolose. Chiunque cagiona danno ad altri nello svolgimento di una attività pericolosa, per sua natura o per la natura dei mezzi adoperati, è tenuto al risarcimento, se non prova di avere adottato tutte le misure idonee a evitare il danno.* Tradução livre: "Art. 2.050. Responsabilidade pelo exercício de atividades perigosas. Aquele que causa dano a terceiros no desempenho de uma atividade perigosa, seja por sua natureza ou pela natureza dos meios utilizados, está obrigado a indenizar, a menos que prove ter adotado todas as medidas adequadas para evitar o dano".

268. DE CUPIS, Adriano de. *Il danno*. 2. ed. Milano: Dott. A. Giuffrè, 1966. v. 2. p. 175.

impõe um dever de diligência acima da média, uma vez que deverá demonstrar ter agido com prudência e diligência extremos, para ver-se livre do dever de reparar[269].

O Código Civil português possui dispositivo semelhante. O art. 493[270], 2, do referido diploma, não só dispõe que aquele que causar danos a outrem no exercício de uma atividade perigosa, pela sua natureza ou pelos meios utilizados, é obrigado a repará-lo, mas também estabelece que essa responsabilidade é afastada quando o causador do dano demonstrar "que empregou todas as providências exigidas pelas circunstâncias com o fim de os prevenir". Ao final do artigo, assim como o texto italiano, o legislador português estabeleceu uma espécie de presunção de culpa[271], e não responsabilidade objetiva, propriamente dita.

Segundo Teresa Ancona Lopez, a redação original do art. 927, parágrafo único, do CC/2002, foi redigida por Agostinho Alvim, e caminhava no mesmo sentido dos Códigos Civis italiano e português, ao prever que o causador do dano poderia se livrar do dever de indenizar se comprovasse "o emprego de medidas tecnicamente adequadas"[272]. Todavia, a parte final do dispositivo teria sido suprimida por uma emenda do Deputado Cleverson Teixeira, na Câmara dos Deputados, o que teria quebrado a lógica dos artigos copiados, que estabelecem uma presunção de culpa, e não a aplicação da responsabilidade objetiva[273].

Significa dizer que o CC/2002, ao positivar a teoria do risco, o fez para estabelecer as hipóteses nas quais a responsabilidade objetiva deve ser observada, sem seguir a "fórmula" dos códigos civis italiano e português (que serviram de inspiração na edição do diploma brasileiro), que tratam do tema por meio de presunção de culpa.

Voltando à opção do legislador brasileiro, cláusulas gerais são estruturas normativas parcialmente em branco, completadas por meio da referência às regras extrajurídicas, ou dispostas em outros *loci* do sistema jurídico[274]; têm função instrumentalizadora e conferem mobilidade ao sistema interno do Código Civil, concretizando o previsto nos princípios gerais do direito, e nos conceitos legais indeterminados[275]. O recurso

---

269. *Ibidem*, p. 160.
270. PORTUGAL. Código Civil. Art. 493º (Danos causados por coisas, animais ou actividades). 1. Quem tiver em seu poder coisa móvel ou imóvel, com o dever de a vigiar, e bem assim quem tiver assumido o encargo da vigilância de quaisquer animais, responde pelos danos que a coisa ou os animais causarem, salvo se provar que nenhuma culpa houve da sua parte ou que os danos se teriam igualmente produzido ainda que não houvesse culpa sua. 2. Quem causar danos a outrem no exercício de uma actividade, perigosa por sua própria natureza ou pela natureza dos meios utilizados, é obrigado a repará-los, excepto se mostrar que empregou todas as providências exigidas pelas circunstâncias com o fim de os prevenir.
271. CORDEIRO, *op. cit.*, 2014, p. 587.
272. Redação original: "Aquele que, por ato ilícito (arts. 186 e 187), causar dano a outrem é obrigado a repará-lo. Haverá obrigação de reparar o dano, independentemente de culpa, nos casos especificados por lei, ou quando a atividade normalmente desenvolvida pelo autor do dano implicar, por sua natureza, grande risco para os direitos de outrem, salvo se comprovado o emprego de medidas tecnicamente adequadas".
273. LOPEZ, Teresa Ancona. *Princípio da precaução e evolução da responsabilidade civil*. São Paulo: Quartier Latin, 2010. p. 161-163.
274. MARTINS-COSTA, *op. cit.*, 2018, p. 158-159.
275. NERY; NERY JUNIOR, *op. cit.*, 2019a, p. 489.

às cláusulas gerais está presente em diversos artigos do CC/2002[276]. Ele imprime mais mobilidade ao sistema, fazendo-o permanecer vivo e atualizado, de maneira a não ser engessado pela lei, mas adequado às necessidades da vida social, econômica e jurídica[277]. Segundo Miguel Reale, o CC/2002 deu preferência a normas ou cláusulas abertas, superando o rigorismo formalista do CC/1916, concebido sob a influência da escola francesa da exegese e dos pandectistas germânicos[278].

Diante da escolha do legislador por estabelecer cláusula geral de responsabilidade objetiva (um dos pontos mais altos do CC/2002, segundo Miguel Reale, ao lado dos artigos que tratam da onerosidade excessiva[279]), ganha relevo a função integrativa da doutrina, a quem cabe enfrentar o conceito do risco (art. 927, parágrafo único, do CC/2002) que justifique a utilização da responsabilidade objetiva. Ou seja, coube à doutrina enfrentar a pergunta: o que seria essa "atividade normalmente desenvolvida pelo autor do dano" que implica, "por sua natureza, risco para os direitos de outrem"?

Segundo Cláudio Luiz Bueno de Godoy, para se aplicar a responsabilidade civil objetiva prevista no CC/2002, é indispensável que o dano tenha ocorrido no exercício de uma atividade, entendida como uma série e conjunto de atos, e não no contexto de um ato isolado, por mais que ele possa oferecer risco a outrem[280]. E mais: os atos, ainda que repetidos, podem não encerrar uma atividade – conceito previsto na cláusula geral –, se não contiverem na sua coordenação ou organização um fim global[281].

A noção de atividade, portanto, está relacionada a um processo, isto é, uma dinâmica de reiteração de atos, com os atributos da continuidade em seu desenvolvimento e execução[282]. Na sua essência, conta com uma série de atos coordenados, relacionados a uma finalidade econômica e profissional, ligada a uma habitualidade, e não a esporadicidade[283].

Existe, portanto, uma distinção conceitual entre ato e atividade, que faz com que eles sigam lógica diversa, gerando, "na atualidade, a dificuldade de submeter todas essas condutas (atos e atividades) ao regramento de um mesmo sistema jurídico unificado de direito de obrigações"[284]. Essa dificuldade se torna clara quando se busca analisar os

---

276. Por exemplo, no art. 421 do CC/2002 (a liberdade de contratar será exercida nos limites em razão da função social do contrato) ou no art. 422 do CC/2002 (os contratantes são obrigados a guardar, na conclusão e execução do contrato, os princípios de probidade e boa-fé).
277. NERY; NERY JUNIOR, *op. cit.*, 2019a, p. 490.
278. REALE, Miguel. *Estudos preliminares do Código Civil*. São Paulo: RT, 2003. p. 65-66.
279. *Ibidem*, p. 66.
280. GODOY, Claudio Luiz Bueno. *Responsabilidade civil pelo risco da atividade*. 2. ed. São Paulo: Saraiva, 2010. p. 70-72.
281. *Ibidem*, p. 74.
282. MONTEIRO FILHO, Carlos Edison do Rêgo; ROSENVALD, Nelson. Cláusula geral do risco da atividade: a maioridade do parágrafo único do art. 927 do Código Civil. In: BARBOSA, Henrique; SILVA, Jorge Cesa Ferreira da. *A evolução do direito empresarial e obrigacional*: os 18 anos do Código Civil. Obrigações e contratos. São Paulo: Quartier Latin, 2021. v. 2. p. 705.
283. LOPEZ, Tereza Ancona. *Nexo causal e produtos potencialmente nocivos* – a experiência brasileira do tabaco. São Paulo: Quartier Latin, 2008. p. 57-58.
284. NERY, *op. cit.*, p. 214.

resultados gerados por essas ações. Por um lado, os resultados dos atos estão ligados ao caráter jurídico da vontade do sujeito, considerados apenas sob o ponto de vista de seu aspecto subjetivo. Por outro lado, os resultados da atividade despertam a noção de proporcionalidade das coisas que devem ser prestadas pelos que se obrigaram, exigindo uma investigação relacionada à objetividade do vínculo[285].

Por essa razão, a atividade a que se refere o art. 927, parágrafo único, do CC/2002, na maioria dos casos, é a atividade empresarial, e, somente de modo excepcional, a série de atos da pessoa natural, que põem em risco a segurança alheia[286]. Tanto é assim que, nos esclarecimentos prestados por Miguel Reale, acerca da análise das emendas da Câmara dos Deputados, ao projeto do Código Civil (enviado em 1975), ele enfrenta a adoção da teoria do risco, para dizer que o fez considerando a estrutura e a natureza de um negócio jurídico como o de transporte ou de trabalho, "implica a existência de riscos inerentes à atividade desenvolvida", o que acaba por impor "a responsabilidade objetiva de quem dela tira proveito, haja ou não culpa"[287].

Significa dizer que, um ato isolado, embora ponha outrem em risco – como dirigir, por exemplo –, não justifica a aplicação da cláusula geral do risco prevista no CC/2002. Segundo Sergio Cavalieri Filho, o legislador de 1970 procurou, com a cláusula geral, inserir uma nova regra mudando a sistemática do art. 159 do CC/1916 (estabelecia a necessidade de se provar a culpa para se reconhecer o dever de indenizar), para, diante de uma nova realidade social – quando os serviços já abrangiam uma área enorme da sociedade e do mercado de consumo (luz, gás, telefone, transportes etc.) –, o consumidor fosse protegido do mercado de consumo. A preocupação se justificava pois, à época, não havia o CDC, que acabou sendo editado e sancionado antes mesmo do Código Civil, o qual manteve a redação idealizada na década de 1970[288].

Ocorre que, apesar dessas disposições do CC/2002 e do CDC, sub-repticiamente, a classificação das obrigações de meios e de resultado também acaba por definir o tipo da responsabilidade civil, que passa a ser subjetiva nas obrigações de meios, e objetiva nas obrigações de resultado, segundo Valeria de Lorenzi[289]. A causa disso está numa máxima que, segundo a autora, define que nas obrigações de meios, o devedor só pode ser condenado com base em uma *faute personnelle* ("culpa pessoal"), que cabe ao credor provar. Já nas obrigações de resultado, o devedor responde sem a necessidade de investigação sobre sua conduta, bastando a simples prova da falta de resultado. A única causa de exoneração é a *cause étrangère* ("causa externa") (e não a falta de culpa)[290].

---

285. NERY, *op. cit.*, p. 214.
286. LOPEZ, *op. cit.*, 2008, p. 58.
287. REALE, *op. cit.*, 2003, p. 67-68.
288. CAVALIERI FILHO, Sergio. Responsabilidade civil no Novo Código Civil. *Revista da Emerj*, v. 6, n. 24, 2003. p. 41.
289. LORENZI, *op. cit.*, p. 398.
290. *Ibidem*, p. 398.

Todavia, observando a realidade do direito positivo brasileiro, não é a classificação da obrigação (de meios e de resultado) que define o tipo de responsabilidade civil a ser observado, quando da ocorrência de um dano reparável. Na realidade, como regra geral, os casos devem ser julgados sob a égide da responsabilidade subjetiva, salvo se a lei dispuser diversamente, ou quando a atividade (reiterada, sistemática e habitual), normalmente desenvolvida pelo autor do dano, implicar, por sua natureza, risco para os direitos de outrem.

No mais, em razão de emenda ocorrida durante o processo de sua aprovação, o CC/2002, diversamente das leis paradigmas italiana e portuguesa, não previu a presunção da culpa do devedor (que deveria provar a sua inexistência para ver-se livre do dever de reparar), mas a sua eliminação, ao impor a responsabilidade civil objetiva, nas hipóteses previstas na cláusula geral do art. 927, parágrafo único, do CC/2002.

Nesse sentido, Rosa Maria de Andrade Nery e Nelson Nery Junior entendem que as cláusulas gerais não são princípios ou regras de interpretação, mas textos jurídicos normativos que criam direitos e obrigações, e que devem ser aplicados, inclusive, *ex officio* pelo juiz, até mesmo por tratarem de regras de ordem pública[291]. Diante dessa realidade, a cláusula geral prevista no art. 927, parágrafo único, do CC/2002, não pode deixar de ser observada para, em determinado caso concreto, alterar-se o tipo de responsabilidade civil previsto legalmente em razão de outros critérios não previstos pela cláusula em discussão.

3.2.3 Responsabilidade civil, obrigações de meios e cláusulas de limitação de responsabilidade: as impositivas restrições dos arts. 734 do CC/2002, e 51, I, do CDC

Transformações decorrentes de inúmeros fenômenos contemporâneos vêm alterando o direito, notadamente a responsabilidade civil, cuja evolução está em consonância com a busca da felicidade[292].

A CF/1988, o CDC e o CC/2002 são marcos que mudaram a visão sobre a responsabilidade civil. A valorização da pessoa humana, fundamento máximo do ordenamento jurídico, desviou o enfoque eminentemente patrimonial e oitocentista de outrora, privilegiando uma vida com dignidade, aliada ao comportamento correto e de boa-fé, vinculado ao imperativo "não lesar", a fim de se cuidar e proteger a sociedade[293].

Sob esse enfoque, conforme leciona Paulo Lôbo, destacam-se a máxima reparação do dano e a solidariedade social como valores que marcam a transformação contemporânea da responsabilidade civil[294]. No processo de transformação da responsabilidade civil, tem-se tentado construir soluções no sentido de sempre privilegiar a reparação

---
291. NERY; NERY JUNIOR, *op. cit.*, 2019b, p. 472.
292. DONINNI, *op. cit.*, 2015, p. 39.
293. *Ibidem*, p. 39.
294. LÔBO, *op. cit.*, p. 23.

civil da vítima, mais do que a punição do causador do ano, com base numa reflexão crítica sobre a estrutura e a função do direito, evitando repetir fórmulas já demonstradas insuficientes diante da realidade[295.] Afinal, "o espírito sempre jovem do direito impõe, exatamente para assim permanecer, eterna renovação da técnica"[296.]

Ao tratar da evolução histórica da responsabilidade civil, Geneviéve Viney destaca a tendência de generalização do seguro de responsabilidade civil e da coletivização dos riscos[297.] Com base no paradigma francês, destaca o papel do legislador, que vem intervindo em múltiplas ocasiões para impor a obrigação de assegurar a responsabilidade civil. Exemplo disso seria a obrigatoriedade da contratação de seguro, a todos que, por exemplo, ponham em circulação um veículo terrestre movido a motor, se dediquem à caça, pratiquem esportes perigosos, exerçam determinadas atividades profissionais ou lucrativas[298.]

Aqui, abrem-se parênteses para destacar que essas "tendências" da responsabilidade civil guardam íntima relação com o objeto deste livro, isto é, com as obrigações de meios ou de resultado. Isso porque, embora a análise da natureza das obrigações devesse ocorrer antes mesmo da imposição das respectivas consequências da distinção (questões de inversão do ônus da prova, ou definição do tipo de responsabilidade civil, por exemplo), a jurisprudência – diante da vagueza dos conceitos de obrigações de meios e de resultado – acaba privilegiando ou afastando a reparação, a partir da dicotomia. Distinguem-se as obrigações partir das suas consequências, e não a partir da sua natureza jurídica, e isso traz reflexos diretos no reconhecimento do dever de reparar.

Essa "abordagem" de diferenciar as obrigações de meios ou de resultado com base em suas implicações, em vez da sua natureza efetiva, surge devido à incerteza dos critérios de distinção existentes até então. Em artigo publicado em 1937, Claude Thomas já denunciava que a jurisprudência caminhava no sentido de uma ou outra obrigação (de meios ou de resultado), conforme se pretendia criar situação privilegiada para o devedor ou para o credor na ação de responsabilidade[299.]

Nesse sentido, Joseph Frossard exemplifica: em um determinado caso, o vendedor de um apartamento inseriu no contrato de venda e compra uma cláusula prevendo que os inquilinos não mais poderiam usar o bem, quando os novos proprietários tomassem posse dele. Mesmo havendo uma sentença de despejo, os locatários remanesceram no local, e a administração se negou a prestar auxílio na execução do julgado. Diante disso, os magistrados concluíram que o vendedor não tinha a obrigação de entregar o imóvel desocupado (obrigação de resultado), mas de fazer todo o possível para despejar o inquilino, isto é, possuía uma obrigação de meios. A crise imobiliária e a atitude da administração teriam dado causa a uma álea que levou os juízes a entenderem que o

---
295. EHRHARDT JUNIOR, *op. cit.*, p. 48.
296. DIAS, José de Aguiar. *Cláusula de não indenizar*. 4. ed. Rio de Janeiro: Forense, 1980. p. 14.
297. VINEY, *op. cit.*, 2007, p. 482.
298. *Ibidem*, p. 542-543.
299. THOMAS, *op. cit.*, p. 650.

vendedor só deveria adotar uma atitude de prudência e diligência para cumprir sua obrigação[300].

Aparentemente, Joseph Frossard não é o único autor francês que critica a ausência de consistência da jurisprudência quanto à diferença entre as obrigações de meios e de resultado. Segundo Geneviéve Viney, na atualidade, a jurisprudência tem atribuído "generosamente" a qualificação de obrigação de resultado a alguns deveres relacionados a certos contratos, resultando em diversos casos de "responsabilidade automática". Isso ocorre, por exemplo, em situações envolvendo lesões sofridas por passageiros durante o transporte, danos a mercadorias, prejuízos a vítimas de defeitos em produtos ou falhas na construção de obras[301].

Segundo Marcos Catalan, a distinção discutida foi criada para ampliar as opções de exclusão do dever de reparação, manter a culpa como um de seus elementos e propor a redistribuição do ônus probatório, que seria atribuído ao credor nas obrigações de meios[302]. Segundo o autor, a dificuldade na identificação da natureza da obrigação assumida (como de meios ou de resultado) seria, muitas vezes, um divisor de águas na imposição (ou não) do dever de reparar, em razão dos diferentes regimes adotados na imputação do dever[303]. Sob a perspectiva da responsabilidade dos profissionais liberais, Clóvis do Couto e Silva reconhece que, "como se trata, no geral, de obrigação de meios e, como há um certo *esprit de corps* ("corporativismo") especialmente entre os médicos, não é uma tarefa fácil chegar-se à sua condenação"[304]. Já a condenação dos arquitetos, por exemplo, "não é tão difícil de ser estabelecida, pois se trata de uma obrigação de resultado, de uma hipótese de responsabilidade contratual"[305].

A impunidade, a partir da utilização da dicotomia pela jurisprudência, também é destacada por Lavyne Lima Nogueira. Segundo a autora, pesquisas jurisprudenciais vêm demonstrando que a identificação de obrigações de resultado, nos julgados relacionados à responsabilização do profissional liberal, ainda é mínima, o que iria de encontro com a realidade, tendo em vista a evolução técnica vislumbrada atualmente. Esse cenário, que encobertaria as obrigações de resultado, não só vem gerando uma enorme dificuldade aos consumidores, a quem caberia provar a culpa dos profissionais, a fim de ser ressarcido, mas também fazendo com que inúmeros litígios sequer sejam judicializados, em razão de se conhecerem as dificuldades a serem enfrentadas para se obter a reparação[306].

---

300. FROSSARD, *op. cit.*, p. 9.
301. VINEY, *op. cit.*, 2007, p. 607-608.
302. CATALAN, *op. cit.*, p. 202.
303. *Ibidem*, p. 204.
304. COUTO E SILVA, Clóvis do. O conceito de dano no direito brasileiro e comparado. *Revista dos Tribunais*, São Paulo, v. 667, 1991. p. 7-16, maio 1991.
305. *Ibidem*.
306. NOGUEIRA, Lavyne Lima. Responsabilidade civil do profissional liberal perante o Código de Defesa do Consumidor. *Revista de Direito do Consumidor*, v. 40. p. 199-226, out.-dez. 2001.

A questão destacada acima é a de que, definir uma obrigação como de meios ou de resultado está intimamente relacionada à distribuição de riscos entre os contratantes e, em razão dos imbróglios conceituais advindos da categoria em comento, "a obrigação de meios pode funcionar como cláusula limitante da responsabilidade em relação à obrigação de resultado"[307.] A assunção convencional da obtenção de um resultado (mesmo diante das hipóteses nas quais, classicamente, entende-se ser uma obrigação de meios), por outro lado, poderia representar hipótese de agravamento da responsabilidade do devedor[308.] Se analisado o tema considerando as consequências práticas da utilização do modelo dogmático aqui tratado, percebe-se a nítida relação entre as hipóteses de atenuação ou agravamento da responsabilidade do devedor (por meio do agravamento ou atenuação do seu risco, que pode culminar até mesmo como uma cláusula de limitação de responsabilidade), e as obrigações de meios ou de resultado.

Nesse contexto, evidente que as obrigações de meios atuam, na prática, como cláusulas de limitação de responsabilidade, muito embora não sejam assim tratadas pelos contratantes. Essa relação é tão marcante que Joseph Frossard, ao criticar o critério da álea como fator distintivo entre as obrigações em análise, aborda as cláusulas limitadoras, ao destacar que elas são inseridas nos contratos quando o devedor não deseja assumir responsabilidades tão agravadas (além daquelas correspondentes à conduta de um "bom pai de família"). Nesse cenário, opta-se por recorrer a uma obrigação de meios como forma de mitigar os riscos envolvidos[309.] O devedor que se beneficia de uma cláusula de não responsabilidade (o que seria uma obrigação de meios) não teria interesse de ultrapassar as dificuldades, mas de evitá-las (para si)[310,] o que deixaria o credor em uma situação desvantajosa.

Sabe-se que a autonomia privada atribui aos indivíduos uma competência para determinar o âmbito do que é juridicamente relevante e sua normatividade[311.] A partir dessa competência, é lícito que os contratantes (desde que preenchidos determinados requisitos negativos, como a não violação da ordem pública) estabeleçam regras específicas para a hipótese do não cumprimento dos deveres constantes do instrumento celebrado, como a estipulação de cláusula penal. Segundo esse raciocínio, problema algum haveria se as partes estabelecerem, *a priori*, que não haverá qualquer tipo de indenização, na hipótese de dano decorrente do descumprimento do pacto celebrado.

A condição aqui refere-se à cláusula de extinção da responsabilidade civil (cláusula de não indenizar), e não à cláusula que a limita. Segundo José de Aguiar Dias, enquanto a cláusula de limitação de responsabilidade suprime a incerteza da liquidação, na

---

307. THOMAS, *op. cit.*, p. 647.
308. PRATA, Ana. *Cláusulas de exclusão e limitação da responsabilidade contratual*. Coimbra: Almedina, 2020. p. 36.
309. FROSSARD, *op. cit.*, p. 130.
310. *Ibidem*, p. 130.
311. NANNI, Giovanni Ettore. A evolução do direito civil obrigacional: a concepção do direito civil constitucional e a transição da autonomia da vontade para a autonomia privada. *In*: LOTUFO, Renan (coord.). *Cadernos de Direito Civil Constitucional*. Curitiba: Juruá, 2001. Caderno 2. p. 170.

apuração dos prejuízos, fixando-se *a priori* o montante da reparação na hipótese do inadimplemento, na cláusula de não indenizar (ou cláusula de irresponsabilidade), suprime-se qualquer reparação[312].

Assim, embora por meio da autonomia privada seja possível atenuar a responsabilidade do devedor, essa condição deve estar expressa no contrato[313]. Afinal, quando as partes estão estabelecendo as cláusulas contratuais, o fazem considerando as vantagens e desvantagens da operação econômica. Se uma das partes renuncia ao direito de ser indenizado, na hipótese de sofrer um dano, seguramente o faz por vislumbrar que esse risco integra a lógica do contrato, tendo em vista outros benefícios que dele são advindos. Pela lógica negocial, há de haver um benefício econômico atrelado à assunção do risco de não ser indenizado. A cláusula só é válida se o sacrifício consentido pela parte (ao aceitá-la em seu desfavor) for compensado por vantagem contratual[314].

Outros requisitos também impõem restrições à estipulação da cláusula em questão. Nesse sentido, o art. 734 do CC/2002[315] prevê a nulidade de "qualquer cláusula excludente da responsabilidade", no contrato de transporte, admitindo, no entanto, o ajuste do limite do montante a ser indenizado. Nas relações de consumo, o art. 51, I, do CDC, considera nulas de pleno direito as cláusulas que impossibilitem, exonerem ou atenuem a responsabilidade do fornecedor por vícios de qualquer natureza dos produtos e serviços, mas permite limitação se se tratar de consumidor pessoa jurídica, desde que se vislumbre uma situação justificável[316].

Mas, para além dessas limitações legais específicas, observa-se que as cláusulas de não indenizar são condicionadas a certos requisitos de validade. Para além dos requisitos da capacidade das partes, objeto lícito, forma prescrita em lei, requisitos de solenidade, consentimento ou acordo de vontades, a que se subordinam todos os negócios jurídicos, as cláusulas de não indenizar, para serem válidas, também não podem ofender a ordem pública e os bons costumes, além de exigirem que o autor e a vítima do dano sejam determinados (ou determináveis)[317].

José de Aguiar Dias leva essa restrição adiante, limitando ainda mais a aplicação da cláusula de irresponsabilidade ao argumentar que essa cláusula não deve ser aplicada quando a vida e a integridade física de uma das partes estão em risco, considerando-a

---

312. DIAS, *op. cit.*, 1980, p. 21-22.
313. GOMES, *op. cit.*, 1978, p. 191.
314. DIAS, *op. cit.*, 1980, p. 247-248.
315. BRASIL. Código Civil (2002). Art. 734. O transportador responde pelos danos causados às pessoas transportadas e suas bagagens, salvo motivo de força maior, sendo nula qualquer cláusula excludente da responsabilidade. Parágrafo único. É lícito ao transportador exigir a declaração do valor da bagagem a fim de fixar o limite da indenização.
316. BRASIL. Lei n. 8.078/1990. Art. 51. São nulas de pleno direito, entre outras, as cláusulas contratuais relativas ao fornecimento de produtos e serviços que: I – impossibilitem, exonerem ou atenuem a responsabilidade do fornecedor por vícios de qualquer natureza dos produtos e serviços ou impliquem renúncia ou disposição de direitos. Nas relações de consumo entre o fornecedor e o consumidor pessoa jurídica, a indenização poderá ser limitada, em situações justificáveis;
317. DIAS, *op. cit.*, 1980, p. 43.

válida apenas para questões de natureza patrimonial[318.] Ao tratar da utilização da cláusula em negócios de transporte de pessoas, concorda com Louis Josserand, ao afirmar que a saúde, a vida e a integridade das pessoas estão acima do âmbito das convenções, não sendo lícito deferir a outrem o direito de matar, ferir impunemente ou a preço reduzido; seria "arbitrário, em face de um contrato nitidamente caracterizado, colocar a responsabilidade civil em bases que o desconheçam"[319.]

Como se vê, tendo em vista a natureza da renúncia à indenização, e do valor do bem renunciado, a doutrina impõe uma série de condições de validade à cláusula de irresponsabilidade. Também expõe que ela só tem razão de ser quando há uma compensação contratual, por parte daquele que, havendo dano por incumprimento, ficará indene. Todavia, quando a doutrina trata das obrigações de meios – que podem representar verdadeiras cláusulas de exclusão da responsabilidade civil ("verdadeiras cláusulas de irresponsabilidade"[320)] –, não se lhes impõe condições de validade ou restrições de aplicabilidade. Aliás, muitas vezes, classifica determinada obrigação como de meios sem que as partes sequer tenham tratado da natureza das obrigações contraídas, ou discutido sobre a não responsabilidade do devedor pelo não cumprimento do avençado.

Nesse sentido, no exemplo clássico da relação entre médico e paciente, aceita-se quase à unanimidade a referência à obrigação de meios, e o benefício obtido pelo profissional com essa classificação, sem considerar que o objeto da relação envolve a saúde, a vida, e a integridade física do paciente. Ora, esses direitos não estariam acima das convenções (como afirma José de Aguiar Dias, fazendo referência a Louis Josserand)?[321]

Indo além, e abordando especificamente a legislação brasileira: se o art. 51, I, do CDC, estabelece que são nulas as cláusulas que impossibilitem, exonerem ou atenuem a responsabilidade do fornecedor por vícios de qualquer natureza dos produtos e serviços (quando se trata de pessoa natural), por que se admite que a relação de consumo existente entre paciente e médico se paute pelas regras atinentes às obrigações de meios?

A propósito, destaca-se que a base fundamental do sistema de proteção ao consumidor no Brasil reside na concepção do consumidor (tanto o consumidor *stricto sensu* conforme o art. 2º [322] do CDC, quanto os consumidores equiparados conforme o parágrafo único do art. 2º, e os art. 17[323] e 29[324] do CDC) como alguém merecedor de

---

318. *Ibidem*, p. 238.
319. *Ibidem*, p. 227.
320. RIBEIRO, *op. cit.*, p. 74-75.
321. DIAS, *op. cit.*, 1980, p. 238.
322. BRASIL. Lei n. 8.078/1990. Art. 2º. Consumidor é toda pessoa física ou jurídica que adquire ou utiliza produto ou serviço como destinatário final. Parágrafo único. Equipara-se a consumidor a coletividade de pessoas, ainda que indetermináveis, que haja intervindo nas relações de consumo.
323. BRASIL. Lei n. 8.078/1990. Art. 17. Para os efeitos desta Seção, equiparam-se aos consumidores todas as vítimas do evento.
324. BRASIL. Lei n. 8.078/1990. Art. 29. Para os fins deste Capítulo e do seguinte, equiparam-se aos consumidores todas as pessoas determináveis ou não, expostas às práticas nele previstas.

uma proteção especial, conforme estipulado pela CF/1988. Dessa forma, o princípio da proteção do consumidor, consagrado na CF/1988 como um direito fundamental e um princípio da ordem econômica, implica transformações em vários institutos jurídicos, incluindo contratos e responsabilidade civil[325].

A incidência normativa emanada desses dispositivos não permite criar no cenário contratual envolvendo o consumidor, uma área imune à perspectiva de proteção ao sujeito vulnerável (que é o consumidor). Inclusive, não se pode olvidar que vulnerabilidade jurídica – revelada na carência de conhecimentos específicos em direito – é presumida para o consumidor não profissional e para a pessoa física consumidora[326]. Significa dizer que, quando um consumidor contrata, ele é uma parte presumidamente vulnerável, que não tem conhecimento dos impactos jurídicos das disposições contratuais às quais anui. Permitir que o consumidor consinta com a definição, no contrato, de que a obrigação assumida pela sua contraparte é de meios (e, com isso, assumir todas as consequências jurídicas dessa definição, prejudiciais a si) é algo que deve ser visto com ressalvas, a ponto de se questionar a validade da avença (ante as disposições do art. 51, I, do CDC).

Isso porque, nos casos reais, muitos institutos se assemelham em razão dos seus efeitos práticos. A convenção por meio da qual o credor assume o ônus da prova da culpa do devedor, invertendo o regime probatório no domínio da responsabilidade contratual (como ocorre com as obrigações de meios, conforme a doutrina majoritária – conf. cap. 1), se assemelharia a uma limitação da responsabilidade.

Para garantir uma coerência lógica do sistema jurídico pátrio, se se continuar utilizando livremente as obrigações de meios – o que impossibilita, exonera ou atenua a responsabilidade do devedor –, dever-se-ia impor a elas, no mínimo, as mesmas regras e condições de validade relacionadas à cláusula de não indenizar, o que não ocorre.

3.3 ANÁLISE DAS OBRIGAÇÕES DE MEIOS E DE RESULTADO NA PERSPECTIVA DA DISTRIBUIÇÃO DO ÔNUS PROBATÓRIO

Na primeira parte deste livro, demonstrou-se que porção considerável da doutrina atribui às obrigações de meios e de resultado a consequência de definir o regime probatório. Em uma obrigação de meios, o encargo de comprovar ausência do comportamento exigido recairia sobre o credor. No caso de uma obrigação de resultado, o cumprimento só seria reconhecido se o resultado fosse efetivamente alcançado, de modo que, não se alcançando, recairia sobre o devedor o ônus de provar a ocorrência de um caso fortuito ou de força maior para se eximir da responsabilidade.

---

325. MARQUES, Cláudia Lima; MIRAGEM, Bruno. *O novo direito privado e a proteção dos vulneráveis*. 2. ed. São Paulo: RT, 2014. p. 152-153.
326. *Ibidem*, p. 157-158.

Na terceira parte do capítulo 3, explora-se o tema do ônus da prova, realizando-se uma comparação entre as disposições legais que tratam desse aspecto e as implicações discutidas na doutrina em relação à distinção entre obrigações de meios e de resultado no contexto da distribuição do ônus probatório.

3.3.1 As consequências da dicotomia das obrigações de meios e de resultado no que diz respeito ao ônus da prova: a necessária observância das normas do art. 373, §§ 1º a 3º, do CPC/2015

A regra jurídica sobre o ônus probatório não é de direito material, nem de direito processual: é comum aos dois ramos do direito, pois concerne à tutela jurídica[327]. Nesse sentido posiciona-se Francesco Carnelutti, afirmando que se deve ter muito cuidado ao dissociar o lado processual do material, pois esse seria um ponto de confluência de direitos, substantivos ou formais, o que refletiria na dificuldade de sua interpretação[328].

Conforme aduz Francisco Cavalcanti Pontes de Miranda, a teoria do ônus da prova está intimamente ligada à pretensão da tutela jurídica. Isso não implica que seja uma ferramenta para fundamentar uma sentença na ausência de provas dos fatos; seria assim apenas se considerarmos o ônus da prova como um *posterius*. O ônus da prova é fundamentalmente um *prius*; visa a evitar o *non liquet*. Aquele que tem interesse na afirmação é quem possui o ônus da prova; é uma responsabilidade, pois provar está em seu interesse próprio, para que a afirmação não fique sem sustentação. Esse interesse, relacionado ao ônus da prova surge após os fatos que precisam ser comprovados, extrajudicialmente ou judicialmente. É o mesmo interesse que tem a parte envolvida no negócio jurídico, ou no ato jurídico *stricto sensu*, em pré-constituir a prova (antes dos atos jurídicos), preparar a prova ou preservar a prova dos fatos relacionados aos atos jurídicos ou fatos jurídicos *stricto sensu*[329].

Por essa razão, em que pese este livro tratar de direito material (civil), o tema se revela pertinente ao objeto deste estudo, sobretudo porque a distinção entre as obrigações de meios e de resultado surgiu a partir da tentativa de superação da antinomia supostamente existente entre os arts. 1.137 e 1.147 do *Code Civil*, que tratavam, indiretamente, da prova em caso de descumprimento de uma determinada obrigação. Ao se aplicar o art. 1.137, a ausência de culpa seria suficiente para excluir a responsabilidade do devedor, mas, ao se observar o art. 1.147, além da ausência de culpa, o devedor deveria comprovar a existência de "causa estranha que não lhe pode ser imputada".

Segundo a doutrina clássica francesa, a distribuição do ônus da prova ocorre conforme o tipo de responsabilidade civil adotado. Em regra, tendo em vista a disposição

---

327. NANNI, *op. cit.*, 2021b, p. 145.
328. CARNELUTTI, Francesco. Appunti sulle obbligazioni. *Rivista di Diritto Commerciale e del Diritto Generale delle Obbligazioni*. Milano: Francesco Vallardi, v. 13, parte primeira. p. 617-629, 1915. p. 620.
329. PONTES DE MIRANDA, Francisco Cavalcanti. *Tratado de Direito Privado*. 2. ed. Rio de Janeiro: Borsoi, 1954. t. III. p. 410-411.

dos arts. 1.382[330] e 1.383[331] do *Code Civil*, quem intentasse a ação de indenização seria obrigado a provar a existência do fato danoso, a existência de culpa, por negligência ou imprudência, e o dano sofrido. Mas isso somente ocorreria na responsabilidade civil extracontratual, pois, nela, seria "natural" o ônus da prova da culpa recair sobre quem alegasse ter sido lesado por um *délit* (delito) ou *quase-délit*[332] ("quase-delito"). A razão disso seria a inexistência de um vínculo prévio ao evento danoso entre o autor do dano e a vítima[333].

Se se tratasse de uma *faute contractuelle* ("culpa contratual"), a distribuição do ônus probatório seria diferente. Haveria uma separação completa entre o domínio do contrato e o da responsabilidade civil extracontratual. A existência de um contrato entre o autor e a vítima do dano excluiria a aplicação do art. 1.382 do *Code Civil*, pois a culpa contratual consistiria no próprio fato da inadimplência do acordo. Assim, caberia ao devedor, se quisesse se ver livre do dever de reparar, provar que o inadimplemento se deu em virtude da ocorrência de caso fortuito ou de força maior[334].

René Demogue se opôs à doutrina clássica, defendendo que a distribuição do ônus probatório seria o mesmo, tanto na culpa delitual (responsabilidade civil extracontratual), quando na contratual (responsabilidade civil contratual). Apoiando-se na doutrina de Francesco Carnelutti, afirma não haver diferença de regime probatório em razão de que, tanto na responsabilidade delitual, quando na responsabilidade contratual, se exige a violação de uma obrigação pré-existente. O infrator só seria considerado como tal se ultrapassasse o limite do seu direito objetivo, por regra expressa ou tácita, de fazer ou não fazer[335].

Por esse motivo, René Demogue propõe orientar a distribuição do ônus da prova por outra abordagem, isto é, pela diferença existente entre as obrigações de meios e de resultado. Afinal, as obrigações que recaem sobre o devedor nem sempre teriam a mesma natureza. Por vezes, ao devedor se exigiria um resultado (como construir um prédio ou transportar uma carga); por outras, só se exigiria do devedor certas medidas que, apesar de serem voltadas a um resultado, nem sempre o garantiriam (como um banqueiro que aluga um caixa-forte para a guarda de certos títulos, como exemplifica René Demogue: a ele só se poderia exigir a tomada de precauções relacionadas à vigilância, mas não lhe poderia ser exigida a entrega dos títulos intactos)[336].

---

330. FRANÇA. Code Civil. Art. 1382. *Tout fait quelconque de l'homme, qui cause à autrui un dommage, oblige celui par la faute duquel il est arrivé, à le réparer.* Tradução livre: "Art. 1382 Qualquer ato do homem que cause dano a outrem obriga aquele por cuja culpa ocorreu a repará-lo".
331. FRANÇA. Code Civil. Art. 1383. *Chacun est responsable du dommage qu'il a causé non- seulement par son fait, mais encore par sa négligence ou par son imprudence.* Tradução livre: "Art. 1383. Cada um é responsável pelo dano que tiver causado não só por seu ato, mas também por sua negligência ou imprudência".
332. HUDELOT; METMAN, *op. cit.*, p. 330.
333. GAUDEMET, *op. cit.*, p. 392.
334. HUDELOT; METMAN, *op. cit.*, p. 330.
335. DEMOGUE, *op. cit.*, p. 543.
336. RIBEIRO, *op. cit.*, p. 99.

Pela diferença de natureza, aduz René Demogue, haveria uma presunção de culpa, nas obrigações de resultado, se a prestação não fosse alcançada. Caberia ao devedor, para livrar-se de eventual responsabilidade, provar que não procedeu com culpa, demonstrando a ocorrência de caso fortuito ou de força maior. Ao contrário disso, nas obrigações de meios, competiria ao credor provar a culpa do devedor, isto é, que este não teria empregado a diligência, a prudência e a perícia necessárias. Essa mesma lógica se aplicaria na seara delitual (extracontratual): o dever de agir com prudência, para não causar danos a terceiros, constituiria uma obrigação de meios, mas, nas hipóteses de responsabilidade pelo risco, ou quando a lei exigisse a obrigação de não causar danos a outros, com coisas ou animais de sua propriedade, estar-se-ia diante de uma obrigação de resultado, operando-se, portanto, a presunção de culpa em desfavor do devedor[337].

Como se disse, o instituto da prova está longe de ser uma matéria exclusivamente processual. Está, segundo Francesco Carnelutti, "difundido e disperso por todas as ruas de direito privado", pois é evidente a "profunda ambiguidade da matéria, a qual alimenta, também nas indagações mais mediatas e recentes, persistentes incertezas da sua definição"[338]. Afinal, "o direito processual está solidamente arraigado sobre o terreno do direito material", e cada instituto do direito privado está envolvido pelas normas sobre as provas, como uma rede de vasos capilares; um verdadeiro jogo de ações e reações, que corre entre os dois campos (direitos material e processual)[339].

Não é por acaso que a criação das obrigações de meios e de resultado tenha surgido (segundo aqueles que atribuem a criação a René Demogue) a partir da discussão sobre o ônus probatório do devedor e do credor, a partir da interpretação do *Code Civil*. Importante dizer que a própria autonomia do direito processual é recente, pois ele passou a existir, como ciência, em meados do século XIX. Até então, "a ação era considerada um aspecto do direito material, ou um direito nascido da sua violação"[340].

Essa autonomia, porém, apesar da sua relevância, não pode afastar a noção mais importante do direito processual, sua instrumentalidade, a ressaltar o fato de que o processo deve ser concebido como um instrumento para a tutela do direito substancial[341] a se adequar ao objeto com o qual opera[342], e não o inverso. Ou seja, não pode o processo se descolar da sua finalidade, a de entregar o direito material, e passar a servir de entrave – burocrático e técnico – para a efetivação dos direitos.

---

337. RIBEIRO, *op. cit.*, p. 99-100.
338. CARNELUTTI, Francesco. *A prova civil* – parte geral: o conceito jurídico da prova. Trad. e notas: Amilcare Carletti. 2. ed. São Paulo: Pillares, 2016. p. 12.
339. *Ibidem*, p. 12.
340. BEDAQUE, José Roberto dos Santos. *Direito e processo*: influência do direito material sobre o processo. 6. ed. São Paulo: Malheiros, 2011. p. 32.
341. *Ibidem*, p. 26.
342. *Ibidem*, p. 26.

Nesse sentido, não se pode tratar da distribuição do ônus da prova como um assunto estritamente técnico-processual, sem observar que o seu estudo em abstrato, descolado da realidade da vida, é algo que não só vai de encontro à função precípua do direito processual, como impede o acesso dos indivíduos à justiça. Daí a importância de se cotejar, a todo momento, a aplicação dos institutos processuais com a realidade normativa do direito material, pois, conforme alerta Humberto Theodoro Júnior, "isolar um fenômeno para categorizá-lo, tão somente com dados de um segmento da ordem jurídica [...] não é obra cientificamente plausível"[343,] notadamente quando a presença e os efeitos do referido fenômeno se manifestam em toda a extensão da mesma ordem[344.]

Feitas essas considerações, é presumível a conclusão de que não se pode estudar o instituto da prova (e da distribuição do seu ônus) sem se adentrar no direito material. Sendo mais específico, não se revela cabível estudar a inversão do ônus da prova – fenômeno muitas vezes presente na dicotomia objeto deste estudo – sem adentrar no direito material cujo acesso é permitido ou negado, a partir da regra de ordem processual.

Qualquer pessoa dedicada a refletir sobre a prova no processo irá se deparar com o questionamento sobre o seu propósito. Intuitivamente, surgirá a noção de que a prova busca, em sua essência, investigar a verdade dos eventos ocorridos, sobre os quais será estabelecida a norma jurídica abstrata que governará uma determinada situação[345.] Definir a verdade, porém, não é missão fácil, seja porque a reconstrução de um fato ocorrido no passado sempre é influenciada pelos aspectos subjetivos das pessoas que o assistiram (a interpretação de cada sujeito pode acabar dando um "toque pessoal" que distorce a realidade), seja porque seria inocente acreditar que o julgador consegue analisar objetivamente os fatos, sem acrescentar qualquer dose de subjetividade[346.]

Essa conclusão não afasta a relação teleológica entre a prova e a verdade, pois esta, além de ser o pressuposto ético do processo justo, é uma das fontes de legitimação da função judiciária, já que é necessariamente injusta a decisão baseada em uma falsa verificação das alegações de fato no processo[347.] No campo processual, porém, há quem defenda – e há sentido nisso – que a descoberta da verdade é um mito, e que o processo trabalha com a verossimilhança e com a argumentação[348,] o que não abduz a importância do processo para se determinar a qualidade da "verdade" obtida ou exigível. Ou,

---

343. THEODORO JÚNIOR, Humberto. As sentenças determinativas e a classificação das ações. *In*: COSTA, Eduardo José da Fonseca; MOURÃO, Luiz Eduardo Ribeiro. NOGUEIRA. Pedro Henrique (org.). *Teoria quinária da ação*: estudos em homenagem a Pontes de Miranda nos 30 anos do seu falecimento. Salvador: JusPodivm, 2010. p. 315-330. p. 317.
344. *Ibidem*, p. 317.
345. MARINONI, Luiz Guilherme; ARENHART, Sérgio Cruz. *Prova e convicção*. 6. ed. São Paulo: Thomson Reuters Brasil, 2022. p. 27.
346. *Ibidem*, p. 37.
347. MARINONI, Luiz Guilherme; ARENHART, Sérgio Cruz; MITIDIERO, Daniel. *Novo curso de processo civil*: teoria do processo civil. São Paulo: RT, 2015. v. 1. p. 505.
348. MARINONI; ARENHART, *op. cit.*, p. 53.

da possibilidade, da verossimilhança e da probabilidade, em uma escala qualitativa de "verdade" construída a partir dos fatos do caso, resultantes da argumentação dialética dos sujeitos do processo (partes e juiz)[349.]

Para essa verdade ser alcançada pelo juiz, ainda que de forma limitada, o ordenamento jurídico dispõe de regras específicas sobre quem deve recair o ônus de provar determinado fato. Tanto o CPC/1973[350] quanto o CPC/2015[351] estabeleceram que ao autor cabe provar o fato constitutivo do seu direito, e, ao réu, a existência de fato impeditivo, modificativo ou extintivo do direito do autor.

O CPC/2015, porém, trouxe algumas inovações. Por ser idealizado em uma fase do direito brasileiro na qual se verifica a assunção da Constituição Federal ao centro da ciência jurídica, é possível verificar o abarcamento de valores sociais do direito, notadamente aqueles que exigem um processo justo e capaz de outorgar justiça aos jurisdicionados. Tendo isso em vista, não poderia ser o ônus probatório um fator impeditivo da concretização de direitos fundamentais de acesso à justiça e isonomia[352.] Por essa razão, o art. 373, § 1º, do CPC/2015, consolidou a teoria de distribuição dinâmica do ônus probatório, também conhecida na doutrina como teoria da prova compartilhada, carga da prova compartilhada, cargas probatórias dinâmicas, ou ainda, princípio da solidariedade, ou da efetiva colaboração das partes com o órgão jurisdicional[353].

Segundo essa teoria, ventilada pela primeira vez em 1981, e atribuída ao jurista argentino Walter Peyrano – crítico fervoroso do critério estático, rígido e único, de repartição de ônus probatório –, em determinados casos, havendo circunstâncias específicas, deveriam ser flexibilizadas as regras de distribuição do ônus da prova, quando elas se mostrarem inadequadas ou insuficientes às partes e ao juiz, para a solução do litígio[354.]

Significa dizer que, apesar de caber ao autor o ônus de provar o fato constitutivo do seu direito, e ao réu comprovar a existência de fato impeditivo, modificativo ou

---

349. *Ibidem*, p. 54-55.
350. BRASIL. Código de Processo Civil (1973). Art. 333. O ônus da prova incumbe: I – ao autor, quanto ao fato constitutivo do seu direito; II – ao réu, quanto à existência de fato impeditivo, modificativo ou extintivo do direito do autor. Parágrafo único. É nula a convenção que distribui de maneira diversa o ônus da prova quando: I – recair sobre direito indisponível da parte; II – tornar excessivamente difícil a uma parte o exercício do direito.
351. BRASIL. Código de Processo Civil (2015). Art. 373. O ônus da prova incumbe: I – ao autor, quanto ao fato constitutivo de seu direito; II – ao réu, quanto à existência de fato impeditivo, modificativo ou extintivo do direito do autor. § 1º Nos casos previstos em lei ou diante de peculiaridades da causa relacionadas à impossibilidade ou à excessiva dificuldade de cumprir o encargo nos termos do caput ou à maior facilidade de obtenção da prova do fato contrário, poderá o juiz atribuir o ônus da prova de modo diverso, desde que o faça por decisão fundamentada, caso em que deverá dar à parte a oportunidade de se desincumbir do ônus que lhe foi atribuído. § 2º A decisão prevista no § 1º deste artigo não pode gerar situação em que a desincumbência do encargo pela parte seja impossível ou excessivamente difícil. § 3º A distribuição diversa do ônus da prova também pode ocorrer por convenção das partes, salvo quando: I – recair sobre direito indisponível da parte; II – tornar excessivamente difícil a uma parte o exercício do direito. § 4º A convenção de que trata o § 3º pode ser celebrada antes ou durante o processo.
352. MACÊDO, Lucas Buril; PEIXOTO, Ravi. *Ônus da prova e sua dinamização*. 2. ed. Salvador: Juspodivm, 2016. p. 169-170.
353. ZANETI. Paulo Rogério. *Flexibilização das regras sobre o ônus da prova*. São Paulo: Malheiros, 2011. p. 115.
354. *Ibidem*, p. 116-117.

extintivo do direito do autor – regra estática de distribuição do ônus probatório –, esse preceito pode ser alterado de forma casuística, quando o juiz verificar que, diante de certas circunstâncias do caso concreto, é impossível ou demasiadamente difícil a parte produzir a prova cujo ônus lhe cabia.

Ainda antes do CPC/2015, alguns autores, com base nos princípios que fundamentavam o direito processual, entendiam pela aplicação da teoria da distribuição dinâmica do ônus da prova, sob o argumento de que ela facilitava a busca da verdade, favorecia o reconhecimento da igualdade processual das partes, possibilitava o direito à prova de forma equilibrada, além do efetivo e real acesso à justiça, evitando que uma das partes tivesse que produzir uma prova "diabólica" ou impossível[355.] Mas, além desse entendimento, que acabava sendo refletido em alguns julgados, o ordenamento jurídico já previa a possibilidade de se distribuir o ônus da prova de modo diverso da regra estabelecida no CPC/1973, o que se dava nas relações de consumo.

Isso porque o CDC[356,] a fim de facilitar o acesso do consumidor à justiça, previu, como direito deste, a inversão do ônus da prova, quando o juiz, a seu critério, vislumbrasse verossimilhança nas alegações do autor, ou quando ficasse constatada a hipossuficiência do consumidor perante o fornecedor.

A ampliação das possibilidades de distribuição do ônus da prova de modo diverso da regra geral representa um grande avanço, pois possibilita que as partes tenham facilitado o acesso à justiça, e evita a não reparação de danos causados, em razão da dificuldade da comprovação, por parte da vítima, de se preencherem os requisitos da reparação civil.

No mais, a regra que altera a dinâmica original da distribuição do ônus probatório aparenta ter muita aplicabilidade no exemplo clássico das obrigações de meios, isto é, na relação do médico com o paciente. Isso porque é evidente que o médico, por possuir o conhecimento da técnica aplicada (geralmente desconhecida pelo paciente), e por estar atento e acordado em todos os procedimentos – o que nem sempre acontece com aquele que está sendo atendido – tem muito mais facilidade de produzir provas, em uma ação que se discute eventual erro médico. É o entendimento de Ricardo Luis Lorenzetti:

> *Ello es claro en los juicios de responsabilidad profesional, en los de la base de que quien tiene la información, la documentación, quien puede explicar mejor los hechos es, justamente, el profesional. Evidentemente es más económico para el médico aportar la prueba. El paciente, en cambio, tendría que asistir con un abogado a la primera consulta para poder preconstituir bas y poder dar una idea razonable de lo que ha sucedido que sucede en la realidad es que el paciente se ve obligado a promover denuncias penales a fin de obtener pruebas, allanamientos y documentarse. De este modo se termina perjudicando a los profesionales, quienes se ven*

---

355. *Ibidem*, p. 177-178.
356. BRASIL. Lei n. 8.078/1990. Art. 6º. São direitos básicos do consumidor: [...] VIII – a facilitação da defesa de seus direitos, inclusive com a inversão do ônus da prova, a seu favor, no processo civil, quando, a critério do juiz, for verossímil a alegação ou quando for ele hipossuficiente, segundo as regras ordinárias de experiências;

expuestos nnecesariamente a causas penales, con riesgos de inhabilitación. Esta regla, como todas, debe ser precisa y evitar los excesos[357-358].

Além da questão médica, é relevante refletir sobre a pertinência de manter a dicotomia entre as obrigações de meios e de resultado, considerando que a justificação da sua existência se baseia na distribuição do ônus probatório. Nesse ponto, como se revela equivocado distinguir as obrigações a partir das suas consequências (e não a partir da sua natureza jurídica), no caso das obrigações de meios e de resultado, é justamente isso o que ocorre, em especial, quando se percebe que a sua criação partiu da discussão sobre eventual antinomia entre os arts. 1.137 e 1.147 do *Code Civil*, que tratavam da distribuição do ônus da prova, entre o credor e o devedor. Para além disso, alguns doutrinadores que defendem a distinção o fazem por enxergar relevância prática na regra de inversão do ônus probatório (André Tunc[359] e Fábio Konder Comparato[360]).

---

357. LORENZETTI, *op. cit.*, p. 211. Tradução livre: "Isso fica claro nos casos de responsabilidade profissional, nos quais se parte do pressuposto de que aquele que possui a informação, a documentação e pode explicar melhor os fatos é, precisamente, o profissional em questão. É evidentemente mais econômico para o médico apresentar a prova. O paciente, por outro lado, teria que comparecer à primeira consulta acompanhado de um advogado para poder antecipar e coletar elementos de prova e assim fornecer uma ideia razoável do que aconteceu. Na realidade, o que ocorre é que o paciente se vê obrigado a apresentar queixas criminais a fim de obter provas, autorizações para buscas e apreensões e documentação. Dessa forma, os profissionais acabam sendo prejudicados, pois se veem desnecessariamente expostos a processos criminais, com riscos de desqualificação. Essa regra, assim como todas as outras, deve ser precisa e evitar excessos".
358. "*En suma, cuestión de la prueba del incumplimiento de la prestación debe subordinarse a las circunstancias de cada caso que exigirán un mayor o un menor aporte probatorio del acreedor. Belluscio ha puntualizado atinadamente una serie de ejemplos en que frente a obligaciones de la misma natu raleza, en su caracterización a priori, pueden variar los extre mos a probar por el acreedoras. Así, por ejemplo, si el médico abandona la asistencia del enfermo, y la raíz de ello el pacien te agrava – o muere –, bastará con que se pruebe el abando no para inferir la culpa, si en cambio se imputa al médico un defectuoso tratamiento o un diagnóstico equivocado, no bastará con probar el agravamiento la muerte del paciente (como en el caso anterior), sino que deberá probarse la culpa del médico en el tratamiento o en el diagnóstico. Y es evi dente que en ambos ejemplos la obligación asumida por el médico era idéntica, desde la perspectiva conceptual*". Tradução livre: "Em resumo, a questão da prova do descumprimento da obrigação deve se subordinar às circunstâncias de cada caso, o que exigirá maior ou menor evidência por parte do credor. Belluscio destacou de forma precisa uma série de exemplos nos quais, diante de obrigações da mesma natureza em sua caracterização *a priori*, os extremos a serem provados pelo credor podem variar. Por exemplo, se um médico abandona o cuidado de um paciente e, como resultado, o paciente piora ou morre, será suficiente provar o abandono para inferir a negligência. No entanto, se for atribuído ao médico um tratamento defeituoso ou um diagnóstico equivocado, não será suficiente apenas provar a piora ou morte do paciente (como no caso anterior), mas também será necessário provar a culpa do médico no tratamento ou diagnóstico. E é evidente que, em ambos os exemplos, a obrigação assumida pelo médico era idêntica, do ponto de vista conceitual" (ZANNONI, *op. cit.*, p. 140-141).
359. "Reconheçamos que a distinção não é fundamental. Seu interesse se limita quase a uma inversão do ônus da prova – e sabemos que esta questão possui geralmente menos importância na prática do que em teoria" (TUNC, *op. cit.*).
360. Apesar de Fábio Konder Comparato ressaltar que a importância da distinção reside na diversidade de tipos de responsabilidade civil, a sua justificativa trata justamente da distribuição do ônus probatório. "Evidentemente, a importância prática da classificação reside no diverso regime de responsabilidade a que dão ensejo êsses três tipos de obrigação. Tratando-se de uma obrigação de meios, o devedor só será responsável na medida em que se provar não a falta de resultado (que não entra no âmbito da relação), mas a total ausência do comportamento exigido, ou um comportamento pouco diligente e leal. O ônus da prova incumbe pois ao credor" (COMPARATO, *op. cit.*,1967).

Ocorre que, se, hoje, o juiz pode distribuir o ônus probatório conforme a real possibilidade das partes de produzirem provas constitutivas do seu direito (ou desconstitutivas/extintivas do direito da adversa), o estabelecimento prévio de regras distintas daquela geral, para hipóteses consideradas obrigações de meios e de resultado, não faz sentido[361].

Além disso, não se pode olvidar que o art. 373, § 3º, do CPC/2015[362,] impede que as partes estabeleçam, por convenção, uma distribuição do ônus da prova diferente daquela prevista no art. 373, I e II, do CPC/2015 (ou seja, ao autor o ônus de provar o fato constitutivo do seu direito e, ao réu, a existência de fato impeditivo, modificativo ou extintivo do direito do autor). Essa proibição tem duas exceções fundamentais: a primeira, quando a questão cujo ônus da prova se convenciona recai sobre um direito indisponível da parte; a segunda, quando a alteração da regra geral de distribuição do ônus probatório torna excessivamente difícil para uma das partes o exercício do seu direito.

Diante disso, assumindo-se que a natureza da obrigação influencia na regra de distribuição do ônus da prova[363,] há uma vedação implícita no sistema que impede às partes convencionarem[364] que determinada obrigação é de meios ou

---

361. CAON, op. cit., 2019.
362. BRASIL. Código de Processo Civil (2015). Art. 373. O ônus da prova incumbe: [...] § 3º A distribuição diversa do ônus da prova também pode ocorrer por convenção das partes, salvo quando: I – recair sobre direito indisponível da parte; II – tornar excessivamente difícil a uma parte o exercício do direito.
363. Sobre os efeitos das cláusulas que tratam da convolação de uma obrigação de resultado numa obrigação de meios, Ricardo Lucas Ribeiro afirma: "Afigura-se-nos que as cláusulas destinadas a convolar uma obrigação de resultado numa obrigação de meios não são mais do que cláusulas sobre o ónus da prova (embora não actuem propriamente ao nível do ónus da prova da culpa). É que, como havemos de concluir, o relevo da distinção entre as obrigações de resultado e as obrigações de meios circunscreve-se, precisamente, à matéria do *onus probandi*. O modo de repartir o encargo da prova é diferente, consoante se esteja perante um caso de responsabilidade pelo não cumprimento de uma obrigação de resultado ou de responsabilidade pelo não cumprimento de uma obrigação de meios. Em ambos os casos, valerá a presunção de culpa do art. 799.º, mas, como veremos mais à frente, só no primeiro deve entender-se valer outrossim uma presunção de ilicitude e de nexo de causalidade" (RIBEIRO, op. cit., p. 75).
364. Os irmãos Henri e Léon Mazeaud, defensores da dicotomia objeto deste estudo, apontam que, no âmbito contratual, o primeiro critério a ser utilizado (para distinguir o tipo da obrigação) é analisar a intenção das partes, e, somente se essa não puder ser decifrada, deveri-se-ia se utilizar do critério da álea: *Sur le terrain contractuel, il s'agit de déceler l'intention des parties: ont-elles voulu stipuler et promettre que le but recherché dans le contrat sera atteint, par exemple qu'une marchandise parviendra en tel lieu dans l'état où elle a été confiée au transporteur, ou seulement que le débiteur fera montre de prudence et diligence pour essayer d'atteindre le but recherché dans le contrat, par exemple que le médecin se conduira avec prudence et diligence pour tâcher de parvenir à la guérison du malade?. A défaut de circonstances particulières permettant de découvrir cette volonté, on peut, comme le propose M. Tunc, se référer à la nature aléatoire du but poursuivi par le contrat: Chaque fois que le résultat cherché est aléatoire, on doit supposer que l'obligation assumée est une simple obligation de prudence et diligence, car, normalement, un débiteur ne s'engage pas à procurer un tel résultat, mais seulement à faire son possible pour essayer d'y parvenir; ainsi du médecin quant à son client. Chaque fois, au contraire, que le résultat en vue duquel le contrat a été passé n'est pas aléatoire, on peut normalement penser que le débiteur a promis la réalisation de ce résultat; ainsi du transporteur de marchandises quant à la livraison en bon état de la chose transportée. L'obligation doit alors être interprétée comme une obligation déterminée*. Tradução livre: "No campo contratual, trata-se de identificar a intenção das partes: elas pretendiam estipular e prometer que o objetivo buscado no contrato seria alcançado, como, por exemplo, que uma mercadoria chegaria a um determinado local no estado em que

de resultado[365,] sempre que essa convenção gerar alguma das hipóteses previstas no art. 373, § 3º, do CPC/2015. Exemplo: em uma relação médica, as partes não poderiam estabelecer, de modo convencional, que determinada obrigação é de meios, pois, se houver erro médico, esse arranjo tornaria excessivamente difícil, à vítima (paciente), o exercício do direito de ser reparado civilmente. Indo além, em determinados casos, discute-se se o paciente, ao convencionar com o médico que determinada obrigação é de meios, está tratando sobre um direito indisponível, isto é, a sua vida.

3.4 CONCLUSÃO DO CAPÍTULO 3: AUSÊNCIA DE COMPATIBILIDADE DO MODELO DOGMÁTICO DAS OBRIGAÇÕES DE MEIOS E DE RESULTADO COM O ORDENAMENTO JURÍDICO BRASILEIRO

A doutrina não só tem a função de interpretar, ao explicitar a significação e orientar sobre o sentido das estruturas jurídicas normativas (modelos jurídicos) – atuando de modo paralelo aos demais métodos dos quais os juristas dispõem para compreender as normas – como também de criar modelos dogmáticos, criações/qualificações de ordem teórica visando a fornecer esquemas de solução para casos não regulados (lacunas) ou mal regulados (insuficiência, deficiência, inadequação valorativa) pelos modelos jurí-

---

foi entregue ao transportador, ou apenas que o devedor agirá com prudência e diligência para tentar alcançar o objetivo buscado no contrato, como, por exemplo, que o médico agirá com prudência e diligência para buscar a cura do paciente? Na ausência de circunstâncias particulares que permitam descobrir essa vontade, pode-se, como proposto pelo Sr. Tunc, referir-se à natureza aleatória do objetivo buscado pelo contrato: sempre que o resultado buscado for aleatório, deve-se presumir que a obrigação assumida é apenas uma obrigação de prudência e diligência, pois normalmente um devedor não se compromete a alcançar tal resultado, mas apenas a fazer o possível para tentar alcançá-lo; assim como o médico em relação ao seu paciente. Por outro lado, sempre que o resultado para o qual o contrato foi celebrado não for aleatório, normalmente pode-se pensar que o devedor prometeu a realização desse resultado; como, por exemplo, o transportador de mercadorias em relação à entrega em bom estado do objeto transportado. A obrigação deve então ser interpretada como uma obrigação determinada" (MAZEAUD; MAZEAUD, *op. cit.*, p. 109).

365. Ricardo Lucas Ribeiro, com base no direito positivado português, defende a possibilidade de as partes transformarem uma obrigação de resultado em uma obrigação de meios: "Ora, ao transformar negocialmente uma obrigação de resultado numa obrigação de meios, as partes afastam essa presunção de culpa alargada à ilicitude e à causalidade, impondo, por conseguinte, ao credor o ónus de provar a ilicitude do comportamento do devedor e o nexo causal em processo de responsabilidade. Há, assim, uma inversão convencional do *onus probandi*, que pode levantar dificuldades ao credor. Serão de admitir tais cláusulas? A resposta é, em princípio, positiva, em face do que preceitua o art. 344.º, n. 1, em conjugação com o disposto no art. 345.º, n. 1" (RIBEIRO, *op. cit.*, p. 75). O autor também defende que as partes podem transformar uma obrigação de meios numa de resultado: "Pela nossa parte, também propendemos, sem deixar de reconhecer a delicadeza da questão, para considerar estas cláusulas válidas, por razões idênticas às que vimos justificarem a validade de princípio das cláusulas que convertem uma obrigação de resultado numa obrigação de meios. É que, à semelhança destas últimas, também aquelas são convenções que incidem sobre as regras do ónus da prova, desta vez, modificando-as, em prejuízo do devedor. Basta dizer que a assunção de uma obrigação de resultado faz recair sobre o devedor uma presunção de culpa alargada à ilicitude e ao nexo de causalidade, para logo se perceber que há aqui uma alteração do regime probatório, que vai tornar mais difícil a tarefa do devedor de afastar a responsabilidade que o credor pretende que lhe seja assacada por alegado não cumprimento. Ora, essa alteração cabe na *ratio* do art. 344.º, n. 1, do CCiv tanto, deve, em princípio, reputar-se válida (RIBEIRO, *op. cit.*, p. 79).

dicos, de maneira a viabilizar uma ordenada atividade de integração hermenêutica[366]. Ou seja, à doutrina cabe interpretar normas e modelos jurídicos, empregar técnicas para solver questões de qualificação, valoração e prova, e criar modelos dogmáticos voltados à interpretação e à integração de lacunas[367].

O modelo dogmático criado pela doutrina é espécie de modelo do direito (estruturas normativas da experiência jurídica), assim como são os modelos jurídicos. Só que, enquanto estes são dotados de força prescritiva (porque advêm de normas prescritivas), aqueles são dotados de força indicativa, ou persuasiva (justamente por isso a doutrina não deve ser considerada fonte formal do direito)[368].

A criação de modelos dogmáticos parte da necessidade de se solucionarem situações específicas, e são elaborados a partir de algumas premissas, dentre elas, i) da ressignificação (ou emprego renovado) de uma solução não originalmente disposta, ii) pelo transpasse de soluções formuladas em outros campos semânticos (como a economia), iii) a partir do direito comparado (como a aplicação, no Brasil, da teoria da perda de uma chance ou do dever do credor de mitigar os próprios danos, derivado da boa-fé objetiva), ou, ainda, iv) *ex novo*, criando figuras originais, em decorrência de novas realidades fático-valorativas (como foi o caso da paternidade socioafetiva ou o casamento homossexual)[369].

Foi essa a reação dos doutrinadores franceses ao se depararem com uma série de situações de injustiça, decorrentes da existência estrita da responsabilidade subjetiva, ao criarem teses que buscavam tutelar as vítimas, facilitando a elas a prova, como a extensão da aplicabilidade do art. 1.386[370] do *Code Civil* – que tratava de responsabilizar o proprietário de um imóvel que viesse a ruir, em razão de um defeito de construção –, para responsabilizar o proprietário de uma máquina que, por defeito, causasse danos aos trabalhadores. Nada mais natural que assim o fizessem, pois é dever do jurista atender às mutações e aos imprevistos da vida social, utilizando-se da elasticidade inerente a todo modelo jurídico, para a sua necessária adequação[371].

René Demogue também tomou uma abordagem semelhante: diante da aparente contradição entre os arts. 1.147 e 1.137 do *Code Civil*, desenvolveu um novo modelo dogmático (uma construção conceitual inovadora), ou seja, as categorias das obrigações de meios e de resultado, como uma solução para resolver um problema existente na época. Esse modelo dogmático por ele proposto foi adotado pela jurisprudência francesa e tornou-se um paradigma jurídico amplamente utilizado no país.

---

366. MARTINS-COSTA, Judith. Apresentação. *Modelos de direito privado*. São Paulo: Marcial Pons, 2014. p. 26-27.
367. *Ibidem*, p. 27.
368. REALE, *op. cit.*, 1992, p. XXVIII.
369. MARTINS-COSTA, *op. cit.*, 2014, p. 28.
370. FRANÇA. Code Civil. Art. 1.386. *Le propiétaire d'un bâtiment est responsible du dommage cause par sa ruine, lorsqu'elle est arrivée para une suite du défaut d'entretien ouou par le vice de as construction*. Tradução livre: "Art. 1.386. O proprietário de um edifício é responsável pelo dano causado por sua ruína, quando esta ocorrer devido à falta de manutenção ou por defeito na construção".
371. REALE, *op. cit.*, 1994, p. 110.

Ocorre que a criação desse modelo se deu a partir de uma realidade muito específica do ordenamento jurídico francês, que não era (ou ainda não é) exatamente a do ordenamento brasileiro. Não se quer dizer que a simples diferença de realidade impede a importação de um modelo do direito alienígena, mas, para isso ocorrer, é indispensável um árduo e necessário trabalho de adaptação aos dados do ordenamento jurídico brasileiro, como fez Clóvis do Couto e Silva, na década de 1960, ao tratar do modelo dogmático da obrigação como processo, a partir de modelos construídos pela civilística germânica[372.] Não foi isso, todavia, o que aconteceu em relação às obrigações de meios e de resultado.

Parafraseando Judith Martins-Costa e Mariana Souza Pargendler, [ao tratarem da discussão sobre a aplicabilidade dos *punitive damages* ("danos punitivos") no Brasil], não há como explicar a fortuna crítica das obrigações de meios e de resultado no Brasil, senão por certos traços culturais, que fazem da imitação do "estrangeiro" (antes, o francês; agora, o alemão e o norte-americano) um critério de virtude intelectual, quiçá mesmo cívica[373.] Não é de hoje que se critica a importação, sem maiores reflexões, de conceitos estrangeiros que em nada se relacionam com o ordenamento jurídico positivo ou com as circunstâncias histórico-jurídicas nacionais[374.]

Sob essa perspectiva, embora o objeto da dogmática não seja limitado ao direito positivo, o fenômeno da positivação condiciona as investigações feitas em seu nome[375,] e por mais que o jurista possa tirar partido da elasticidade normativa, ele deve manter a compatibilidade lógica e ética com o ordenamento jurídico positivo, sendo-lhe vedado recusar eficácia a uma regra de direito positivo, na sua atividade interpretativa, pois isso fere o valor da certeza jurídica[376.] Isto é, as teorias dogmáticas estão sujeitas a exigências que não estão relacionadas somente à sua consistência interna, mas também à consistência externa, ou seja, com sua compatibilidade em relação às regras estabelecidas[377.]

Dessa forma, uma análise comparativa entre o modelo dogmático das obrigações de meios e de resultado e o ordenamento jurídico brasileiro revela uma evidente incompatibilidade. Ressalta-se que, ao defender essa perspectiva, não se busca diminuir a (essencial) importância dos juristas brasileiros que, de maneira fundamentada, apoiam a utilidade e a viabilidade da aplicação do modelo dogmático das obrigações de meios e de resultado no contexto jurídico do país. Ao contrário, eles merecem todo respeito e admiração, pela autoridade que conquistaram em virtude da consistência e do rigor científicos desenvolvidos em seus trabalhos. O objetivo, aqui, é apresentar

---

372. MARTINS-COSTA, *op. cit.*, 2014, p. 31.
373. MARTINS-COSTA, Judith; PARGENDLER, Mariana Souza. Usos e abusos da função punitiva *(punitive damages* e o direito brasileiro). *Revista CEJ 28/24* [*online*], jan.-mar. 2005. p. 22.
374. RODRIGUES JUNIOR, Otavio Luiz. Problemas na importação de conceitos jurídicos. Coluna Direito Comparado. *Consultor Jurídico*. 8 ago. 2012. Disponível em: http://www.conjur.com.br/2012-ago-08/direito-comparado-inadequada-importacao-institutos-juridicos-pais. Acesso em: 11 ago. 2023.
375. FERRAZ JUNIOR, *op. cit.*, 2015, p. 81.
376. REALE, *op. cit.*, 1994, p. 110.
377. NEUMANN, *op. cit.*, p. 474-475.

um contraponto e demonstrar que, sob uma perspectiva racional e justificada, deve ser considerada uma conclusão diferente, o que não diminui o mérito e a credibilidade daqueles que possuem visões divergentes. Afinal, o direito é multifacetado e permite abordagens distintas[378].

Não se nega que, a partir de um pré-entendimento sobre uma questão jurídica, a aplicação do direito pode ocorrer por meio de diversas combinações de raciocínios argumentativos. No entanto, essas combinações articulam argumentos de naturezas e pesos específicos distintos para cada questão jurídica, observando uma margem mínima de intervenção constitutiva do aplicador a uma máxima. Somente em determinadas hipóteses (por exemplo, diante de uma contradição, de lacunas, da possibilidade legal de recurso à equidade), a intervenção constituinte do aplicador é máxima[379].

No direito, é marcante a ética da fidelidade ao texto, isto é, a crença de que a fala do orador simplesmente reporta o que o outro disse. Nesse ponto, a interpretação jurídica se assemelha à tradução ordinária. Tanto a doutrina como a fundamentação das decisões estão sujeitas à ética da fidelidade ao texto[380], prática específica desenvolvida na cultura jurídica ocidental, baseada na ideologia de que a interpretação jurídica não é uma operação cognitiva não arbitrária e vinculada aos reportados textos legislativos[381].

Como consequência disso, na cultura jurídica ocidental, o colocar-se no lugar do outro na interpretação das leis se opera na crença do "legislador racional", por meio da qual se acredita que o intérprete, no contexto da interpretação jurídica, tem certos pressupostos de racionalidade do discurso normativo, isto é, deve empenhar-se em relatar as palavras da lei com o máximo de coerência e maior atenção aos seus propósitos funcionais[382]. Esse conceito do "legislador racional" é uma construção dogmática que se diferencia tanto do legislador normativo (que representa o ato juridicamente competente, conforme o ordenamento) quanto do legislador real (que é a vontade efetiva que promulga normas). O "legislador racional" ocupa uma posição intermediária, atua como uma entidade metalinguística entre a linguagem normativa e a linguagem da realidade. Na hermenêutica, quando se fala que "o legislador pretende que [...]", "a intenção do legislador é que [...]", ou até mesmo quando se menciona "a *mens legis* nos diz que [...]", refere-se a essa figura do "legislador racional". Ele representa uma abstração utilizada para melhor compreender e interpretar as leis, possibilitando uma análise mais aprofundada do propósito subjacente às normas[383].

---

378. FERRAZ JUNIOR, *op. cit.*, 2016, p. 6.
379. NEVES PEREIRA, Manuel de Sousa Domingues das. *Introdução ao direito e às obrigações*. Coimbra: Almedina, 1992. p. 18-19.
380. LUZES, Cristiano. *Legalidade e fraude à lei*: o "real" e o "aparente" no discurso da dogmática jurídica. São Paulo: Noeses, 2021. p. 142.
381. *Ibidem*, p. 142.
382. *Ibidem*, p. 142-143.
383. FERRAZ JUNIOR, *op. cit.*, 2019, p. 245.

As propriedades do legislador racional[384] corroboram os princípios fundamentais da hermenêutica dogmática: inegabilidade dos pontos de partida e proibição do *non liquet*. O "legislador racional" esclarece o dever-ser descritivo de Hans Kelsen como um ideal, não vinculado à competência jurídica ou vontade real. Esse dever-ser é fundamental na linguagem hermenêutica, que atua como a terceira linguagem, conferindo sentido à norma diante da realidade e permitindo a passagem da norma para a realidade. O intérprete reconstrói o discurso do ordenamento, tratando as normas como um todo harmônico com sentido na realidade. Essa busca pela vontade da lei ou do legislador pressupõe um propósito racional subjacente[385].

A pressuposição do "legislador racional" desempenha um papel fundamental nas interpretações do direito, tanto na abordagem dogmática quanto nas decisões judiciais. Os envolvidos agem como se o texto a ser interpretado fosse coeso, composto por objetivos claramente definidos. Isto porque, subjacente à busca pela intenção da lei ou do legislador, está a pressuposição epistemológica de que há um propósito racional que deseja ser compreendido e apresentar-se como tal[386]. Essas regras de interpretação são ideológicas e contingenciais e a racionalização do discurso jurídico pode, de um lado, servir para favorecer a certeza, a estabilidade e a segurança (ideologia estática), de outro, pode servir de adaptação, abertura, equidade e mudança (ideologia dinâmica)[387]. Essas ideologias, no entanto, convivem mutuamente, de maneira que a hermenêutica é capaz de utilizar tanto códigos fortes quanto fracos, a depender da situação. Essa flexibilidade confere à hermenêutica uma margem de manobra que explica as divergências interpretativas sem comprometer a ideia de uma interpretação verdadeira, aquela que realiza um ajuste coerente entre o poder-autoridade, o poder-liderança e o poder-reputação na emissão da norma[388].

---

384. "Em primeiro lugar, trata-se de uma figura singular, isto é, apesar da multiplicidade concreta (colegiados, parlamentos, diversos atores num processo legislativo), deve ser pressuposta sua identidade: o legislador. Em segundo lugar, é uma figura permanente, isto é, não desaparece com a passagem do tempo e com a morte das vontades concretas. Em terceiro lugar, é único, isto é, é o mesmo para todas as normas do ordenamento, não obstante as diferenças no tempo e no espaço e as diversas competências normativas, como se todo o ordenamento obedecesse a uma única vontade. Em quarto lugar, é consciente, ou seja, conhece todas as normas que emana, passadas e presentes, tendo ciência global do ordenamento. Em quinto lugar, é finalista, isto é, ao sancionar uma norma, sempre tem alguma intenção. Em sexto lugar, é onisciente, pois conhece todos os fatos e condutas, nada lhe escapando, sejam eventos passados, sejam presentes ou futuros. Em sétimo lugar, é onipotente, pois suas normas vigem até que ele próprio as substitua soberanamente. Em oitavo lugar, é justo, pois jamais deseja uma injustiça, tudo se resumindo numa questão de compreendê-lo bem. Em nono lugar, é coerente, ainda quando, aparentemente, se contradiz, bastando para isso invocar a *lex superior*, posterior e *specialis*. Em décimo lugar, é omnicompreensivo, pois o ordenamento tudo regula, explícita ou implicitamente. Em décimo primeiro lugar, é econômico, isto é, nunca é redundante, nunca usa palavras supérfluas, e cada norma, ainda que aparentemente esteja a regular a mesma *facti species*, tem na verdade uma função própria e específica. Em décimo segundo lugar, é operativo, pois todas as suas normas têm aplicabilidade, não havendo normas nem palavras inúteis. Em décimo terceiro lugar, é preciso, pois, apesar de se valer de palavras da língua natural, vagas e ambíguas, sempre lhes confere um sentido rigorosamente técnico" (FERRAZ JUNIOR, *op. cit.*, 2019, p. 246).
385. *Ibidem*, p. 246.
386. LUZES, *op. cit.*, p. 143.
387. *Ibidem*, p. 146.
388. FERRAZ JUNIOR, *op. cit.*, 2019, p. 250.

É a partir dessa perspectiva, considerando a noção de que códigos fortes e fracos são utilizados na operação da construção da dogmática, e a partir da consideração da tópica como uma técnica ou um estilo de pensar que se orienta para problemas, que se busca demonstrar o motivo de se defender neste livro que o modelo dogmático das obrigações de meios e de resultado não é compatível com o direito brasileiro.

Ao tratar do problema a partir da tópica, convém expor um ponto de vista, ou um lugar-comum, do qual partirá a linha argumentativa adiante exposta: o fenômeno da positivação condiciona as investigações realizadas em seu âmbito, de maneira que não se pode recusar a eficácia de uma norma de direito positivo em sua atividade interpretativa. Afinal, se o direito moderno é racional porque permite instalar um horizonte de previsibilidade e calculabilidade[389,] e se qualquer intérprete estará sempre vinculado pelos textos normativos[390,] ainda que se permita, na criação de modelos dogmáticos, uma elasticidade interpretativa que vá além do direito positivo, a lei vigente deverá servir, ao menos, como um código forte na aplicação do direito, e esta deverá prevalecer, em detrimento da argumentação que não é lastreada em uma norma imperativa (código fraco), em nome da segurança jurídica.

Observa-se que o ordenamento jurídico brasileiro prevê uma cláusula geral, no art. 927, parágrafo único, do CC/2002, por meio da qual se flexibilizou a aplicação irrestrita da responsabilidade subjetiva, ao dispor que, em determinados casos, quando a atividade normalmente desenvolvida pelo autor do dano implicar, por sua natureza, risco para os direitos de outrem, deve-se aplicar a responsabilidade objetiva, impondo-se o dever de reparar independentemente da configuração de culpa. Ao se optar por tratar da responsabilidade objetiva por meio de uma cláusula geral, o idealizador da norma pretendeu dotar o sistema do CC/2002 de mobilidade, criando um sistema flexível que, sob uma perspectiva dogmática, permite ao jurista utilizar larga elasticidade normativa para idealizar novos esquemas de solução de problemas. Todavia, o ponto de partida de criação do seu modelo dogmático deve ser a própria norma, e não a sua não observância.

Não se deve olvidar, também, que a aplicação da responsabilidade objetiva, segundo cláusula geral do art. 927, parágrafo único, do CC/2002, pressupõe o exercício de uma atividade, e não de um ato. Por isso, não se pode, diante de um ato negocial específico (de natureza cível, não consumerista), e não de uma atividade (que tenha o potencial de gerar dano à coletividade), impor a responsabilidade objetiva prevista na lei. Assim, não é razoável querer aplicar a responsabilidade objetiva sob o argumento de que determinada obrigação, estabelecida em um contrato de natureza civil, é de resultado, pois não é a natureza da obrigação que faz definir o tipo (subjetivo ou objetivo) de responsabilidade civil, segundo as normas do CC/2002.

---

389. GRAU, Eros Roberto. *Por que tenho medo dos juízes*: a interpretação/aplicação do direito e os princípios. 7. ed. São Paulo: Malheiros, 2016. p. 17.
390. *Ibidem*, p. 91.

Por exemplo: uma pessoa natural contrata um mestre de obras (também pessoa natural) para construir uma pequena casa. Trata-se de negócio jurídico envolvendo um ato específico, que, segundo o modelo dogmático sob análise, representa uma obrigação de resultado. Nesse caso, não se revela possível, segundo o art. 927, parágrafo único, do CC/2002, aplicar a responsabilidade objetiva, em uma ação que trate de prejuízos decorrentes do eventual inadimplemento, pois não se está diante de uma atividade, mas de um ato. Assim, a natureza (de resultado) da obrigação assumida pelo mestre de obras não poderia justificar a sua responsabilização objetiva.

Significa dizer que, se o CC/2002 dispõe que a responsabilidade civil objetiva deve ser aplicada em determinada hipótese prevista pela própria Lei, não se justifica que a norma deixe de ser aplicada para se reconhecer o dever de indenizar, independentemente da configuração de culpa, em outras hipóteses não previstas pelo ordenamento jurídico positivado (por exemplo, quando da constatação do inadimplemento de uma obrigação de resultado).

Ao negar a eficácia normativa de uma Lei em vigor para se criar algo novo, mediante a importação de um modelo dogmático alienígena, não foi utilizado qualquer método integrativo previsto pela própria Lei, isto é, pela Lei de Introdução às Normas do Direito Brasileiro – LINDB (designada Lei de Introdução ao Código Civil Brasileiro – LICC antes da Lei n. 12.376/2010). Nesse caso, a Lei não era omissa (pré-requisito previsto na LINDB[391] para se recorrer a algum método integrativo), pois tratava explicitamente em qual hipótese a responsabilidade civil independe de culpa, no art. 927, parágrafo único, do CC/2002. Não se olvide que o ordenamento jurídico positivado tende a estreitar, em nome dos valores da segurança e da certeza, o campo de atuação do intérprete, de modo que só se poderia recorrer a um método integrativo na hipótese da existência de uma lacuna[392], o que não é o caso.

Para além do CC/2002, o CDC, nos arts. 12 e 14, também estabeleceu normas específicas para definir a espécie de responsabilidade civil que deveria ser aplicada quando houvesse algum dano indenizável, em uma relação consumerista. Todavia, nega-se eficácia a essas normas ao se afirmar que é a natureza da relação obrigacional (de meios ou de resultado), e não as regras voltadas para tanto, que define o tipo de responsabilidade civil a ser aplicado. Ao proceder dessa forma, acaba-se por "periclitar o valor da certeza jurídica, ao sabor de interpretações que refletem, não raro, posições variáveis e incertas"[393] (como o próprio conceito das obrigações de meios e de resultado, que, como se viu, está longe do consenso).

No mais, não há dúvidas de que os redatores do CC/2002 e do CDC conheciam as obrigações de meios e de resultado (tanto que delas trataram em sua doutrina), todavia,

---

391. BRASIL. Decreto-Lei n. 4.657/1942 (Redação dada pela Lei n. 12.376/2010). Art. 4º. Quando a lei for omissa, o juiz decidirá o caso de acordo com a analogia, os costumes e os princípios gerais de direito.
392. FERRAZ JUNIOR, *op. cit.*, 2019, p. 283.
393. REALE, *op. cit.*, 1994, p. 110.

ao projetarem os diplomas em vigor, não se utilizaram delas para definir hipótese de aplicação da responsabilidade objetiva, optando por outros caminhos, o que não pode ser ignorado pelo intérprete.

Indo além, as mesmas observações são cabíveis em relação às normas previstas no art. 373, § 1º, do CPC/2015. Por meio desses dispositivos, o ordenamento jurídico estabeleceu um sistema específico de distribuição do ônus probatório, que prevê não só uma regra geral, mas regras específicas que visam a conferir mais justiça ao processo, viabilizando a concretização de direitos fundamentais de acesso à justiça e isonomia, ao firmar que, em determinados casos, a regra geral deverá ser deixada de lado, para que o ônus probatório recaia sob aquele que poderá, mais facilmente, produzir a prova de determinado fato.

Tendo isso em vista, não se demonstra justificável deixar de observar o sistema próprio previsto no ordenamento jurídico para estabelecer inversões de ônus probatórios em virtude da natureza da relação obrigacional. Quer dizer: na hipótese de inexecução culposa imputável ao devedor, os cenários de distribuição do ônus da prova devem ser os mesmos[394], isto é, não se justificam presunções de culpa, em desfavor do devedor, sob o argumento de que determinada obrigação é de resultado (ou, inversamente, atribuir ao credor o ônus probatório, em razão de se tratar de uma obrigação de meios). Cabe ao autor da ação provar o fato constitutivo de seu direito e, ao réu, a existência de fato impeditivo, modificativo ou extintivo do direito do autor, pois é isso que determina o CPC/2015. E, se essa regra geral não imprime isonomia (por impor uma excessiva onerosidade), em análise casuística a ser realizada pelo juiz, ele pode determinar que o ônus probatório seja desincumbido de forma diversa, independentemente da natureza da relação obrigatória, cujo inadimplemento se discute, desde que isso não gere situação em que a desincumbência do encargo pela parte seja impossível ou excessivamente difícil (art. 373, § 2º, do CPC/2015).

A mesma perspectiva existe quando se considera que, se as partes puderem livremente pactuar a natureza (de meios ou de resultado) da relação obrigacional, elas também estarão, indiretamente, tratando das presunções e das inversões do ônus da prova impostas pela doutrina e pela jurisprudência majoritária. Diante disso, ao optarem por uma obrigação de meios, naturalmente prejudicado (ou em uma situação mais onerosa) ficará o credor, e o inverso se dará na obrigação de resultado, quando o devedor ficará em uma situação desvantajosa (ou de maior onerosidade). Segundo o art. 373, § 3º, do CPC/2015, as partes não podem convencionar sobre as regras de distribuição do ônus probatório quando isso recair sobre direito indisponível da parte ou tornar o exercício do direito excessivamente difícil.

Ainda que se permitisse a aplicação, no Brasil, do modelo das obrigações de meios e de resultado, haveria de se reconhecer que isso não poderia ocorrer livremente, pois

---

394. NANNI, *op. cit.*, 2021b, p. 159.

o ordenamento jurídico impõe algumas restrições acerca da estipulação convencional das regras de distribuição do ônus probatório.

Sob essa perspectiva, se a vida é um direito indisponível, não poderia o seu titular convencionar que determinada obrigação relacionada ao seu direito de viver é uma obrigação de meios. Esse raciocínio impacta diretamente na análise da relação entre o médico e o paciente, por exemplo. Ainda que se repute válida uma cláusula a estabelecer que a obrigação do médico é de meios, não se lhe pode atribuir o efeito de, em uma ação judicial, estabelecer a inversão do ônus probatório em desfavor do paciente, tendo em vista a eficácia normativa do art. 373, § 3º, II, do CPC/2015, que impede as partes convencionarem sobre ônus probatório que recaia sobre direito indisponível (no caso, a vida e a integridade física). Além disso, essa cláusula acabaria tornando o direito do paciente excessivamente oneroso, pois, indiscutivelmente, para ele, é difícil provar que houve erro em um procedimento envolvendo técnicas que lhes são desconhecidas, o que também atrairia a incidência do art. 373, § 3º, II, do CPC/2015.

Dê-se outro exemplo de natureza empresarial: uma empresa A celebra um contrato com uma empresa B para prestar serviços de manutenção de um equipamento industrial altamente especializado. Segundo o contrato, a empresa B se compromete a realizar a manutenção do equipamento com o objetivo de mantê-lo em bom funcionamento, porém, a empresa B, no contrato estabelecido, assume apenas uma obrigação de meios, ou seja, ela se compromete a empregar todos os esforços e conhecimentos técnicos disponíveis para executar o serviço, mas não garante resultados específicos. Após realizar a manutenção, a empresa A percebe que o equipamento continua apresentando falhas e funcionando abaixo do esperado. A empresa A acredita que a empresa B não cumpriu adequadamente sua obrigação de meios, pois o equipamento ainda não funciona corretamente. Nesse caso, considerando no contrato a obrigação de meios da empresa B, impõe-se à empresa A o ônus de provar o descumprimento da sua obrigação. Todavia, em razão da alta especialização (e complexidade) do equipamento envolvido, a situação impõe à empresa A um ônus probatório excessivamente oneroso, pois, para demonstrar a falta de cumprimento da obrigação de meios pela empresa B, a empresa A precisa apresentar provas técnicas detalhadas e conclusivas que mostrem que a empresa B não empregou todos os esforços e conhecimentos técnicos disponíveis para realizar a manutenção.

Nesse exemplo, questiona-se a validade (ainda que parcial, sob a perspectiva das repercussões na seara probatória) da cláusula indicativa de que a obrigação da empresa B era de meios, pois as partes acabaram tornando excessivamente difícil o exercício, pela parte A, do seu direito, atraindo a incidência do art. 373, § 3º, II, do CPC/2015.

Mas, caso se queira superar a discussão sobre a validade da cláusula em questão, fato é que, desenhado esse cenário, o juiz deverá atribuir o ônus da prova de modo diverso, em desfavor da empresa B, tendo em vista o art. 373, § 1º, do CPC/2015. Dessa maneira, se se entende que a função do modelo dogmático das obrigações de meios e de resultado serve para atribuir ônus probatório (como na sua origem, proposto por

René Demogue), esse modelo perde completamente a sua utilidade ao se observarem os dispositivos do CPC/2015, que regulam a questão. Por que, então, mantê-lo em uso?

Para além dessas questões, sem olvidar dos argumentos relativos à distribuição do ônus probatório, a convenção sobre a natureza (de meios ou de resultado) de determinada obrigação, na realidade, não só tem um efeito prático de distribuir riscos entre as partes como, em determinadas situações, funciona como verdadeira cláusula de limitação de responsabilidade, tamanha a dificuldade imposta por uma obrigação de meios (na prática) ao acesso ao direito à reparação.

Ocorre que, enquanto o ordenamento jurídico impõe uma série de restrições ao estabelecimento de cláusulas de limitação de responsabilidade (art. 734 do CC/2002 e art. 51, I, do CDC), estas não são observadas quando as partes convencionam se determinada obrigação é de meios e de resultado, levando o modelo dogmático a funcionar, sub-repticiamente, como um ambiente de não incidência das referidas normas.

Diante desses argumentos, somado ao fato de que em toda obrigação existem elementos de conduta e de resultado, certo é que a incidência normativa de todos os artigos nesta seção mencionados, deve ser considerada como um código argumentativo forte, e como *topos* de ordem, que deverão ser privilegiados, em detrimento do modelo dogmático das obrigações de meios e de resultado, sobretudo quando se percebe que o ordenamento jurídico já dispõe de normas positivas que podem resolver problemas até então solvidos a partir do modelo dogmático em questão[395].

---

395. Nesse sentido, Gastone Cottino critica a sobreposição da categorização dogmática das obrigações de meios e de resultado sobre a disciplina normativa na Itália (muito embora a crítica também se aplique à realidade brasileira): *"La verità è che il legislatore non fa discendere dalla bipartizione dottrinale una diversa disciplina della liberazione del debitore; applica i principi dell'impossibilità sopravvenuta a tutti i rapporti obbligatori, quindi anche a rapporti quali quelli di lavoro in cui parrebbe dedotto un semplice comportamento del debitore (la prestazione delle energie) ed a quelle stesse obbligazioni di custodire che costituirebbero il nucleo della prima specie di obbligazioni. Sicchè, mentre la dilatazione del concetto di diligenza ed il suo sdoppiamento sono contra legem e perciò inaccettabili, la bipartizione delle obbligazioni è inutile, almeno ai nostri fini: e, se utilizzata, gravemente nociva in quanto sovrappone una categorizzazione dommatica a una disciplina normativa che prescinde da essa"* (COTTINO, *op. cit.*, p. 410-411). Tradução livre: "A verdade é que o legislador não deriva da bipartição doutrinária uma disciplina diferenciada de libertação do devedor; aplica os princípios da impossibilidade superveniente a todas as relações obrigatórias, portanto também a relações como as de trabalho – em que parecia deduzir-se um simples comportamento do devedor (a prestação de energia) e a essas mesmas obrigações de salvaguarda que constituem o núcleo do primeiro tipo de títulos. Assim, embora a expansão do conceito de diligência e a sua duplicação sejam *contra legem* e, portanto, inaceitáveis, a bipartição de obrigações é inútil, pelo menos para os nossos propósitos: e, se utilizada, gravemente prejudicial, pois sobrepõe uma categorização dogmática a uma disciplina normativa".

4
A IMPOSSIBILIDADE DE PRESTAR: EFEITOS E CONSEQUÊNCIAS

Para além da abstração do direito, a possibilidade de prestar é um pré-requisito lógico de toda obrigação. Afinal, como alguém pode prestar algo impossível?

As prestações de uma relação obrigacional sempre são voltadas ao adimplemento, e os sujeitos devem agir, cooperativamente, para essa finalidade ser atingida. Todavia, por mais que se empenhe toda a diligência possível para todas as prestações serem adimplidas, sempre haverá situações impedindo as partes de cumprirem esse propósito. Ao direito, então, coube regulá-las, o que, muitas vezes, não só aumenta o custo das transações econômicas, como coloca em xeque qualquer tentativa das partes de prosseguirem com o efetivamente avençado[1].

Diversamente do ocorrido em relação às obrigações de meios e de resultado, o ordenamento jurídico brasileiro normatizou as hipóteses de impossibilidade, conferindo ao operador do direito instrumentos claros e objetivos que possibilitam a aplicação do instituto.

4.1 A DOGMÁTICA DA IMPOSSIBILIDADE DE PRESTAR

Impossível é o que não acontece, e, juridicamente, impossibilidade é "sempre um obstáculo ao implemento ou à execução de ato ou fato"[2], segundo Nehemias Gueiros.

No mais, impossibilidade não é apenas uma. Ela se caracteriza sob o ponto de vista material, isto é, quando a ação (ou resultado), segundo as leis da natureza ou estado da ciência ou técnica, não pode ser realizada[3], ou temporal, pois pode se caracterizar antes (impossibilidade inicial/originária) ou depois de a obrigação ter sido pactuada (superveniente)[4].

---

1. BIAZI, João Pedro de Oliveira. *A impossibilidade superveniente da prestação não imputável ao devedor*. Rio de Janeiro: GZ, 2021. p. 7.
2. GUEIROS, Nehemias. Impossibilidade. *In*: SANTOS, João Manoel de Carvalho. *Repertório enciclopédico do direito brasileiro*. Rio de Janeiro: Borsoi, v. 25, [s.d.], p. 220-221.
3. PIRES, *op. cit.*, 2020b, p. 13.
4. *Ibidem*, p. 20.

Também não é uma instituição "descoberta" ou "idealizada" na contemporaneidade. O direito romano já tratava da impossibilidade (inicial), nas *Institutiones* de Gaio[5] e em fragmentos do Digesto. Segundo Paulo, "nenhuma obrigação produz efeitos perante o que não possa ter dono ou pertença a outrem"[6,] e, segundo Celso, "a obrigação de impossíveis é nula" (*sic*)[7.]

Enquanto não se conclui o negócio, a configuração da impossibilidade o invalida[8.] O fato de a impossibilidade atingir o campo da validade do negócio jurídico é uma opção legislativa, mas a possibilidade originária do objeto é referida como requisito de validade do negócio jurídico pela "generalidade da doutrina civilista", um verdadeiro "pressuposto ontológico" da obrigação[9.]

No Brasil, o tema é regulado pelo art. 166, II, do CC/2002[10,] que estabelece ser nulo o negócio jurídico cujo objeto seja ilícito, impossível ou indeterminável. Segundo Marcos Bernardes de Mello, a expressão "objeto do ato jurídico", constante do CC/2002, tem um sentido lato, pois não só se refere ao ato jurídico *stricto sensu*, como também ao objeto da prestação[11-12.]

A nulidade não existe, adverte Marcos Bernardes de Mello, se, na conclusão do ato jurídico, havia impossibilidade física do objeto, mas que, por mudança de circunstâncias, ele se tornou possível, graças ao avanço tecnológico. Isso porque a impossibilidade física deve ser considerada em relação à sua permanência no tempo, cujo limite é o momento

---

5. "*Si id, quod dari stipulatur, this sit, ut dari non possit, useless est stipu latio, velut si quis hominem liberum, quem servum esse credebat, aut morguem, quem vivum esse credebat, aut locum sacrum vel religiosum, quem putabat humani iure esse dari stipulatur. Item si quis rem, quae in rerum natura esse non potest, velut hippocentaurum, dari stipuletur, aeque fuorilis est stipulatio*" (CORDEIRO, *op. cit.*, 2017, p. 303-304). Tradução livre: "Se aquilo que foi estipulado dar for tal que não possa ser dado, a estipulação é inútil, assim como aquele que estipule entregar um homem livre pensando que é escravo, ou um morto que julgava vivo ou um local sacro ou religioso convencido de que é de direito humano. O mesmo sucede se alguém estipula entregar algo que não pode existir na natureza das coisas, como um hipocentauro".
6. "*quod nullius esse potest, id ut alicuius fieret, nulla obligatio valet efficere*". Tradução livre: "nenhuma obrigação produz efeitos perante o que seja *nullius* – não possa ter dono – ou pertença a outrem" (*ibidem*, p. 304).
7. "*impossibilium nulla est obligatio*". Tradução livre: "Nula é a obrigação impossível" (*ibidem*, p. 304).
8. PONTES DE MIRANDA, *op. cit.*, 2003, p. 133.
9. PIRES, *op. cit.*, 2020b, p. 54.
10. BRASIL. Código Civil (2002). Art. 166. É nulo o negócio jurídico quando: I – celebrado por pessoa absolutamente incapaz; II – for ilícito, impossível ou indeterminável o seu objeto; III – o motivo determinante, comum a ambas as partes, for ilícito; IV – não revestir a forma prescrita em lei; V – for preterida alguma solenidade que a lei considere essencial para a sua validade; VI – tiver por objetivo fraudar lei imperativa; VII – a lei taxativamente o declarar nulo, ou proibir-lhe a prática, sem cominar sanção.
11. MELLO, Marcos Bernardes de. *Teoria do fato jurídico*: plano da validade. 14. ed. São Paulo: Saraiva, 2015a. p. 156.
12. Segundo o autor, ao fazer alusão à classificação de Francisco Cavalcanti Pontes de Miranda, são cinco as espécies de impossibilidade que podem ocorrer no mundo jurídico: i) a impossibilidade cognoscitiva do objeto, isto é, quando é impossível ao ser humano conhecer o objeto do negócio jurídico (ex.: contrato entre duas pessoas que estabelece que o contratante que morrer primeiro guardará um bom lugar para o outro no céu); ii) a impossibilidade lógica, que ocorre quando há uma contradição lógica insuperável que atinge o negócio; iii) impossibilidade moral, que implica na ilicitude do negócio e, por consequência, a sua nulidade; iv) impossibilidade física, que resulta da natureza do próprio objeto do ato ou da prestação, fazendo com que as leis naturais impeçam o homem; e v) impossibilidade jurídica, derivada de lei ou disposição negocial (*ibidem*, p. 156-161).

da prestação, ou da implementação do termo, nos negócios jurídicos atermados ou condicionais[13].

Também caminha nesse sentido o Código Civil português (art. 401º, 1)[14] e o *Codice Civile* (italiano) (art. 1.346)[15]. O *Code Civil* (francês) também contava com norma no mesmo sentido (art. 1.128[16]), mas ela foi revogada na reforma de 2016, apesar de a regra continuar sendo enunciada[17]. O antigo BGB (alemão) dispunha, em seu § 306, que "o contrato dirigido a uma prestação impossível era nulo", mas, com a reforma de 2002, passou a dispor, no § 275, 1, que "a pretensão à prestação é excluída sempre que esta seja impossível para o devedor ou para todos"[18-19-20] (noção alargada de impossibilidade).

Quando a impossibilidade se manifesta durante a vigência de uma relação negocial ela é considerada superveniente e não mais atinge o plano de validade do negócio, mas da eficácia[21]. Nessa hipótese, não se fala em invalidade do negócio jurídico, mas resolução, pois, segundo Renata Carlos Steiner, "a resolução é forma de saída do mundo jurídico, que não pode conviver com a invalidade. É dizer: ou se invalida, ou se resolve; não se resolve o que é inválido"[22-23].

---

13. *Ibidem*, p. 162.
14. PORTUGAL. Código Civil. Art. 401º. 1. A impossibilidade originária da prestação produz a nulidade do negócio jurídico. 2. O negócio é, porém, válido, se a obrigação for assumida para o caso de a prestação se tornar possível, ou se, estando o negócio dependente de condição suspensiva ou de termo inicial, a prestação se tornar possível até à verificação da condição ou até ao vencimento do termo. 3. Só se considera impossível a prestação que o seja relativamente ao objeto, e não apenas em relação à pessoa do devedor.
15. ITÁLIA. Codice Civile. Art. 1346. *(Requisiti). L'oggetto del contratto deve essere possibile, lecito, determinato o determinabile.* Tradução livre: "Art. 1346. (Requisitos). O objeto do contrato deve ser possível, lícito, determinado ou determinável".
16. FRANÇA. Code Civil. Art. 1128. *Il n'y a que les choses qui sont dans le commerce qui puissent être l'objet des conventions.* Tradução livre: "Art. 1128. Somente as coisas que estão no comércio podem ser objeto de convenções".
17. CORDEIRO, *op. cit.*, 2017, p. 309.
18. ALEMANHA. BGB. Section 275. *Exclusion of the duty of performance. (1) A claim for performance is excluded to the extent that performance is impossible for the obligor or for any other person.* Tradução livre: "Seção 275. Exclusão do dever de cumprimento. (1) Uma reivindicação de cumprimento é excluída na medida em que o cumprimento seja impossível para o devedor ou para qualquer outra pessoa".
19. As citações do Código Civil alemão são realizadas em inglês, pois extraídas do portal https://www.gesetze-im-internet.de/englisch_bgb/, do "Bundesministerium der Justiz Und Für Vebraucherschutz", o Ministério da Justiça e Defesa do Consumidor.
20. Sobre a importância da manutenção do conceito de impossibilidade no BGB, após a reforma de 2002, afirma Claus-Wilhelm Canaris: "torna-se óbvio que o conceito de impossibilidade de execução indiretamente reforça o direito do credor à execução específica e, de modo especial, o princípio *pacta sunt servanda* (princípio da inviolabilidade dos contratos), visto que este conceito é um contra-argumento a qualquer tentativa de abrandar a obrigação do devedor. Por este motivo, foi alvissareiro constatar que, ao final do processo da reforma, a opinião que predominou foi a de manter o conceito de impossibilidade no Código Civil Alemão (ver § 275, I, do Código)" (CANARIS, *op. cit.*, 2004, p. 113).
21. MARTINS-COSTA; SILVA, *op. cit.*, p. 150.
22. STEINER, Renata Carlos. Impossibilidade do objeto, invalidade e falta de cumprimento no direito das obrigações: diálogos com a solução adotada no Código Civil Alemão. In: TEPEDINO, Gustavo; FACHIN, Luiz Edson. *Diálogos sobre direito civil*. Rio de Janeiro: Renovar, 2012. v. 3. p. 701-724.
23. Não se olvide dos negócios jurídicos anuláveis, que podem ser convalidados por vontade expressa ou tácita das partes (arts. 172 ao 176 do Código Civil), ou pelo transcurso do prazo decadencial (arts. 178 e 179 do Código Civil).

Havendo superveniência da impossibilidade, há de se verificar se ela se deu de forma culposa (imputável ao credor ou ao devedor), ou não (não imputável ao credor ou ao devedor). Quando ela não for imputável, em regra, extingue-se a relação jurídica obrigacional irradiada de qualquer negócio jurídico[24] (arts. 234[25] e 238[26,] na obrigação de dar, art. 248[27,] na obrigação de fazer, art. 250[28] na obrigação de não fazer, e 238[29,] na obrigação de restituir). No mais, ainda que não haja previsão normativa expressa, o devedor somente responde pela impossibilidade quando houver culpa, ou melhor, nexo de imputação (que poderá ser culposa ou objetiva)[30.]

A impossibilidade, portanto, pode ser parcial, remanescendo-se hígidas as prestações não atingidas por ela, na hipótese de persistir o interesse do credor. Ainda sobre a impossibilidade inimputável, há de se separar a impossibilidade definitiva da temporária. Enquanto a primeira é liberatória, a segunda, em regra, não atinge a base da relação jurídica, pois, enquanto persistir o interesse do credor, o devedor está obrigado a prestar, salvo nas hipóteses em que se estiver estabelecido, implícita ou explicitamente, que o devedor não poderia prestar depois de cessar o obstáculo (como na hipótese em que o "escritor havia prometido escrever o livro a A até dezembro e outro, a B, de janeiro em diante")[31.]

A impossibilidade temporária ganhou destaque durante a pandemia da Covid-19, pois, em muitas situações ocorridas durante o triste interregno, os devedores não estavam definitivamente impedidos de adimplir. Só não podiam fazê-lo em razão de fatores externos que os impediam, mas que poderiam a qualquer tempo deixar de existir, possibilitando, assim, o cumprimento da prestação. No direito brasileiro, a regra geral é que apenas a impossibilidade definitiva da prestação libera o devedor, extinguindo a obrigação principal de cumprir. Na verdade, o CC/2002 não aborda explicitamente a impossibilidade temporária, ao menos não por meio de uma cláusula geral, conforme previsto em outros ordenamentos, e o que comumente se diz é que a impossibilidade temporária leva à suspensão dos efeitos do contrato[32.]

---

24. MARTINS-COSTA; SILVA, *op. cit.*, p. 158.
25. BRASIL. Código Civil (2002). Art. 234. Se, no caso do artigo antecedente, a coisa se perder, sem culpa do devedor, antes da tradição, ou pendente a condição suspensiva, fica resolvida a obrigação para ambas as partes; se a perda resultar de culpa do devedor, responderá este pelo equivalente e mais perdas e danos.
26. BRASIL. Código Civil (2002). Art. 238. Se a obrigação for de restituir coisa certa, e esta, sem culpa do devedor, se perder antes da tradição, sofrerá o credor a perda, e a obrigação se resolverá, ressalvados os seus direitos até o dia da perda.
27. BRASIL. Código Civil (2002). Art. 248. Se a prestação do fato tornar-se impossível sem culpa do devedor, resolver-se-á a obrigação; se por culpa dele, responderá por perdas e danos.
28. BRASIL. Código Civil (2002). Art. 250. Extingue-se a obrigação de não fazer, desde que, sem culpa do devedor, se lhe torne impossível abster-se do ato, que se obrigou a não praticar.
29. BRASIL. Código Civil (2002). Art. 238. Se a obrigação for de restituir coisa certa, e esta, sem culpa do devedor, se perder antes da tradição, sofrerá o credor a perda, e a obrigação se resolverá, ressalvados os seus direitos até o dia da perda.
30. STEINER, *op. cit.*, 2012, p. 701-724.
31. PONTES DE MIRANDA, *op. cit.*, 2003, p. 139.
32. GUEDES, Gisela Sampaio da Cruz; BICHARA, Maria Carolina. Impossibilidade temporária da prestação: entre atrasos e incertezas quanto ao cumprimento da prestação pactuada. *In*: BARBOSA, Henrique; SILVA, Jorge Cesa Ferreira da (coord.). *A evolução do direito empresarial e obrigacional*: os 18 anos do Código Civil. Obrigações e contratos. São Paulo: Quartier Latin, 2021. v. 2. p. 630-631.

Todavia, na maioria das situações, a impossibilidade temporária não irá afetar todo o negócio jurídico, mas apenas a prestação específica cujo cumprimento temporariamente se tornou impossível. Se houver outras prestações não afetadas pela impossibilidade temporária, que podem ser separadas, é cabível aplicar, por analogia, da regra do art. 184[33] do CC/2002 – que aborda, entretanto, a invalidade e não a ineficácia – mantendo hígidas as prestações não impactadas pela impossibilidade e ainda úteis ao credor[34].

Naturalmente, essa suspensão só ocorre se, apesar da impossibilidade temporária, subsistir o interesse do credor na prestação, e sua utilidade, pois, se esses elementos deixarem de existir, a impossibilidade temporária se transmuta em definitiva.

No mais, distingue-se a impossibilidade objetiva da impossibilidade subjetiva. Segundo Arnoldo Medeiros da Fonseca, objetiva é a impossibilidade de ordem geral, que atinge a prestação em si, e existe em relação a todo e qualquer indivíduo colocado em situação análoga à do obrigado. Subjetiva, por sua vez, também chamada de impotência, é limitada à pessoa e aos meios de ação particulares do devedor[35]. Ou seja, a impossibilidade é objetiva ou absoluta quando existir para todos, quando a prestação é fisicamente impossível (a coisa não existe), ou juridicamente impossível; e subjetiva ou relativa, quando a execução não é impossível indistintamente para todos, mas apenas para aqueles, em cuja pessoa certas circunstâncias ocorrem ou não: por exemplo, a obrigação de assumir uma parte em uma ópera tem por objeto uma possível execução para um cantor, impossível para as pessoas que não sabem cantar[36].

Em regra, na impossibilidade subjetiva (aquela que atinge somente o devedor), mantendo-se a possibilidade de outros prestarem, em situação análoga àquela, não há de se falar em exoneração[37]. Para Giuseppe Osti, no entanto, esse é um critério impreciso que, em sua aplicação, pode levar a "conclusões aberrantes". Segundo o autor, a distinção deve ser feita entre o impedimento que afeta diretamente a execução considerada em si e aquele que não o faz, pois decorre das condições pessoais ou patrimoniais específicas do devedor, desde que essas condições não se refiram imediatamente ao objeto da relação. É possível que a prestação consista em uma atividade que deve ser realizada pelo próprio devedor e por mais ninguém, como é amplamente reconhecido no caso do exercício de atividade intelectual caracterizada por qualidades específicas – de engenho, capacidade, cultura e preparação específica do próprio devedor[38].

---

33. BRASIL. Código Civil (2002). Art. 184. Respeitada a intenção das partes, a invalidade parcial de um negócio jurídico não o prejudicará na parte válida, se esta for separável; a invalidade da obrigação principal implica a das obrigações acessórias, mas a destas não induz a da obrigação principal.
34. GUEDES; BICHARA, *op. cit.*, p. 635-636.
35. FONSECA, Arnoldo Medeiros. *Caso fortuito e teoria da imprevisão*. 2. ed. Rio de Janeiro: Imprensa Nacional, 1943. p. 149.
36. STERN, Walter. Obbligazioni. *Nuovo Digesto Italiano*. Torino: Editrice Torinese, 1939. v. VIII. p. 1.215.
37. *Ibidem*, p. 152.
38. OSTI, Giuseppe. Impossibilità sopravveniente. *In*: AZARA, Antonio; EULA, Ernesto (Dir.). *Novissimo Digesto Italiano*. Torino: UTET, 1957. v. 8. p. 288.

Isso também deve ser reconhecido, às vezes, com base na natureza particular da relação, por exemplo, no que diz respeito à atividade do agente (art. 1717[39,] 1722. n. 4[40,] do *Codice Civile*) e do empregado no contrato de trabalho. Nestes casos, diz-se que o desempenho tem por objeto uma prestação infungível. Mesmo quando uma ação fungível constitui o objeto ou elemento integrante da execução, em geral, há um elemento de não substitutibilidade na execução. Isso se deve ao fato de que a execução sempre exige uma determinação e uma ação da vontade do devedor (ou, no caso de uma empresa com sua própria organização complexa, uma determinação e ação da vontade do proprietário ou de um funcionário a quem foi atribuída a tarefa de realizar essa execução específica). Portanto, se essa atividade for inviabilizada por um impedimento ocorrido quando não é mais possível realizar outras determinações, por exemplo, se o devedor (ou o entregador da empresa) for assaltado ou sofrer um colapso que o deixe inconsciente enquanto transporta uma quantia para o banco do credor, a impossibilidade de execução do serviço causada por esse impedimento tem, sem dúvida, um caráter objetivo[41.]

Em alguns casos, a obrigação só pode ser cumprida pelo devedor, e ninguém mais. Ao tratarem especialmente da situação pandêmica, Judith Martins-Costa e Paula Costa e Silva exemplificam que, se o devedor é o único que pode cumprir determinada prestação, mas, na data pactuada, estiver hospitalizado, em razão da Covid-19, está caracterizada a impossibilidade subjetiva, absoluta e definitiva[42.] No entanto, se na data designada para o cumprimento o devedor não tinha meios para prestar (inaptidão), caracterizada está a impossibilidade subjetiva, que não libera o devedor de prestar, ainda que, substitutivamente, pela indenização[43.]

---

39. ITÁLIA. Codice Civile. Art. 1717. *Sostituto del mandatario. Il mandatario che, nell'esecuzione del mandato, sostituisce altri a se stesso, senza esservi autorizzato o senza che ciò sia necessario per la natura dell'incarico, risponde dell'operato della persona sostituita. Se il mandante aveva autorizzato la sostituzione senza indicare la persona, il mandatario risponde soltanto quando è in colpa nella scelta. Il mandatario risponde delle istruzioni che ha impartite al sostituto. Il mandante può agire direttamente contro la persona sostituita dal mandatario.* Tradução livre: "Art. 1717. Substituto do mandatário. O agente que, no exercício do mandato, se substituir por outro, sem estar autorizado ou sem que isso seja necessário pela natureza da tarefa, é responsável pelos atos do substituído. Se o agente tiver autorizado a substituição sem indicar a pessoa, o agente só é responsável quando tiver culpa na escolha. O agente é responsável pelas instruções que deu ao substituto. O principal pode agir diretamente contra a pessoa substituída pelo agente".
40. ITÁLIA. Codice Civile. Art. 1722. *Cause di estinzione. Il mandato si estingue: 1) per la scadenza del termine o per il compimento, da parte del mandatario, dell'affare per il quale è stato conferito; 2) per revoca da parte del mandante; 3) per rinunzia del mandatario; 4) per la morte, l'interdizione o l'inabilitazione del mandante o del mandatario. Tuttavia il mandato che ha per oggetto il compimento di atti relativi all'esercizio di un'impresa non si estingue, se l'esercizio dell'impresa è continuato, salvo il diritto di recesso delle parti o degli eredi.* Tradução livre: Art. 1722. Causas de extinção. O mandato expira: 1) pelo término do prazo ou pela conclusão, pelo agente, do negócio para o qual foi cedido; 2) para revogação pelo diretor; 3) por demissão do agente; 4) pela morte, interdição ou incapacitação do mandante ou mandatário. Contudo, o mandato que tem por objeto a prática de actos relativos ao funcionamento de um negócio não caduca se o funcionamento do negócio continuar, sem prejuízo do direito de retirada das partes ou dos herdeiros.
41. OSTI, *op. cit.*, 1957, p. 288.
42. MARTINS-COSTA; SILVA, *op. cit.*, p. 164.
43. *Ibidem*, p. 164.

Por fim, as impossibilidades podem ser absolutas e relativas[44], e o critério de distinção entre elas é muito delicado. Para Giuseppe Osti, é excessivo o princípio tradicional segundo o qual a impossibilidade só é considerada absoluta quando não pode ser cumprida devido a um impedimento que não pode ser absolutamente superado pelas forças humanas (*a obrigatio in cum casum incidit a quo incipere non potuit*). Segundo o autor, a possibilidade de cumprimento deve ser considerada limitada pelas necessidades de proteção da vida, da liberdade e da integridade pessoal do devedor, pelo que o cumprimento deve ser considerado absolutamente impossível quando a sua execução possa colocar em perigo os aspectos essenciais dos direitos da pessoa – salvo quando o devedor assumir (de forma compatível com os princípios fundamentais da ordem pública e da moralidade) o risco, (como acontece com os acrobatas de circo ou os participantes de competições desportivas e dos espetáculos espetaculares em que a vida pende por um fio, que pode ser cortado por acaso por uma margem inevitável de sua capacidade excepcional)[45].

A impossibilidade absoluta seria determinada pela ocorrência de um impedimento que não pode ser superado pelos métodos de execução considerados intrínsecos ao desempenho específico naquela relação, considerando todos os elementos que contribuem para sua determinação, como a qualidade e a tipicidade da organização da empresa do devedor[46].

A impossibilidade relativa, por sua vez, estaria relacionada, segundo Giuseppe Osti, ao esforço, ao sacrifício, necessário para superar um impedimento surgido à execução da performance. Precisamente, diz-se existente quando parece que a tensão ou a intensidade do esforço exigido para superar o impedimento é superior à correspondente diligência normal à qual o devedor deveria ser considerado obrigado para cumprir a obrigação[47-48]. Para o autor, os impedimentos relativos (meras dificuldades

---

44. Sobre o assunto, importante registrar o posicionamento de Emilio Betti, acerca da suposta impropriedade da classificação absoluta e relativa da impossibilidade: "Sobre o tema, portanto, de impossibilidade da prestação, a doutrina costuma fazer algumas distinções. Fala-se de impossibilidade absoluta e de impossibilidade relativa, de impossibilidade objetiva e subjetiva, entendidos esses termos de várias formas. Sem fazer um exame acurado das várias opiniões, queremos desde logo ressaltar a inconsistência da primeira distinção enunciada. Não nos parece próprio, de fato, falar de impossibilidade absoluta a propósito da prestação, porque, se essa fórmula é usada para indicar indiferentemente a impossibilidade objetiva", o termo "absoluta" confere à fórmula uma ênfase, ousaremos dizer, absurda e incapaz de mostrar com exatidão o conceito; se, porém, com o referido termo se quer indicar uma espécie de impossibilidade conceitualmente contraposta a outra, qualificada de relativa, nesse caso não hesitamos em declarar fundamentalmente errada a distinção, e isso porque quando se fala, no plano jurídico, de impossibilidade da prestação, ela é sempre entendida como "impossibilidade relativa àquele particular tipo de relação obrigacional de que a prestação, de que se trata, forma o gênero específico". Portanto, distinguiremos simplesmente uma impossibilidade 'objetiva', isto é, intrínseca à natureza mesma da prestação, e assim tal a constituir um impedimento para a totalidade dos consociados, e uma impossibilidade 'subjetiva', que depende das condições particulares do obrigado, de um impedimento que faz parte de sua pessoa ou da esfera interna de sua economia individual" (BETTI, *op. cit.*, p. 66-67).
45. OSTI, *op. cit.*, 1957, p. 289.
46. Ibidem, p. 289.
47. Ibidem, p. 289.
48. Em obra diversa, Giuseppe Osti apresenta a distinção de forma objetiva e resumida: "*Molto più semplice da determinare è il criterio su cui si fonda la distinzione dell'impossibilità in assoluta e relativa. Ta- le criterio è costituito dall'intensità dell'impedimento. E si suol dire che l'impossibilità è assoluta quand'è costituita da un impedimento*

de desempenho) podem ser de natureza objetiva ou subjetiva e, independentemente da sua gravidade, não podem livrar o devedor da responsabilidade pelo incumprimento, do ponto de vista da impossibilidade do objeto da obrigação[49-50].

Não se deve confundir, no mais, a impossibilidade de prestar com a simples dificuldade de prestar (*difficultas prestandi*). Para se extinguir a obrigação, a prestação deve se tornar verdadeiramente impossível, não apenas extremamente onerosa, como ocorre em períodos de acentuada inflação monetária, ou de súbita valorização de certos produtos[51].

Adriano Paes da Silva Vaz Serra expressa a complexidade em definir uma posição clara sobre o assunto. Em sua análise, destaca a importância de manter o princípio de que a obrigação deve ser cumprida de maneira precisa, evitando que o devedor encontre desculpas para não a cumprir ou deixe de fazer esforços para isso. No entanto, reconhece que insistir para o devedor cumprir a todo custo, enquanto for absolutamente possível, pode entrar em conflito com a regra da boa-fé nas obrigações. Portanto, sugere que a solução

---

che non può in nessun modo essere vinto dalle forze umane; che l'impossibilità è relativa quand'è costituita da un impedimento che non può essere vinto se non con una intensità di sforzo, di sacrificio, di diligenza, superiore a un certo grado considerato come tipico, come normale, come medio, o come ap propriato alla particolare obbligazione di cui si tratta: in ogni modo, adunque, da un impedimento che può essere superato, sia pure con uno sforzo superiore al normale o addirittura eccezionale". Tradução livre: "Muito mais simples de determinar é o critério em que se baseia a distinção entre impossibilidade absoluta e relativa. Este critério consiste na intensidade do impedimento. E diz-se que a impossibilidade é absoluta quando é constituída por um impedimento que não pode de forma alguma ser superado pelas forças humanas; que a impossibilidade é relativa quando é constituída por um impedimento que não pode ser superado exceto com uma intensidade de esforço, sacrifício, diligência, superior a um certo grau considerado típico, normal, médio ou adequado à obrigação particular em questão: em qualquer caso, portanto, por um impedimento que pode ser superado, ainda que com um esforço maior que o normal ou mesmo excepcional" (OSTI, *op. cit.*, 1973, p. 15).

49. Ibidem, p. 168.
50. Apesar da afirmação, o autor reconhece que, por especificidades do ordenamento jurídico italiano, há casos em que a impossibilidade subjetiva e relativa podem justificar a extinção da obrigação, ou a isenção de responsabilidade do devedor: "*Da questo punto di vista: chè infatti abbiamo già veduto come lo stesso elemento di fatto che determina solo un'impossibilità subiettiva o relativa della prestazione, può giustificare la estinzione dell'obbligazione, o quanto meno (se si tratti di impedimento non senz'altro perpetuo) l'esonero da responsabilità per inadempienza, per un altro riflesso cioè determinando il venir meno della causa obbligatoria. Abbiamo visto, così, che il semplice fatto della perdita fortuita della detenzione della cosa da parte dell'obbligato esonera questo dalla responsabilità per inadempienza della obbligazione di restituire, che ha per causa appunto la detenzione di cosa altrui. Nello stesso modo, a mio avviso, la soluzione data al problema, che ha formato oggetto del presente studio, non pregiu dica affatto la risoluzione dell'altro problema ben diverso, se cioè gli impedimenti relativi in genere che si oppongano all'adempimento delle obbligazioni contrattuali, pur non determinando una impossibilità dell'oggetto delle medesime che abbia per sè stessa efficacia liberatoria, possano giustificare la risoluzione del contratto, e per questa via, togliendo di mezzo la causa dell'obbligazione, liberare il debitore*". Tradução livre: "Deste ponto de vista: porque já vimos como o mesmo elemento factual que determina apenas uma impossibilidade subjetiva ou relativa de cumprimento pode justificar a extinção da obrigação, ou pelo menos (se for um impedimento certamente não perpétuo) a isenção da responsabilidade pelo incumprimento, por outra consequência e que é a determinante da ausência da causa obrigatória. Vimos assim que o simples fato da perda fortuita da posse da coisa pelo devedor exime-o da responsabilidade pelo incumprimento da obrigação de regresso, que é causado precisamente pela posse da coisa alheia. Da mesma forma, na minha opinião, a solução dada ao problema, que foi objeto deste estudo, não prejudica em nada a resolução do outro problema muito diferente, ou seja, se os impedimentos relativos em geral que se opõem à cumprimento das obrigações contratuais, embora não determinando uma impossibilidade do objeto dele tenha em si um efeito libertador, podem justificar a resolução do contrato e, desta forma, ao afastar a causa da obrigação, libertar o devedor" (OSTI, *op. cit.*, 1973, p. 168-169).
51. VARELA, *op. cit.*, 2000, p. 68.

mais apropriada seria seguir o princípio de que o devedor deve cumprir enquanto a prestação não se tornar impossível, permitindo flexibilizações quando a boa-fé assim exigir. Ele observa que, se contratos podem ser rescindidos ou revisados quando a prestação se torna excessivamente difícil, é razoável permitir que o devedor invoque essa extrema dificuldade para obter exoneração ou limitação de sua responsabilidade. Por fim, ao assumir uma obrigação, parte-se de uma base específica, que pode ser profundamente alterada por eventos posteriores. Se a obrigação resulta de um fato independente da vontade do devedor, pode-se entender que a lei ou o juiz, ao impô-la, não consideraram essas mudanças[52].

Francisco Cavalcanti Pontes de Miranda ratifica que a impossibilidade não deve ser confundida com a *difficultas*, ou seja, a impossibilidade subjetiva (obstáculos que impedem o cumprimento). Quando algo cai em um abismo ou no mar e só pode ser recuperado com despesas desproporcionais, deveria ser considerado *coisa derrelicta*, e a prestação restaria impossibilitada. A impossibilidade objetiva superveniente seria a impossibilidade de cumprir a obrigação. Não é necessário que seja absoluta; algo também seria considerado impossível se só puder ser cumprido com despesas desproporcionais e esforços extraordinários. Por exemplo, um transportador prometeu levar materiais de construção até a montanha, mas a ponte sobre o rio desabou. Seria necessário contornar a montanha e usar outra rota, o que custaria significativamente mais do que o preço do transporte. O devedor só seria obrigado a cumprir se, na prática, houver possibilidade, conforme as normas do comércio[53].

Agostinho Neves de Arruda Alvim compartilha uma visão semelhante. Ele enfatiza que a dificuldade de cumprir uma obrigação não desobrigaria o devedor, o qual deveria fazê-lo mesmo que isso implique sacrifícios extras, e só seria exonerado se se tornar absolutamente impossível a prestação. Contudo, certas dificuldades podem se assemelhar à impossibilidade devido ao ônus significativo que imporiam ao devedor. Nestes casos, as dificuldades podem justificar a exoneração. No entanto, seria vital não confundir uma dificuldade com um caso fortuito. A crise econômica, por exemplo, não deveria ser considerada um caso fortuito[54].

Algumas situações, segundo o autor, não são impossibilidades absolutas, mas impõem dificuldades quase impossíveis. Por exemplo, alguém obrigado a despachar muitas mercadorias enfrenta uma greve dos ferroviários. Se fosse possível usar transporte terrestre, ele deveria fazê-lo, mesmo com ônus extra, mas, se não houvesse transporte terrestre disponível, ele não seria obrigado a adquirir caminhões a qualquer preço, pois a diligência exigida não deve levar à ruína financeira. A exoneração ocorreria, portanto, apenas quando a dificuldade se torna impossibilidade, como no exemplo apresentado, exigindo um nível extraordinário de previdência ou sacrifícios insustentáveis do devedor[55].

---

52. SERRA, Adriano Paes da Silva Vaz. Impossibilidade superveniente por causa não imputável ao devedor e desaparecimento do interesse do credor. *Boletim do Ministério da Justiça*, n. 46, 1955. p. 18-19.
53. PONTES DE MIRANDA, *op. cit.*, 2003, p. 135.
54. ALVIM, *op. cit.*, 1980, p. 328.
55. *Ibidem*, p. 329.

Pertinente é o posicionamento de Judith Martins-Costa, para quem seria essencial distinguir três cenários para se alcançar uma resposta correta. Às vezes, o evento inesperado (i) imporia ao devedor um sacrifício intolerável, segundo os padrões aceitos de justiça; (ii) em outras situações, demandaria esforços desproporcionais ao interesse do credor; e (iii) poderia requerer esforços e despesas muito além do inicialmente previsto. No primeiro caso (sacrifício pessoal imposto ao devedor), estar-se-ia diante da impossibilidade, qualificada como impossibilidade pessoal (275/3[56,] do BGB modernizado). No segundo caso (despesas extremamente desproporcionais em relação ao interesse do credor), estaria caracterizada a impossibilidade prática, conforme o § 275/2[57] do BGB, referindo-se a "situações excepcionais ou extremas nas quais ninguém poderia contar nem exigir a um devedor racional os esforços necessários ao cumprimento da prestação", portanto, ainda dentro do domínio da impossibilidade[58.]

Já quando houvesse um aumento considerável nos custos inicialmente previstos (terceira hipótese), mas que não fosse completamente desproporcional ao interesse do credor, caracterizada estaria a onerosidade excessiva, para alguns, ou o limite do sacrifício, ou ainda a inexigibilidade de prestar, para outros. Isso estaria fora do contexto da impossibilidade superveniente, adentrando no campo da teoria da base do negócio (no direito brasileiro, na esfera da excessiva onerosidade superveniente, dado que essa foi a base teórica a guiar a redação do CC/2002). Na descrição teórica, haveria uma certa clareza; na impossibilidade prática, seria necessária uma desproporção tão acentuada que a exigência de cumprimento "se torne sem sentido e abusiva"[59.] Sob essa perspectiva, para se caracterizar a impossibilidade, por caso fortuito ou força maior, o evento deve ser essencialmente inevitável, "irresistível", e não se caracterizar apenas como uma dificuldade, ainda que significativa. Assim, um construtor que encontra um terreno mais difícil para instalar as fundações do prédio, exigindo esforços e despesas maiores em relação ao inicialmente planejado, não pode, por essa razão, se esquivar do cumprimento do contrato. A mera dificul-

---

56. ALEMANHA. *Section 275. Exclusion of the duty of performance. (3) In addition, the obligor may refuse performance if they are to render the performance in person and, having weighed the impediment preventing performance by them against the obligee's interest in performance, performance cannot reasonably be required of the obligor.* Tradução livre: "Exclusão da obrigação de executar. (3) O devedor também pode recusar a prestação se tiver de cumprir pessoalmente a prestação e não se pode esperar dela, ponderando os obstáculos à sua prestação face ao interesse do credor na prestação".
57. ALEMANHA. BGB. *Section 275. Exclusion of the duty of performance. (2) The obligor may refuse performance to the extent that performance requires an expenditure of time and effort that, taking into account the subject matter of the obligation and the requirement of acting in good faith, is grossly disproportionate to the obligee's interest in performance. In determining what efforts reasonably may be required of the obligor, it also is to be taken into account whether they are responsible for the impediment preventing performance.* Tradução livre: "Art. 275. Exclusão do dever de cumprimento. (2) O devedor pode recusar o cumprimento na medida em que o cumprimento exija um dispêndio de tempo e esforço que, levando em consideração o objeto da obrigação e a exigência de agir de boa-fé, seja totalmente desproporcional ao interesse do credor no cumprimento. Ao determinar quais esforços razoavelmente podem ser exigidos do devedor, também deve ser levado em consideração se ele é responsável pelo impedimento que impede o cumprimento".
58. MARTINS-COSTA; SILVA, *op. cit.*, p. 184-185.
59. *Ibidem*, p. 185-186.

dade integra o risco de todo contrato. Igualmente, o vendedor de mercadorias que as havia estocado, e cujo local de armazenamento foi destruído por um incêndio, não poderá se eximir do cumprimento do contrato desde que consiga obter mercadorias similares ou idênticas no mercado[60].

A constatação da impossibilidade e, por consequência, da exoneração do devedor quanto ao dever de prestar, deve sempre considerar os detalhes do caso concreto, e não deve ser realizada em hipótese genérica *a priori*, tendo em vista a natureza dinâmica das relações obrigacionais. Nesse sentido, segundo exemplo trazido por Susanna Tagliapietra, uma determinada prestação torna-se impossível quando a mercadoria afunda no mar e os esforços exigidos do devedor para retirá-la são desproporcionais e desarrazoados; a entrega dessa mesma mercadoria afundada, porém, por uma empresa especializada nesse tipo de operação, não caracterizaria a impossibilidade (originária) da prestação[61].

A partir da reforma de 2001/2002 do direito alemão das obrigações, o devedor ficaria isento da obrigação se a execução guardar desproporção elevada, em comparação ao interesse do credor (agravamento da prestação). É o que consta do § 275, II, do BGB:

> O devedor pode recusar o cumprimento se tal exigir um esforço manifestamente desproporcionado ao interesse do credor no cumprimento, tendo em conta o conteúdo da obrigação e os requisitos de boa-fé. Ao determinar o esforço a ser esperado do devedor, deve-se também levar em conta se o devedor é responsável pelo impedimento ao cumprimento[62].

Significa dizer que, no direito alemão, a impossibilidade vai além do seu conceito estrito, pois abarca a situação de uma desproporcionalidade grosseira, sem observar, porém, o interesse desproporcionalmente reduzido do credor na execução, e não (só) o impedimento do devedor[63].

No direito brasileiro, não existe preceito similar, pelo que, nas hipóteses de configuração de "desproporcionalidade grosseira", há de se recorrer ao instituto da onerosidade excessiva (art. 478[64] do CC/2002). Igual situação se dá no direito lusófono, segundo

---

60. MARTINS-COSTA, *op. cit.*, 2004, p. 204.
61. TAGLIAPIETRA, *op. cit.*, p. 4.
62. ALEMANHA. BGB. *Section 275. Exclusion of the duty of performance.* (2) *The obligor may refuse performance to the extent that performance requires an expenditure of time and effort that, taking into account the subject matter of the obligation and the requirement of acting in good faith, is grossly disproportionate to the obligee's interest in performance. In determining what efforts reasonably may be required of the obligor, it also is to be taken into account whether they are responsible for the impediment preventing performance.* Tradução livre: "Art. 275. Exclusão do dever de cumprimento. (2) O devedor pode recusar o cumprimento na medida em que o cumprimento exija um dispêndio de tempo e esforço que, levando em consideração o objeto da obrigação e a exigência de agir de boa-fé, seja totalmente desproporcional ao interesse do credor no cumprimento. Ao determinar quais esforços razoavelmente podem ser exigidos do devedor, também deve ser levado em consideração se ele é responsável pelo impedimento que impede o cumprimento".
63. CANARIS, *op. cit.*, 2004, p. 114.
64. BRASIL. Código Civil (2002). Art. 478. Nos contratos de execução continuada ou diferida, se a prestação de uma das partes se tornar excessivamente onerosa, com extrema vantagem para a outra, em virtude de acontecimentos extraordinários e imprevisíveis, poderá o devedor pedir a resolução do contrato. Os efeitos da sentença que a decretar retroagirão à data da citação.

António Menezes Cordeiro[65,] mas a hipótese conduziria ao instituto da alteração das circunstâncias, previsto no art. 437°[66] do Código Civil português de 1966.

4.2 ORIGEM E EVOLUÇÃO DO MODELO JURÍDICO DA IMPOSSIBILIDADE: AS ESCOLAS FRANCESA E ALEMÃ

A repartição do "direito da impossibilidade da prestação" entre impossibilidade originária e superveniente se deu por intermédio do Código Civil alemão (BGB), mas a ideia de impossibilidade originária tem origem mais profunda, no direito romano, do qual se extrai a máxima *impossibilium nulla est obligatio*, isto é, "a obrigação de impossíveis é nula", atribuída ao jurista Celso, da escola proculeiana[67.] O conceito de impossibilidade, porém, não era genérico e abstrato, mas somente se aplicava a certas situações nas quais a promessa formal não podia valer, relacionadas à *stipulatio* ("contrato verbal") e, de modo ainda mais limitado, à *emptio venditio* (contrato de compra e venda)[68.]

No mais, a impossibilidade (originária), no direito romano, não implicava na conclusão da nulidade do negócio, mas num determinado efeito estabelecido em um processo perante o pretor. Não tinha por efeito negar o cumprimento da prestação primária, mas, antes disso, assumia uma forma de afastamento da vinculação em certos tipos de processos – isto é, a vinculação debitória (no que diz respeito ao dever primário de prestar) era excluída, justamente porque irrealizável[69.] A impossibilidade, nesse contexto, abrangia a impossibilidade natural ou física e a impossibilidade jurídica, pois a transmissão de algo inexistente era ineficaz[70.]

A impossibilidade superveniente, por sua vez, era resolvida por meio da figura do *casus*, que abarcava hipótese de absoluta impossibilidade objetiva no cumprimento da prestação, o que justificaria o não cumprimento do contrato[71.] Além disso, as fontes jurídicas clássicas também reconhecem a figura da *vis maior*, hipótese de força irresistível e externa à obrigação, que dava causa à *impossibilita*, a exemplo do furto ou da morte, por inimigos invasores, de um cavalo prometido à venda, segundo Gaio, no Digesto[72.] Segundo Arnoldo Medeiros da Fonseca, muitos negam a distinção entre *casus* e *vis maior*, no direito romano, no que ele concorda, por não encontrar

---

65. CORDEIRO, *op. cit.*, 2017, p. 338.
66. BRASIL. Código Civil Português. Artigo 437.º (Condições de admissibilidade). 1. Se as circunstâncias em que as partes fundaram a decisão de contratar tiverem sofrido uma alteração anormal, tem a parte lesada direito à resolução do contrato, ou à modificação dele segundo juízos de equidade, desde que a exigência das obrigações por ela assumidas afecte gravemente os princípios da boa fé e não esteja coberta pelos riscos próprios do contrato. 2. Requerida a resolução, a parte contrária pode opor-se ao pedido, declarando aceitar a modificação do contrato nos termos do número anterior.
67. PIRES, *op. cit.*, 2020a, p. 73-74.
68. *Ibidem*, p. 74.
69. *Ibidem*, p. 75-77.
70. *Ibidem*, p. 77.
71. BIAZI, *op. cit.*, p. 15.
72. *Ibidem*, p. 16.

qualquer definição precisa de uma ou de outro, vez que a natureza dos eventos que os constituem é tratada à luz de exemplos figurados[73.] Francisco Cavalcanti Pontes de Miranda afirma que já se tentou apontar diferenças entre o caso fortuito e a força maior no direito romano, contrastando, respectivamente, o conceito de "imprevisibilidade" e o de "inevitamento", mas nunca se teria feito prova convincente desta distinção conceitual[74.]

No período intermédio, isto é, de direito comum, verificou-se a manutenção dos institutos jurídicos do direito romano, com certas inovações, decorrentes do esforço dos juristas deste período para investigar a *ratio legis*, promovido a partir de uma dialética aristotélico-escolástica, apegada aos expoentes da definição, divisão e analogia[75.] Nesse período, três correntes se apresentaram no direito comum: 1) parte dos juristas dão ao caso fortuito uma noção objetiva, independentemente da ausência de culpa; 2) outra parte adota um conceito subjetivo, de modo que o caso fortuito começa onde cessa a responsabilidade por *culpa omnis*; 3) por fim, alguns admitem a culpa levíssima, de maneira que a força maior seria todo acontecimento invencível, apesar da extrema diligência correspondente a esse grau de culpa, permanecendo subjetivo o critério de apreciação[76.] De maneira geral, em generalização prudente, reconheceu-se a inevitabilidade e irresistibilidade do evento como característicos do caso fortuito ou de força maior[77.]

No período das codificações, os conceitos de caso fortuito e de força maior, herdados do direito comum, foram utilizados distintamente pelas escolas francesa e germânica.

No *Code Civil*, não se tratou de impossibilidade originária[78,] mas da impossibilidade superveniente (art. 1.147)[79,] que responsabilizava o devedor pelo incumprimento ou pela mora no adimplemento sempre que ele não comprovasse a ocorrência de uma "*cause étrangère que ne peut lui être imputée, encore qu'il n'y ait aucune mauvaise foi de sa part*" ("causa externa que não pode ser imputada a ele, mesmo que não haja nenhuma má-fé

---

73. FONSECA, *op. cit.*, p. 26.
74. PONTES DE MIRANDA, *op. cit.*, 2003, p. 105.
75. BIAZI, *op. cit.*, p. 17-18.
76. *Ibidem*, p. 31.
77. FONSECA, *op. cit.*, p. 32.
78. O único artigo do Código Civil Francês relacionado à hipótese semelhante à impossibilidade originária é o de n. 1128: "*Il n'y a que les choses que sont dans le commerce qui puissent être l'objet des conventions*". Tradução livre: "Só podem ser objetos de convenções as coisas que estão no comércio".
79. FRANÇA. Code Civil. Art. 1.147. *Le débiteur est condamné, s'il y a lieu, au paiement de dommages et intérêts, soit à raison de l'inexécution de l'obligation, soit à raison du retard dans l'exécution, toutes les fois qu'il ne justifie pas que l'ipexécution provient d'une cause étrangère qui ne peut lui être imputée, encore qu'il n'y ait aucune mauvaise foi de sa part*. Tradução livre: "Art. 1.147. O devedor é condenado, se for o caso, ao pagamento de danos e prejuízos, seja em razão do não cumprimento da obrigação, seja em razão do atraso na execução, sempre que ele não justificar que o descumprimento decorre de uma causa estranha que não lhe pode ser imputada, ainda que não haja má-fé de sua parte".

de sua parte") e no art. 1.148[80,] que liberava o devedor das perdas e danos decorrentes do não cumprimento da obrigação, na hipótese da ocorrência de motivo *d'une force majeure ou d'un cas fortuit*" ("de força maior ou de caso fortuito").

Por muito tempo, segundo Marcel Planiol, a doutrina francesa não enfrentou a diferença entre o caso fortuito e a força maior, mas, segundo ele, dever-se-ia usar a expressão caso fortuito para designar a origem externa do obstáculo que impediu o cumprimento da obrigação, porque este evento é devido a uma causa externa e estranha ao devedor; por outro lado, a expressão força maior deveria ser utilizada para indicar o caráter intransponível desse obstáculo, caso o devedor não possa superá-lo. Registra, porém, que, apesar dessas supostas diferenças, as expressões poderiam ser usadas cumulativamente – se, ao mesmo tempo, o motivo for fortuito em sua origem e de força maior em seu resultado –, ou separadamente, se se estiver discutindo apenas uma ou outra dessas duas características[81.]

Henri e Léon Mazeaud, por sua vez, registram que a jurisprudência francesa não estabelece nenhuma diferença entre os termos, salvo quando tratam de acidentes industriais, pois, aí, deixam de conferir "*toute vertu libératoire*" ("qualquer virtude liberatória") aos casos fortuitos. Mas isso seria uma excepcionalidade, pois, ao fazer isso, os tribunais adotariam o critério da exterioridade defendido pelos partidários do risco: "*le patron n'est exonéré que par les événements étrangers à l'exploitation*" ("o empregador só é exonerado por eventos externos à exploração") – uma conclusão que derivaria da interpretação da lei de 30 de outubro de 1946, que considerava acidente de trabalho: "*quelle qu'en soit la cause, l'accident survenu par le fait ou à l'occasion du travail*" ("seja qual for a causa, o acidente ocorrido por motivo ou em ocasião do trabalho")[82.] Fora essa hipótese muito específica, as expressões "caso fortuito" e "força maior" poderiam ser utilizadas de forma intercambiável, e os tribunais costumavam usá-las de forma conjunta, justamente para evitar qualquer discussão[83.]

Defender algo diverso, segundo Henri e Léon Mazeaud, seria criar uma distinção não almejada pelo legislador; ademais, aqueles que tratassem o tema apenas no tocante à terminologia não estariam fazendo uma crítica séria. Para eles, portanto, "*Il n'y a pas deux catégories distinctes d'événements libératoires*", "*Il n'y en a qu'une, que l'on peut indifféremment désigner des noms cas fortuit nou force majeure*"[84.]

---

80. FRANÇA. Code Civil. Art. 1.148. *Il n'y a fieu à aucuns dommages et intérêts lorsque, par suite d'une force majeure ou d'un cas fortuit, débiteur a été empêché de donner ou de faire ce à quoi il était obligé, ou a fait ce qui lui était interdit*. Tradução livre: "Art. 1.148. Não há lugar a quaisquer danos e prejuízos quando, em virtude de uma força maior ou de um caso fortuito, o devedor tenha sido impedido de dar ou fazer o que estava obrigado, ou tenha feito o que lhe era proibido".
81. PLANIOL, *op. cit.*, p. 83-84.
82. MAZEAUD; MAZEAUD, *op. cit.*, p. 476.
83. *Ibidem*, p. 476.
84. Tradução livre: "Não existem duas categorias distintas de eventos liberatórios; existe apenas uma, que pode ser indiferentemente designada pelos termos 'caso fortuito' ou 'força maior'" (MAZEAUD; MAZEAUD, *op. cit.*, p. 474-475).

Para além disso, o *Code Civil* não introduziu nenhuma referência a uma categoria geral de impossibilidade superveniente. O tema foi, então, desenvolvido com base nos conceitos de caso fortuito e de força maior. Por meio da *Ordennance* n. 2016-131, de 10 de fevereiro de 2016, introduziu-se uma importante mudança legislativa no direito obrigacional, concedendo um tratamento diferenciado à hipótese de impossibilidade superveniente (art. 1.351[85]), mantendo, porém, dispositivo voltado à força maior e ao caso fortuito (art. 1.218[86])[87].

De todo modo, o direito francês, mesmo depois de reforma legislativa, permaneceu tratando a impossibilidade de modo vinculado aos conceitos de caso fortuito e de força maior. Não foi esse o caminho da história germânica.

No que diz respeito ao direito alemão, a consagração, no BGB, da ideia de impossibilidade, teve um impacto dogmático importante, pois diferenciou claramente as hipóteses de impossibilidade originária e superveniente, prevendo, em relação àquela, hipótese de nulidade (§ 306[88]), e em relação a esta, eficácia extintiva (§ 275[89])[90]. No período de intermédio, as derivações casuísticas do direito romano haviam sido completadas com considerações éticas e racionalistas, mas faltava-lhes uma feição dogmática, que lhes foi atribuída por meio do BGB, por forte influência de Friedrich Carl von Savigny (que tratava o tema sob a perspectiva do contrato de compra e venda, muito embora tenha antecipado claramente a generalização da figura) e, principalmente, do seu discípulo, Friedrich Mommsen[91.] Sua

---

85. FRANÇA. Code Civil. Article 1.351. *L'impossibilité d'éxécuter la prestation libère le débiteur à due concurrence lorsqu'elle procède d'un cas de force majeure et qu'elle est définitive, à moins qu'il n'ait convenu de s'en charger ou qu'il ait été préalablement mis en demeure.* Tradução livre: "Artigo 1.351. A impossibilidade de executar a prestação libera o devedor na medida do necessário quando decorre de um caso de força maior e é definitiva, a menos que ele tenha concordado em assumir a obrigação ou tenha sido previamente colocado em mora".
86. FRANÇA. Code Civil. Article 1.218. *Il y a force majeure en matière contractuelle lorsqu'un événement échappant au contrôle du débiteur, qui ne pouvait être raisonnablement prévu lors de la conclusion du contrat et dont les effets ne peuvent être évités par des mesures appropriées, empêche l'exécution de son obligation par le débiteur. Si l'empêchement est temporaire, l'exécution de l'obligation est suspendue à moins que le retard qui en résulterait ne justifie la résolution du contrat. Si l'empêchement est définitif, le contrat est résolu de plein droit et les parties sont libérées de leurs obligations dans les conditions prévues aux articles 1351 et 1351-1.* Tradução livre: "Art. 1.218. Existe força maior em matéria contratual quando um evento fora do controle do devedor, que não poderia ser razoavelmente previsto no momento da celebração do contrato e cujos efeitos não podem ser evitados por medidas apropriadas, impede a execução da obrigação pelo devedor. Se o impedimento for temporário, a execução da obrigação é suspensa, a menos que o atraso resultante justifique a resolução do contrato. Se o impedimento for definitivo, o contrato é resolvido de pleno direito e as partes são liberadas de suas obrigações nas condições estabelecidas nos artigos 1351 e 1351-1".
87. BIAZI, *op. cit.*, p. 23-24.
88. ALEMANHA. BGB. §. 306. *A contract for an impossible performance is null and void.* Tradução livre: "É nulo o contrato de execução impossível".
89. ALEMANHA. BGB. §. 275. *The debtor is released from the obligation to perform if performance becomes impossible as a result of a circumstance that occurs after the obligation has arisen and for which he is not responsible. The subsequent inability of the debtor to perform is equivalent to an impossibility occurring after the formation of the obligation.* Tradução livre: "O devedor fica exonerado da obrigação de adimplemento se o adimplemento se tornar impossível em consequência de circunstância posterior ao surgimento da obrigação e da qual não seja responsável. A incapacidade posterior do devedor para cumprir equivale a uma impossibilidade ocorrida após a constituição da obrigação".
90. CORDEIRO, *op. cit.*, 2015, p. 1001.
91. CORDEIRO, *op. cit.*, 2017, p. 310-311.

doutrina representou três pontos decisivos: i) generalizou a categoria da impossibilidade, tornando-a um instituto próprio do direito obrigacional; ii) distinguiu impossibilidade originária, que daria causa a uma nulidade, e a superveniente, com a extinção do dever de prestar; e iii) divulgou as classificações básicas de impossibilidade[92.]

Outro ponto a ser destacado é a equiparação da dificuldade extrema à impossibilidade. Adriano Paes da Silva Vaz Serra observa que, mesmo antes do período de guerra, o Tribunal do Reich já havia reconhecido que a impossibilidade de fornecer um certo tipo de bem deveria ser entendida de maneira econômica. Isso implica que a impossibilidade não ocorre somente quando todos os bens desse tipo desaparecem, mas desde o momento em que se torna tão complicado procurar objetos desse tipo a ponto de não ser razoável esperar isso do devedor. A guerra trouxe consigo dificuldades crescentes no cumprimento das obrigações e, especialmente, a necessidade de gastar quantia excessiva de dinheiro devido à escassez de matérias-primas, à inflação, entre outros fatores. Consequentemente, os limites de sacrifício também são aplicáveis, por analogia, às despesas surgidas da obrigação do credor de procurar um objeto específico[93.]

Na reforma do BGB de 2002, a mais abrangente e substancial desde que foi sancionado em 1900, no que diz respeito às obrigações – a qual partiu de diretiva da União Europeia relativa à proteção do consumidor que precisava ser incorporada no ordenamento jurídico alemão, mas que acabou sendo mais abrangente[94] –, a impossibilidade foi revisitada. Durante a reforma, na maior parte do tempo, prevaleceu a opinião de eliminar o conceito de impossibilidade de execução do Código Civil[95,] o que não ocorreu. O instituto permaneceu positivado, até mesmo como reflexo da tendência à harmonização das leis europeias, já que a impossibilidade é adotada pelos Princípios da Lei dos Contratos Europeus (art. 9:102, (2)[96)][97.]

---

92. *Ibidem*, p. 311.
93. SERRA, *op. cit.*, p. 13-14.
94. CANARIS, *op. cit.*, 2004, p. 108.
95. FERRANTE, *op. cit.*, p. 65-69.
96. Princípios da Lei dos Contratos Europeus. Article 9:102: *Non-monetary Obligations. (1) The aggrieved party is entitled to specific performance of an obligation other than one to pay money, including the remedying of a defective performance. (2) Specific performance cannot, however, be obtained where: (a) performance would be unlawful or impossible; or (b) performance would cause the obligor unreasonable effort or expense; or (c) the performance consists in the provision of services or work of a personal character or depends upon a personal relationship, or (d) the aggrieved party may reasonably obtain performance from another source. (3) The aggrieved party will lose the right to specific performance if it fails to seek it within a reasonable time after it has or ought to have become aware of the non-performance.* Tradução livre: "Artigo 9.102: Obrigações Não Monetárias. (1) A parte prejudicada tem direito ao cumprimento específico de uma obrigação que não seja de pagamento em dinheiro, incluindo a correção de um desempenho defeituoso. (2) No entanto, o cumprimento específico não pode ser obtido quando: (a) o cumprimento seria ilegal ou impossível; ou (b) o cumprimento exigiria um esforço ou despesa irrazoáveis por parte do obrigado; ou (c) o cumprimento consiste na prestação de serviços ou trabalho de caráter pessoal ou depende de um relacionamento pessoal, ou (d) a parte prejudicada pode razoavelmente obter o cumprimento de outra fonte. (3) A parte prejudicada perderá o direito ao cumprimento específico se não o buscar dentro de um prazo razoável após ter conhecimento ou deveria ter conhecimento do não cumprimento".
97. CANARIS, *op. cit.*, 2004, p. 113.

Se, antes da reforma, o § 275 dizia respeito à impossibilidade superveniente, a sua nova redação se tornou mais abrangente[98,] para tratar de toda e qualquer obrigação, consagrando uma diferença importante entre impossibilidade e imputabilidade do dever de indenizar, de maneira que, definir se a impossibilidade é, ou não, imputável ao devedor, só gera reflexos quanto à existência, ou não, do dever de indenizar, mas a prestação, em todo caso, estará inviabilizada (liberando o devedor do dever de prestar)[99.] Diante dessa mudança, a impossibilidade originária deixa de ser resolvida no plano da validade: se a relação obrigacional não se limita a uma prestação, apenas a que se tornou impossível permanecerá "bloqueada", mantendo-se válida a relação jurídica[100,] segundo a nova redação do § 306[101.]

No mais, após a reforma, o BGB passou a prever explicitamente a impossibilidade real, autêntica e verdadeira (§ 275/1)[102,] impossibilidade prática (§ 275/2) e o limite do sacrifício ou a inexigibilidade (ou onerosidade excessiva), com maior ou menor ligação à boa-fé (§ 275/2)[103.] Em todas as hipóteses, a falta do cumprimento decorrente da impossibilidade é resolvida no campo da eficácia, por meio de instrumentos relacio-

---

98. ALEMANHA. Section 275. *Exclusion of the duty of performance. (1) A claim for performance is excluded to the extent that performance is impossible for the obligor or for any other person. (2) The obligor may refuse performance to the extent that performance requires an expenditure of time and effort that, taking into account the subject matter of the obligation and the requirement of acting in good faith, is grossly disproportionate to the obligee's interest in performance. In determining what efforts reasonably may be required of the obligor, it also is to be taken into account whether they are responsible for the impediment preventing performance. (3) In addition, the obligor may refuse performance if they are to render the performance in person and, having weighed the impediment preventing performance by them against the obligee's interest in performance, performance cannot reasonably be required of the obligor. (4) The rights of the obligee are governed by sections 280, 283 to 285, 311a and 326.* Tradução livre: "Exclusão da obrigação de executar. (1) Exclui-se o direito à prestação se tal for impossível ao devedor ou a qualquer outra pessoa. (2) O devedor pode recusar o adimplemento se tal exigir esforço manifestamente desproporcionado ao interesse do credor na adimplência, tendo em conta o conteúdo da obrigação e os requisitos de boa-fé. Ao determinar o esforço que se espera do devedor, deve-se também levar em consideração se o devedor é responsável pelo impedimento de cumprimento. (3) O devedor também pode recusar a prestação se tiver de cumprir pessoalmente a prestação e não se pode esperar dela, ponderando os obstáculos à sua prestação face ao interesse do credor na prestação. (4) Os direitos do credor são determinados de acordo com os artigos 280, 283 a 285, 311a e 326.
99. BIAZI, *op. cit.*, p. 30.
100. CORDEIRO, *op. cit.*, 2017, p. 313.
101. ALEMANHA. BGB alemão. Section 306. *Legal consequences of non-incorporation and ineffectiveness. (1) If standard business terms as a whole or in part have not become part of the contract or are ineffective, then the remainder of the contract will remain in effect. (2) To the extent that the terms have not become part of the contract or are ineffective, the contents of the contract are determined by the statutory provisions. (3) The contract is ineffective if upholding it, even taking into account the alteration provided for in subsection (2), would constitute an unreasonable hardship for one party.* Tradução livre: "Consequências jurídicas da não inclusão e ineficácia. (1) Se os termos e condições gerais não se tornaram parte do contrato ou são ineficazes no todo ou em parte, o resto do contrato permanece válido. (2) Na medida em que as disposições não façam parte do contrato ou sejam ineficazes, o conteúdo do contrato é baseado nas disposições legais. (3) O contrato será ineficaz se a sua adesão constituir ônus injustificado para um dos contraentes, ainda que considerada a alteração prevista no (2)".
102. BIAZI, *op. cit.*, p. 31.
103. PIRES, *op. cit.*, 2020b, p. 23.

nados à figura da quebra de deveres (diferentes situações de perturbação da prestação previstas no BGB)[104].

4.3 O DESENVOLVIMENTO DA TEORIA DA IMPOSSIBILIDADE NO BRASIL

No ano seguinte ao da Proclamação da Independência do Brasil, a Lei de 20 de outubro de 1823 determinou que se mantivessem vigentes as leis e decretos promulgados pela coroa portuguesa, enquanto não se organizasse um novo Código ou não fossem especialmente alterados[105]. A Constituição do Império, cujo cumprimento foi determinado pela Lei de 25 de março de 1824, estabeleceu que, o quanto antes, deveriam ser organizados Códigos Civil e Criminal "fundados nas sólidas bases da justiça e da equidade"[106].

De 1603, até a elaboração do Código Civil a que se refere a Constituição de 1824, permaneceram em vigor as Ordenações Filipinas, uma verdadeira compilação das Ordenações anteriores, isto é, Afonsinas e Manoelinas[107]. Nessas Ordenações, como aponta João Pedro de Oliveira de Biazi[108], abordava-se o caso fortuito no contrato de comodato[109].

O Código Comercial de 1850 (Lei n. 556, de 25 de junho de 1850) também tratou do tema em diversos artigos, no mesmo estilo da legislação portuguesa (arts. 93[110], 102[111],

---

104. STEINER, op. cit., 2012, p. 701-730.
105. BRASIL. Lei de 20 de outubro de 1823. Art. 1º. As Ordenações, Leis, Regimentos, Alvarás, Decretos, e Resoluções promulgadas pelos Reis de Portugal, e pelas quaes o Brazil se governava até o dia 25 de Abril de 1821, em que Sua Magestade Fidelissima, actual Rei de Portugal, e Algarves, se ausentou desta Côrte; e todas as que foram promulgadas daquella data em diante pelo Senhor D. Pedro de Alcantara, como Regente do Brazil, em quanto Reino, e como Imperador Constitucional delle, desde que se erigiu em Imperio, ficam em inteiro vigor na pare, em que não tiverem sido revogadas, para por ellas se regularem os negocios do interior deste Imperio, emquanto se não organizar um novo Codigo, ou não forem especialmente alteradas.
106. PONTES DE MIRANDA, Francisco Cavalcanti. Fontes e evolução do direito civil brasileiro. 2. ed. Rio de Janeiro: Forense, 1981. p. 66.
107. LEAL, Adisson; BORGES, João Paulo Resende. O Código Civil de 1916: tão liberal quanto era lhe permitido ser. Revista Brasileira de História do Direito, Brasília, v. 3, n. 1. p. 16-35, jan.-jun. 2017. p. 17.
108. BIAZI, op. cit., p. 42.
109. PORTUGAL. Ordenações Filipinas. 3. Porém, se a cousa perecesse por caso fortuito, não será obrigado o commodatário a pagar o dano, salvo quando no dito caso fortuito interviesse culpa sua; assi como, se pedisse hum cavallo emprestado para ir a huma certa romaria, e fosse á guerra, ou saísse aos touros, aonde lhe matassem o dito cavallo, ou se foi em mora de tornar a cousa emprestada a seu tempo, ou entre as partes foi acordado, que o que recebeu a cousa emprestada, ficasse obrigado aos casos fortuitos. 4. E os casos fortuitos então escusarão ao que recebeu a cousa emprestada, quando ele direitamente usou della. Porém, se hum emprestasse a outro huma baixella de prata para agasalhar alguns hospedes em sua casa, e elle a levasse pelo mar, onde os Cossarios lha tomassem, ou se perdeu em naufrágio ou de qualquer outra maneira, ficará obrigado a pagal-a, pois por sua culpa sucedeu o tal caso.
110. BRASIL. Código Comercial brasileiro (1850). Art. 93. Os trapicheiros e os administradores de armazéns de depósito respondem pelos furtos acontecidos dentro dos seus trapiches ou armazéns; salvo sendo cometidos por força maior, a qual deverá provar-se, com citação dos interessados ou dos seus consignatários, logo depois do acontecimento.
111. BRASIL. Código Comercial brasileiro (1850). Art. 102. Durante o transporte, corre por conta do dono o risco que as fazendas sofrerem, proveniente de vício próprio, força maior ou caso fortuito.

104[112], 170[113], 181[114], 202[115], 548[116], 549[117] e 609[118]), ainda antes do avanço do projeto de codificação do direito civil.

Vários foram os projetos elaborados, destacando-se o Esboço de Teixeira de Freitas[119] (que serviu de inspiração ao Código Civil argentino, e, em grande parte, ao CC/1916), os projetos de Nabuco de Araújo e de Felício dos Santos e o Projeto de Coelho de Rodrigues, até que, em 1899, Clóvis Beviláqua, então professor de Legislação Comparada na Faculdade de Direito do Recife, foi convidado para elaborar o Código Civil, que foi aprovado em 1916 e entrou em vigor a partir de 1917[120].

Quanto à impossibilidade, o CC/1916 se inspirou no Esboço de Teixeira de Freitas, que separava os fatos absolutamente (art. 555[121]) e relativamente (art. 556[122]) impossíveis,

---

112. BRASIL. Código Comercial brasileiro (1850). Art. 104. Se, todavia, se provar que para a perda ou avaria dos gêneros interveio negligência ou culpa do condutor ou comissário de transportes, por ter deixado de empregar as precauções e diligências praticadas em circunstâncias idênticas por pessoas diligentes (artigo n. 99), será este obrigado à sua indenização, ainda mesmo que tenha provindo de caso fortuito ou da própria natureza da coisa carregada.
113. BRASIL. Código Comercial brasileiro (1850). Art. 170. O comissário é responsável pela boa guarda e conservação dos efeitos de seus comitentes, quer lhe tenham sido consignados, quer os tenha ele comprado, ou os recebesse como em depósito, ou para os remeter para outro lugar; salvo caso fortuito ou de força maior, ou se a deterioração provier de vício inerente à natureza da coisa.
114. BRASIL. Código Comercial brasileiro (1850). Art. 181. O comissário é responsável pela perda ou extravio de fundos de terceiro em dinheiro, metais preciosos, ou brilhantes existentes em seu poder, ainda mesmo que o dano provenha de caso fortuito ou força maior, se não provar que na sua guarda empregou a diligência que em casos semelhantes empregam os comerciantes acautelados.
115. BRASIL. Código Comercial brasileiro (1850). Art. 202. Quando o vendedor deixa de entregar a coisa vendida no tempo aprazado, o comprador tem opção, ou de rescindir o contrato, ou de demandar o seu cumprimento com os danos da mora; salvo os casos fortuitos ou de força maior.
116. BRASIL. Código Comercial brasileiro (1850). Art. 548. Rompendo-se a viagem por causa de força maior, a equipagem, se a embarcação se achar no porto do ajuste, só tem direito a exigir as soldadas vencidas. São causas de força maior: 1 – declaração de guerra, ou interdito de comércio entre o porto da saída e o porto do destino da viagem; 2 – declaração de bloqueio do porto, ou peste declarada nele existente; 3 – proibição de admissão no mesmo porto dos gêneros carregados na embarcação; 4 – detenção ou embargo da embarcação (no caso de se não admitir fiança ou não ser possível dá-la), que exceda ao tempo de 90 (noventa) dias; 5 – inavegabilidade da embarcação acontecida por sinistro.
117. BRASIL. Código Comercial brasileiro (1850). Art. 549. Se o rompimento da viagem por causa de força maior acontecer achando-se a embarcação em algum porto de arribada, a equipagem contratada ao mês só tem direito a ser paga pelo tempo vencido desde a saída do porto até o dia em que for despedida, e a equipagem justa por viagem não tem direito a soldada alguma se a viagem não se conclui.
118. BRASIL. Código Comercial brasileiro (1850). Art. 609. Se antes de começada a viagem ou no curso dela, a saída da embarcação for impedida temporariamente por embargo ou força maior, subsistirá o contrato, sem haver lugar a indenizações de perdas e danos pelo retardamento. O carregador neste caso poderá descarregar os seus efeitos durante a demora, pagando a despesa, e prestando fiança de os tornar a carregar logo que cesse o impedimento, ou de pagar o frete por inteiro e estadias e sobre estadias, não os reembarcando.
119. TEIXEIRA DE FREITAS, Augusto. *Esboço*, ed. fac-sim., Brasília, Ministério da Justiça e Fundação Universidade de Brasília, 1983a. v. 1; TEIXEIRA DE FREITAS, Augusto. *Esboço*, ed. fac-sim., Brasília, Ministério da Justiça e Fundação Universidade de Brasília, 1983b. v. 2.
120. PONTES DE MIRANDA, *op. cit.*, 1981, p. 80-83.
121. BRASIL. Código Civil (1916). Art. 555. Serão havidos como absolutamente impossíveis: 1. Os fatos que, pela enunciação dos atos jurídicos, forem contraditórios. 2. Os que forem enunciados por modo ininteligível, indeterminado ou perplexo. 3. Os fatos inúteis, extravagantes e irrisórios.
122. BRASIL. Código Civil (1916). Art. 556. Serão havidos como relativamente impossíveis: 1. Os fatos que não podem ser executados por impossibilidade resultante da falsa suposição da existência de alguma pessoa, de

a impossibilidade originária e a superveniente; o ato cujo objeto fosse impossível tinha como consequência a nulidade. A impossibilidade superveniente tinha a eficácia de liberar o devedor, salvo quando este assumisse os riscos do fortuito. Essas disposições gerais, porém, deveriam ser aplicadas "com o complemento das disposições especiais a respeito de cada uma das obrigações" (art. 886[123]), e a configuração da impossibilidade liberatória (especificada consoante as modalidades "dar", "restituir", "fazer" e "não fazer") do devedor exigia apenas a ausência de culpa, prescindindo da comprovação do caso fortuito ou de força maior[124.]

Portanto, o Esboço de Teixeira de Freitas tratou da impossibilidade nas suas Partes Geral e Especial. Na Parte Geral, aproximou-se do trabalho de Friedrich Mommsen, seguindo o brocardo do jurisconsulto Celso. No art. 552[125] estabeleceu-se, então, que os fatos impossíveis não podem ser objeto de atos jurídicos. Mas foi na Parte Especial que se observou a estruturação das consequências da impossibilidade superveniente que, até hoje, se vê no direito brasileiro, tratando aquela como um dos modos de extinção das obrigações, diverso do cumprimento. O importante marco dogmático reside no fato de que o Esboço de Teixeira de Freitas foi categórico ao construir: i) as hipóteses de impossibilidade superveniente não imputável ao devedor, no que diz respeito às obrigações de dar, fazer e não fazer (arts. 1.228 e seguintes, do Esboço); e ii) a hipótese de impossibilidade superveniente não imputável ao devedor para circunstâncias de caso fortuito e de força maior (art. 833, do Esboço)[126,] como o faz o CC/2002, ainda hoje.

O Código Civil de 1916 também distingue entre as impossibilidades física e jurídica, estabelecendo consequências diversas: enquanto aquela dava causa à inexistência do negócio, esta o invalidava (art. 116[127)]. Essa distinção, segundo Nehemias Gueiros, foi objeto de muitas críticas, vez que, desde o direito romano, se estabelecia perfeita igualdade de tratamento em relação a uma ou outra espécie, não existindo razão para essa previsão no Código Civil[128.]

O projeto original de Clóvis Beviláqua (que deu origem ao CC/1916) também previu, no art. 1.190[129,] que o devedor não responderia pelos prejuízos resultantes

---

alguma coisa, ou da existência de um direito, ou de uma obrigação; ainda que os agentes tivessem ignorado essa impossibilidade. 2. Os que não podem ser executados pela sua excessiva dificuldade, ou pela manifesta exorbitância do fim em relação aos meios, tempo necessário para a execução, lugar desta, e circunstâncias peculiares de cada um dos casos.

123. BRASIL. Código Civil (1916). Art. 886. As disposições gerais desta Seção sobre os efeitos das obrigações não serão aplicadas, senão com o complemento das disposições especiais a respeito de cada uma das obrigações, segundo os títulos de que derivarem.
124. MARTINS-COSTA; SILVA, *op. cit.*, p. 146-148.
125. BRASIL. Código Civil (1916). Art. 552. Atos jurídicos: 1. Se forem impossíveis. 2. Se forem ilícitos ou imorais.
126. BIAZI, *op. cit.*, p. 49-50.
127. BRASIL. Código Civil (1916). Art. 116. As condições fisicamente impossíveis, bem como as de não fazer coisa impossível, têm-se por inexistentes. As juridicamente impossíveis invalidam os atos a elas subordinados.
128. GUEIROS, *op. cit.*, p. 221.
129. Projeto original de Clóvis Beviláqua. Art. 1.190. O devedor não responde pelos prejuízos resultantes de caso fortuito ou de força maior, se expressamente não se responsabilizou por eles.

de caso fortuito e força maior, desde que não tivesse, expressamente, se responsabilizado por eles. Esse artigo derivou do art. 833, do Esboço de Teixeira de Freitas, mas, diversamente daquele, não trazia qualquer esclarecimento acerca dos limites interpretativos dessas expressões. Segundo Arnoldo Medeiros da Fonseca, isso teria ocorrido em razão de a matéria parecer tão insuscetível de dúvida que nem o projeto original, nem o revisado, previu dispositivo voltado a definir caso fortuito e de força maior. Em 10 de dezembro de 1901, em sessão da comissão especial da Câmara dos Deputados, Clóvis Beviláqua sustentou a sua desnecessidade, ao declarar que "parece-me escusado defini-lo, quando todos nós, rústicos e juristas, sabemos o que se entende por caso fortuito"[130.] Por esse motivo, o art. 1.058 do CC/1916 não trazia os conceitos de caso fortuito ou de força maior.

Todavia, por meio de uma emenda de Oliveira Figueiredo, sugerida por Amaro Cavalcanti (que atuava como membro da Comissão Especial do Instituto da Ordem dos Advogados Brasileiros), a Comissão dos Vinte e Um aceitou, com uma pequena alteração na redação, incluir um parágrafo único no art. 1.058[131,] para esclarecer que "o caso fortuito, ou de força maior, verifica-se no fato necessário, cujos efeitos não era possível evitar, ou impedir"[132.] No parecer da sugestão de emenda, Amaro Cavalcanti destacou a necessidade de ausência de culpa do devedor, e acentuou que o acontecimento deveria ser de tal natureza que os seus efeitos fossem impossíveis de impedir, para se caracterizar o caso fortuito ou de força maior, "nada julgando necessário acrescentar para a conceituação da impossibilidade *in subjecta materia*"[133.] Rui Barbosa propôs a substituição do adjetivo "inevitável" por "inelutável", mas a emenda não foi aceita[134.]

O CC/1916, nos moldes do Código Comercial de 1850, não se limitou a tratar a impossibilidade de modo geral, em um único artigo, mas abordou o assunto em outros dispositivos legais. É o caso do art. 1.208[135] (isentava a responsabilidade do locatário pelo incêndio do imóvel, nas hipóteses de caso fortuito ou de força maior); do art. 1.253[136] (o caso fortuito ou de força maior não afastavam a responsabilidade do comodatário pela

---

130. FONSECA, *op. cit.*, p. 126.
131. BRASIL. Código Civil (1916). Art. 1.058. O devedor não responde pelos prejuízos resultantes de caso fortuito, ou força maior, se expressamente não se houver por eles responsabilizado, exceto nos casos dos art. 955, 956 e 957. Parágrafo único. O caso fortuito, ou de força maior, verifica-se no fato necessário, cujos efeitos não era possível evitar, ou impedir.
132. FONSECA, *op. cit.*, p. 127.
133. *Ibidem*, p. 127-128.
134. *Ibidem*, p. 127 (nota de rodapé 29).
135. BRASIL. Código Civil (1916). Art. 1.208. Responderá o locatário pelo incêndio do prédio, se não provar caso fortuito ou força maior, vício de construção ou propagação de fogo originado em outro prédio. Parágrafo único. Se o prédio tiver mais de um inquilino, todos responderão pelo incêndio, inclusive o locador, se nele habitar, cada um em proporção da parte que ocupe, exceto provando-se ter começado o incêndio na utilizada por um só morador, que será então o único responsável.
136. BRASIL. Código Civil (1916). Art. 1.253. Se, correndo risco o objeto do comodato juntamente com outros do comodatário, antepuser este a salvação dos seus, abandonando o do comandante, responderá pelo dano ocorrido, ainda que possa atribuir a caso fortuito, ou força maior.

perda do objeto do bem, se este houvesse preferido salvar bens próprios, em detrimento dos bens que constituíam objeto do comodato, abandonando-os); e do art. 1.412[137] (os riscos de caso fortuito ou de força maior correriam em comum contra o proprietário e o parceiro – em parceria agrícola, nos moldes do art. 1.410[138] do CC/1916).

Nota-se, portanto, uma aproximação entre o CC/1916 e o *Code Civil,* no que diz respeito à técnica utilizada para tratar da impossibilidade por meio da referência ao caso fortuito e de força maior (muito embora não tenha limitado a impossibilidade ao caso fortuito ou à força maior). No entanto, o CC/1916 se aproxima da redação originária do BGB alemão em relação à diferenciação das impossibilidades originária e superveniente, tratando aquela como hipótese de nulidade (no campo da validade) e esta como hipótese de extinção da relação obrigacional (no plano da eficácia). O modo fragmentado de tratar a impossibilidade específica em relação aos tipos de obrigação também se assemelha à técnica legislativa alemã: dar (art. 865[139]), fazer (art. 879[140]) e não fazer (art. 882[141])[142].

O CC/2002, elaborado por Comissão coordenada por Miguel Reale, não alterou substancialmente a forma pela qual o CC/1916 tratava da impossibilidade. Curioso notar que, assim como no processo de elaboração/aprovação do CC/1916, o anteprojeto do CC/2002, apesar de manter a redação do art. 1.058 do CC/1916 (no art. 393), suprimiu o seu parágrafo único, que esclarecia quando ocorria o caso fortuito ou de força maior. A questão foi revisitada por meio da sugestão de Emenda n. 39, do Senador Gabriel Hermes, ao destacar que o texto do parágrafo "não contêm, propriamente, definição – o que a técnica legislativa condena –, mas a qualificação do fato, em termos gerais", por tal razão, dizer quando se verificava a hipótese de caso fortuito ou de força maior "não foge à técnica nem malfere o conteúdo do artigo, antes propicia um referencial impeditivo de interpretação anômala, ou desatenta"[143]. Retornou, portanto, o parágrafo único do art. 393[144:] "o caso fortuito ou de força maior verifica-se no fato necessário, cujos efeitos não era possível evitar ou impedir" (sem a vírgula após o "caso fortuito").

---

137. BRASIL. Código Civil (1916). Art.1.412. Os riscos de caso fortuito, ou força maior, correrão em comum contra o proprietário e o parceiro.
138. BRASIL. Código Civil (1916). Art. 1.410. Dá-se a parceria agrícola, quando uma pessoa cede um prédio rústico a outra, para ser por esta cultivado, repartindo-se os frutos entre as duas, na proporção que estipularem.
139. BRASIL. Código Civil (1916). Art. 865. Se, no caso do artigo antecedente, a coisa se perder, sem culpa do devedor, antes da tradição, ou pendente a condição suspensiva, fica resolvida a obrigação para ambas as partes. Se a perda resultar de culpa do devedor, responderá este pelo equivalente, mais as perdas e danos.
140. BRASIL. Código Civil (1916). Art. 879. Se a prestação do fato se impossibilitar sem culpa do devedor, resolver-se-á a obrigação; se por culpa do devedor, responderá este pelas perdas e danos.
141. BRASIL. Código Civil (1916). Art. 882. Extingue-se a obrigação de não fazer, desde que, sem culpa do devedor, se lhe torne impossível abster-se do fato, que se obrigou a não praticar.
142. BIAZI, *op. cit.*, p. 56-57.
143. *Ibidem*, p. 61-62.
144. BRASIL. Código Civil (2002). Art. 393. O devedor não responde pelos prejuízos resultantes de caso fortuito ou força maior, se expressamente não se houver por eles responsabilizado. Parágrafo único. O caso fortuito ou de força maior verifica-se no fato necessário, cujos efeitos não era possível evitar ou impedir.

O CC/2002 também manteve fragmentado o tratamento da impossibilidade relacionada às modalidades obrigacionais, tratando especificamente sobre as obrigações de dar (art. 234[145]), de fazer (art. 248[146]) e de não fazer (art. 250[147]).

4.4 AS HIPÓTESES DE IMPOSSIBILIDADE POR CASO FORTUITO OU DE FORÇA MAIOR, NO DIREITO BRASILEIRO

Como afirma Francisco Cavalcanti Pontes de Miranda, deve-se evitar atribuir toda e qualquer impossibilidade ao caso fortuito ou força maior, porque há casos de impossibilidade que deles não derivam[148]. Todavia, ao se estudar a impossibilidade no contexto pátrio, não há como tratar especificamente do caso fortuito ou força maior, pois, desde o Esboço de Teixeira de Freitas, o direito brasileiro prevê uma hipótese especial, que se soma às demais modalidades de impossibilidade relacionadas diretamente às obrigações de dar, fazer e não fazer[149]. É a hipótese prevista no art. 393 do CC/2002[150], cuja origem histórica foi acima tratada, a revelar uma espécie do gênero impossibilidade[151].

Ao abordar o tema, Francisco Cavalcanti Pontes de Miranda não diferencia o caso fortuito da força maior[152], pois a distinção entre um e outro só teria de ser

---

145. BRASIL. Código Civil (2002). Art. 234. Se, no caso do artigo antecedente, a coisa se perder, sem culpa do devedor, antes da tradição, ou pendente a condição suspensiva, fica resolvida a obrigação para ambas as partes; se a perda resultar de culpa do devedor, responderá este pelo equivalente e mais perdas e danos.
146. BRASIL. Código Civil (2002). Art. 248. Se a prestação do fato tornar-se impossível sem culpa do devedor, resolver-se-á a obrigação; se por culpa dele, responderá por perdas e danos.
147. BRASIL. Código Civil (2002). Art. 250. Extingue-se a obrigação de não fazer, desde que, sem culpa do devedor, se lhe torne impossível abster-se do ato, que se obrigou a não praticar.
148. PONTES DE MIRANDA, *op. cit.*, 2003, p. 134.
149. BIAZI, *op. cit.*, p. 92.
150. BRASIL. Código Civil (2002). Art. 393. O devedor não responde pelos prejuízos resultantes de caso fortuito ou força maior, se expressamente não se houver por eles responsabilizado.
    Parágrafo único. O caso fortuito ou de força maior verifica-se no fato necessário, cujos efeitos não era possível evitar ou impedir.
151. BIAZI, *op. cit.*, p. 92.
152. Para Clóvis Beviláqua, os conceitos são distintos, mas é indiferente indagar se a impossibilidade advém de caso fortuito ou de força maior, tendo em vista que o Código Civil de 1916 teria reunido os dois fatos na mesma definição: "Conceitualmente o caso fortuito e a força maior se distinguem. O primeiro, segundo a definição de Huc, é "o acidente produzido por força física ininteligente, em condições, que não podiam ser previstas pelas partes". A segunda é "o fato de terceiro, que criou, para a inexecução da obrigação, um obstáculo, que a boa vontade do devedor não pode vencer". Não é, porém, a imprevisibilidade que deve, principalmente, caracterizar o caso fortuito, e, sim, a inevitabilidade. E, porque a força maior também é inevitável, juridicamente, se assimilam estas duas causas de irresponsabilidade. Uma sêca extraordinária, um incêndio, uma tempestade, uma inundação produzem danos inevitáveis. Um embargo da autoridade pública impede a saída do navio do pôrto, de onde ia partir, e esse impedimento tem por consequência a impossibilidade de levar a carga ao pôrto do destino. Os gêneros que se acham armazenados para ser entregues ao comprador são requisitados por necessidade da guerra. Nesses e em outros casos, é indiferente indagar se a impossibilidade de o devedor cumprir a obrigação procede de força maior ou de caso fortuito. Por isso, o Código Civil reuniu os dois fatos na mesma definição: o caso fortuito ou de força maior é o fato necessário, cujos efeitos não era possível evitar ou impedir. O essencial é, pois, que do fato resulte a impossibilidade, em que se acha o devedor, de cumprir a obrigação" (BEVILÁQUA, *op. cit.*, 1955, p. 173-174).

feita se as regras jurídicas a respeito daquele e desta fossem diferentes[153-154,] o que não seria o caso, já que o Código Civil estabeleceria uma sinonímia entre ambas as expressões[155.]

De fato, o CC/2002 (tal como o CC/1916) trata o caso fortuito e a força maior conjuntamente, atribuindo-lhes as mesmas consequências jurídicas. Todavia, o Código Brasileiro de Aeronáutica (Lei n. 7.565/1986), em dois artigos (art. 19 e art. 215, parágrafo único), menciona apenas a força maior, sem fazer expressa referência, nos mesmos dispositivos, ao caso fortuito. Diante disso, pertinente tratar da distinção realizada por parte da doutrina.

Segundo Nélson Hungria, seria comum distinguir o caso fortuito da força maior: no primeiro, se o resultado fosse previsível, poderia ter sido evitado; na segunda, mesmo que fosse previsível ou previsto, o resultado é inevitável[156-157.] Apesar disso, diz que, juridicamente, para os fins de "isenção de punibilidade", equiparam-se o *casus* e a *vis major*: "tanto faz não poder prever um evento, quanto prevê-lo, sem, entretanto, poder evitá-lo"[158.]

Apenas para demonstrar, por exemplos, qual seria o ponto de divergência entre as expressões, Caio Mário da Silva Pereira aduz que se costuma afirmar que o caso fortuito é o evento natural, derivado da força da natureza ou o resultado das circunstâncias, como um raio, uma inundação ou um terremoto. Já a força maior seria o *damnum* que

---

153. PONTES DE MIRANDA, *op. cit.*, 2003, p. 107.
154. Nesse sentido, San Tiago Santas afirma: "Mas, não se vê necessidade de fazer diferenciação dogmática, quando esta diferenciação não corresponde a uma finalidade prática. Caso fortuito e força maior são coisas que, praticamente, se equiparam; não há uma conseqüência diversa do caso fortuito e da força maior. De modo que, diferençar um do outro, é apenas um exercício intelectual; não tem interesse prático, logo, não têm interesse teórico. Esta regra é inflexível nos estudos de dogmática cível: não tem interesse prático, logo não tem interesse teórico. Tudo que está na teoria, nela está para servir à prática; tudo que está na teoria deve ter um interesse prático. Esta diferenciação é uma diferenciação dogmática para uso das faculdades intelectuais" (DANTAS, *op. cit.*, p. 93-94).
155. MARTINS-COSTA, *op. cit.*, 2004, p. 197-198.
156. HUNGRIA, *op. cit.*, 1953a, p. 136.
157. Nélson Hungria faz um breve resumo das teorias que são utilizadas pela doutrina para distinguir o caso fortuito da força maior: "Vários são os critérios propostos em doutrina para a distinção entre o caso fortuito e a força maior, resultando daí uma desconcertante confusão a respeito dos dois conceitos: *Teoria do fato extraordinário*: caso fortuito é o fato relativamente extraordinário, ou, seja, o fato que costuma ocorrer, mas não se sabe quando, onde e de que modo; força maior é o fato absolutamente extraordinário. *Teoria da previsibilidade e irresistibilidade*: força maior é o casus que absolutamente não se pode prever, nem resistir. *Teoria das forças naturais e fato de terceiro*: fôrça maior é constituída por acontecimentos naturais alheios à ação humana (raio, ciclone, etc.); caso fortuito é derivado de fato de terceiro. *Teoria do conhecimento*: caso fortuito é o acontecimento cuja previsão escapa à nossa limitada experiência, e assume o nome de força maior quando deriva de forças naturais. *Teoria do reflexo sobre a vontade humana*: o caso fortuito consiste na relação entre um fato e a incerteza do seu advento, enquanto a força maior consiste na relação entre vontade de uma pessoa e os fatos que exercem sôbre a vontade uma irresistível influência deter determinante ou impediente (o mesmo acontecimento pode ser caso fortuito ou fôrça maior, segundo seja considerado pelo aspecto de incerteza de sua superveniência ou pelo aspecto da influência exercida sobre a vontade de uma pessoa) (HUNGRIA, *op. cit.*, 1953a, p. 136-137, notas de rodapé).
158. HUNGRIA, *op. cit.*, 1953a, p. 136-137.

se origina de ações de terceiros, como invasão territorial, guerra, revolução, atos emanados da autoridade (*factum principis*), desapropriação, furto, entre outros[159].

Para Agostinho Neves de Arruda Alvim, cada uma das expressões tem seu significado próprio. Utilizando-se de definição de Henri Capitant, afirma que o caso fortuito é "o acontecimento devido ao acaso, que exclui completamente a falta do devedor ou do autor aparente do dano". Contudo, em certas situações, para justificar a escusa, seria necessário mais do que isso: é exigida a presença de força maior, exemplificada pela força da natureza ("*force de la nature*"), fato de terceiro ("*fait d'un tiers*"), fato do príncipe ("*fait du prince*") e fato da própria vítima[160].

No desenvolvimento dos conceitos de força maior e caso fortuito, uma corrente subjetivista foi lançada pelo jurista alemão Goldschmidt. Essa abordagem individual analisa a atitude do devedor perante eventos considerados como tais e diferencia casos fortuitos que podem implicar responsabilidade do devedor (em sentido estrito) daqueles em que a isenção é justificada. O critério subjetivo considera a diligência do devedor, tendo em vista que a força maior é vista quando essa diligência excepcional se torna ineficaz, de maneira que a força maior representa um acontecimento não culposo. A diligência excepcional e a força maior estão interligadas e são incompatíveis com a culpa do devedor nesse contexto. O devedor oferece sua capacidade e habilidades existentes, e o objeto da prestação é a totalidade dos esforços oferecidos. Se um obstáculo é insuperável para ele, mas outro mais habilidoso poderia superá-lo, é uma impossibilidade de execução[161]. Entre os juristas brasileiros, por exemplo, teriam acolhido a tese subjetivista Spencer Vampré, para quem "o caso fortuito confina com a culpa: onde um acaba, só começa o outro", e Eduardo Espínola, que defendia que "onde cessa a culpa, começa o caso fortuito"[162]. Agostinho Neves de Arruda Alvim também se filia à corrente, associando o caso fortuito ou de força maior à ausência de culpa[163].

Por outro lado, uma tese objetivista teria sido sustentada por Adolfo Exner. Nela, defendeu-se uma abordagem objetivista para identificar a força maior, em contraste com a abordagem subjetiva. Nessa teoria, a responsabilidade não se basearia na culpa, mas na comprovação da ocorrência da força maior pelo devedor. Se o devedor não cumprir sua obrigação, é responsabilizado, a menos que haja força maior. A exceção de força maior é aceita quando o evento é claramente fortuito à primeira vista. Na teoria objetiva, procura-se definir um limite objetivo para a responsabilidade, sem considerar

---

159. PEREIRA, *op. cit.*, 1996, p. 244.
160. ALVIM, Agostinho Neves de Arruda. Direito das obrigações: exposição de motivos. *Revista do Instituto dos Advogados Guanabara*, v. 24. p. 2-107, 1973. p. 31.
161. LOPES, *op. cit.*, p. 374.
162. FONSECA, *op. cit.*, p. 132-134.
163. "O art. 1.058 do Código Civil, que o Anteprojeto conservou, fala em caso fortuito ou força maior, aqui, como em outros lugares, sem intenção de distinguir. É como se dissesse: havendo ausência de culpa" (ALVIM, *op. cit.*, 1973. p. 31). "Estudemos, agora, a questão da distinção entre ausência de culpa e caso fortuito. Para alguns, as duas noções se confundem, de sorte que a prova da ausência de culpa resulta na existência de um caso fortuito, e vice-versa. A esta corrente nos filiamos" (ALVIM, *op. cit.*, 1980, p. 332).

as precauções tomadas pelo devedor. Os requisitos da força maior na teoria objetiva são: i) ser exterior; ii) ser importante (de uma violência irresistível) e notório. A soma de esforços acordada pelo credor e prometida pelo devedor é aquela que um bom pai de família normalmente ofereceria em sua profissão[164]. Filiaram-se à tese os juristas brasileiros Clóvis Beviláqua e Lacerda de Almeida[165].

O CC/2002 teria se alinhado à tese objetivista[166], mas segundo Caio Mário da Silva Pereira, não seria possível fornecer ao julgador um padrão abstrato para decidir a exoneração do devedor ao analisar a força maior. Cada situação deve ser avaliada com base em suas circunstâncias únicas, considerando a existência ou não de obstáculo necessário e inevitável à execução da obrigação. O mesmo evento que permitiu o cumprimento para um devedor poderá, eventualmente, se tornar um impedimento para outro. Isso não implica estabelecer um novo requisito na definição de caso fortuito, mas determinar que seus elementos sejam avaliados sem rigidez, adaptando-se às circunstâncias. A inevitabilidade não é absoluta, e a apuração dos requisitos envolve uma análise das circunstâncias específicas de cada caso, considerando a relatividade desse conceito. Por isso, reconhece-se a necessidade de incorporar, à concepção objetivista, um certo aspecto subjetivo[167].

De fato, conforme afirma Miguel Maria de Serpa Lopes, embora a abordagem objetiva ofereça critérios simples e vantajosos, não se pode eliminar a análise das circunstâncias específicas de cada caso, mesmo ao aceitar o critério do fato exterior. Por isso, o requisito da inevitabilidade está sujeito a diversas formas de condicionamento: o impacto de um golpe de uma baleia pode ser considerado um *casus* para uma embarcação pequena, mas insignificante para um transatlântico[168].

No mais, como afirma Judith Martins-Costa, na concepção de "utilidade" presente no art. 395, parágrafo único, são considerados não apenas elementos objetivos, mas também elementos subjetivos, como o interesse legítimo do credor e a confiança fundamentada de que a prestação seria devidamente realizada. Além disso, são incluídos elementos objetivos, como o interesse resultante da operação econômica em questão e a simetria estrutural do contrato. Também são considerados elementos objetivos, como a gravidade do descumprimento, considerando a normalidade da operação e as expectativas legitimamente suscitadas no credor[169].

Indo além, importante atentar para o fato de que o CC/2002 considerou a força maior ou caso fortuito o acontecimento, previsível ou não, que causa danos e cujas consequências são inevitáveis. É esse aspecto que merece, portanto, uma investigação mais aprofundada.

---

164. LOPES, *op. cit.*, p. 375.
165. FONSECA, *op. cit.*, p. 124-132.
166. PEREIRA, *op. cit.*, p. 245.
167. *Ibidem*, p. 246.
168. LOPES, *op. cit.*, p. 375.
169. MARTINS-COSTA, *op. cit.*, 2018, p. 753.

O primeiro ponto é que caso fortuito ou força maior não é ausência de culpa[170-171], pois não é a ela que se refere o art. 383 do CC/2002, vez que "caso fortuito e ausência de culpa são expressões que não se confundem"[172.] Conforme Judith Martins-Costa, o caso fortuito ou a força maior excluem a responsabilidade, não de imediato da culpabilidade, mas cortam ou impedem o nexo de imputação e o nexo de causalidade, não apenas a inculpação. Imputar envolve atribuir algo a alguém, e o nexo causal estabelece uma relação de responsabilidade entre a conduta daquele a quem é atribuído o dever e o evento danoso[173.] Em outras palavras, o nexo causal diz respeito à relação (causal) que estabelece o vínculo entre o comportamento em sentido estrito e o resultado, e é anterior à responsabilidade[174.]

A imputabilidade é uma figura de ampla aplicação, consagrada no direito penal. Denota "o complexo de condições necessárias para que uma ação possa ser atribuída ao homem como sua causa"[175.] Ou seja, é o conjunto de condições que dá a alguém a capacidade para responder pela prática de um ilícito[176-177.] A responsabilidade não pode ocorrer sem a imputabilidade[178.]

Ainda na seara do direito penal (mas claramente aplicável à questão aqui discutida), pertinente a explicação de Nelson Hungria sobre os efeitos do caso fortuito. Segundo o autor, quando a ação ou omissão humana se combina com o caso fortuito, este último, responsável exclusivamente pelo resultado objetivamente antijurídico, antes de discutir a exclusão da culpabilidade, requer abordar a exclusão da causalidade. É inegável que o caso fortuito exclui também o elemento subjetivo (culpa), mas, do ponto de vista lógico-sistemático, exclui, antes disso, o nexo causal e, por consequência, torna inútil qualquer indagação sobre o elemento subjetivo[179.] Nelson Hungria explica que imputabilidade é a qualidade do imputável, e imputável quer dizer que "pode ser atribuído a alguém ou levado à sua conta"[180.]

---

170. PONTES DE MIRANDA, op. cit., 2003, p. 107.
171. Esse também é o posicionamento de Renan Lotufo, o qual, após referir-se à posição de Arnoldo Medeiros sobre o tema, afirma: "De qualquer sorte, a prova do caso fortuito é, a um só tempo, prova também da ausência de culpa, até porque, concorrendo o devedor com culpa na produção do evento, não se poderão afirmar inevitáveis os efeitos deste. Fica excluída, assim, toda a possibilidade de uma equiparação do fortuito à "ausência de culpa". Logo, e com maior razão, quanto à força maior" (LOTUFO, Renan. *Código Civil comentado*: obrigações: parte geral (arts. 233 a 420). São Paulo: Saraiva, 2003. v. 2. p. 440).
172. FONSECA, op. cit., p. 172.
173. MARTINS-COSTA, op. cit., 2018, p. 211.
174. BRUNO, Aníbal. *Direito penal*: parte geral. 3. ed. Rio de Janeiro: Forense, 1967b. t. 1: introdução – norma penal – fato punível. p. 319.
175. SIQUEIRA, op. cit., p. 382.
176. Ibidem, p. 384.
177. Nesse mesmo sentido: "Imputabilidade é o conjunto de condições pessoais que dão ao agente capacidade para lhe ser juridicamente imputada a prática de um fato punível" (BRUNO, op. cit., 1967a, p. 39).
178. SIQUEIRA, op. cit., p. 384.
179. HUNGRIA, op. cit., 1953a, p. 136.
180. HUNGRIA, Nélson. *Comentários ao Código Penal*: Decreto-lei n. 2.848, de 7 de dezembro de 1940. 2. ed. Rio de Janeiro: Forense, 1953b. v. 6: arts. 137 a 154. p. 340-341.

A culpa, o risco, o atendimento das legítimas expectativas e a obrigação de garantia são critérios que guiam o nexo de imputação ou atribuição. Quando ocorre o caso fortuito ou a força maior, a conduta devida é interrompida, impedida de ser realizada, é a própria conduta que não pode ser efetuada (seja ela culposa ou não), devido a um evento não controlável pelo devedor[181.] Por esse motivo, mesmo historicamente, o *casus* e a *vis major* não estão relacionados à culpa, mas ao próprio evento considerado em si mesmo e ao vínculo de atribuição de responsabilidade (que pode ser subjetivo ou objetivo)[182.]

Ao se analisar o art. 393 do CC/2002, para se reconhecer hipótese de caso fortuito ou força maior, deve haver fato necessário e inevitável. Diversamente de outros sistemas jurídicos, que exigem três pressupostos para configurar caso fortuito e força maior (imprevisibilidade, inevitabilidade e exterioridade), o CC/2002 não previu o requisito da imprevisibilidade para configurar o instituto[183.] Ainda que o evento seja previsível, que tenha emergido como uma força incontrolável e insuperável, impedindo o cumprimento da obrigação, o devedor não é responsável pelo prejuízo. Em certas situações, a inevitabilidade é ditada pela imprevisibilidade, portanto, integra sua etiologia, todavia, é desnecessário destacar esse ponto como um elemento constituinte[184.]

A imprevisibilidade só tem relevância indireta para a noção de "fato inevitável" quando um evento imprevisível resulta em consequências inevitáveis, ou quando um evento previsível também tem consequências inevitáveis. Em ambas as situações, a ênfase está na inevitabilidade ou "irresistibilidade" do evento. Se o evento for imprevisível, mas suas consequências puderem ser evitadas e o devedor não tomar providências para evitá-las, o caso pode configurar inadimplência por culpa e não impossibilidade devido ao caso fortuito ou força maior[185.]

Necessário, segundo Caio Mário da Silva Pereira, não qualquer evento, por mais sério e ponderável. Para eximir o devedor, o evento impossibilita o cumprimento da obrigação. Se o devedor não puder cumpri-lo devido a uma razão pessoal, ainda que relevante, não será exonerado, pois estava obrigado ao cumprimento e deveria prever e providenciar tudo para realizar a prestação. Se a prestação se tornar difícil ou excessivamente onerosa, não se configura força maior ou caso fortuito. Para ocorrer a exoneração, é essencial obstáculo externo ao seu controle, imposto pelo evento natural ou por ação de terceiro, constituindo barreira intransponível à execução da obrigação[186.]

O "fato necessário" a que o CC/2002 se refere indica um evento cuja origem está além do controle das partes, ou seja, o devedor não é responsável por sua ocorrência. Além disso, trata-se de evento relevante apenas na medida em que afeta uma relação jurídica preexistente, estabelecendo um nexo de causalidade entre o evento e a não

---

181. MARTINS-COSTA, *op. cit.*, 2018, p. 211.
182. *Ibidem*, p. 211-212.
183. BIAZI, *op. cit.*, p. 93.
184. PEREIRA, *op. cit.*, 1996. p. 245.
185. MARTINS-COSTA, *op. cit.*, 2004, p. 202-203.
186. PEREIRA, *op. cit.*, 1996. p. 245.

realização da prestação[187.] Para ilustrar o significado de "fato necessário", Wanderley Fernandes se refere ao caso de um *buffet* que, durante a pandemia da Covid-19, não pôde realizar a festa de casamento. No entanto, a festa foi cancelada devido ao "término do relacionamento", e não devido à pandemia. Assim, embora a pandemia pudesse, de fato, prejudicar a realização da festa, o motivo real estava relacionado ao comportamento das partes, de maneira que não se poderia falar em caso fortuito ou força maior[188.] Não estaria preenchido, pois, o requisito do "fato necessário".

Ao comentar o art. 1.058, parágrafo único, do CC/1916 (atual art. 393, parágrafo único, do CC/2002), Tito Fulgêncio trata do que seria o "fato necessário" a que se refere a Lei, e afirma que a inevitabilidade e inimpeditividade são conceitos fundamentais para a noção do caso:

> Facto necessario, diz a lei, e isto significa o successo, que parece determinado pelo fado ou Providencia, para o qual não concorra de nenhum modo o devedor, a este inteiramente estranho, que vem de fora. "Cujos effeitos, continúa o texto, não era possivel evitar, ou impedir", e isto significa que este successo é una vis cui resisti non potest, contra o qual se lutará em vão e, invencivel, os seus effeitos se hão de realizar fatalmente, não se os póde impedir nem tampouco evitar, e portanto escapa a toda humana previdencia. Inevitabilidade e inimpeditividade são, pois, no systemo do Codigo, conceitos fundamentaes para a noção do caso, não tambem a imprevisibilidade superfluamente declarada na conceituação de outras legislações, porque naquellas naturalmente e a fortiori comprehendida[189.]

Segundo Agostinho Neves de Arruda Alvim, há muitos equívocos sobre o que deve ser entendido como um "fato necessário". Ele questiona, para expor o seu ponto de vista: "a geada, o roubo à mão armada, o atraso de trens, são fatos necessários?"[190] E responde: nem sempre. A necessariedade do fato deve, segundo ele, ser avaliada em relação à impossibilidade de cumprimento da obrigação, e não abstratamente. Suponha-se que alguém guarde uma grande quantia em casa durante um certo período, que deve ser entregue a outra pessoa. Se ladrões roubarem o dinheiro em condições em que fosse impossível impedir, a desculpa com base no caso fortuito não será admitida, a menos que as circunstâncias especiais aconselhem outra solução. Era possível prevenir o roubo recolhendo a quantia importante em um banco durante o tempo necessário[191.]

O autor ainda exemplifica: alguém tem a obrigação de estar em uma cidade em determinado horário, mas não comparece e se desculpa com base no atraso do trem. Embora não tenha sido possível evitar o atraso, uma simples precaução teria garantido o cumprimento da obrigação. Prever a possibilidade de atraso e agir com antecedência, pegando um trem mais cedo, teria permitido o cumprimento da obrigação. Em

---

187. FERNANDES, Wanderley. Caso fortuito e força maior: um assunto que permanece moderno. *In*: NANNI, Giovanni Ettore; TERRA, Aline de Miranda Valverde; PIRES, Catarina Monteiro (coord.). *Riscos no direito privado e na arbitragem*. São Paulo: Almedina, 2023. p. 351.
188. *Ibidem*, p. 351.
189. FULGENCIO, Tito. *Manual do Código Civil brasileiro*: do direito das obrigações, das modalidades das obrigações: arts. 863-927. Rio de Janeiro: Jacintho Ribeiro dos Santos Editor, 1928. v. 10. p. 58.
190. ALVIM, *op. cit.*, 1980, p. 326.
191. *Ibidem*, p. 326.

nenhum desses casos teria havido, segundo o doutrinador, impossibilidade legal de evitar o evento que impediu o cumprimento da obrigação, porque a não realização ocorreu devido à imprudência ou falta de cautela. No entanto, continua, se um fazendeiro combina que alguém traga uma quantia de dinheiro da cidade para a fazenda e o mensageiro é assaltado e roubado na estrada, então, houve impossibilidade de cumprir a obrigação por parte do mensageiro. Caminhar por aquela estrada e levar consigo um montante de dinheiro era cumprir o combinado, e não imprudência. Como repelir o assalto não foi possível para o mensageiro, resulta na existência de força maior que o libera da obrigação[192].

Inevitável, por outro lado, quando não é suficiente a vontade ou a diligência do devedor ser sobrepujada pela força do evento extraordinário. Exige-se também a inexistência de meios de evitar ou impedir seus efeitos, os quais interferem na execução do devedor[193]. Ademais, a inevitabilidade (ou irresistibilidade) se refere aos efeitos do evento necessário[194], conforme lei, e não diz respeito à imprevisibilidade ou ao grau de diligência da parte. Não se trata também apenas da inevitabilidade do caso fortuito ou da força maior, mas das suas consequências para cumprir a obrigação[195].

Segundo Catarina Monteiro Pires, em um mundo avançado tecnologicamente, muitas vicissitudes podem ser previsíveis, mas o ponto essencial, para se configurar caso fortuito ou força maior, é determinar se elas podem, de fato, ser evitadas ou não[196]. Sergio Cavalieri Filho afirma que a compreensão do estado da técnica é fundamental para avaliar a responsabilidade dos provedores de serviços de alto risco, considerando a sofisticação tecnológica para fornecê-los. Por essa razão, certos eventos antes inevitáveis agora, com o avanço tecnológico, permitem a implementação de medidas técnicas preventivas para evitar danos, tornando esses danos objetivamente previsíveis[197].

Para ilustrar, Sergio Cavalieri Filho utiliza o exemplo do desabamento da Ciclovia Tim Maia, em São Conrado, Rio de Janeiro, em 2016, que resultou na trágica morte de pelo menos duas pessoas. Essa ciclovia, uma das principais obras realizadas para as Olimpíadas de 2016 no Rio de Janeiro, proporcionaria uma vista espetacular da cidade. No entanto, apenas três meses após sua inauguração, em 21 de abril de 2016, às 11h10, uma parte da pista foi levada pelo mar. Embora o incidente tenha sido causado por um fenômeno natural – uma grande ressaca com ondas excepcionalmente altas, muito acima do normal – isso não caracteriza força maior, pois teria sido resistível se a construção da ciclovia tivesse observado o estado da técnica. Evidentemente, houve falhas no projeto; o consórcio responsável pela obra não considerou a força do oceano

---

192. *Ibidem*, p. 326-327.
193. PEREIRA, *op. cit.*, 1996. p. 245.
194. FERNANDES, *op. cit.*, p. 356.
195. MARTINS-COSTA, *op. cit.*, 2004, p. 202.
196. PIRES, Catarina Monteiro. *Direito das obrigações em tempos de calamidade* – reflexões durante um ano de pandemia. Coimbra: Almedina, 2021. p. 88.
197. CAVALIERI FILHO, Sergio. *Programa de responsabilidade civil*. 16. ed. (*ebook*). Barueri: Atlas, 2023. p. 232,

ao planejar e implantar as estruturas de sustentação da ciclovia para resistir à "onda de projeto". Na área do desabamento (conhecida como "gruta da imprensa"), a estrutura da encosta rochosa criava um tipo de funil que intensificava a força das ondas, elevando-as ao nível da pista dos veículos. Por isso, na opinião dos especialistas, uma estrutura de aço deveria ter reforçado a fixação da pista à viga, utilizando um tipo de parafuso gigante de aço para unir as duas estruturas, prendendo uma a outra – o que, na linguagem da engenharia, é chamado ancoragem. Além disso, a Prefeitura deveria ter interditado a ciclovia em dias de ressaca do mar, algo que passou a ser feito após essa tragédia[198].

Além disso, conforme destacado por Marco Fábio Morsello, em obra que trata especificamente do caso fortuito e força maior no contrato de transporte, a avaliação da inevitabilidade envolve, entre outros, a análise do estado da técnica em relação ao local dos acontecimentos, eventos anteriores e a razoabilidade, formando um amplo conjunto de elementos para uma análise detalhada a fim de caracterizá-la[199]. Ou seja, o estado da técnica permite avaliar se as medidas preventivas, mesmo usando tecnologia de ponta, poderiam ter evitado o evento inevitável, tornando-o insuperável e demonstrando sua efetiva irresistibilidade, além da impossibilidade de cumprir a obrigação. Esse contexto justificaria a inexigibilidade do cumprimento da obrigação[200].

No contexto da aviação, Sergio Cavalieri Filho destaca que a empresa não pode ser responsabilizada pelo fenômeno natural em si, como mau tempo ou tempestades. A verdadeira responsabilidade reside na ineficácia do serviço prestado devido à falta de medidas para reparar ou mitigar as consequências da força maior. Sergio Cavalieri Filho observa que a evolução tecnológica possibilitou o desenvolvimento de aeronaves mais avançadas, equipadas com computadores de bordo capazes de analisar diversas condições de voo, como altitude, velocidade, condições meteorológicas, intensidade do vento e temperatura externa. Esses sistemas podem processar uma quantidade significativa de dados simultaneamente, auxiliando os pilotos em tempo real e corrigindo comandos quando necessário. Esse sistema de controle de voo é conhecido como *fly-by-wire* (voo por fio), pois os comandos do computador são transmitidos por fios elétricos que se estendem da cabine de comando até as asas. Uma aeronave equipada com esse sistema pode detectar a formação de nuvens do tipo cúmulos-nimbos, que causam as piores tempestades, com até cinco minutos de antecedência, permitindo que o piloto desvie a rota do voo[201].

Ao tratar do requisito da inevitabilidade, no século 21, e ao relacioná-la com os avanços tecnológicos, não há como deixar de mencionar os algoritmos preditivos, também conhecidos como modelos de predição ou modelos preditivos, uma classe de algoritmos de *machine learning* (aprendizado de máquina) que utilizam dados

---
198. *Ibidem*, p. 232-233.
199. MORSELLO, Marco Fábio. *Contrato de transporte*: novos paradigmas do caso fortuito e força maior. São Paulo: RT, 2021. p. 159-160, (*ebook*).
200. *Ibidem*, p. 164.
201. CAVALIERI FILHO, *op. cit.*, 2023, p. 235.

históricos e estatísticas para prever ou antecipar futuros, eventos ou tendências. Eles são projetados para identificar padrões e correlações nos dados disponíveis e, com base nesses padrões, fazer previsões sobre o que pode acontecer no futuro. O resultado desse modelo são os produtos de predição, "elaborados para antever o que vamos sentir, pensar e fazer: agora, em breve e mais tarde"[202.] Comumente são utilizados para sugerir anúncios direcionados, por exemplo, para aumentar o consumo de determinado produto ou serviço.

Esses dados são transformados em produtos de previsão, antecipando as ações de um indivíduo em diferentes momentos, os quais são comercializados no emergente "mercado de comportamentos futuros" no contexto do capitalismo de vigilância[203.] Esses mecanismos de predição ainda são utilizados no sistema penal, questão polêmica por envolver elementos que atualizam dinâmicas punitivas ou escondem tecnologicamente a manutenção dos processos discriminatórios/seletivos já realizados pelas agências penais[204.]

Não se quer, aqui, avançar sobre os fatores éticos, por não ser esse o objetivo deste estudo[205,] todavia, é uma realidade posta, que gera reflexos direitos no fator da *inevitabilidade*, na configuração da impossibilidade.

Ao se fazer uma projeção simplista, porém didática, a partir da ideia de que a vida imita a arte, é como se, hoje, fosse uma realidade muito plausível criar um sistema capaz de antecipar crimes com alta precisão, resultando na redução da criminalidade, como na ficção do livro[206] "Minority Report – A nova lei", de Philip Kindred Dick, adaptado para o cinema em filme dirigido por Steven Spielberg[207.] Todavia, esse sistema de previsão pode abranger muitas outras perspectivas, para além da criminológica, e revelar, assim, uma realidade assustadora. Encarar essa realidade, naturalmente, reflete em aflição, "mas a angústia do futuro não implica a recusa do futuro", pois, com a crescente percepção dos riscos do avanço tecnológico, existe o

---

202. ZUBOFF, Shoshana. *A era do capitalismo de vigilância*: a luta por um futuro humano na nova fronteira do poder. Trad. George Schlesinger. Rio de Janeiro: Intrínseca, 2020. p. 117.
203. CAON, Felipe Varela. Fundamentos e instrumentos de tutela dos dados sensíveis. *In*: PINHO, Anna Carolina (org.). *Discussões sobre direito na era digital*. Rio de Janeiro: GZ, 2021b, v. 1. p. 322.
204. DIAS, Felipe da Veiga. Algoritmos de predição no sistema penal: as profecias tecnopolíticas que se autorrealizam no século XXI. *Revista Brasileira de Ciências Criminais*, v. 183, ano 29. p. 99-124. São Paulo: RT, set. 2021. Disponível em: https://www.revistadostribunais.com.br/. Acesso em: 01 out. 2023.
205. Muito embora seja importante registrar a opinião crítica deste autor em relação ao tema, no sentido de que essas tecnologias só devem ser utilizadas a partir de uma regulamentação rigorosa, o que, infelizmente, não se tem visto na prática. Sobre o assunto, pertinente lembrar recente manifestação de diversos especialistas mundiais no sentido de se suspender as pesquisas sobre inteligências artificiais (IA), até que se implementem sistemas de segurança com novos órgãos reguladores, supervisão dos sistemas de IA, métodos para discernir entre o autêntico e o artificial, bem como instituições aptas a lidar com as "disruptivas perturbações econômicas e políticas (especialmente para a democracia) que a IA provocará" (INTELIGÊNCIA artificial: Elon Musk, Harari e mais mil especialistas pedem suspensão de pesquisas. *Estadão*, 29 mar. 2023. Disponível em: https://www.estadao.com.br/link/elon-musk-especialistas-executivos-carta-aberta-pausa-inteligencia-artificial-npre/. Acesso em: 1º out. 2023).
206. DICK, Philip Kindred. *Minority report* – a nova lei. Rio de Janeiro: Record, 2002.
207. SPIELBERG, Steven (diretor). *Minority report*. USA: Twentieth Century Fox e Dreamworks Pictures, 2002.

reconhecimento da impossibilidade de contê-lo, mesmo quando não se apresenta apenas com prognósticos positivos[208].

Nesse contexto, considere o cenário em que uma empresa de transporte coletivo utiliza dados e inteligência artificial para "prever" assaltos. Isso deve ser um aspecto a ser avaliado para determinar se o evento danoso (roubo ou morte de passageiro) era verdadeiramente inevitável, uma vez que era previsível. Por exemplo: se demonstrado que esse sistema preditivo indicava uma probabilidade significativamente alta da ocorrência de uma determinada ação criminosa em um local e horário específicos, caberia à empresa informar às autoridades ou reforçar a segurança. A omissão em fazer isso significaria não evitar o que era, de fato, passível de ser evitado, de maneira a afastar o elemento inevitabilidade, necessário à configuração do caso fortuito ou de força maior.

Sob essa perspectiva, destaca-se que inevitabilidade é relativa, tanto no âmbito temporal quanto espacial. O que hoje pode ser evitado, outrora não o era. Assim, é possível evitar em um país ou em uma região o que em outro país ou em outra parte do mesmo país não era possível evitar. O acontecimento deve ser conhecível, oriundo de uma atividade alheia àquela do devedor, e as consequências danosas devem ser consideradas inevitáveis quando ocorrem. A inevitabilidade está condicionada às circunstâncias humanas, no local e tempo em que as consequências se manifestam[209]. "Em dada conjuntura a chuva exclui a responsabilidade, mas não essencialmente em outra"[210], pois nenhuma hipótese é absoluta, e todas devem ser relativizadas tendo em vista as especificidades e concretude do episódio[211].

Essa concepção está, inclusive, alinhada com um dos princípios norteadores do CC/2002, a concretude, que visa a privilegiar a análise das situações sociais e a aplicação prática do Código, vendo o direito subjetivo como uma situação individual completa, não apenas como um direito subjetivo abstrato, mas como uma situação subjetiva concreta[212].

Sob essa ótica, suponha que uma empresa global especializada na produção e venda de materiais para usinas nucleares tenha firmado, em outubro de 2021, um contrato para entregar um reator nuclear no Brasil até o primeiro dia de março de 2022. Entretanto, em fevereiro de 2022 ocorreu a invasão da Rússia à Ucrânia, na qual se situa a fábrica da mencionada empresa. O evento levou ao fechamento das fronteiras. Diante dessa situação, teoricamente, a guerra da Ucrânia poderia ser considerada uma situação de força maior, isentando a empresa de responsabilidade pelo não cumprimento contratual.

---
208. RODOTÀ, Stefano. *A vida na sociedade de vigilância*. Privacidade hoje. Rio de Janeiro: Renovar, 2008. p. 41.
209. PONTES DE MIRANDA, *op. cit.*, 2003, p. 116.
210. NANNI, *op. cit.*, 2018, p. 627.
211. *Ibidem*, p. 627.
212. REALE, Miguel. *Visão geral do projeto de Código Civil*, [s.l], [s/d]. Disponível em https://edisciplinas.usp.br/pluginfile.php/3464464/mod_resource/content/1/O%20novo%20C%C3%B3digo%20Civil%20-%20Miguel%20Reale.pdf. Acesso em: 20 set. 2023. p. 9.

No entanto, se comprovado que a empresa já possuía um amplo estoque de reatores na Índia antes do início do conflito, a guerra da Ucrânia não poderá ser vista como um impedimento para se cumprir a obrigação, não configurando hipótese de caso fortuito ou força maior. Afinal, como afirma Catarina Monteiro Pires, tratando especificamente do art. 393 do CC/2002, para um contrato ser afetado por força maior, "é necessário que exista uma ligação causal entre essas circunstâncias e a insuscetibilidade de cumprimento do programa contratual"[213].

A pandemia da covid-19 é um exemplo[214]. Segundo José Fernando Simão, trata-se de caso de força maior quando a obrigação se relaciona à prestação de serviços, por exemplo, em contratos de empreitada. Nessa hipótese, a continuidade do trabalho poderia ser inviável devido à pandemia, pois, naquele momento, estava impedida a reunião dos trabalhadores e demais funcionários durante a quarentena. Também poderia ocorrer a interrupção dos serviços de limpeza se o prefeito de uma cidade impusesse quarentena, restringindo o deslocamento dos cidadãos. Igualmente, shows, espetáculos e festas de casamento poderiam ser cancelados devido às restrições decorrentes da necessidade de isolamento social. Nesses cenários, o contrato deveria ser rescindido e as partes deveriam retornar ao estado anterior, desconsiderando perdas e danos[215].

Todavia, em várias outras hipóteses, a pandemia deixa de ser considerada caso de força maior. Um exemplo é quando o trabalho puder ser realizado remotamente, por meio de *home office*, o que se aplica, por exemplo, a advogados e contadores. Quando o trabalho remoto é viável (o que ocorre muitas vezes), não seria justificável alegar impossibilidade de prestação apenas porque o devedor não pode sair de casa[216].

Para além desses exemplos, destacam-se aqueles em que a impossibilidade deriva do caráter temporário do caso fortuito ou força maior (como a doença de um prestador de serviços – se a obrigação for personalíssima), ou obras do poder público que impedem a construção de um imóvel em determinada rua)[217]. Nesse caso, é adequado suspender a exigibilidade da prestação (até cessar o impedimento causado pelo caso fortuito ou força maior), utilizando a analogia com as regras estabelecidas pontualmente na Lei para situações específicas, por exemplo, na empreitada (art. 625, I[218], do CC/2002); no

---

213. PIRES, *op. cit.*, 2021. p. 88.
214. Sobre o tema, Mairan Gonçalves Maia Júnior se posiciona no sentido de que a pandemia do Covid-19 se adequa ao conceito previsto no art. 393, parágrafo único, do CC/2002: "Inequivocamente, a pandemia de covid-19, além de caracterizar situação excepcional, constitui fato necessário cuja ocorrência não pode ser evitada, e adequa-se ao conceito previsto no art. 393, parágrafo único, do CC/2002 (LGL\2002\400). Apresenta, ainda, consequências imprevisíveis que repercutem tanto na esfera individual como na coletiva ou na social. Nesse ponto, deve ser destacado seu potencial efeito cascata nos inadimplementos contratuais apto a gerar grave crise de liquidez (MAIA JÚNIOR, *op. cit.*).
215. SIMÃO, José Fernando. *Direito civil em tempos da peste*. São Paulo: Edição do Kindle, 2020. p. 46.
216. *Ibidem*, p. 46.
217. MARTINS-COSTA, *op. cit.*, 2004, p. 208-209.
218. BRASIL. Código Civil (2002). Art. 625. Poderá o empreiteiro suspender a obra: I – por culpa do dono, ou por motivo de força maior; II – quando, no decorrer dos serviços, se manifestarem dificuldades imprevisí-

transporte (art. 741[219] e 753[220] do CC/2002); ou em casos particulares de locação (art. 24, § 2º[221], da Lei n. 8.245/1991 – Lei de Locações), suspendendo o prazo à configuração da prescrição e a não configuração da mora[222]. O que deve guiar a manutenção da suspensão, ou a caracterizar a impossibilidade definitiva é o critério da utilidade da prestação para o credor[223].

Indo além, a doutrina, ao retomar a (desnecessária) distinção entre o caso fortuito e a força maior, desenvolveu os relevantes conceitos dos fortuitos interno e externo. Louis Josserand propôs separar, dentro da responsabilidade objetiva (exclusivamente nesse âmbito), as situações em que a pessoa deveria indenizar (classificadas como "caso fortuito") daquelas em que ela estaria exonerada (consideradas hipóteses de "força maior"). Seguindo essa orientação, o fortuito seria um risco interno, relacionado à própria coisa ou organização, enquanto a força maior seria um risco externo[224].

No Brasil, a tese foi encampada e desenvolvida por Agostinho Neves de Arruda Alvim, ao afirmar que a doutrina vem distinguindo o caso fortuito, como algo relacionado a um impedimento ligado à pessoa do devedor ou com a sua empresa, e a força

---

veis de execução, resultantes de causas geológicas ou hídricas, ou outras semelhantes, de modo que torne a empreitada excessivamente onerosa, e o dono da obra se opuser ao reajuste do preço inerente ao projeto por ele elaborado, observados os preços; III – se as modificações exigidas pelo dono da obra, por seu vulto e natureza, forem desproporcionais ao projeto aprovado, ainda que o dono se disponha a arcar com o acréscimo de preço.
219. BRASIL. Código Civil (2002). Art. 741. Interrompendo-se a viagem por qualquer motivo alheio à vontade do transportador, ainda que em consequência de evento imprevisível, fica ele obrigado a concluir o transporte contratado em outro veículo da mesma categoria, ou, com a anuência do passageiro, por modalidade diferente, à sua custa, correndo também por sua conta as despesas de estada e alimentação do usuário, durante a espera de novo transporte.
220. BRASIL. Código Civil (2002). Art. 753. Se o transporte não puder ser feito ou sofrer longa interrupção, o transportador solicitará, incontinenti, instruções ao remetente, e zelará pela coisa, por cujo perecimento ou deterioração responderá, salvo força maior. § 1º Perdurando o impedimento, sem motivo imputável ao transportador e sem manifestação do remetente, poderá aquele depositar a coisa em juízo, ou vendê-la, obedecidos os preceitos legais e regulamentares, ou os usos locais, depositando o valor. § 2º Se o impedimento for responsabilidade do transportador, este poderá depositar a coisa, por sua conta e risco, mas só poderá vendê-la se perecível. § 3º Em ambos os casos, o transportador deve informar o remetente da efetivação do depósito ou da venda. § 4º Se o transportador mantiver a coisa depositada em seus próprios armazéns, continuará a responder pela sua guarda e conservação, sendo-lhe devida, porém, uma remuneração pela custódia, a qual poderá ser contratualmente ajustada ou se conformará aos usos adotados em cada sistema de transporte.
221. BRASIL. Lei n. 8.245/1991. Art. 24. Nos imóveis utilizados como habitação coletiva multifamiliar, os locatários ou sublocatários poderão depositar judicialmente o aluguel e encargos se a construção for considerada em condições precárias pelo Poder Público. § 1º O levantamento dos depósitos somente será deferido com a comunicação, pela autoridade pública, da regularização do imóvel. § 2º Os locatários ou sublocatários que deixarem o imóvel estarão desobrigados do aluguel durante a execução das obras necessárias à regularização. § 3º Os depósitos efetuados em juízo pelos locatários e sublocatários poderão ser levantados, mediante ordem judicial, para realização das obras ou serviços necessários à regularização do imóvel.
222. MARTINS-COSTA; SILVA, *op. cit.*, p. 162-163.
223. BIAZI, *op. cit.*, p. 85.
224. NORONHA, *op. cit.*, ebook – posição 11813 de 13713.

maior, como um acontecimento externo[225-226-227]. Essa distinção possibilitaria diferentes abordagens para o devedor, a depender do fundamento de sua responsabilidade: se ela fosse baseada na culpa, o caso fortuito, por si só, seria suficiente para eximi-lo, assim como a força maior o absolverá. Mas, se a responsabilidade se fundamentasse no risco, então o simples caso fortuito não o exoneraria. Seria necessário força maior (ou caso fortuito externo, segundo o autor, equiparando os termos)[228]. Nesse caso, os eventos que isentariam o devedor incluem: culpa da vítima, ordens de autoridades (*fait du prince*), fenômenos naturais (raio, terremoto) ou qualquer outra impossibilidade de cumprir a obrigação, devido à inevitabilidade do fato proveniente de uma força externa invencível: guerra ou revolução, por exemplo. A força maior (fortuito externo), portanto, seria o evento externo não vinculado à pessoa ou à empresa, por nenhum vínculo de conexão[229].

Nesse ponto, abram-se parênteses apenas para registrar que se discorda da doutrina que afirma o caso fortuito ou de força maior excluir a culpa. A presença ou ausência de culpa está relacionada a um requisito da responsabilidade civil, o nexo de imputação,

---

225. ALVIM, *op. cit.*, 1980, p. 330.
226. "Os autores costumam dividir o caso fortuito em interno, quando o acontecimento, embora sem culpa do autor, entende-se com a organização que ele imprimiu ao negócio, e externo, quando a hipótese configura a força maior. O Anteprojeto, na esteira do Código, continua a usar das duas expressões, sem lhes atribuir sentidos diversos, consoante pensamento da Comissão. Isso não impede. porém, que, tendo em vista o fundamento da responsabilidade, ora só se admite a escusa mais forte, ora se admite a simples ausência de culpa. O transportador que chega com atraso por culpa do preposto e prejudica o passageiro, não se escusaria ainda que provasse ausência de *culpa in eligendo* e in vigilando; e só lograria fazê-lo se provasse que o atraso se prendeu a alguma intervenção da autoridade pública (*fait du prince*), ou outra hipótese de força maior. E assim dos demais casos de responsabilidade pelo risco, em que só vale a defesa baseada em força maior (caso fortuito externo)" (ALVIM, *op. cit.*, 1973. p. 32).
227. Fernando Noronha atribui mérito e utilidade à distinção desenvolvida por Agostinho Neves de Arruda Alvim, mas critica a distinção que se fez entre caso fortuito e força maior, elaborada por sua doutrina, nos seguintes termos: "Agostinho Alvim conseguia impedir que o responsável indigitado invocasse como liberatórios os acontecimentos inerentes ao funcionamento da sua empresa, ainda quando fossem imprevisíveis e irresistíveis. Este é o seu mérito. Mas se está certa a ideia de distinguir entre acontecimentos internos e externos, para excluir a responsabilidade pelos segundos, que são forças estranhas à coisa, ela não implica a necessidade de distinção entre caso fortuito e caso de força maior. Existem outras vias que permitem alcançar o mesmo resultado, sem necessidade de introduzir distinções estranhas ao ordenamento. Assim, basta que aos tradicionais requisitos da imprevisibilidade e da irresistibilidade se adite o da externidade, para que se consiga o efeito pretendido por Alvim (e Josserand). Quando faltar esse terceiro requisito, não haverá caso fortuito ou de força maior e, por isso, o agente terá de responder pela indenização (se, é claro, o caso for daqueles de responsabilidade objetiva). Aliás, repare-se que mesmo a responsabilização da empresa pelo "fortuito interno" de Alvim, deixa sem explicação os casos em que ela deve responder ainda por alguns "fortuitos externos", como são aqueles que não afastam a responsabilidade que chamamos de agravada [8.5]. A distinção de Alvim entre o fortuito (interno) e a força maior (com o requisito da externidade) permanece viva na jurisprudência e continua gozando de prestígio entre muitos autores atuais. Entre estes está Yussef Cahali, para quem [1995. p. 55 e s.] "se, no plano do direito privado, o caso fortuito e a força maior se confundem nas suas consequências, para excluir igualmente a responsabilidade, diverso deve ser o tratamento dos dois institutos no âmbito da responsabilidade civil do Estado": o caso fortuito seria uma causa interna, inerente ao próprio serviço, à atividade que causou o dano, estando, por isso, incluído no risco de serviço; a força maior seria um elemento estranho à atividade exercida ("quer se trate de ato de terceiros, quer de agentes naturais") e, por isso, só ela seria "causa obstativa da responsabilidade civil do Estado, por elisão da causalidade" (NORONHA, *op. cit.*, ebook – posição 11813 e 11826, de 13713).
228. ALVIM, *op. cit.*, 1980, p. 330.
229. *Ibidem*, p. 330.

que identifica a pessoa à qual um determinado fato gerador de danos pode ser atribuído, seja por culpa ou risco. Por outro lado, a ocorrência ou não de caso fortuito, força maior, fato de terceiro ou ação do próprio lesado está relacionada a outro requisito, o nexo de causalidade, que determina quais danos podem ser considerados como consequências do fato em questão. Em termos lógicos, a apuração do nexo de causalidade precede o juízo de imputação. Quando um dano é identificado, a primeira etapa é determinar sua causa. Somente após identificar o fato causador surge o fato de se este pode ser atribuído a alguém[230]. O caso fortuito ou força maior cortam ou impedem o nexo de imputação e o nexo de causalidade, e não (só) excluem a culpa. Se o dano foi ocasionado por um fenômeno natural, como uma tempestade ou um abalo sísmico, a força maior, assim manifestada, exclui o nexo causal entre o prejuízo e a ação ou omissão da pessoa a quem se atribui a responsabilidade pelo prejuízo[231].

O fortuito interno seria, então, um evento imprevisível ligado à organização da empresa e se relaciona aos riscos inerentes à atividade desempenhada pelo prestador de serviços. Sergio Cavalieri Filho traz como exemplos de fortuito interno no transporte coletivo o estouro de um pneu do ônibus, o incêndio do veículo ou um mal súbito do motorista. Esses fatos não isentariam o fornecedor do serviço de responsabilidade, pois relacionados à organização da empresa. Embora sua ocorrência seja inevitável, as consequências podem ser evitadas, ao menos em grande parte, por meio do estado da técnica[232].

Por outro lado, o fortuito externo seria um evento imprevisível e inevitável alheio à organização do negócio, sem relação causal direta com a atividade do fornecedor, que geralmente ocorre após o fornecimento do serviço, definido, pois, por duas características: autonomia em relação aos riscos da empresa e inevitabilidade[233]. Ainda no âmbito do transporte coletivo, exemplo de fortuito externo, extraído a partir de julgado do STJ, seria "o arremesso de pedra contra ônibus, fato doloso atribuído a terceiro que não se encontrava no veículo de transporte coletivo". Este fato caracterizaria "motivo de força maior que exclui a responsabilidade do transportador pela reparação dos danos causados ao passageiro"[234]. No mesmo julgado, o STJ aduz: "os corriqueiros acidentes automotivos, mesmo que causados exclusivamente por ato culposo de terceiro, são considerados fortuitos internos"[235], estabelecendo uma diferença clara entre os fortuitos aqui tratados[236].

---

230. NORONHA, op. cit., ebook – posição 11840 de 13713.
231. PORTO, Mário Moacyr. Pluralidade de causas do dano e redução da indenização: força maior e dano ao meio ambiente. In: PORTO, Mário Moacyr. Temas de responsabilidade civil. São Paulo: RT, 1989b. p. 182.
232. CAVALIERI FILHO, op. cit., 2023, p. 236.
233. CAVALIERI FILHO, op. cit., 2023, p. 236.
234. Superior Tribunal de Justiça. EREsp 1318095 MG 2012/0225684-6, Rel. Min. Raul Araújo, j. 22-02-2017, Segunda Seção, Public. 14-03-2017.
235. Superior Tribunal de Justiça. EREsp 1318095 MG 2012/0225684-6, Rel. Min. Raul Araújo, j. 22-02-2017, Segunda Seção, Public. 14-03-2017.
236. Sobre o tema, e ratificando a distinção entre os fortuitos interno e externo, editou-se o Enunciado 443, da V Jornada de Direito Civil: "O caso fortuito e a força maior somente serão considerados como excludentes da responsabilidade civil quando o fato gerador do dano não for conexo à atividade desenvolvida".

Em 1963, o STF editou a Súmula 187: "A responsabilidade contratual do transportador, pelo acidente com o passageiro, não é elidida por culpa de terceiro, contra o qual tem ação regressiva"[237.] Essa Súmula acabou sendo positivada no art. 735[238] do CC/2002. Sobre o enunciado, Judith Martins-Costa distingue ato doloso e ato culposo de terceiro. Enquanto este (culposo) estaria contemplado no risco do transportador (configurando, pois, fortuito interno), aquele (doloso) revela hipótese de fortuito externo, porque inevitável, sem relação com o risco do transportador[239-240].

Por fim, não havendo partes vulneráveis[241,] é lícito que as partes, por convenção, assumam os riscos do caso fortuito ou força maior, aceitando-os, independentemente do critério informador do seu nexo de imputação (culpa, risco ou garantia). Com isso, o devedor assume a responsabilidade de prestar "haja o que houver", como ocorre em relação às prestações de garantia ou de segurança[242.] As partes também têm a possibilidade de acordar sobre as hipóteses taxativas ou enumerativas enquadradas como fortuito ou força maior. Se a lei permite a exclusão total por meio de uma cláusula de responsabilidade integral a cargo do devedor, então é plenamente viável reduzi-la ou especificá-la, pois isso está dentro da autonomia privada das partes[243.]

---

237. Supremo Tribunal Federal. Súmula 187. A responsabilidade contratual do transportador, pelo acidente com o passageiro, não é elidida por culpa de terceiro, contra o qual tem ação regressiva. Sessão Plenária de 13-12-1963.
238. BRASIL. Código Civil (2002). Art. 735. A responsabilidade contratual do transportador por acidente com o passageiro não é elidida por culpa de terceiro, contra o qual tem ação regressiva.
239. MARTINS-COSTA, *op. cit.*, 2004, p. 213-214 (nota de rodapé).
240. Nesse sentido caminha a doutrina de Sergio Cavalieri Filho: "Essa Súmula foi positivada pelo Código Civil de 2002, transformando-se no texto do seu art. 735: 'A responsabilidade contratual do transportador por acidente com o passageiro não é elidida por culpa de terceiro, contra o qual tem ação regressiva'". Note-se, entretanto, que o referido artigo, tal como a Súmula que lhe serviu de texto, só fala em culpa de terceiro, e não em dolo. Assim, por exemplo, ainda que o acidente entre um ônibus e um caminhão tenha decorrido da imprudência do motorista deste último, ao invadir a contramão de direção, as vítimas que viajavam no coletivo deverão se voltar contra a empresa transportadora. O fato culposo do motorista do caminhão não elide a responsabilidade da empresa transportadora. Este era o sentido da Súmula e, agora, do art. 735 do Código. E assim se tem entendido porque o fato culposo de terceiro se liga ao risco do transportador, relaciona-se com a organização do seu negócio, caracterizando o fortuito interno, que não afasta a sua responsabilidade, conforme vimos ainda há pouco. Tal já não ocorre, entretanto, com o fato doloso de terceiro, conforme temos sustentado. Este não pode ser considerado fortuito interno porque, além de absolutamente irresistível e inevitável, não guarda nenhuma ligação com os riscos do transportador; é fato estranho à organização do seu negócio, pelo qual não pode responder. Por isso, a melhor doutrina caracteriza o fato doloso de terceiro, vale dizer, o fato exclusivo de terceiro, como fortuito externo, com o que estamos em pleno acordo. Ele exclui o próprio nexo causal, equiparável à força maior, e, por via de consequência, exonera de responsabilidade o transportador. O transporte, em casos tais, não é causa do evento; é apenas a sua ocasião. E mais: após a vigência do Código do Consumidor, esse entendimento passou a ter base legal, porquanto, entre as causas exonerativas da responsabilidade do prestador de serviços, o § 3º, II, do art. 14 daquele Código incluiu o fato exclusivo de terceiro" (CAVALIERI FILHO, *op. cit.*, 2023, p. 883-884).
241. KONDER, Carlos Nelson; KONDER, Cíntia Muniz de Souza. A contratualização do fortuito: reflexões sobre a alocação negocial do risco de força maior. *In*: TERRA, Aline de Miranda Valverde; GUEDES, Gisela Sampaio da Cruz (coord.). *Inexecução das obrigações*: pressupostos, evolução e remédios. Rio de Janeiro: Processo, 2021. v. 2. p. 56.
242. MARTINS-COSTA, *op. cit.*, 2004, p. 216-217.
243. NANNI, *op. cit.*, 2018, p. 494.

4.5 A "IMPOSSIBILIDADE IMPERFEITA": A DA AFETAÇÃO DA PRESTAÇÃO PRINCIPAL E MANUTENÇÃO DAS DEMAIS PRESTAÇÕES

Há certo consenso entre os estudiosos do direito obrigacional de que a obrigação é processo (ou conjunto de processos) complexo, que envolve as prestações principais, secundárias e laterais/anexos, e os deveres de proteção. Estes últimos se distinguem dos deveres de prestação, por se voltarem à implementação de uma ordem de proteção entre as partes, isto é, não têm a finalidade de favorecer os interesses do credor na prestação, mas o seu interesse à integridade de sua esfera jurídica[244].

A complexidade da relação obrigacional, porém, como afirma António Menezes Cordeiro, parece ser esquecida em muitos desenvolvimentos sobre a supressão ou perturbação do seu escopo[245]. Isto é, quando se estuda a fase patológica da obrigação derivada da impossibilidade, observa-se, tão somente, o não cumprimento da prestação principal, concluindo, a partir disso, que não foram atendidos, na relação obrigacional, os interesses do credor.

Todavia, nessas hipóteses, o que se atinge é, tão somente, a prestação principal, mantendo-se hígidos todos os deveres acessórios, que se intensificam, inclusive, para se protegerem condigna e equilibradamente as partes envolvidas, diante da crise que atingiu a relação obrigacional, num fenômeno que António Menezes Cordeiro designa de "impossibilidades imperfeitas"[246].

Na relação obrigacional complexa, que também abrange os deveres decorrentes da boa-fé objetiva, é tecnicamente inadequado afirmar que a impossibilidade definitiva extingue completamente o vínculo obrigacional. Na realidade, a impossibilidade definitiva extingue apenas o dever principal de cumprimento, mas não a relação obrigacional como um todo. De fato, dentro de uma relação obrigacional, quando a prestação principal é afetada por uma impossibilidade – definitiva ou temporária, parcial ou total – os deveres secundários e acessórios permanecem eficazes, independentemente do tipo de impossibilidade que afete a prestação principal[247].

Atualmente, o dever de proteção vem ganhando autonomia em relação aos demais deveres acessórios, derivados da boa-fé objetiva, estendendo a noção de prestação para além dos limites do comportamento específico devido[248], numa autonomia que se deu em um duplo percurso.

---

244. MARTINS-COSTA, *op. cit.*, 2018, p. 244.
245. CORDEIRO, *op. cit.*, 2017, p. 362.
246. *Ibidem*, p. 363.
247. GUEDES; BICHARA, *op. cit.*, p. 634.
248. "*Alle suddette censure si sottrae invece l'evoluzione più significativa nella teoria dell'obbligazione, verificatasi con l'emersione della categoria degli obblighi di protezione. Questi ultimi infatti sono gli unici fra tutti gli obblighi accessori e collaterali connessi alla prestazione principale ai quali si riconosca una vera e propria autonomia concettuale e dei quali perciò si affermi l'effetto di estendere la nozione di prestazione oltre i limiti dello specifico comportamento dovuto dal debitore in base al titolo*" (TAGLIAPIETRA, *op. cit.*, p. 95). Tradução livre: "As censuras acima mencionadas não se aplicam à evolução mais significativa na teoria da obrigação, ocorrida com

O primeiro deles, quando da formulação da ideia de *culpa in contrahendo*, surgida para garantir maior proteção dos pretensos contratantes no momento anterior à celebração do negócio, isto é, na fase pré-contratual.

Havia uma dificuldade de enquadramento da esfera da responsabilidade civil que se invocaria, aquiliana ou contratual, na ocasião da prática de atos de má-fé na fase pré-contratual. Ao expandir a área do contrato, porém, defendeu-se ser possível atribuir às partes o dever de agir com boa-fé contratual, durante as negociações preliminares, respeitando-se todos os deveres destinados à conclusão fisiológica do contrato. Dessa forma, na hipótese de não se respeitarem esses deveres, estar-se-ia diante de uma hipótese de responsabilidade civil contratual, que geraria sanções específicas, distintas daquelas derivadas da violação do *neminem ladere* (responsabilidade aquiliana)[249].

Portanto, é lícito afirmar que a proteção como um dever autônomo surgiu a partir da consagração da responsabilidade pré-contratual, da qual se deduz que, desde o momento das negociações até a implementação completa da relação obrigacional, o ato ilícito praticado por uma das partes faz incidir as normas relacionadas à responsabilidade civil contratual[250].

Por outro lado, o dever de proteção também revela ter origem dogmática a partir da constatação de que, na responsabilidade contratual, não havia sanção para a hipótese de o devedor, embora não inadimplente ou não ter dado causa (ainda) à impossibilidade da prestação, se comportasse de modo contrário à implementação da prestação principal[251] (o que, hoje, a doutrina nomeia de "inadimplemento anterior ao termo"[252], ou "inadimplemento anterior à época para cumprimento"[253]). Constatadas essas situações, passou-se a defender uma noção alargada de prestação, para nela incluir a proteção de todos os interesses do credor, funcionalmente ligados à prestação principal[254].

4.6 A PERDA DO SENTIDO PRÁTICO DA PRESTAÇÃO, QUANDO SE VERIFICA A REALIZAÇÃO DO FIM POR OUTRA VIA QUE NÃO O CUMPRIMENTO, O DESAPARECIMENTO DO FIM E DA FRUSTRAÇÃO DO FIM

Citando exemplos clássicos, como na hipótese em que o pintor ficou cego antes de entregar a prometida obra, ou quando um anel que deveria ser conferido a outrem cai no mar, Karl Larenz afirma que uma prestação é objetivamente impossível quando,

---

o surgimento da categoria das obrigações de proteção. Estas últimas são as únicas entre todas as obrigações secundárias e colaterais ligadas à prestação principal às quais se reconhece uma verdadeira autonomia conceitual e das quais, portanto, afirma-se o efeito de estender a noção de prestação além dos limites do comportamento específico devido pelo devedor com base no título".

249. TAGLIAPIETRA, *op. cit.*, p. 97.
250. *Ibidem*, p. 97.
251. *Ibidem*, p. 98.
252. TERRA, *op. cit.*, 2009.
253. NANNI, *op. cit.*, 2021b, p. 82-91.
254. TAGLIAPIETRA, *op. cit.*, p. 98.

segundo as concepções de tráfego, é praticamente inviável entregar uma coisa que desapareceu, quando a prestação é vedada pelo ordenamento jurídico, ou, finalmente, quando a prestação só pode ser realizada quando os *meios* estão tão distantes que não podem ser considerados[255.]

Assim como na transformação da mora relativa em mora absoluta, nas hipóteses de impossibilidade, a análise dos fatos e das especificidades do caso concreto é indispensável, a fim de se verificar se ela se deu por culpa do devedor, ou por fato externo à sua vontade. Para além da utilidade da prestação, também ganha relevo o interesse do credor, pois, sem este, a relação obrigacional não tem razão de existir.

Nesse contexto, são trazidos alguns casos costumeiramente tratados quando do estudo da impossibilidade: i) a perda do sentido prático da prestação, quando se verificou a realização do fim por outra via que não o cumprimento; ii) o desaparecimento do fim e iii) a frustração do fim. Essas figuras, por muito tempo, foram consideradas integrantes de um "âmbito marginal da impossibilidade" ou uma "zona de fronteira", ora tratados a partir da teoria da impossibilidade, ora a partir da teoria da base contratual[256.] Os Códigos Civis do Brasil, da Alemanha e de Portugal não acolhem expressamente essas hipóteses, de maneira que os casos são resolvidos a partir da construção doutrinária[257.]

Para se compreenderem esses institutos, imperioso distinguir o motivo da causa da obrigação, a razão contingente e subjetiva, portanto, sujeita a variações de pessoa para pessoa, que leva alguém a celebrar um contrato. O motivo é um fato psicológico que exerce uma influência decisiva sobre a vontade da pessoa que está celebrando o contrato, é o que a leva a tomar essa decisão, mas isso nem sempre é revelado à contraparte, pois não integra o ato volitivo do devedor (é algo precedente ao acordo das partes)[258]: "os motivos são as pré-intenções que dão ensejo ao negócio"[259.]

Assim, se uma pessoa compra uma casa, motivada pelo interesse em montar um cassino, e sequer revela isso ao vendedor, essa motivação em nada macula o negócio jurídico, não havendo que se falar em erro, quando essa mesma casa for embargada pela polícia pelas atividades que vieram lá a ser desenvolvidas[260.]

Não se quer dizer com isso que os motivos são de "insignificação absoluta", pois eles podem ser importantes para a interpretação do ato, todavia, o fundamento jurídico é a causa, o alicerce para a construção da figura[261.] As partes, no entanto, podem elevar o motivo a essencial, fazendo-o deixar de ser a pré-intenção, conferindo-lhe relevância

---

255. LARENZ, Karl. *Derecho de obligaciones*. Trad. para o espanhol de Jaime Santos Briz. Santiago: Ediciones Olejnik, 2020. p. 206.
256. MARTINS-COSTA; SILVA, *op. cit.*, p. 167.
257. *Ibidem*, p. 187.
258. CAPITANT, *op. cit.*, p. 7-8.
259. PONTES DE MIRANDA, *op. cit.*, 1954, p. 97.
260. CAPITANT, *op. cit.*, p. 8.
261. PONTES DE MIRANDA, *op. cit.*, 1954, p. 98.

jurídica[262]. Não sendo o caso, os motivos não se inserem no suporte fático, logo, não entram no mundo jurídico[263].

Por outro lado, além do motivo, aquele que celebra um contrato não tem obrigação de fazer nada além de alcançar seu fim, e sua obrigação sempre tem uma causa subjacente. Na expressão da vontade, a causa é o elemento primordial e crucial, e o devedor não concordaria em se comprometer se não esperasse alcançar o fim pretendido[264].

A causa, portanto, é inseparável da obrigação, não somente no seu nascimento, mas durante o seu cumprimento; é o apoio que sustenta a obrigação[265]. Há uma equivalência entre as ideias de fim e causa, pois é claro que, quando uma parte se compromete, não o faz unicamente para a outra parte também se comprometer. "O fim é a causa", pois é o que atrai o agente, é o estímulo da sua vontade, a ideia que conduz e subordina a sua vontade no sentido da sua própria realização[266]. Por exemplo, o comprador concorda em pagar o preço para adquirir a propriedade pacífica e útil do item vendido, já que, em um contrato bilateral, a causa que motiva ambas as partes é o desejo de realizar o benefício prometido em troca[267]. Se a casa deixar de existir, perde-se a causa e se dissolve o fim.

Para Francisco Cavalcanti Pontes de Miranda, fim pode não ser intrínseco; pode ser um objetivo especial a afetar a natureza do contrato e a contraprestação envolvida. Por exemplo, em locações, o uso normalmente está relacionado à natureza do objeto. No entanto, em situações especiais, como alugar uma propriedade para eventos únicos, como uma cerimônia de posse presidencial, uma mudança na data não deve resultar em uma nova taxa de aluguel, a menos que haja despesas adicionais para o locador ou se outra pessoa tiver o direito de usar a propriedade para um propósito diferente. A falta de proteção ao locatário que não pode usar a propriedade, sem culpa sua e sem causar um grande prejuízo ao locador, introduz incerteza em um contrato que não deveria ser incerto[268].

Em relação à perda do sentido prático da prestação (ou esgotamento, supressão e inutilização do escopo[269]), quando se verifica a realização do fim por outra via que não o cumprimento, clássico é o exemplo da prestação derivada da contratação de um serviço de reboque de um navio encalhado, cujo fim se perdeu porque, minutos antes do início da tração, a nau se desencalhou pela força de uma onda forte. Nesse exemplo, embora, em tese, persista a capacidade do devedor de cumprir a obrigação, esta perdeu a utilidade e o seu fim.

---

262. *Ibidem*, p. 98.
263. *Ibidem*, p. 101.
264. CAPITANT, *op. cit.*, p. 11.
265. *Ibidem*, p. 15.
266. CASTRO, Torquato. *Da causa no contrato*. Recife: Oficinas Gráficas do Jornal do Commercio, 1947. p. 46-47.
267. CAPITANT, *op. cit.*, p. 10-11.
268. PONTES DE MIRANDA, Francisco Cavalcanti. *Tratado de Direito Privado*. 2. ed. Rio de Janeiro: Borsoi, 1959a. t. XXV. p. 254-255.
269. CORDEIRO, *op. cit.*, 2017, p. 353.

Segundo António Menezes Cordeiro, o esgotamento ou a obtenção do escopo independentemente do cumprimento já eram conhecidos do direito romano, mas o seu desenvolvimento, no direito moderno, se deu a partir de Friedrich Mommsen, que relacionava o instituto à impossibilidade[270]. Por outro lado, Karl Larenz alegou, inicialmente, que a questão não era resolvida apenas pela impossibilidade, mas pela supressão da base do negócio. Posteriormente, revisou essa posição para defender que, de fato, a questão era resolvida pela impossibilidade. Essa mudança de perspectiva foi motivada por uma nova interpretação do instituto feita por Franz Wieacker, que abordou o tema a partir do conceito de prestação: argumentou que a prestação não estava relacionada apenas ao ato de prestar (*Leistungshandlung*), mas também ao resultado (*Leistungserfolg*). Portanto, se não houver ou se inviável o resultado, estaria caracterizada a impossibilidade. Esse posicionamento, segundo António Menezes Cordeiro, teria se tornado doutrina dominante[271].

João de Matos Antunes Varela concorda com essa conclusão ao argumentar que não é possível rebocar o veículo que já deixou o local por seus próprios meios; que órgãos saudáveis ou já curados de uma deficiência não são operados; que um barco que já conseguiu se soltar por seus próprios meios ou devido à ação dos elementos naturais não é desencalhado. Embora sejam cenários diferentes, todas essas situações levam à mesma conclusão prática: a impossibilidade de cumprir a prestação, uma vez que o interesse do credor foi preenchido por via distinta do cumprimento da obrigação[272]. Segue o mesmo posicionamento João Calvão da Silva[273].

Segundo Judith Martins-Costa e Paula Costa e Silva, nessas hipóteses, há perda do sentido prático da prestação, por isso, não se justifica manter o devedor vinculado a ela, pois revelada hipótese de impossibilidade superveniente não imputável, liberando-se o devedor[274].

Levemente diferente dos casos em que o fim é alcançado por via distinta do cumprimento é a hipótese do desaparecimento do fim, quando ocorre a perda do substrato da prestação. É o caso do trabalhador manual que se comprometeu a reparar um fogão e o fogo destrói a casa e o utensílio que seria consertado, ou do pintor que deveria restaurar as pinturas da abóbada de uma igreja, que acaba sendo destruída por um incêndio, ou, ainda, um professor particular contratado para instruir uma criança, que acaba por falecer[275].

Para distinguir o caso da perda do sentido prático da prestação, pela realização do fim por via distinta do cumprimento, e o desaparecimento do fim, retoma-se o exemplo

---

270. *Ibidem*, p. 353-354.
271. *Ibidem*, p. 355-356.
272. VARELA, *op. cit.*, 1997, p. 77-78.
273. SILVA, *op. cit.*, 1995, p. 63-64.
274. MARTINS-COSTA; SILVA, *op. cit.*, p. 169.
275. LARENZ, Karl. *Base del negocio jurídico y cumplimiento de los contratos*. Santiago: Ediciones Olejnik, 2018. p. 114.

do navio encalhado, que precisa de um barco rebocador para desencalhá-lo. Se o navio for desencalhado por uma onda, está-se diante de um exemplo de perda da consecução do fim por via diversa do cumprimento. No entanto, se o navio afundar, o fim desapareceu, pois ele não foi atingido nem pelo cumprimento nem por via diversa, mas deixou de existir, porque o próprio navio, ao afundar, não mais pode ser desencalhado.

Segundo Catarina Monteiro Pires, embora essa questão não tenha sido ignorada em outros sistemas jurídicos, foi na Alemanha que o assunto foi abordado de maneira abrangente, levando à aceitação de um conceito de prestação como resultado (*Leistungserfolg*) no contexto do direito da impossibilidade[276]. Essa concepção partiu da contribuição de Franz Wieacker, ao salientar que a relação obrigacional compreende dois aspectos fundamentais: de um lado, como a "ordenação do dever de conduta do devedor" e, de outro, como a "conduta orientada para o resultado da prestação, ou seja, para a realização do interesse do credor na prestação". Esse dualismo se refletiria no tratamento das perturbações da prestação e, mais especificamente, na disciplina da impossibilidade. Distanciando-se entre os casos de consecução do fim por via diversa de uma ação de prestar do devedor (*Zweckerreichung*) e os casos de desaparecimento do fim (*Zweckverfehlung*), o autor defendeu que, em ambas as situações, a prestação, como resultado, torna-se impossível.

Para Catarina Monteiro Pires, Volker Beuthien consolidou a orientação iniciada por Franz Wieacker, ao afirmar que o conceito de prestação no contexto do direito da impossibilidade correspondia à prestação como resultado. Apesar de o regime jurídico da impossibilidade de cumprimento não escolher entre o conceito de prestação como atividade (*Leistungshandlung*) ou como resultado (*Leistungserfolg*), esta última qualificação seria preferível: a prestação não era a atividade do devedor, mas "resultado positivo" dessa atividade para o credor (*Leistungserfolg*)[277].

A doutrina portuguesa, majoritariamente, acolheu as conclusões da doutrina germânica sobre a ampliação do âmbito relativo da impossibilidade, por intermédio da defesa de um conceito alargado de prestação, que integra não só a conduta, mas o resultado. Defendem essa concepção, por exemplo, Francisco Pereira Coelho, João Antunes Varela, Nuno Pinto Oliveira, Maria de Lurdes Pereira, Jorge Ribeiro de Faria, João Calvão da Silva, Luís Menezes Leitão, José Carlos Brandão Proença, Jorge Morais Carvalho e António Menezes Cordeiro[278]. Por essa razão, se o resultado deixa de ser possível, por conta do desaparecimento do seu fim, a obrigação se tornaria impossível.

Apenas João Baptista Machado teria se afastado do conceito alargado de prestação, ao extrair do art. 795, 1[279], que regula o destino da contraprestação em caso de impos-

---

276. PIRES, *op. cit.*, 2020a, p. 336.
277. *Ibidem*, p. 338-339.
278. *Ibidem*, p. 343-345.
279. PORTUGAL. Código Civil. Artigo 795.º (Contratos bilaterais). 1. Quando no contrato bilateral uma das prestações se torne impossível, fica o credor desobrigado da contraprestação e tem o direito, se já a tiver realizado, de exigir a sua restituição nos termos prescritos para o enriquecimento sem causa. 2. Se a prestação se tornar

sibilidade, uma "regra geral" que restringe a noção de prestação à atividade devida, excluindo o resultado esperado pelo credor[280]. Maria de Lurdes Pereira critica João Baptista Machado, questionando o ponto de partida "metodológico": a regra do art. 795, 1, que lida com a impossibilidade da contraprestação, não pode ser usada para restringir a interpretação de outras normas relacionadas à impossibilidade, pois essas normas têm um escopo mais amplo e não se limitam a situações nas quais há uma contraprestação em jogo. Portanto, a interpretação dessas normas não deveria ser influenciada pelo tipo de resposta encontrada para a contraprestação[281].

Já em relação à frustração do fim, embora a prestação ainda seja, em hipótese, possível (ou ao menos a conduta do devedor, voltada a atingir o resultado), para o credor, ela perde o sentido. Judith Martins-Costa e Paula Costa e Silva exemplificam mencionando uma situação em que uma van escolar é contratada para buscar o aluno em casa às 7h e levá-lo à escola. Devido ao fechamento das escolas durante a pandemia, o transporte contratado perde seu propósito. Outro exemplo: alguém aluga um apartamento em Copacabana para ter uma vista privilegiada do show de fogos de artifício no Réveillon. No entanto, devido às restrições causadas pela Covid-19, o show é cancelado. O apartamento está disponível para locação, mas se o contrato foi celebrado com base nesse objetivo específico – não apenas para uma locação de temporada qualquer – a situação passa a ser outra[282].

Segundo Giovanni Ettore Nanni, os requisitos essenciais para se frustrar o fim do contrato incluem a ocorrência de um evento subsequente fora do escopo dos riscos originalmente assumidos pelas partes no contrato e que não seja resultado de ações negligentes pelos contratantes. A superveniência do evento concreto que leva à frustração do fim do contrato é um pressuposto fundamental nessa matéria[283]. No mais, não devem ser compreendidas no objeto a frustração das expectativas ou decepções, que são de natureza subjetiva. Deve-se ter em vista uma perspectiva objetiva, que revela não ser mais possível alcançar o fim do contrato, em razão de uma barreira intransponível, a ser avaliada à luz da boa-fé objetiva[284].

Para além disso, a frustração do fim do contrato não é admissível quando o evento que lhe deu causa estava dentro dos riscos assumidos pelas partes no contrato. Em contratos empresariais, é comum às partes aceitarem riscos conhecidos e compartilharem informações para torná-los previsíveis. O retorno esperado integra o risco assumido, e os resultados, positivos ou negativos, são inerentes ao ambiente empresarial. Portanto, a frustração do fim do contrato não é aceitável quando o evento era previsível e as

---

impossível por causa imputável ao credor, não fica este desobrigado da contraprestação; mas, se o devedor tiver algum benefício com a exoneração, será o valor do benefício descontado na contraprestação.
280. PEREIRA, *op. cit.*, 2001, p. 88.
281. *Ibidem*, p. 88-89.
282. MARTINS-COSTA; SILVA, *op. cit.*, p. 170.
283. NANNI, Giovanni Ettore. Frustração do fim do contrato: análise de seu perfil conceitual. *Revista Brasileira de Direito Civil* (RBDCivil), Belo Horizonte, v. 23, p. 39-56, jan.-mar. 2020. p. 52.
284. *Ibidem*, p. 51.

partes poderiam ter tomado medidas preventivas. Assim, a falta dessas medidas deve ser considerada um risco assumido pelas partes afetadas[285.]

Enfrentados os requisitos para configurar a frustração do fim, cabe tratar do seu enquadramento, para definir suas consequências. Segundo Rodrigo Barreto Cogo, definir o enquadramento correto da doutrina da frustração do fim em um contrato é uma das tarefas mais desafiadoras. Essa complexidade deriva do fato de que a frustração do fim no contrato está relacionada tanto à alteração das circunstâncias (mais precisamente, à alteração das circunstâncias) quanto ao direito da impossibilidade. Além disso, a dificuldade seria agravada pelo fato de que tanto a base objetiva quanto a impossibilidade são temas debatidos e em desenvolvimento na doutrina jurídica[286.]

Segundo Rodrigo Barreto Cogo, o desafio é maior, pois depende de se enfrentar o conceito de prestação, principalmente se ela resume apenas o conceito de prestar (em abstrato) ou se inclui o resultado (em concreto) esperado a partir da conduta do devedor[287.] Para o autor, que se alinha à posição minoritária de João Baptista Machado, o fim é um elemento externo à prestação, que a define e que influencia sua eficácia. Portanto, se esse fim (seja ele a causa concreta, a finalidade de uso pelo credor ou um propósito secundário) se tornar impossível devido a um evento ocorrido após a contratação, estar-se-ia lidando com uma alteração das circunstâncias[288] (e não com uma situação de impossibilidade). Enunciado da III Jornada de Direito Civil do Conselho da Justiça Federal caminha no mesmo sentido, afastando a frustração do fim da impossibilidade[289.]

Remete-se, neste ponto, à seção 2.2 deste livro, na qual se aborda o conceito de prestação, a qual compreende não só a conduta do devedor, mas o resultado útil almejado. E, se o resultado integra a prestação quando não é alcançado, por uma questão lógica, a prestação não será mais possível. Isso não significa que a obrigação, como um todo, se torna impossível, mas, tão somente, que a prestação foi impossibilitada, mantendo-se hígidas todas as demais envolvendo a complexa relação obrigacional.

Diante disso, se o fim é intrínseco, e não extrínseco, ao conceito de prestação, a "sua frustração o atinge ineflutavelmente"[290.] A especificidade do fim em um contrato, conforme se viu no exemplo envolvendo locação de um apartamento para assistir aos fogos de Réveillon em Copacabana, não o torna extrínseco à prestação, desde que evidente, explícito ou interpretativo, cujo propósito era conhecido e compartilhado pelas

---
285. *Ibidem*, p. 53-54.
286. COGO, Rodrigo Barreto. *Frustração do fim do contrato*. São Paulo: Almedina, 2021, (*ebook*). Posição 2683 (de 6852).
287. *Ibidem*, posição 2683 (de 6852).
288. COGO, Rodrigo Barreto. Risco da frustração do fim do contrato. In: NANNI, Giovanni Ettore; TERRA, Aline de Miranda Valverde; PIRES, Catarina Monteiro (coord.). *Riscos no direito privado e na arbitragem*. São Paulo: Almedina, 2023. p. 215.
289. Enunciado n. 166 da III Jornada de Direito Civil do Conselho da Justiça Federal: A frustração do fim do contrato, como hipótese que não se confunde com a impossibilidade ou com a excessiva onerosidade tem guarida no direito brasileiro pela aplicação do art. 421 do Código Civil.
290. MARTINS-COSTA; SILVA, *op. cit.*, p. 181.

partes. Neste exemplo, não se poderia alegar eficácia liberatória devido à frustração do fim se a locação não estivesse diretamente ligada a esse propósito especial (Réveillon), distinto das motivações subjetivas das partes. Trata-se de uma diferença fundamental entre os casos[291].

Conforme afirma Edoardo Ferrante, em ensaio baseado no conceito de prestação de Franz Wieacker, em alguns casos, embora a atividade (*prestazione-attività*) seja, em si, viável – no sentido de que o devedor não encontraria obstáculos para realizá-la – o resultado (*prestazione-risultato*) não pode ser alcançado por causas não imputáveis a qualquer das partes, o que representa uma subespécie do gênero mais amplo da impossibilidade não imputável[292].

Utilizando exemplos clássicos de Wieacker – como o caso em que o paciente morre antes de o médico chegar, quando a casa desaba por causas naturais antes do início da reforma contratada com o empreiteiro, ou, ainda, quando a igreja é reduzida a cinzas antes de ser repintada – para Edoardo Ferrante, ainda que o substrato da prestação não tenha desaparecido completamente, o devedor deve ser liberado da atividade, tendo em vista a impossibilidade de se atingir o resultado[293].

Defendendo posição contrária, Rodrigo Barreto Cogo afirma que, se considerado todo "resultado" invariavelmente integrante da prestação, não haveria espaço para se frustrar o propósito do contrato, pois todas as situações em que o contrato perde seu fim devido à impossibilidade de alcançá-lo seriam enquadradas como casos de impossibilidade da prestação, o que, segundo ele, não é a abordagem mais apropriada, já que grande parte da doutrina reconhece a existência de situações específicas em que o fim do contrato fica frustrado[294].

Em que pesem a qualidade e o profundo embasamento do autor, discorda-se do seu posicionamento, pois nele se confunde a caracterização das hipóteses de frustração do fim com a consequência de se aplicar o modelo jurídico da impossibilidade para resolvê-las. Ou seja, o uso do modelo jurídico da impossibilidade para resolver casos caracterizados pela doutrina como hipóteses de frustração do fim não a faz deixar de existir. Aplicar a impossibilidade é uma forma de resolver a questão (por meio do método da analogia, considerando as características do sistema jurídico brasileiro), o que não desconstitui a caracterização de determinadas hipóteses como casos de frustração do fim.

Não se discute, portanto, que a doutrina aponta exemplos específicos voltados à frustração do fim (diferentes dos exemplos clássicos de impossibilidade), o que não impede de se utilizar a teoria da impossibilidade para resolvê-los. Afinal, se a frustração do fim ainda está sendo tratada sob a perspectiva doutrinária, tendo em vista a inexis-

---

291. *Ibidem*, p. 181.
292. FERRANTE, *op. cit.*, p. 57.
293. *Ibidem*, p. 58.
294. COGO, *op. cit.*, 2023, p. 216.

tência de lei específica que regule a hipótese, há de se aplicarem os meios de integração do sistema jurídico, previstos na LINDB, para apontar uma solução ao problema. Ao fazê-lo, percebe-se que o modelo jurídico da impossibilidade é a solução mais "rente ao sistema"[295] para resolver questões de frustração do fim, ao se utilizar da analogia. Essa também seria a posição de Francisco Cavalcanti Pontes de Miranda, segundo Judith Martins-Costa e Paula Costa e Silva, ao interpretarem a alusão feita por ele ao termo "deterioração" ("deterioração está, no Código Civil, por não servir a coisa como servia ou era de esperar-se que servisse para o fim a que se destinava"[296]), relacionando-o à hipótese de impossibilidade – muito embora ele advertisse que a questão se reduz à interpretação dos negócios jurídicos[297].

Para além disso, tratando do regime dos riscos na frustração do fim do contrato, Rodrigo Barreto Cogo afirma que as regras atinentes ao regime da impossibilidade oferecem soluções mais fechadas e binárias[298]. É preferível, se não houver disposições contratuais específicas ou se a alocação de riscos for inválida, considerar que o risco de ocorrência da frustração do fim é comum aos contratantes, de maneira que ambos deverão suportá-lo igualmente, embora essa regra possa ser afastada a partir de uma interpretação integrativa do contrato, pautada por um juízo de boa-fé objetiva[299].

De fato, o modelo dogmático da impossibilidade parece oferecer soluções fechadas e binárias (em regra, resolução da obrigação e perda da contraprestação), mas somente se se enxergar a obrigação a partir de uma perspectiva polarizada, do tudo ou nada, considerando, tão somente, a prestação principal. Ao se vislumbrar a relação obrigacional como um complexo processo, ou um complexo conjunto de processos, que vai muito além da prestação principal, essa perspectiva binária deve se alterar.

Isso porque, conforme defendido no capítulo 2 deste livro, a relação obrigacional não se resume a um único vínculo, mas a diversos outros que vão além da prestação principal, e envolve prestações secundárias, deveres laterais de conduta, deveres de proteção, direitos, deveres, poderes formativos, sujeições e ônus, ainda que não previstos expressamente no negócio celebrado pelos contraentes. Sob esse prisma, as regras atinentes à impossibilidade afetam única e exclusivamente a prestação impossibilitada (ou, no caso, que teve o seu fim frustrado), o que não encerra a relação obrigacional. As outras prestações, nessa hipótese, em vez de se resolverem, se intensificam, justamente para protegerem, condigna e equilibradamente, as partes envolvidas diante da crise que afetou a relação[300].

Diante disso, conclui-se que as normas que regem a impossibilidade devem ser aplicadas nos casos de perda do sentido prático da prestação, quando se verificou a

---

295. MARTINS-COSTA; SILVA, *op. cit.*, p. 181.
296. PONTES DE MIRANDA, *op. cit.*, 1959a, p. 254.
297. MARTINS-COSTA; SILVA, *op. cit.*, p. 175.
298. COGO, *op. cit.*, 2023, p. 225.
299. *Ibidem*, p. 229.
300. CORDEIRO, *op. cit.*, 2017, p. 363.

realização do fim por via diversa do não cumprimento, do desaparecimento do fim e da frustração do fim.

4.7 O USO DA TÓPICA PARA DETERMINAR DESTINO DA CONTRAPRESTAÇÃO (INCLUSIVE NAS SUPOSTAS OBRIGAÇÕES DE MEIOS), NA CONFIGURAÇÃO DA IMPOSSIBILIDADE

O CC/2002 não traz norma específica sobre o direito à contraprestação, todavia traz dispositivos sobre a resolução da obrigação pela impossibilidade do objeto, nas obrigações de dar (art. 234[301]), de fazer (art. 248[302]) e de não fazer (art. 250[303]). Deles é possível extrair-se, por dedução, uma regra geral: impossibilitando-se a prestação sem culpa do devedor, a obrigação se resolve; havendo culpa, responderá ele por perdas e danos. Mas, como fica a contraprestação, nessas hipóteses?

Também por uma operação lógica de dedução, e privilegiando uma análise sistemática das normas do CC/2002 (como a da boa-fé e a da vedação ao enriquecimento sem causa, por exemplo), é possível chegar a uma regra geral de que, havendo culpa do devedor na impossibilitação do objeto da prestação, perderá ele o direito à contraprestação. No entanto, uma análise mais aprofundada do tema implica o reconhecimento de uma série de exceções à regra.

Retoma-se, por exemplo, a hipótese do navio que deveria ser rebocado. Após o deslocamento do barco rebocador e a instalação do sistema de reboque, o navio acaba desencalhando por razões externas, como uma onda forte, por exemplo. Outro exemplo: após diversas consultas, exames e elaboração de plano para determinada mulher engravidar, descobre-se que ela passou a gestar um feto, antes mesmo do início do tratamento prescrito. Essas hipóteses devem ser enquadradas no campo da impossibilidade da prestação[304,] mais especificamente, a prestação-utilidade, e não a prestação-objeto, pois, muito embora ela seja possível, a utilidade que dela se esperava já não mais pode ser alcançada[305].

Em quaisquer dos exemplos trazidos, deve-se observar as normas atinentes à impossibilidade. Mas, em qualquer deles, questiona-se: não justificariam os esforços despendidos pelo devedor o direito à percepção da contraprestação, ainda que

---

301. BRASIL. Código Civil (2002). Art. 234. Se, no caso do artigo antecedente, a coisa se perder, sem culpa do devedor, antes da tradição, ou pendente a condição suspensiva, fica resolvida a obrigação para ambas as partes; se a perda resultar de culpa do devedor, responderá este pelo equivalente e mais perdas e danos.
302. BRASIL. Código Civil (2002). Art. 248. Se a prestação do fato tornar-se impossível sem culpa do devedor, resolver-se-á a obrigação; se por culpa dele, responderá por perdas e danos.
303. BRASIL. Código Civil (2002). Art. 250. Extingue-se a obrigação de não fazer, desde que, sem culpa do devedor, se lhe torne impossível abster-se do ato, que se obrigou a não praticar.
304. COGO, *op. cit.*, 2023, p. 215.
305. NANNI, Giovanni Ettore; TERRA, Aline de Miranda Valverde. A cláusula resolutiva expressa como instrumento privilegiado de gestão de riscos contratuais. *In*: NANNI, Giovanni Ettore; TERRA, Aline de Miranda Valverde; PIRES, Catarina Monteiro (coord.). *Riscos no direito privado e na arbitragem*. São Paulo: Almedina, 2023. p. 70.

não integral, ou ainda, o reembolso pelos prejuízos decorrentes da impossibilidade inimputável?

O Código Civil português trata do destino da contraprestação na hipótese de impossibilidade da prestação. Segundo o art. 795º[306] desse diploma, nos contratos bilaterais, se uma das partes não pode cumprir sua obrigação, o credor fica liberado de sua contraprestação, e se a impossibilidade é causada pelo credor, ele não é dela liberado, mas qualquer benefício obtido pelo devedor com a isenção é dela deduzido. A extinção do direito à contraprestação, estabelecida no art. 795º do CC português visa a evitar a deturpação do sentido originário do sinalagma contratual[307], o qual, por sua vez, se traduz na ideia da existência de reciprocidade, enquanto pressuposto ou razão de ser das obrigações ou da vinculação de cada uma das partes[308]. Afinal, de modo geral, não seria justo que o credor permanecesse vinculado a uma determinada contraprestação sem ter havido a prestação, em razão da sua impossibilidade superveniente.

Mas, se por um lado, há casos em que a impossibilidade da prestação se dá por causa imputável ao credor (hipótese em que ele se mantém vinculado à contraprestação), e por outro há hipóteses em que a prestação se torna impossível por culpa do devedor (quando a contraprestação deixa de ser exigível), há ainda a situação em que a "impossibilidade da prestação procede de uma causa ligada à pessoa ou aos bens do credor, embora não imputável a este"[309]. Nesse caso, seria claramente injusto que o devedor fosse obrigado a arcar, sem receber qualquer compensação, com as despesas incorridas ou os prejuízos sofridos, especialmente quando a impossibilidade da prestação se deu em uma área de risco mais vinculada ao credor do que a ele, o devedor, como sucede na frustração do fim da prestação ou consecução, por outra via, do fim da prestação[310].

Em hipótese como essa – como no exemplo do navio que, já atado ao barco desencalhador, foi retirado do encalhe por uma onda – segundo João de Matos Antunes Varela, deveria ser aplicada, por analogia, a norma extraída do art. 468.º, 1[311], que reconhece o direito do devedor de serviços, que não tem culpa pela impossibilidade ocorrida, a ser compensado tanto pelas despesas quanto pelos prejuízos sofridos[312].

---

306. PORTUGAL. Código Civil. Artigo 795.º (Contratos bilaterais). 1. Quando no contrato bilateral uma das prestações se torne impossível, fica o credor desobrigado da contraprestação e tem o direito, se já a tiver realizado, de exigir a sua restituição nos termos prescritos para o enriquecimento sem causa. 2. Se a prestação se tornar impossível por causa imputável ao credor, não fica este desobrigado da contraprestação; mas, se o devedor tiver algum benefício com a exoneração, será o valor do benefício descontado na contraprestação.
307. PEREIRA, op. cit., 2001, p. 113.
308. PIRES, op. cit., 2020a, p. 581.
309. VARELA, op. cit., 1997, p. 85.
310. Ibidem, p. 85.
311. PORTUGAL. Código Civil. Artigo 468.º (Obrigações do dono do negócio). 1. Se a gestão tiver sido exercida em conformidade com o interesse e a vontade, real ou presumível, do dono do negócio, é este obrigado a reembolsar o gestor das despesas que ele fundadamente tenha considerado indispensáveis, com juros legais a contar do momento em que foram feitas, e a indemnizá-lo do prejuízo que haja sofrido.
312. Esse também é o entendimento de Pedro Romano Martinez: "Mesmo na ausência de culpa do credor (art. 795.º, n.º 2, do CC), encontrando-se a causa da impossibilidade na sua esfera de risco, justificar-se-á o

O art. 795º do Código Civil português corresponde ao § 326[313] do BGB, porém, neste último, o regime jurídico do destino da contraprestação é mais complexo. Iniciando com o § 326/1, sua primeira parte estabelece que a contraprestação é automaticamente excluída em razão da impossibilidade. Quando se aplica o § 275/1 à prestação principal, isso resulta na rescisão automática da obrigação. No entanto, essa regra tem exceções imediatas nos casos de cumprimento defeituoso (conforme o §326/1, segunda parte) e de impossibilidade imputável ao credor (§326/2). Além disso, o §326/5 sugere permitir a rescisão do contrato em situações nas quais o devedor não está obrigado a cumprir, segundo o §275/1 a 3, levantando a dúvida se esse dispositivo abrange situações diversas das já mencionadas.

---

dever de pagar despesas ao devedor; essa obrigação pode fundar-se numa aplicação adaptada do art. 468.º do CC – a propósito da gestão de negócios do art. 1227.º do CC – relativo à empreitada – ou do regime da mora do credor (arts. 813.º e ss. do CC, concretamente o art. 815.º, n.º 2, do CC) 215. No exemplo clássico em que o rebocador contratado para desencalhar o navio não prestou a actividade porque este se libertou aquando da subida da maré, o contrato caduca por impossibilidade (desnecessidade) de cumprimento da prestação de reboque, mas justifica-se o pagamento do trabalho executado e das despesas realizadas (art. 1227.º do CC)" (MARTINEZ, Pedro Romano. *Da cessação do contrato*. 2. ed. Coimbra: Almedina, 2006. p. 110).

313. ALEMANHA. BGB. Section 326. *Release from consideration and rescission where the duty of performance is excluded (1) If, under section 275 (1) to (3), the obligor is not obliged to perform, there is no entitlement to consideration; in the case of part performance, section 441 (3) applies accordingly. Sentence 1 does not apply if the obligor, in the case of failure to perform as contractually agreed, does not, under section 275 (1) to (3), have to effect cure. (2) If the obligee is solely or very predominantly responsible for the circumstance due to which the obligor does not, under section 275 (1) to (3), have to perform, or if this circumstance for which the obligor is not responsible occurs at a time when the obligee is in default of acceptance, the obligor retains the entitlement to consideration. However, the obligor must allow to be credited against them what they save due to their being released from performance or what they acquire or wilfully fail to acquire from other use of their labour. (3) If the obligee demands, under section 285, the surrender of the substitute benefit obtained for the object owed or assignment of the claim to reimbursement, the obligee remains obliged to render consideration. However, the consideration is reduced under section 441 (3) to the extent that the value of the reimbursement or of the claim to reimbursement falls short of the value of the performance owed. (4) To the extent that the consideration that is not owed under this provision is effected, what is performed may be claimed back under sections 346 to 348. (5) If, under section 275 (1) to (3), the obligor does not have to perform, then the obligee may rescind the contract; section 323 applies accordingly to the rescission, subject to the proviso that setting a period of time may be dispensed with.* Tradução livre: §326 Exclusão da contraprestação e resolução em caso de exclusão do dever de prestar (1) Se, de acordo com o §275/1 a 3, o devedor não for obrigado a realizar a prestação, fica excluída a exigência da contraprestação; em caso de prestação parcial é analogicamente aplicável o §441/3. O parágrafo anterior não se aplica se, havendo cumprimento defeituoso, o devedor não estiver obrigado a corrigir o cumprimento de acordo com o §275/1 a 3. (2) Se o credor for, exclusiva ou preponderantemente, responsável pela circunstância que justifica que o devedor não esteja obrigado a prestar, ao abrigo do §275/1 a 3, ou se esta circunstância não imputável ao devedor se verifica estando o credor em mora quanto à aceitação, o devedor mantém o direito à contraprestação. Contudo, o devedor fica sujeito à dedução do que economizou, do que ganhou com outras aplicações da sua atividade e do que dolosamente deixou de receber em consequência da exoneração da prestação. (3) O credor mantém-se obrigado a realizar a contraprestação se, de acordo com o §285, exigir a entrega de indenização obtida em virtude do objeto da prestação ou a cessão de um crédito indenizatório. Mas o valor desta indenização ou deste crédito reduz-se, de acordo com o §441/3, na medida em que o respetivo valor seja inferior ao valor da prestação devida. (4) Se a contraprestação não for devida, de acordo com este preceito, pode ser exigida a devolução daquilo que tiver sido prestado, ao abrigo dos §§326 a 348. (5) Se o devedor não estiver obrigado a prestar, ao abrigo do §275/1 a 3, o credor pode resolver o contrato; o §323 aplica-se por analogia, sendo, porém, dispensável a fixação de um prazo.

Segundo Catarina Monteiro Pires, o §326/5 parece entrar em conflito com o §326/1, uma vez que, ao conceder ao credor o direito de rescisão, sugere que a contraprestação não é automaticamente excluída devido à impossibilidade da prestação[314].

No direito alemão, também há regra geral que trata da indenização por despesas inutilizadas (§ 284[315] equivalente ao art. 816º[316] do Código Civil português). Assim, no exemplo do navio que se desencalha por uma onda, no momento exato em que estava prestes a ser rebocado por barco contratado para isso, no direito alemão, as despesas tidas pelo contratado pelo serviço deverão ser reembolsadas, embora seu trabalho não tenha sido decisivo para se alcançar o fim da obrigação pactuada.

No direito brasileiro, não há norma a tratar especificamente do destino da contraprestação e do reembolso dos prejuízos na hipótese da ocorrência de impossibilidade. Não significa dizer que o sistema jurídico brasileiro não disponha de normas que revelem o caminho a ser seguido pelo julgador na hipótese de configuração da impossibilidade.

O que os arts. 234, 248 e 250 do CC/2002 dispõem é que, ao se configurar a impossibilidade sem culpa do devedor, fica resolvida a obrigação entre as partes. Os artigos, direta ou indiretamente, tratam da atribuição de riscos entre o devedor e o credor, ou seja, a consequência da impossibilidade de entregar a coisa conforme prometido[317]. É a "perda da coisa", que acontece, segundo Giovanni Ettore Nanni, quando ela deixa de existir ou perece, de maneira a perder suas características essenciais, seja estrutural, seja física, e/ou seu valor econômico, em proporção a tornar impossível o cumprimento da prestação. Essa perda também pode ocorrer por motivos jurídicos, como quando a coisa a ser entregue tem seu uso e circulação proibidos por lei[318].

Independentemente do que as palavras sugiram, trata-se menos de uma questão de riscos do que de consequências resultantes da impossibilidade de cumprimento de um contratante em contratos sinalagmáticos[319].

---

314. PIRES, *op. cit.*, 2020a, p. 590.
315. ALEMANHA. BGB. Section 284 *Reimbursement of futile expenses. In place of damages in lieu of performance, the obligee may demand reimbursement of the expenses they have incurred and were entitled to so incur, on an equitable basis, in reliance on receiving performance, unless the purpose of the expenses would not have been achieved even if the obligor had not breached their duty.* Tradução livre: Seção 284 Reembolso de despesas inúteis. Em substituição aos danos em vez do cumprimento, o credor pode exigir o reembolso das despesas que incorreram e que tinham o direito de incorrer de maneira justa, com base na expectativa de receber o cumprimento, a menos que o objetivo das despesas não teria sido alcançado mesmo se o devedor não tivesse violado seu dever.
316. PORTUGAL. Código Civil. Artigo 816.º (Indemnização). O credor em mora indemnizará o devedor das maiores despesas que este seja obrigado a fazer com o oferecimento infrutífero da prestação e a guarda e conservação do respectivo objecto.
317. MARTINS-COSTA, Judith. O risco contratual (e os significados do risco). *In*: NANNI, Giovanni Ettore; TERRA, Aline de Miranda Valverde; PIRES, Catarina Monteiro (coord.). *Riscos no direito privado e na arbitragem*. São Paulo: Almedina, 2023. p. 29.
318. NANNI, *op. cit.*, 2018, p. 380.
319. PARAISO, Fall. *Le risque d'inexécution de l'obligation contractuelle*. Aix-en-Provence: Presses Universitaires d'Aix-Marseille, 2011. p. 110.

No caso de contratos bilaterais, o risco, em regra, é assumido pelo devedor da prestação. No que diz respeito à transferência de propriedade de bens móveis, a regra é que o risco só é transferido do vendedor para o adquirente com a entrega efetiva (tradição). Nas situações de transmissão de propriedade, de maneira geral, o risco da coisa coincide com o risco da obrigação, especialmente no caso de bens móveis, devido à relação próxima entre a tradição e a aquisição de propriedade. O princípio de que o risco é suportado pelo proprietário implica que ele não pode fazer valer sua reivindicação contra o comprador e pode até ter que devolver o que já recebeu, se a perda da coisa ocorrer antes da transferência da propriedade[320].

Os romanos não chegaram a elaborar uma teoria do risco, muito embora tenham vindo deles as principais bases para a teoria da impossibilidade. As construções mais relevantes sobre o tema se deram no *ius commune*, direito intermediário, em que se criaram as fórmulas (axiomas) tradicionalmente usadas no tratamento do risco: *res perit domino*; *res perit creditori*; *res perit debitori*[321].

A expressão *res perit domino* significa que a coisa perece para o dono. O responsável por suportar o risco é o *dominus*, o proprietário, no perecimento da coisa antes da tradição[322]. Na *res perit creditori*, por sua vez, a impossibilidade da prestação isenta o devedor de sua obrigação, e as consequências do prejuízo devem recair sobre o credor, independentemente da situação[323]. Na *res perit debitori*, por fim, o risco deve ser suportado pelo devedor[324].

Segundo Orlando Gomes, na impossibilidade de encontrar um princípio de aplicação geral sobre a distribuição dos riscos, são elencadas as diferentes regras adotadas pela lei para resolver o problema: i) nos contratos unilaterais, quem suporta o risco é o credor, aplicando-se o princípio *res perit creditori*; ii) nos contratos bilaterais, quem suporta o risco é o devedor, seguindo o princípio *res perit debitori*; iii) nos contratos que têm por objeto obrigação condicional, o risco fica a cargo do devedor em caso de impossibilidade total e a cargo do credor em caso de impossibilidade parcial[325].

A primeira regra seria aplicada tranquilamente. Ocorrendo a impossibilidade, o credor perderia o direito à prestação e o contrato se resolveria pela extinção da obrigação. Os efeitos do caso fortuito recairiam sobre o credor, pois ele deixaria de receber a coisa devida. Por exemplo, quem deposita uma coisa que se perde devido a uma inundação sofreria o prejuízo, pois não a receberia de volta[326].

---

320. COUTO E SILVA, *op. cit.*, 2006, p. 110.
321. MARTINS-COSTA, *op. cit.*, 2023, p. 29-30.
322. GOMES, *op. cit.*, 1978, p. 228.
323. *Ibidem*, p. 228.
324. *Ibidem*, p. 228-229.
325. *Ibidem*, p. 230.
326. *Ibidem*, p. 231.

Nos contratos bilaterais, o problema é mais complexo. Por definição, eles geram prestações correlatas. Assim, se uma prestação se torna impossível, o contrato se resolve, liberando o devedor dessa obrigação. Mas a prestação contraposta ainda pode ser satisfeita. A questão colocada é se ela deve ser cumprida, ou se o dever de prestar se extingue devido à quebra do sinalagma, ou seja, a contraprestação não deve mais seria cumprida. Orlando Gomes entende que esse dever cessa, e que o credor é liberado da obrigação de satisfazer a contraprestação. Diante disso, o devedor é que suportaria o risco e sofreria o prejuízo por perder o direito de exigir a contraprestação[327].

Em contratos com obrigação condicional, seria necessário distinguir entre a impossibilidade total de cumprimento e a impossibilidade parcial decorrente da deterioração da coisa. Na impossibilidade total, o devedor suportaria o risco, pois perde o direito de exigir a contraprestação. Porém, se a impossibilidade for parcial devido à deterioração da coisa, as consequências recairiam sobre o credor, pois ele não seria dispensado de pagar toda a contraprestação, mesmo recebendo uma coisa deteriorada. Não haveria redução proporcional e, em qualquer caso, o ônus da deterioração seria do credor[328].

Essas três regras, segundo Orlando Gomes, seriam aplicadas supletivamente, mas seria possível que as partes regulamentassem de forma diversa, desde que o façam por meio de cláusula expressa no contrato. Os contratantes poderiam definir como desejam alocar os riscos, permitindo ao devedor assumir a responsabilidade pelos prejuízos decorrentes do caso fortuito ou estabelecendo cláusulas específicas que discriminem os riscos pelos quais cada parte é responsável[329].

Essas regras gerais, porém, merecem ser analisadas de modo crítico. Em correta análise da máxima do *res perit domino*, Fall Paraiso aponta para uma limitação do critério. Ele argumenta, levando em consideração a realidade do direito francês, que o credor já é proprietário e possui a coisa desde a celebração do contrato, tornando inútil impor o ônus do risco ao devedor, pois este não detém a coisa. Nessa hipótese, o único responsável, se houver dano, será o proprietário. A explicação dessa regra está ligada aos direitos de propriedade. No segundo caso, o credor só adquire a posse da coisa no momento da entrega (art. 1.138[330] do *Code Civil* – refere-se ao artigo anterior à reforma

---

327. *Ibidem*, p. 231.
328. *Ibidem*, p. 232.
329. *Ibidem*, p. 232.
330. FRANÇA. Code Civil. Article 1138. *L'obligation de livrer la chose est parfaite par le seul consentement des parties contractantes. Elle rend le créancier propriétaire et met la chose à ses risques dès l'instant où elle a dû être livrée, encore que la tradition n'en ait point été faite, à moins que le débiteur ne soit en demeure de la livrer auquel cas la chose reste aux risques de ce dernier*. Tradução livre: "Artigo 1138: A obrigação de entregar a coisa é perfeita apenas pelo consentimento das partes contratantes. Isso torna o credor proprietário e coloca a coisa sob seus riscos a partir do momento em que deveria ter sido entregue, mesmo que a tradição não tenha ocorrido, a menos que o devedor esteja em mora para entregá-la; nesse caso, a coisa permanece sob os riscos do devedor".

de 2016)[331.] O dispositivo foi mantido, porém, com algumas modificações no atual art. 1.196[332,] mantendo o risco do devedor[333.]

Fall Paraiso também critica o critério do *res perit debitori* ao questionar: como considerar a hipótese em que a perda é suportada apenas pelo devedor, mesmo que o credor também esteja comprometido com a vantagem a ser proporcionada pela operação? A dívida não é um ativo patrimonial de seu titular? O fracasso da operação é uma perda tanto para o devedor quanto para o credor, notadamente em um contrato bilateral. A atribuição da perda a uma das partes, especialmente ao devedor neste caso, que não pode exigir a execução correspondente de seu cocontratante porque não consegue atingir a sua, depende, na realidade, da utilidade esperada da operação, dos custos da transação, da possibilidade de realizar o negócio de forma diferente, com outros agentes, talvez por um valor menor. A abordagem da fórmula *res perit debitori* distribuiria os riscos sem considerar a economia, os bens e as vantagens que, no entanto, determinam o acordo[334.]

De fato, as fórmulas acima não podem ser consideradas de modo absoluto, mas devem levar em conta as circunstâncias do caso concreto. Judith Martins-Costa indica um exemplo de relativização do *res perit domino*, em um julgado do antigo TACiv-SP: embora tenha havido a tradição após a venda e compra de um vaso de cristal, o próprio comprador precisou embalar o produto, em razão da ausência de funcionários na loja. Enquanto embrulhava o vaso, este resvalou de suas mãos e veio a espatifar no chão. Nesse caso, embora a tradição tenha ocorrido quando do pagamento do preço, o problema teria se dado quando do transporte do objeto, invertendo-se, portanto, o risco. Segundo o relator, "a tradição é uma operação jurídica que pode apresentar complexidade não vislumbrada com a simples leitura do texto legal"[335.]

Para além disso, o CC/2002 traz uma série de normas sobre a vedação do enriquecimento sem causa (art. 884), da reparabilidade dos danos causados (arts. 186 e 197) e da boa-fé que deve reger todas as relações contratuais (art. 422). O estudo do direito obrigacional, correlacionado às normas mencionadas, aponta soluções para resolver a questão posta. É o que se verá adiante.

---

331. Ordonnance n. 2016-131 du 10 février 2016.
332. FRANÇA. Code Civil. Article 1196. *Dans les contrats ayant pour objet l'aliénation de la propriété ou la cession d'un autre droit, le transfert s'opère lors de la conclusion du contrat. Ce transfert peut être différé par la volonté des parties, la nature des choses ou par l'effet de la loi. Le transfert de propriété emporte transfert des risques de la chose. Toutefois le débiteur de l'obligation de délivrer en retrouve la charge à compter de sa mise en demeure, conformément à l'article 1344-2 et sous réserve des règles prévues à l'article 1351-1.* Tradução livre: "Artigo 1196: Nos contratos que têm como objeto a alienação da propriedade ou a cessão de outro direito, a transferência ocorre no momento da conclusão do contrato. Essa transferência pode ser adiada pela vontade das partes, pela natureza das coisas ou por efeito da lei. A transferência de propriedade implica a transferência dos riscos da coisa. No entanto, o devedor da obrigação de entrega reassume essa responsabilidade a partir do momento de seu aviso de mora, de acordo com o Artigo 1344-2 e sujeito às regras estabelecidas no Artigo 1351-1".
333. PARAISO, *op. cit.*, p. 111-112.
334. *Ibidem*, p. 111.
335. MARTINS-COSTA, *op. cit.*, 2023, p. 43.

4.7.1 A relativização do efeito restitutório e a impossibilidade imperfeita

Conforme já indicado, a relação obrigacional deve ser enxergada como um fenômeno complexo, a envolver diversas prestações. A impossibilitação de uma delas, em regra, não atinge as demais, que se mantêm válidas e vigentes, preservando hígida a relação entre credor e devedor, revelando um fenômeno que António Menezes Cordeiro chama de "impossibilidades imperfeitas"[336].

O autor está em consonância com o atual estágio do estudo do direito obrigacional, ao deixar de vislumbrar a relação obrigacional sob a perspectiva binária "tudo" ou "nada", mas como fenômeno complexo, que envolve um conjunto de direitos, obrigações e situações jurídicas, e não como uma simples soma disso tudo. Por isso, António Menezes Cordeiro dá ao art. 795º do Código Civil português a seguinte interpretação:

> Impor-se-ia uma interpretação restritiva do artigo 795./1, na parte em que dispõe "fica o credor desobrigado da contraprestação" ou apurar-se-ia uma lacuna, a integrar, designadamente pelo artigo 1227.? Nem tanto. VI. O artigo 795/1, como se afigura assente, perante a atual dogmática obrigacionista visa, apenas, as prestações principais verdadeiramente impossibilitadas. O vínculo obrigacional complexo subsiste, com as consequências acima apontadas e, designadamente: com a manutenção de deveres acessórios, que podem redundar numa relação de liquidação e de acerto de contas. Na dúvida – e, portanto, não se provando a impossibilidade efetiva e não imputável – a frustração do escopo é risco do credor, que não recebe a prestação: o devedor da contraprestação guarda o direito a esta e tem o direito a ser indenizado pelas maiores despesas[337].

Significa dizer que, se uma determinada prestação se tornar impossível por causa inimputável a qualquer das partes, não há de se resolver imediatamente a obrigação (como um todo), atribuindo ao devedor, única e exclusivamente, o eventual prejuízo decorrente desse fato. Na realidade, deve-se privilegiar, sempre que possível, a manutenção do vínculo obrigacional, tendo em vista a existência das mais diversas prestações envolvendo as partes, e fazer uma análise casuística, para determinar como serão distribuídos eventuais prejuízos, se houver. Portanto, necessário reconhecer a existência de hipóteses nas quais a perda do direito à contraprestação não seja automática, no momento em que se vislumbrar a impossibilidade de determinada prestação, ou que ao devedor, ao menos, lhe seja garantida alguma compensação pelas despesas feitas ou pelos prejuízos sofridos.

Destaca-se que a impossibilidade superveniente não invalida o negócio jurídico, mas afeta o campo da eficácia[338]. Configurando-se a impossibilidade superveniente não imputável, o negócio jurídico se resolve[339]. A resolução[340], por sua vez, alcança a eficácia

---

336. "A cessação de um dever de prestar principal, designadamente por esgotamento, supressão ou perturbação do seu escopo, não é uma verdadeira impossibilidade que atinja toda a obrigação. Por isso, propomos, para o fenômeno, a designação genérica de 'impossibilidades imperfeitas'" (CORDEIRO, op. cit., 2017, p. 364).
337. *Ibidem*, p. 365.
338. MARTINS-COSTA; SILVA, op. cit., p. 151.
339. *Ibidem*, p. 151.
340. "A resolução do contrato, aceita como figura geral, terá tido a sua origem no direito consuetudinário francês; onde se evoluiu de uma condição expressa para uma condição implícita. Também na Alemanha, o instituto só

do vínculo, suas prestações primárias e secundárias (aquelas acessórias à prestação principal, mas não as substitutivas[341]). No entanto, a resolução não impede o surgimento de novos efeitos, nem que os efeitos já realizados sejam preservados, considerando as vantagens e os sacrifícios resultantes do cumprimento de ambas as partes. A resolução não resulta na eliminação completa da obrigação, ela não desaparece como se nunca tivesse existido[342].

Ou seja, a obrigação permanece existente e válida (já que os planos da existência, validade e eficácia não se confundem), e, tão somente em relação à prestação que se tornou impossível, a eficácia é atingida.

A ineficácia (resultado da resolução da prestação por impossibilidade), por sua vez, é a inaptidão, temporária ou permanente, de o fato jurídico irradiar os efeitos próprios e finais que lhe são imputados pela norma jurídica[343]. Ainda que a ineficácia seja total (o que priva o ato jurídico de toda sua eficácia própria, específica e final), ela não é absoluta, pois não existe fato jurídico absolutamente ineficaz[344]. A ineficácia total impede os efeitos próprios e finais do ato, mas não impede que ele produza efeitos diversos daqueles relacionados ao seu fim[345]. Conforme avalia Francisco Cavalcanti Pontes de Miranda, a ineficácia dos negócios jurídicos "tem de ser considerada tendo-se em vista a eficácia que se tinha por fim com eles", o que não se confunde com considerá-la "tendo-se em vista o seu conteúdo"[346]. "A ineficácia do negócio jurídico não se confunde com indiferença, ou falta de consequência"[347].

Significa dizer que a resolução não anula o negócio, como se ele nunca tivesse existido. Ao revés, como a resolução não se dirige ao próprio negócio, mas à relação jurídica que lhe deu vida, na realidade, em regra, mais se mantém do que se destrói[348]. A resolução, portanto, "não priva os contratantes de ultimar situações jurídicas para readequar ou restabelecer a posição de interesses que se mostre pertinente ao episódio efetivo"[349].

---

foi reconhecido pelos cultores do *usus modernus* com base na máxima «*cessante causa cessat effectum*» e, depois, na pandectística passou a ser admitido como um acordo tácito" (MARTINEZ, Pedro Romano. **Cumprimento defeituoso em especial na compra e venda e na empreitada**. Coimbra: Almedina, 1994. p. 270).

341. "Há, no entanto, como é sabido, obrigações ou deveres (especialmente deveres acessórios de conduta) que não findam com a extinção da relação obrigacional complexa: uns, porque nascem exactamente depois da cessação desta (dever de manter afixada no local habitado pelo inquilino a indicação da sua nova residência); outros, porque são mesmo uma consequência da extinção da relação principal (obrigação de restituir as coisas obtidas com o contrato)" (VARELA, *op. cit.*, 1997, p. 278, nota de rodapé).
342. NANNI, *op. cit.*, 2021b, p. 612.
343. MELLO, Marcos Bernardes de. *Teoria do fato jurídico*: plano da eficácia. 1ª parte. 10. ed. São Paulo: Saraiva, 2015b. p. 79.
344. *Ibidem*, p. 81-82.
345. *Ibidem*, p. 81-82.
346. PONTES DE MIRANDA, Francisco Cavalcanti. *Tratado de Direito Privado*. 2. ed. Rio de Janeiro: Borsoi, 1955. t. V. p. 69.
347. *Ibidem*, p. 70.
348. NANNI, *op. cit.*, 2021b, p. 613.
349. *Ibidem*, p. 613.

Essa questão está diretamente relacionada ao efeito retroativo que se costuma dar à resolução[350-351] (seja no inadimplemento, seja na impossibilidade)[352.] Costuma-se dizer que, uma vez resolvido o negócio, devem as obrigações necessárias regressar ao *status quo ante*[353,] e proceder-se com a restituição. João de Matos Antunes Varela dá exemplos desse efeito retroativo: resolvido o comodato, o comodatário tem a obrigação de restituir imediatamente a coisa, antes do prazo estipulado. Se o vendedor resolver retroativamente a venda, o comprador fica obrigado a devolver a coisa e o vendedor deve reembolsá-lo pelo preço e outras despesas relacionadas ao contrato. Além disso, a dissolução da relação contratual, nos termos da resolução do negócio, implica a extinção das obrigações estabelecidas pelo contrato e ainda não cumpridas. Por exemplo, ao resolver o contrato de locação, seja por solicitação do locador ou iniciativa do locatário, a relação obrigacional de locação é extinta. Isso resulta no término das obrigações de ambos (locador e locatário[354]).

Mas, como destacam Diogo Costa Gonçalves e Rui Soares Pereira, há uma diferença entre o efeito restitutório vislumbrado a partir da resolução e aquele derivado da nulidade/anulabilidade de um negócio jurídico. Isso porque, enquanto na invalidade estão relacionados a um vício formativo do negócio (intrínseco do negócio ou contemporâneo da sua formação), a resolução é fruto de um fato (imputável ou não) posterior à sua formação[355.] Na declaração de nulidade/anulação de um negócio, exclui-se *ab initio* a produção dos seus efeitos, e daí deriva o efeito retroativo (*ex tunc*) destinado a repor (*in pristinum*), na medida do possível, o *status quo ante* (art. 289º[356] do CC português). Na resolução, porém, discute-se a relevância negativa de um fato extrínseco e superveniente, ou a ineficácia superveniente do negócio, de maneira que a natureza da retroatividade, aqui, é outra[357.]

Interessante notar que as considerações dos autores ocorrem diante da realidade do ordenamento jurídico português, o qual, no art. 433º[358] do seu diploma civil equipara a resolução à nulidade ou anulabilidade, quanto aos seus efeitos. Essa, porém, não é a

---

350. VARELA, *op. cit.*, 1997, p. 277.
351. MARTINEZ, *op. cit.*, 1994, p. 115.
352. GOMES, *op. cit.*, 1981. p. 206-207.
353. VARELA, *op. cit.*, 1997, p. 277.
354. *Ibidem*, p. 277.
355. GONÇALVES, Diogo Costa; PEREIRA, Rui Soares. Retroatividade, restituição e sinalagma na resolução. *Revista de Direito da Responsabilidade*, ano 5, 2023. p. 851.
356. PORTUGAL. Código Civil. Artigo 289.º (Efeitos da declaração de nulidade e da anulação). 1. Tanto a declaração de nulidade como a anulação do negócio têm efeito retroactivo, devendo ser restituído tudo o que tiver sido prestado ou, se a restituição em espécie não for possível, o valor correspondente. 2. Tendo alguma das partes alienado gratuitamente coisa que devesse restituir, e não podendo tornar-se efectiva contra o alienante a restituição do valor dela, fica o adquirente obrigado em lugar daquele, mas só na medida do seu enriquecimento. 3. É aplicável em qualquer dos casos previstos nos números anteriores, directamente ou por analogia, o disposto nos artigos 1269.º e seguintes.
357. GONÇALVES; PEREIRA, *op. cit.*, p. 851-852.
358. PORTUGAL. Código Civil. Artigo 433.º (Efeitos entre as partes). Na falta de disposição especial, a resolução é equiparada, quanto aos seus efeitos, à nulidade ou anulabilidade do negócio jurídico, com ressalva do disposto nos artigos seguintes.

realidade do ordenamento brasileiro, no qual "tudo se passa no campo da eficácia"[359]. Essa realidade dá ainda mais sentido às considerações sobre a diferença dos efeitos decorrentes da resolução e da invalidade (nulidade/anulabilidade) do negócio jurídico. A nulidade e a anulação desfazem completamente o negócio jurídico, enquanto na resolução se opera, "*no passado, ou desde agora*, "como se" [ele] não houvesse existido"[360].

Embora o efeito retroativo possa ocorrer tanto na invalidade quanto na resolução, ele se manifesta de formas distintas. A retroação da resolução não tem o mesmo significado daquela presente na invalidade[361]. Isso é percebido, por exemplo, nos contratos de execução continuada, nos quais a resolução não gera eficácia retroativa quanto às prestações/contraprestações. A ineficácia, nesse caso, se projeta ao futuro, pois durante a execução normal do contrato foi mantida a correspectividade das prestações[362]. Percebe-se, então, que, na resolução, o motivo para a restituição está vinculado ao efeito liberatório, e não, necessariamente, ao efeito retroativo, como ocorre na invalidade[363]. Essa perspectiva altera, por completo, a forma como se deve enxergar a relação de liquidação a partir do momento em que opera a resolução.

Paulo da Mota Pinto registra que a posição predominante não pode ser considerada consistente no plano teórico ou lógico no que diz respeito à compreensão do alcance e das consequências da retroatividade da resolução. A determinação do alcance da retroatividade da resolução deve considerar que esta não é um fenômeno natural, mas um conteúdo de ordenação de certos efeitos jurídicos, ou uma ficção (considerando algo que ocorreu como se não tivesse ocorrido), e tem limites decorrentes das finalidades do regime em questão. Nesse sentido, menciona o Código Civil português[364], para afirmar que esse efeito não ocorre "se a retroatividade for contrária à vontade das partes ou à finalidade da resolução"[365].

Assim, afirma que uma retroatividade irrestrita da resolução colocaria em questão não apenas o fundamento de uma compensação por não cumprimento, mas também o próprio fundamento da resolução, ou seja, a existência de um não cumprimento, uma vez que o parâmetro contratual teria desaparecido *ex tunc*. Na verdade, é a própria fundamentação do direito de resolução no não cumprimento (*lato sensu*) que pressupõe uma limitação da retroatividade. Uma abordagem dogmaticamente coerente deve, assim, vincular o motivo à intenção subjacente à resolução. A resolução, enquanto "remédio" sinalagmático derivado do sinalagma e que atua no âmbito do sinalagma, não

---
359. PONTES DE MIRANDA, *op. cit.*, 1959a, p. 208.
360. *Ibidem*, p. 208.
361. GONÇALVES; PEREIRA, *op. cit.*, p. 853-854.
362. *Ibidem* p. 853-856.
363. *Ibidem* p. 856.
364. PORTUGAL. Código Civil. Artigo 434.º (Retroactividade). 1. A resolução tem efeito retroactivo, salvo se a retroactividade contrariar a vontade das partes ou a finalidade da resolução. 2. Nos contratos de execução continuada ou periódica, a resolução não abrange as prestações já efectuadas, excepto se entre estas e a causa da resolução existir um vínculo que legitime a resolução de todas elas.
365. PINTO, Paulo da Mota. *Interesse contratual negativo e interesse contratual positivo*. 2. ed. Coimbra: Gestlegal, 2023. v. 2. p. 1.645.

deve comprometer outras consequências do não cumprimento não abordadas por ela, contradizendo-as. Além disso, não deve conferir ao resolvente uma posição desconexa com o fundamento (como uma posição superior àquela em que o prejudicado estaria com o cumprimento). A moderação da retroatividade da resolução por falta de cumprimento, portanto, se justifica uma vez que um efeito retroativo irrestrito contrariaria o motivo e a própria finalidade da resolução, que é reagir ao não cumprimento e mitigar suas consequências sobre o sinalagma contratual[366].

Apesar de o CC/2002 não regular o efeito retroativo derivado da resolução do negócio, essa é a tônica extraída a partir das regras reguladoras das matérias que acarretam eficácia extintiva (embora não se confundam com a resolução aqui abordada), por exemplo, na condição resolutiva (art. 128[367] do CC/2002), na anulação do negócio jurídico (art. 182[368] do CC/2002) e nos vícios redibitórios, que retrocedem à data da celebração. A abordagem é diferente em contratos de longo prazo, nos quais o efeito regressivo não afeta as prestações já executadas, que foram cumpridas pelas partes até então, conforme a resolução do contrato devido à onerosidade excessiva (art. 478[369] do CC/2002). Isso também se aplica à condição resolutiva em contratos de execução contínua ou periódica (art. 128 do CC/2002)[370].

Nessa linha, conforme defende Giovanni Ettore Nanni, é necessário repensar o dogma da irrestrita retroatividade, na hipótese de resolução[371]. Segundo o autor, a consequência da retroatividade irrestrita seria a anulação completa da relação contratual, resultando na supressão total das prestações já realizadas ou a serem executadas, de maneira a deixar nada remanescente da avença, como se nunca tivesse sido celebrada. Observa-se que, na concepção contemporânea do programa contratual, permeado não apenas por deveres primários, mas também por deveres secundários, e deveres laterais ou acessórios intrínsecos à estrutura da relação obrigacional complexa, que engloba direitos e obrigações interligados, é simplista e até impreciso afirmar que a eficácia retroativa "dissipa tudo o que se alcança do pacto"[372].

Ao se referir especificamente à ocorrência da resolução por inadimplemento (cujo efeito é, todavia, o mesmo da impossibilidade, que afeta o campo da eficácia), afirma

---

366. *Ibidem*, p. 1.645.
367. BRASIL. Código Civil (2002). Art. 128. Sobrevindo a condição resolutiva, extingue-se, para todos os efeitos, o direito a que ela se opõe; mas, se aposta a um negócio de execução continuada ou periódica, a sua realização, salvo disposição em contrário, não tem eficácia quanto aos atos já praticados, desde que compatíveis com a natureza da condição pendente e conforme aos ditames de boa-fé.
368. BRASIL. Código Civil (2002). Art. 182. Anulado o negócio jurídico, restituir-se-ão as partes ao estado em que antes dele se achavam, e, não sendo possível restituí-las, serão indenizadas com o equivalente.
369. BRASIL. Código Civil (2002). Art. 478. Nos contratos de execução continuada ou diferida, se a prestação de uma das partes se tornar excessivamente onerosa, com extrema vantagem para a outra, em virtude de acontecimentos extraordinários e imprevisíveis, poderá o devedor pedir a resolução do contrato. Os efeitos da sentença que a decretar retroagirão à data da citação.
370. NANNI, *op. cit.*, 2021b, p. 621-622.
371. *Ibidem*, p. 620.
372. *Ibidem*, p. 620-621.

Giovanni Ettore Nanni que as bases sobre as quais a obrigação recíproca de cumprir estava fundamentada se desintegram, resultando na exoneração das partes. No entanto, isso não é suficiente, pois, como a implementação do esquema contratual, seja iniciada ou não, é interrompida devido à ineficácia superveniente, o plano concebido pelos contratantes é afetado (numa perspectiva pretérita, presente e futura) e requer ajustes. Com o término do vínculo entre as partes, ocorre a ineficácia sucessiva, projetando-se no tempo e imobilizando o cumprimento das obrigações primárias diante da liberação das partes. Se possível, retorna-se ao estado anterior. Para regular os fatos realizados e a realizar, abrangendo o ontem, o hoje e o amanhã do programa contratual, o ciclo até então executado é restabelecido, ocorrendo uma retroeficácia até o necessário para se obter o reequilíbrio[373.]

A retroatividade não pode ser vista como uma regra inquestionável, notadamente porque não há, no ordenamento jurídico brasileiro, norma que determine isso, na hipótese de impossibilidade da prestação. A abordagem atual permite dizer que, embora seja possível estabelecer a retroeficácia como uma norma comum, ela deve ser flexível e adaptável a cada situação, focando principalmente nas principais obrigações e contrapartidas. O objetivo principal é proteger os interesses afetados pelo descumprimento, sem ultrapassar a restauração precisa. O retorno ao estado anterior é limitado, sem apagar as obrigações já cumpridas ou a cumprir, nem anular o contrato como se nunca tivesse existido. É fundamental entender que a retroatividade deve modificar a ordem jurídica, sem nunca negar a realidade dos fatos passados[374.] O conceito de retroatividade não deve ser interpretado de maneira inflexível e formalista, mas deve ter suficiente maleabilidade para se ajustar aos interesses privados ou sociais[375.]

Sob essa perspectiva, não se deve olvidar que, quando a relação obrigacional é extinta, surge em seu lugar uma relação de liquidação. Nessa fase, ocorrem os efeitos liberatórios, restitutórios e indenizatórios da resolução. A relação obrigacional e a relação de liquidação se revelam como etapas numa relação mais ampla, a relação contratual, que perdura até o exaurimento de todos os efeitos advindos da extinção do vínculo. A resolução representa um momento no processo contratual, introduzindo uma nova fase na relação contratual. Na verdade, a própria resolução conclui um processo, que começa a se desenhar com o não cumprimento da obrigação (*lato sensu*) – o qual também pode se manifestar como um processo – e termina quando seus efeitos são completamente esgotados[376.]

---

373. *Ibidem*, p. 621-622.
374. *Ibidem*, p. 622.
375. SOTTOMAYOR, Maria Clara. A obrigação de restituir o preço e o princípio do nominalismo das obrigações pecuniárias: a propósito do acórdão do STJ de 11 de Março de 1999. *Estudos em homenagem ao Professor Doutor Jorge Ribeiro de Faria*. Coimbra: Coimbra, 2003. p. 575-576.
376. TERRA, Aline de Miranda Valverde; GUEDES, Gisele Sampaio da Cruz. Resolução por inadimplemento: o retorno ao *status quo ante* e a coerente indenização pelo interesse negativo. Civilistica.com, v. 9, n. 1. p. 1-22, 9 maio 2020. p. 5-6.

A resolução tem eficácia liberatória das obrigações não cumpridas (nesse caso, por impossibilidade, dispensando as partes de cumpri-las), eficácia restitutória (permite aos contratantes recuperar o que tiverem prestado), e eficácia ressarcitória (possibilita ao credor buscar as perdas e danos aplicáveis). Assim, simultaneamente, extinguem-se as obrigações de desempenho e surgem novas obrigações – restituir e indenizar (se for o caso) – sem prejudicar a aplicação dos deveres éticos impostos pela boa-fé objetiva, imperativos durante todo o curso da relação contratual[377].

Nessa linha, observa-se que a distinção entre as prestações principais, secundárias e laterais, embora tenha relevante função didática, não deve ser levada de modo absolutamente rígido quando da análise das restituições características dessa fase de liquidação. Isso porque, sob o aspecto da satisfação dos interesses das partes, a classificação das prestações, meramente estrutural, não considera o aspecto funcional da relação obrigacional. Importa, realmente, entender a "repercussão do inadimplemento sobre a prestação devida, sobre o resultado útil programado, sobre o interesse do credor na prestação"[378]. Não é a natureza da prestação ou conduta devida que determina as consequências do seu não cumprimento (considerado, aqui, de maneira abrangente, incluindo todas os modos de extinção das obrigações, diversos do cumprimento), mas seus efeitos sobre o interesse do credor na prestação, considerando a função específica de cada dever na relação obrigacional concreta[379].

4.7.2 A restituição e tópica: o uso de *topoi* para definir o destino da contraprestação, na ocorrência de impossibilidade não imputável

A solução do destino da contraprestação na impossibilidade não imputável não deriva de um pensamento lógico-dedutivista, a partir da subsunção de normas constantes do ordenamento jurídico brasileiro – até mesmo porque a lei brasileira não regula o direito à contraprestação nas hipóteses de impossibilidade da prestação. Tampouco há regra legal que trate dos efeitos retroativos resultantes da resolução.

Diante dessa realidade, oportuna a conjugação do processo lógico-formal de subsunção ao raciocínio tópico, muito mais flexível e ajustável às mais variadas hipóteses reveladas pelos problemas concretos. Afinal, o fundamento e a justificativa do pensamento tópico reside na hipótese de faltarem valorações jurídico-positivas suficientemente concretizadas[380], como é o caso. O ponto de partida desse processo se dá a partir do *topoi* referentes ao tema abordado na situação concreta. Em seguida, ocorre a recondução aos elementos normativos que compõem o sistema, o que é realizado, ao menos idealmente, pela atividade doutrinária[381].

---

377. *Ibidem*, p. 5-6.
378. *Ibidem*.
379. *Ibidem*.
380. CANARIS, *op. cit.*, 2002, p. 269.
381. MARTINS-COSTA, *op. cit.*, 2018, p. 209.

Como exemplo e referência, conforme tratado neste livro, para verificar o adimplemento ou inadimplemento, no caso concreto, deve-se utilizar a tópica a partir dos *topoi* do interesse do credor e da utilidade da prestação. Assim, por mais complexos que sejam os problemas postos e as vicissitudes do caso concreto, esses dois *topoi* são um verdadeiro guia orientativo para se encontrar uma solução.

Diante da situação posta, questiona-se: ainda há interesse do credor na prestação? Se existir interesse do credor, a prestação é útil? Se a resposta for positiva para ambos os questionamentos, não se pode falar em inadimplemento absoluto, mas em mora (inadimplemento relativo), pois a prestação ainda poderá ser adimplida, já que é útil e interessa ao credor. Por outro lado, se não houver utilidade e/ou interesse, estará configurado o inadimplemento absoluto.

Essa mesma técnica pode ser utilizada aqui para se tratar do destino da contraprestação na ocorrência da impossibilidade da prestação – o ponto de partida, nesse caso, deve ser a definição dos *topoi*.

Inicia-se afirmando que, "modernamente, tem sido acentuada a importância da equivalência entre as prestações, exigência de justiça contratual"[382.] A premissa é ratificada pelo fato de o CC/2002 dispor de artigos voltados à manutenção do equilíbrio entre as prestações na hipótese de configuração, por motivo imprevisível, de desproporção manifesta entre o valor da prestação devida e o do momento de sua execução (art. 317[383)], e à resolução por onerosidade excessiva (arts. 478 a 480[384)], em virtude de acontecimentos extraordinários e imprevisíveis. Menciona-se, ainda, o art. 6º[385,] V, do CDC, que possibilita, nas relações consumeristas, modificar cláusulas que estabelecem prestações desproporcionais, ou revisá-las, quando, por fatos supervenientes, configurar-se onerosidade excessiva.

Deve-se, portanto, manter o sinalagma contratual no momento do adimplemento, ocasião na qual deve existir um equilíbrio entre as prestações, mantendo-se a base objetiva do negócio, em conformidade com o princípio da justiça contratual ou do equilíbrio contratual[386.] A própria concepção de contrato está intrinsecamente ligada

---

382. AGUIAR JUNIOR, Ruy Rosado de. Extinção dos contratos. *In*: FERNANDES, Wanderley (coord.). *Contratos empresariais*: fundamentos e princípios dos contratos empresariais. São Paulo: Saraiva, 2007. p. 441.
383. BRASIL. Código Civil (2002). Art. 317. Quando, por motivos imprevisíveis, sobrevier desproporção manifesta entre o valor da prestação devida e o do momento de sua execução, poderá o juiz corrigi-lo, a pedido da parte, de modo que assegure, quanto possível, o valor real da prestação.
384. BRASIL. Código Civil (2002). Art. 478. Nos contratos de execução continuada ou diferida, se a prestação de uma das partes se tornar excessivamente onerosa, com extrema vantagem para a outra, em virtude de acontecimentos extraordinários e imprevisíveis, poderá o devedor pedir a resolução do contrato. Os efeitos da sentença que a decretar retroagirão à data da citação; Art. 479. A resolução poderá ser evitada, oferecendo-se o réu a modificar eqüitativamente as condições do contrato; Art. 480. Se no contrato as obrigações couberem a apenas uma das partes, poderá ela pleitear que a sua prestação seja reduzida, ou alterado o modo de executá-la, a fim de evitar a onerosidade excessiva.
385. BRASIL. Lei n. 8.078/1990. Art. 6º. São direitos básicos do consumidor: V – a modificação das cláusulas contratuais que estabeleçam prestações desproporcionais ou sua revisão em razão de fatos supervenientes que as tornem excessivamente onerosas;
386. NANNI, *op. cit.*, 2018, p. 503.

à noção de comutatividade ou justiça comutativa, que se refere à necessidade de um equilíbrio nas prestações acordadas, garantindo uma equivalência entre a obrigação assumida e a contrapartida oferecida. Sem esse equilíbrio, sem a comutatividade, o acordo perde sua essência. Essas ideias estão indissociavelmente ligadas, pois é fundamental haver uma correlação entre o acordo de vontades e uma equivalência nas prestações[387].

Diante disso, o primeiro *topos* a ser considerado na análise da manutenção (ou não) ou readequação da contraprestação, na hipótese de impossibilidade, está relacionado ao próprio sinalagma contratual, que deve ser mantido, na medida do possível, a partir de uma análise casuística, sob a lente da boa-fé objetiva.

Nessa operação, avalia-se que o equilíbrio não implica uma equivalência absoluta entre prestação e contraprestação e, hoje, especialmente devido à natureza atípica dos contratos, não pode ser representado exclusivamente pela "imagem dos pratos da balança grega". Em vez disso, deve ser concebido de forma mais abrangente, especialmente em contratos complexos, sejam marcados por complexidades subjetivas ou objetivas, assemelhando-se à imagem de um móbile, no qual vários elementos coexistem em situação de estabilidade, considerando-se, entretanto, o conjunto em relação aos seus específicos pesos e contrapesos[388].

No mais, nos contratos sinalagmáticos o objetivo não se limita meramente à necessidade de satisfação com o bem recebido, ou mesmo à consideração contábil da prestação a ser recebida e do sacrifício a ser suportado. O que há, no sinalagma, é uma ligação de causalidade-finalidade entre "entre a necessidade econômica correspondente à prestação que se efetiva e a utilidade que se visa colher da prestação a receber"[389].

Essa perspectiva é reforçada pelo fato de que a impossibilidade não deve ser relacionada à obrigação, como um todo, mas (tão somente) à prestação impossibilitada. Imperativo considerar a manutenção de todas as demais prestações e contraprestações envolvendo a relação obrigacional, uma complexidade que não pode ser resolvida a partir de uma fórmula maniqueísta do tudo ou nada, ou da reciprocidade absoluta. Afinal, o sinalagma não trata apenas da troca entre uma prestação e sua contraprestação, nem da equivalência entre elas, mas da mútua dependência genética e funcional das prestações[390].

Para além disso, a bilateralidade de um contrato não implica que todas as prestações sejam bilaterais, ou seja, nem todas as prestações mantêm relação de "reciprocidade"

---

387. DONNINI, Rogério. Pandemia, caso fortuito e imprevisão. *Revista de Direito Civil Contemporâneo*, v. 27, ano 8, p. 33-43. São Paulo: RT, abr.-jun. 2021. Disponível em: https://www.revistadostribunais.com.br/maf/app/search/run#:~:text=PANDEMIA%2C%20CASO%20FORTUITO%20E%20IMPREVIS%C3%83O. Acesso em: 28 set. 2023.
388. MARTINS-COSTA, *op. cit.*, 2018, p. 651.
389. PINTO, *op. cit.*, p. 262.
390. NANNI, *op. cit.*, 2021b, p. 422.

com uma contraprestação[391-392]. O sinalagma, inclusive, pode envolver não apenas prestações originadas de um único negócio jurídico, mas também provenientes de negócios diversos integrantes de uma relação contratual unificada. A compreensão da complexidade das obrigações e a valorização dos polos prestacionais também ajudam a entender a possibilidade de se configurar o vínculo sinalagmático dentro do fenômeno da coligação contratual[393].

Por essa razão, é factível que, em uma dada relação, uma prestação se impossibilite sem atingir, em virtude da bilateralidade/sinalagma, uma contraprestação. Não deve ser imediata, portanto, a conclusão de que, impossibilitada a prestação, perde-se completamente o direito à contraprestação, em decorrência da perda do sinalagma.

O segundo *topos*, seguindo na esteira propositiva, está relacionado à ligação da causa da impossibilidade à pessoa ou aos bens do credor ou do devedor, o que deriva de uma análise casuística a partir da boa-fé objetiva.

Nesse sentido, retorne-se ao exemplo do navio naufragado minutos antes de ser desencalhado. Imagine-se o navio encalhado a milhares de quilômetros do continente. Ao ser contatado, o responsável pelo barco de resgate reuniu, rapidamente, uma equipe profissional para o desencalhe, abasteceu, deixou de celebrar outros contratos, e gastou horas navegando até chegar ao local do ocorrido. Após conectar os cabos, minutos antes de iniciar a tração, o navio afunda repentinamente, o que lhe requer, inclusive, a cortar os cabos (ocasionando prejuízos), para evitar que seu barco seja tragado junto com o navio, ao fundo do mar.

---

391. "Dizer-se que o contrato é bilateral porque também exsurgem dívidas e obrigações para o outro figurante seria inexato, porque o mandato, por exemplo, é contrato unilateral e o mandatário, aceitando-o, fica ligado ao seu cumprimento e a entregar ao mandante o que acaso haja recebido, no exercício do mandato. As dívidas do mandante e as do mandatário não estão em relação recíproca. Por outro lado, nem tôdas as dívidas e obrigações que se originam dos contratos bilaterais são dívidas e obrigações bilaterais, isto é, em relação de reciprocidade. A contraprestação do locatário é o aluguer; porém não há sinalagma no dever de devolução do bem locado, ao cessar a locação, nem na dívida do locatário por indenização de danos à coisa, ou na dívida do locador por despesas feitas pelo locatário. A bilateralidade prestação, contraprestação faz ser bilateral o contrato; mas o ser bilateral o contrato não implica que tôdas as dívidas e obrigações que dêle se irradiam sejam bilaterais" (PONTES DE MIRANDA, Francisco Cavalcanti. *Tratado de Direito Privado*. 2. ed. Rio de Janeiro: Borsoi, 1959b. t. XXVI. p. 97).
392. "Cumpre advertir, desde logo, que o reconhecimento da relevância dos polos prestacionais para a aferição do sinalagma não autoriza concluir que todas as prestações em um contrato bilateral sejam correspectivas. Em realidade, a referência a contratos bilaterais decorre tão somente da consagração do uso metonímico da expressão, uma vez que o atributo de bilateralidade não diz respeito propriamente ao contrato como um todo, mas sim às prestações (rectius: polos prestacionais) que se interconectam em vínculo de correspectividade. De fato, mais importante do que a classificação abstrata e apriorística do contrato em unilateral ou bilateral é a investigação, no caso concreto, da existência de correspectividade entre polos prestacionais tendo por referência a promoção da causa contratual concreta" (SILVA, Rodrigo da Guia. A renovada bilateralidade contratual: por uma releitura do sinalagma no paradigma da heterointegração dos contratos. *Revista da Faculdade de Direito de São Bernardo do Campo*, [s.l.], v. 25, n. 2, p. 24, 2019. Disponível em: https://revistas.direitosbc.br/fdsbc/article/view/987. Acesso em: 8 out. 2023).
393. *Ibidem*.

Por um lado, se o navio não se beneficiou da obrigação de fazer para a qual foi contratada, por outro, o dono do barco fez tudo o que estava a seu alcance, despendendo gastos consideráveis para adimplir a obrigação. Teria este que, além de ser privado da contraprestação, arcar com todos os prejuízos decorrentes dos gastos, tendo em vista o efeito retroativo imposto pela resolução? Pela simples leitura do art. 248 do CC/2002, parece que sim, no entanto, a questão é um pouco mais complexa do que sugere a sua leitura literal.

Abram-se parênteses para destacar que o CC/2002, assim como o CC/1916, não previu hipótese de impossibilidade por "culpa" (*rectius*: imputabilidade) do credor. Segundo Francisco Cavalcanti Pontes de Miranda, a pretensão à contraprestação, que se extingue com a impossibilidade se a culpa é do devedor ou de outrem que não o credor, deve ser considerada no caso de culpa do credor. O CC/2002 não aborda casos de culpa do credor na impossibilitação, o que levanta um problema de interpretação do sistema jurídico para determinar a regra legal quando a impossibilidade da prestação se deve à culpa do credor. Segundo o autor, é possível considerar a espécie como incluída na figura da impossibilidade superveniente sem culpa do devedor, com o credor respondendo pelo ato ilícito, ou destacar sua conexão com o credor, entendendo que o devedor se libera, mas não em relação à contraprestação, que ainda é devida pelo credor[394].

Giovanni Stella destaca, a partir da realidade normativa italiana, que a cooperação do credor (exigência dos arts. 1206[395] e 1217[396] do *Codice Civile*) é necessária para possibilitar o cumprimento da prestação, e que a sua ausência revela hipótese de impossibilidade por fato imputável ao credor[397]. Isso se daria especialmente nos cenários em que a participação prévia do credor é essencial. O comportamento do credor é um requisito preliminar para o cumprimento, portanto, uma condição para que o comportamento correspondente do devedor seja executado.

Por exemplo, se o credor deseja que a mercadoria seja entregue em um horário específico, ele deve entregá-la ao transportador-devedor para o transporte; se a execução envolve a reparação de um item específico, a entrega desse item pelo credor ao devedor é essencial; um mandato não pode ser executado se o mandante não fornecer

---

394. PONTES DE MIRANDA, *op. cit.*, 1959a, p. 212.
395. ITÁLIA. Codice Civile. Art. 1206. *Condizioni. Il creditore è in mora quando, senza il motivo legittimo, non riceve il pagamento offertogli nei modi indicati dagli articoli seguenti o non compie quanto è necessario affinché il debitore possa adempiere l'obbligazione*. Tradução livre: "Art. 1.206. Condições. O credor está inadimplente quando, sem motivo legítimo, não recebe o pagamento que lhe é oferecido nas formas indicadas nos artigos seguintes ou não faz o que é necessário para que o devedor cumpra a obrigação".
396. ITÁLIA. Codice Civile. Art. 1217. *Obbligazioni di fare. Se la prestazione consiste in un fare, il creditore è costituito in mora mediante l'intimazione di ricevere la prestazione o di compiere gli atti che sono della parte sua necessari per renderla possibile. L'intimazione può essere fatta nelle forme d'uso*. Tradução livre: "Art. 1.217. Obrigações de fazer. Se a prestação consistir em um fazer, o credor fica inadimplente ao ser condenado a receber a prestação ou a praticar os atos que sejam necessários de sua parte para torná-la possível. A intimação pode ser feita nas formas usuais".
397. STELLA, Giovanni. *Impossibilità della prestazione per fatto imputabile al creditore*. Milano: Dott. A. Giuffrè Editore, 1995. p. 36-37.

os meios necessários para o mandatário; o empreiteiro não pode iniciar a conclusão da obra prometida se o cliente não efetuar a entrega da obra como combinado[398].

Para além disso, o autor destaca posicionamento doutrinário de que o credor deve responder pela impossibilidade de cumprimento (permanecendo obrigado a prestar contraprestação) quando da circunstância que determinou a impossibilidade de ocorrer em sua "esfera de risco". A base desta teoria alemã residiria na observação de que a lei estabelece uma responsabilidade pela impossibilidade de cumprimento tanto em relação ao devedor (§§ 280[399] e 325[400] do BGB) quanto em relação ao credor (§ 324[401] do BGB). No entanto, essa responsabilidade possuiria um conteúdo diferente em cada caso. Em relação ao devedor, os §§ 280 e 325 estabeleceriam a obrigação de compensar por danos, em caso de impossibilidade imputável a ele. Nessa circunstância, a responsabilidade do devedor estaria fundamentada no conceito de culpa. No entanto, o § 324 não estabeleceria uma obrigação de compensação por danos ao credor. A obrigação do credor conforme previsto no § 324, em caso de impossibilidade imputável a ele, consistiria no cumprimento da contraprestação; a *ratio legis* do § 324 seria, de fato, colocar o credor em uma situação responsável, como se o devedor tivesse cumprido[402].

Segundo o autor, a aplicação dessa teoria implicaria reconhecer que a posição do devedor puro e simples é mais vantajosa que a do credor-devedor. Em suma, o sujeito exclusivamente devedor ficaria exonerado de sua obrigação se um evento fortuito o impedir de cumprir o serviço, sem dever nada ao seu credor. Por outro lado, o sujeito que é devedor e credor ao mesmo tempo, enfrentaria uma situação mais onerosa, pois diante de um evento fortuito que afetasse sua "esfera", não seria liberado e deveria indenizar a outra parte. Dessa forma, a menos que a relação de equilíbrio entre as partes de uma relação obrigatória fosse subvertida, uma teoria das esferas com referência ao

---

398. *Ibidem*, p. 38-39.
399. ALEMANHA. BGB. Section 280. *Damages for breach of duty. (1) If the obligor breaches a duty arising from the obligation, then the obligee may demand compensation of the damage caused thereby. This does not apply if the obligor is not responsible for the breach of duty. (2) The obligee may demand compensation of damages for delay in performance only subject to the additional prerequisite set out in section 286. (3) Damages in lieu of performance may be demanded by the obligee only subject to the additional prerequisites set out in sections 281, 282 or 283*. Tradução livre: Seção 280. Danos por violação de dever. (1) Se o obrigado violar um dever decorrente da obrigação, o credor pode exigir compensação pelos danos causados por tal violação. Isso não se aplica se o obrigado não for responsável pela violação do dever. (2) O credor pode exigir compensação por danos por atraso no cumprimento somente sujeito ao requisito adicional estabelecido na seção 286. (3) Danos em vez do cumprimento podem ser exigidos pelo credor apenas sujeito aos requisitos adicionais estabelecidos nas seções 281, 282 ou 283.
400. ALEMANHA. BGB. Section 325. *Damages and revocation. The right to demand damages in the case of a reciprocal contract is not excluded by rescission*. Tradução livre: "Seção 325. Danos e revogação. O direito de exigir danos no caso de um contrato recíproco não é excluído pela rescisão".
401. ALEMANHA. BGB. Section 324. *Rescission for breach of a duty under section 241 (2). If the obligor, in the case of a reciprocal contract, breaches a duty under section 241 (2), then the obligee may rescind the contract if the obligee no longer reasonably can be expected to uphold the contract*. Tradução livre: "Seção 324. Rescisão por violação de um dever nos termos do § 241 (2) Se o obrigado, no caso de um contrato recíproco, violar um dever nos termos do § 241 (2), então o credor pode rescindir o contrato se não for mais razoavelmente esperado que o credor cumpra o contrato".
402. STELLA, *op. cit.*, p. 186-188.

credor só poderia ser aceita se a mesma teoria fosse válida também para o devedor. Em princípio, no entanto, isso não deveria ser admitido no sistema jurídico italiano, pois nos casos em que a impossibilidade de cumprimento decorre de um evento fortuito que impede a participação do credor no cumprimento (ou em qualquer caso afete a esfera do credor), as condições de resolução do contrato (art. 1463[403] do *Codice Civile*) são aplicáveis, e o credor não ficaria obrigado a realizar a contraprestação[404].

Como o ordenamento jurídico brasileiro não prevê uma norma específica sobre o destino da contraprestação na ocorrência de impossibilidade superveniente, a esfera de risco do devedor ou do credor, sem estabelecer diferença entre eles, revela ser uma boa referência para resolver o problema.

Mas, para além dos casos em que a impossibilidade não está relacionada à culpa (*rectius*: imputação) do credor, há hipóteses em que está ligada à pessoa ou aos bens do devedor, embora não seja a ele imputável, como demonstra o exemplo no qual o navio afundou por razões não atribuíveis ao credor (o navio afundou por "causa de fato" totalmente estranho à sua atuação[405]), mas relacionadas ao bem dele.

Maria de Lurdes Pereira ilustra outros exemplos para demonstrar a complexidade do tema: i) o motorista de táxi (D) concorda em levar C ao aeroporto em um horário específico para ele pegar seu voo. No entanto, quando D chega à casa de C no horário combinado, C se recusa a ser transportado, pois cancelou sua viagem aérea; ii) Uma equipe de filmagem (D) recebe a tarefa do clube de futebol (C) para filmar uma competição esportiva específica. No entanto, no dia marcado, D é impedida de entrar no local onde o evento está ocorrendo; iii) O proprietário de uma casa (C) firma acordo com D para reparar o telhado do prédio. Antes de D começar os trabalhos e considerando o estado de ruína do telhado, C decide demolir o prédio para construir um novo; iv) O dono de um barco (C) que está encalhado em um banco de areia contrata uma empresa de rebocadores (D) para liberá-lo. Antes da chegada do rebocador, C instrui a tripulação a liberar uma parte da carga, fazendo o barco flutuar novamente[406].

A impossibilidade de prestação é uma característica comum a todos os cenários citados. Em todos eles, a impossibilidade decorre da omissão do cumprimento dos atos necessários para se executar a prestação, responsabilidade essa atribuída ao credor. Nas duas primeiras situações, é inequívoco que o credor se recusa a ser transportado ou não permite o acesso ao local do evento esportivo. Nos dois últimos exemplos, o credor não está em condições de fornecer o substrato da prestação (a casa foi destruída) ou

---

403. ITÁLIA. Codice Civile. Art. 1463. *Impossibilità totale. Nei contratti con prestazioni corrispettive, la parte liberata per la sopravvenuta impossibilità della prestazione dovuta non può chiedere la controprestazione, e deve restituire quella che abbia già ricevuta, secondo le norme relative alla ripetizione dell'indebito*. Tradução livre: "Art. 1.463. Impossibilidade total. Nos contratos com prestação de serviços recíprocos, o dispensado por impossibilidade superveniente da execução devida não pode requerer contraprestação, devendo devolver o que já recebeu, de acordo com as regras relativas à recuperação de pagamentos indevidos".
404. STELLA, *op. cit.*, p. 252.
405. NANNI, *op. cit.*, 2021b, p. 112.
406. PEREIRA, *op. cit.*, 2001, p. 224-225.

de fornecê-lo de maneira apropriada para se realizar a prestação (o barco foi liberado do banco de areia)[407].

Para a autora, a verdadeira essência reside em uma compreensão substancial da proteção ao direito do devedor à contraprestação. Quanto ao comportamento do credor a tornar a prestação definitivamente inviável, não há julgamento de desvalor. Em muitos casos, o devedor não tem interesse no cumprimento em si (referindo-se apenas a situações típicas), ademais, essa ação do credor não prejudica o interesse do devedor na contraprestação. Portanto, é permitido ao credor avaliar a oportunidade da prestação e, se necessário, torná-la impossível, sem prejudicar o interesse da contraparte. No entanto, sempre que o comportamento do credor que leva à impossibilidade for ilícito e acarretar-lhe responsabilidade, essa conduta não pode afetar sob qualquer hipótese o direito do devedor à contraprestação. Este direito deve ser inequivocamente respeitado. A posterior alegação de impossibilidade pelo credor, visando a se eximir da contraprestação, infringiria um interesse do devedor que não pode ser indiretamente afetado por uma ação ou omissão pelo qual o credor seria responsável se fosse proibido ou exigido[408].

A propósito, rememora-se que a impossibilidade está relacionada à eficácia do fato jurídico. A eficácia do contrato bilateral é tal que, quando da celebração do negócio, a cada um dos contraentes surge o seu direito, a sua pretensão, as suas ações ou exceções, assim como o seu dever, a sua obrigação e a sua situação passiva nas ações e exceções. Sob essa perspectiva, não há uma dependência mútua dos efeitos: o direito de crédito, a reivindicação, a ação e a exceção de cada parte estão direcionados para a prestação, não apenas para o cumprimento da contraprestação. O surgimento do direito de crédito não está condicionado à contraprestação, assim como a respectiva pretensão, ação ou exceção[409]. Isso justifica o posicionamento acima, no sentido de existir o direito do devedor à contraprestação, de forma independente (em princípio) da prestação, cabendo ao credor opor a exceção que lhe cabe[410].

Na hipótese de uma demanda judicial que discuta o destino da contraprestação em razão da impossibilidade da prestação, necessário conferir ao devedor o direito à ação de exigir a sua contraprestação. Cabe ao credor, em sua defesa, argumentar que essa não deve existir (ou deve ser reajustada) em razão da impossibilidade da prestação. Se provado, por exemplo, que a impossibilidade se deu por razão imputável ao credor (por mora, por exemplo), não há razão para se declarar a perda do direito à contraprestação. No entanto, a questão vai além: nem sempre a impossibilidade é imputável ao credor, mas a sua causa (no sentido utilizado por Giovanni Ettore Nanni[411]) está muito

---

407. *Ibidem*, p. 225
408. *Ibidem*, p. 229.
409. PONTES DE MIRANDA, *op. cit.*, 1954, p. 214.
410. *Ibidem*, p. 215.
411. "Para que o inadimplemento não seja imputável ao devedor, é instintivo que ele esteja aparelhado, apto a cumprir. Quer executar o ajuste conforme pactuado, mas, em razão de evento alheio à sua participação e às

mais ligada a ele do que ao devedor, o que não pode ser desconsiderado nessa equação, afinal, o direito à contraprestação é tão tutelável quanto o direito à prestação – não há que se falar em hierarquia.

Para Pedro Romano Martinez, ocorrendo a impossibilidade (especialmente nos casos em que a impossibilidade está relacionada à frustração do propósito), pode resultar no pagamento de uma quantia, considerando a distribuição do risco contratual. Segundo o autor, apesar de o art. 795.º, n.º 1, do Código Civil português, indicar apenas que o credor fica liberado da contraprestação ou tem direito à sua restituição, a impossibilidade também pode implicar o dever do credor de pagar despesas ou encargos assumidos, mesmo sem ter culpa (art. 795.º, n.º 2, do Código Civil português), quando a causa da impossibilidade está na sua esfera de risco[412.]

Para chegar a essa conclusão, o autor suscita a aplicação adaptada do art. 468.º[413] relacionado à gestão de negócios, do art. 1227.º[414] (que regula a impossibilidade da execução da obra, no regime de empreitada), ou dos arts. 813.º e seguintes[415,] especialmente o art. 815.º, n.º 2, todos do Código Civil português. Assim, no paradigmático exemplo em que o rebocador contratado para desencalhar o navio não executou a operação devido à sua libertação durante a maré alta, em que se constituiria hipótese de impossibilidade ("desnecessidade"), seria apropriado remunerar o trabalho rea-

---

suas forças, depara-se com obstáculo intransponível, que o impede de realizar a prestação, seja ela positiva, seja negativa. O adimplemento é inviabilizado. Em vez de questionar se o fato de a prestação não ter sido cumprida sucedeu por culpa do obrigado – noção de imputação culposa –, seria pertinente indagar a sua causa – aqui entendida como o que o determinou, sua explicação [ciente da multiplicidade de acepções que o conceito causa comporta] – pelo que é cabível definir se há ou não imputabilidade, independentemente da investigação da conduta do devedor. Interroga-se o que provocou o não cumprimento e não por culpa de quem. A resposta que se dispõe a ensejar a imputabilidade do devedor não é porque agiu com culpa, porque foi negligente, porque atuou dolosamente, mas sim por causa de fato totalmente estranho à sua atuação" (NANNI, op. cit., 2021b, p. 112).

412. MARTINEZ, op. cit., 2006, p. 109-110.
413. PORTUGAL. Código Civil. Artigo 468.º (Obrigações do dono do negócio). 1. Se a gestão tiver sido exercida em conformidade com o interesse e a vontade, real ou presumível, do dono do negócio, é este obrigado a reembolsar o gestor das despesas que ele fundamentadamente tenha considerado indispensáveis, com juros legais a contar do momento em que foram feitas, e a indemnizá-lo do prejuízo que haja sofrido. 2. Se a gestão não foi exercida nos termos do número anterior, o dono do negócio responde apenas segundo as regras do enriquecimento sem causa, com ressalva do disposto no artigo seguinte.
414. PORTUGAL. Código Civil. Artigo 1227.º (Impossibilidade de execução da obra). Se a execução da obra se tornar impossível por causa não imputável a qualquer das partes, é aplicável o disposto no artigo 790.º; tendo, porém, havido começo de execução, o dono da obra é obrigado a indemnizar o empreiteiro do trabalho executado e das despesas realizadas.
415. PORTUGAL. Código Civil. Artigo 813.º (Requisitos). O credor incorre em mora quando, sem motivo justificado, não aceita a prestação que lhe é oferecida nos termos legais ou não pratica os actos necessários ao cumprimento da obrigação. Artigo 814.º (Responsabilidade do devedor). 1. A partir da mora, o devedor apenas responde, quanto ao objecto da prestação, pelo seu dolo; relativamente aos proventos da coisa, só responde pelos que hajam sido percebidos. 2. Durante a mora, a dívida deixa de vencer juros, quer legais, quer convencionados. Artigo 815.º (Risco). 1. A mora faz recair sobre o credor o risco da impossibilidade superveniente da prestação, que resulte de facto não imputável a dolo do devedor. 2. Sendo o contrato bilateral, o credor que, estando em mora, perca total ou parcialmente o seu crédito por impossibilidade superveniente da prestação não fica exonerado da contraprestação; mas, se o devedor tiver algum benefício com a extinção da sua obrigação, deve o valor do benefício ser descontado na contraprestação.

lizado e cobrir as despesas incorridas, conforme estipulado no art. 1227.º do Código Civil português[416].

No direito brasileiro, diante de situações como essas, poder-se-ia simplesmente aplicar o art. 248 do CC/2002 para resolver a obrigação – e retornar ao *status quo*, sem direito à contraprestação – o que se revela contrário à razoabilidade e à boa-fé objetiva. Isto porque, na realidade, apenas uma prestação, dentre tantas envolvendo a relação obrigacional, se tornou impossível, e por razão não imputável ao devedor. Inclusive, embora também não seja imputável ao credor, a "causa" está muito mais ligada a ele, credor, do que ao devedor, já que ele é proprietário do navio.

Outro exemplo: imagine-se o caso em que um empresário do ramo de hospitais celebra um contrato *built to suit* com o proprietário de um terreno para construir um enorme hospital. Na fase final da construção, uma alteração inesperada do Plano Diretor do Município passou a impedir o funcionamento de unidades hospitalares na região, inviabilizando atingir o fim do contrato. A impossibilidade, no caso, não é imputável a nenhuma das partes, mas é inegável que se deu em uma área de risco mais associada ao credor que ao devedor, afinal, somente se construiu um hospital para atender às necessidades daquele (do credor). Não se revela justo nem compatível com a boa-fé objetiva atribuir todo o risco da impossibilitação do objeto do contrato apenas ao devedor, por outro lado, a manutenção integral da contraprestação também não é razoável. A solução deve partir da interpretação do negócio jurídico e das vantagens que podem ser mantidas por cada uma das partes, apesar da impossibilidade. No caso acima, é necessário verificar se a edificação, de propriedade do dono do terreno, poderá ter outra destinação (a se enquadrar no novo Plano Diretor), o que diminuiria o prejuízo a ser suportado pelo devedor.

Pedro Romano Martinez menciona a hipótese da ocorrência de impossibilidade não imputável a qualquer das partes, no regime de empreitada. Segundo ele, pela aplicação do art. 795º, nº 1, do Código Civil português, o dono da obra ficaria desobrigado de pagar o preço. No entanto, se a execução já começou, ele deve compensar o empreiteiro pelo trabalho e pelas despesas, em razão do disposto no art. 1227.º do Código Civil português. Essa regra visa à distribuição equitativa do risco, uma abordagem crucial em empreitadas nas quais o proprietário fornece a maioria dos materiais, garantindo que o empreiteiro seja compensado pelo esforço, mesmo que o dono não obtenha vantagem com a obra inacabada[417].

No cenário descrito, distinguir entre o dever de contraprestação e o dever de pagar (reembolsar) as despesas realizadas nem sempre é fácil, pois, na maioria dos contratos, as despesas se inserem na própria contraprestação (o que nem sempre acontece de for-

---

416. MARTINEZ, *op. cit.*, 2006, p. 109-110.
417. MARTINEZ, *op. cit.*, 2006.

ma "planilhada"). Há casos, inclusive, em que aquelas ultrapassam o valor da própria contraprestação[418] (embora representem exceção).

Em um contexto envolvendo uma relação obrigacional complexa, com diversas prestações principais, relacionadas a um elevado grau de álea, a impossibilitação de apenas uma das prestações não deve conduzir, automaticamente, ao retorno das partes à situação anterior. Bloqueia-se, apenas, a contraprestação relacionada à prestação impossibilitada (ou impondo-lhe a sua devolução, caso já tenha sido realizada). Muito embora essa possa representar uma regra geral baseada no sinalagma contratual, as inúmeras exceções impostas pela complexidade das relações negociais não podem ser ignoradas.

Ainda é pertinente propor um terceiro *topos*: a vedação do enriquecimento sem causa, positivado no art. 884 do CC/2002[419].

O enriquecimento sem causa "é um princípio informador de todo o direito brasileiro, de larga amplitude, com efeitos em qualquer relação jurídica obrigacional"[420]. O enriquecimento a que se refere o princípio deve ter amplo sentido, compreender "qualquer aumento do patrimônio, ou diminuição evitada, e até vantagens não patrimoniais, desde que estimáveis em dinheiro"[421]. Pode consistir, inclusive, em serviços prestados[422]. Nesse sentido, Agostinho Alvim afirma, para fins de aplicação do instituto do enriquecimento sem causa, que "empobrece o médico ou o advogado, que nada recebeu, pelos serviços prestados"[423].

Ao tratar do tema, Francisco Cavalcanti Pontes de Miranda afirma que na relação jurídica em que se fundamenta o direito à restituição, não há que se falar em enriquecimento injustificado ou de uma dívida *ex lege*. Em vez disso, seria uma relação jurídica ainda decorrente do negócio jurídico, apesar da resolução que anulou todos os efeitos *ex tunc* (resolução) ou *ex nunc* (resilição)[424]. Para o autor, a responsabilidade no tempo transcorrido após o nascimento do direito à resolução segue os princípios do enriquecimento injustificado, ou seja, o que se prestou após a configuração da resolução não integraria o direito à restituição, mas deveria observar as regras do enriquecimento injustificado[425].

---

418. Como quando um prestador de serviços que mantém diversos contratos com um cliente, e, para manter a relação, aceita celebrar um contrato deficitário (cujas despesas ultrapassam a contraprestação), para manter a boa relação com o seu contratante, bem como os demais contratos que lhe trazem lucro.
419. BRASIL. Código Civil (2002). Art. 884. Aquele que, sem justa causa, se enriquecer à custa de outrem, será obrigado a restituir o indevidamente auferido, feita a atualização dos valores monetários.
420. NANNI, Giovanni Ettore. *Enriquecimento sem causa*. 3. ed. São Paulo: Saraiva, 2012. p. 215.
421. ALVIM, Agostinho. Do enriquecimento sem causa. *Revista dos Tribunais*, São Paulo, v. 259. p. 3-36, maio 1957.
422. "O enriquecimento é requisito essencial, tomada aquela expressão em seu sentido amplo. Poderá consistir, e é o mais freqüente, na deslocação de um valor, de um para outro patrimônio; num dano evitado; na inutilização da coisa própria; numa diminuição de despesa; na transmissão da posse ("condictio possessionis"); numa remissão de dívida; em serviços prestados; em algum benefício moral com valor pecuniário; enfim, na incorporação ao patrimônio de um elemento material ou imaterial" (*ibidem*).
423. *Ibidem*.
424. PONTES DE MIRANDA, *op. cit.*, 1959b, p. 130.
425. *Ibidem*, p. 144-145.

O argumento de Francisco Cavalcanti Pontes de Miranda para justificar a impossibilidade de basear a restituição das prestações no princípio que proíbe o enriquecimento sem causa, como destaca Cláudio Michelon Júnior[426], é que a lei se refere à resolução "com perdas e danos"[427], em vez de mencionar apenas a restituição do enriquecimento. Se todos os danos sofridos devessem ser indenizados, a restituição na resolução iria além da simples desconstituição do enriquecimento sem causa. Esse argumento se baseia na premissa de que a resolução devido ao inadimplemento visa a reparação de um ato ilícito[428].

No entanto, esse argumento não se aplica aos diversos casos de resolução sem ilicitude previstos na própria lei, por exemplo, a resolução prevista nos arts. 234, 238 e 248, e o direito à resolução decorrente de onerosidade excessiva, regulado pelos arts. 478 a 480 do CC/2002. Dessa forma, é concebível que alguém tenha a obrigação de restituir uma prestação devido à resolução de um contrato, sem a existência de qualquer ato ilícito ou direito a indenização por perdas e danos[429].

Significa dizer que, quando a resolução ocorre sem ilicitude, deve-se falar em restituição baseada no enriquecimento sem causa, tendo em vista o art. 885[430] do CC/2002, disposição sem correspondência no CC/1916.

Sob esse aspecto, destaca-se que o enriquecimento sem causa possui dois sentidos jurídicos: i) um princípio que funciona como base e orientação interpretativa para várias normas que abordam aspectos específicos de institutos no âmbito do direito privado e, em alguns casos, até para normas de direito público, ou ii) um instituto específico do direito privado, mais precisamente, um instituto que rege o estabelecimento de certas relações obrigacionais (ou seja, uma fonte de obrigações). Como princípio, o enriquecimento sem causa serve como alicerce, por exemplo, para os regimes de eficácia relacionados à anulação de negócios jurídicos e à rescisão de contratos[431].

Sob essa perspectiva, aqui, adota-se o conceito de enriquecimento sem causa de modo amplo, como princípio a reger o equilíbrio da relação após a resolução, incluindo, nessa perspectiva ampliada, o próprio dever de restituição (que, dogmaticamente, deveria seguir regras próprias, e não aquelas do enriquecimento sem causa *stricto*

---

426. MICHELON JÚNIOR, Cláudio. *Direito restitutório*: enriquecimento sem causa, pagamento indevido, gestão de negócios. São Paulo: RT, 2007. p. 253.
427. "Não se precisa de recorrer aos princípios do enriquecimento injustificado, para se fundar a pretensão à indenização que o art. 1.092, parágrafo único, do Código Civil, regula; nem seria acertada a solução. Não se precisa disso, porque o ilícito absoluto lá está, e dêle se irradia o que se pretende atribuir ao enriquecimento injustificado. Não seria acertado, porque a lei fala de resolução, ou resilição, "com perdas e danos", e se há de restituir tudo, e não só aquilo com que o receptor se enriqueceu injustificadamente, e de se indenizarem as perdas e danos sofridos, e não aquilo com que o devedor se enriqueceu" (PONTES DE MIRANDA, *op. cit.*, 1959a, p. 353).
428. MICHELON JÚNIOR, *op. cit.*, p. 253.
429. *Ibidem*, p. 255.
430. BRASIL. Código Civil (2002). Art. 885. A restituição é devida, não só quando não tenha havido causa que justifique o enriquecimento, mas também se esta deixou de existir.
431. MICHELON JÚNIOR, *op. cit.*, p. 176.

sensu). Em um sentido reverso, é possível dizer que o enriquecimento sem causa é uma espécie do gênero da restituição, uma ferramenta com vasta aplicação (para além do enriquecimento se causa)[432.] Registra-se que o termo *enriquecimento sem causa* é utilizado, aqui, numa perspectiva ampla, sem se restringir à ação do enriquecimento sem causa ou ao direito à restituição, mas como um princípio, de vasta aplicação, que busca conferir ao caso concreto um critério de justiça e razoabilidade[433,] no processo de liquidação a se dar após a configuração da impossibilidade de uma prestação, que envolverá a discussão do destino da contraprestação.

Às vezes, é a própria legislação que esclarece a influência do princípio que veda o enriquecimento sem causa em institutos específicos (por exemplo, art. 182[434] do CC/2002). Em outros casos, a legislação não trata explicitamente do direito de retorno ao estado anterior, e é a doutrina e a jurisprudência, com base no princípio que proíbe o enriquecimento sem causa, que precisam preencher a lacuna deixada pelo legislador[435.] É justamente sobre essa segunda hipótese que se está a tratar aqui, considerando que há uma cláusula geral de direito restitutório, prevista nos arts. 884 a 886 do CC/2002, no capítulo referente ao enriquecimento sem causa, que tem por função não só servir como fonte residual de obrigações, mas irradiar efeitos voltados a preencher lacunas previstas em outros institutos jurídicos, orientando a sua interpretação[436] (caso do direito à contraprestação na hipótese de impossibilidade).

Nesse ponto, convém jogar luzes na necessária distinção entre a *causa* como fundamento de validade ou eficácia do negócio jurídico e a causa a que refere o instituto/princípio norteador do enriquecimento sem causa. Neste, ela (a causa) se refere à procura da *justa causa* da atribuição patrimonial, uma investigação geral sobre a existência de uma razão que justifique atribuir a um sujeito de direito uma posição jurídica ativa (como um direito subjetivo) sobre um bem específico. É a ausência dessa *justa causa* que constitui o elemento mais importante do suporte fático do art. 884 do CC/2002, isto é, para se configurar a obrigação restitutória[437.]

Significa dizer, e para esclarecer as diferenças entre os conceitos, que a *causa* do negócio jurídico gera reflexo na sua validade ou eficácia, a investigação da *justa causa* da atribuição patrimonial se relaciona à constituição de uma nova relação obrigacional, a de restituir – o que afeta diretamente a impossibilidade da prestação, na resolução pela impossibilidade da prestação.

A causa relacionada à obrigação de restituir está relacionada à busca da justificativa material suficiente para haver uma atribuição patrimonial, tendo em vista a

---

432. NANNI, *op. cit.*, 2012, p. 230-232.
433. *Ibidem*, p. 216-217.
434. BRASIL. Código Civil (2002). Art. 182. Anulado o negócio jurídico, restituir-se-ão as partes ao estado em que antes dele se achavam, e, não sendo possível restituí-las, serão indenizadas com o equivalente.
435. MICHELON JÚNIOR, *op. cit.*, p. 176-177.
436. *Ibidem*, p. 179.
437. *Ibidem*, p. 212-213.

necessidade de se observar o princípio da conservação estática dos patrimônios. Sem causa seriam as atribuições patrimoniais nas hipóteses em que a atribuição devesse ser feita a outrem[438.] A atribuições de bens que resultam em um aumento do patrimônio do credor são respaldadas por uma causa jurídica. No entanto, se essas causas forem inexistentes ou removidas por qualquer motivo diverso da invalidade do ato, isso levará ao enriquecimento sem causa, resultando na reivindicação de restituição do indevidamente transferido[439.]

Como exemplo do que se diz, destaca-se o famoso caso Boudier, julgado pela *Cour de Cassation* francesa: um comerciante havia vendido a termo sementes para o arrendatário de terras. Após o plantio das sementes, o contrato de arrendamento foi rescindido pelo proprietário, e o arrendatário se tornou insolvente. Conforme as regras de acessão, as sementes haviam sido incorporadas ao imóvel do proprietário, tornando-se parte integrante do bem imóvel e, assim, enriquecendo-o. No entanto, como o comerciante não pode recuperar o valor das sementes do arrendatário insolvente, o enriquecimento resultante da atribuição legal das sementes ao proprietário estava diretamente relacionado ao empobrecimento sofrido pelo comerciante. O tribunal francês considerou que a atribuição patrimonial carecia de justa causa[440.]

As diferentes modalidades de causa, embora distintas, podem estabelecer relações específicas entre si. Em situações em que a falta de causa, no sentido de finalidade, afeta a validade ou eficácia de um negócio jurídico causal, a justificativa para a transferência patrimonial deixa de existir. Exemplo disso seria a resolução de um contrato cuja prestação se tornou impossível, sem culpa do devedor (art. 234 do CC/2002). A impossibilidade implicaria na extinção da causa do negócio jurídico, uma vez que não mais subsistiria uma finalidade socioeconômica para a manutenção da prestação. Em decorrência disso, o ato deixaria de produzir efeitos, e as transferências de patrimônio ocorridas no seu escopo deixariam de ter uma causa justificadora válida para a atribuição patrimonial, caracterizando, em tese, o enriquecimento sem causa[441.] Essa conclusão, no entanto, não pode ser considerada de modo absoluto e irrestrito, pois considera como pressuposto o sinalagma contratual como uma equivalência absoluta entre prestação e contraprestação (como não há prestação, não existiria causa justificadora da contraprestação).

Como se viu, o sinalagma é muito mais complexo que isso, de modo que não se pode concluir de imediato que a impossibilidade de uma prestação revelaria, automaticamente, a ausência de justa causa para a manutenção (integral ou parcial) da contraprestação. Isso se dará em casos mais simples, nos quais é possível fazer uma correlação direta entre a prestação e a contraprestação (no caso de uma simples venda e compra). No

---

438. *Ibidem*, p. 216.
439. URBANO, Hugo Evo Magro Corrêa. *O enriquecimento sem causa no direito brasileiro*: da teoria unitária à teoria da divisão. Andradina: Meraki, 2021. p. 124.
440. MICHELON JÚNIOR, *op. cit.*, p. 216.
441. MORAES, Renato Duarte Franco de. *Enriquecimento sem causa e o enriquecimento por intervenção*. São Paulo: Almedina, 2021. p. 214.

entanto, nas obrigações de fazer, a questão se torna mais complexa. Por vezes, a extinção da contraprestação (total ou parcialmente) é que dará causa ao enriquecimento sem causa. Somente uma análise casuística poderá apontar se a impossibilidade da prestação ocasionará a perda da justa causa para a manutenção do dever de contraprestar.

De maneira ampla, a atribuição patrimonial deve ser avaliada com base em sua finalidade correspondente. Não basta existir uma norma ou contrato a justificar a inclusão do direito na esfera patrimonial do sujeito. É essencial que a finalidade subjacente ao ato seja congruente com a situação específica. A destinação de bens ou direitos a um sujeito pode ocorrer por diferentes motivos. A depender do contexto concreto e do regime jurídico aplicado, o propósito da alocação de patrimônio pode ser a realização de uma contraprestação resultante na aquisição da propriedade, a necessidade de proteger a criação intelectual ou, até mesmo, a preservação da boa-fé e das legítimas expectativas, como ocorre quando um credor recebe um bem fungível em pagamento e o consome, sem vendê-lo (art. 307 do CC/2002)[442].

O enriquecimento sem causa trata precisamente das situações em que a alocação patrimonial, embora formalmente compatível com as regras aplicáveis, revela-se incompatível com a finalidade subjacente ao ato. Mais do que apenas estar em conformidade com a disposição normativa, é necessário haver uma correspondência substancial entre a inclusão de um bem ou direito no patrimônio de um indivíduo e os objetivos buscados pelo ordenamento jurídico para justificar essa alocação. No entanto, entender a finalidade subjacente a uma determinada alocação patrimonial nem sempre é tarefa simples, pois, às vezes, as regras que conferem direitos a sujeitos específicos são orientadas por diferentes propósitos que podem entrar em conflito em circunstâncias particulares. Portanto, a compreensão da finalidade da atribuição patrimonial é uma análise dependente do caso concreto, por isso, é praticamente impossível estabelecer diretrizes gerais a esse respeito[443]. Daí a necessidade de se recorrer a um instrumento "elástico" e dinâmico, como a tópica, para se chegar à conclusão sobre a *justa causa* da atribuição patrimonial, no que diz respeito à manutenção, ou não, da contraprestação, pelo devedor, na hipótese de impossibilidade.

A identificação do enriquecimento sem causa, nessa hipótese, deve ser ampla, e não restrita/subsidiária, como se pode sugerir da leitura literal do art. 886[444] do CC/2002. O enriquecimento sem causa é a válvula de escape do formalismo das atribuições patrimoniais[445], de maneira a excluir a sua aplicação em todos os casos nos quais exista uma alternativa abstratamente prevista pelo ordenamento. Independentemente da eficácia real dessa alternativa em desfazer o enriquecimento, seria um exercício de formalismo que vai de encontro ao propósito do legislador de 2002. Diversos fatores podem tornar

---
442. Ibidem, p. 223.
443. Ibidem, p. 223-224.
444. BRASIL. Código Civil (2002). Art. 886. Não caberá a restituição por enriquecimento, se a lei conferir ao lesado outros meios para se ressarcir do prejuízo sofrido.
445. MICHELON JÚNIOR, *op. cit.*, p. 183.

um remédio jurídico ineficaz na reversão do enriquecimento sem causa, e muitos deles não podem ser previstos em abstrato (como a insolvência do devedor responsável pelo pagamento em benefício de terceiro). No entanto, a riqueza da vida continuará a gerar inúmeras situações imprevisíveis ou, pelo menos, imprevistas. Portanto, se a razão subjacente à regra de subsidiariedade é garantir que o empobrecido não tenha uma efetiva oportunidade de desfazer o enriquecimento, então, a exclusão do enriquecimento sem causa por meio da regra de subsidiariedade só ocorrerá quando o empobrecido não tiver uma alternativa eficaz para desfazer o enriquecimento[446].

Para além disso, destaca-se que a subsidiariedade relativa ao art. 886 do CC/2002, não se refere ao enriquecimento sem causa, em si, mas à aplicação da cláusula geral prevista neste artigo de lei. A regra da subsidiariedade não impede a aplicação da proibição de enriquecimento sem causa, mas delimita o escopo da incidência da sua cláusula geral. Em outras palavras, a regra de subsidiariedade não exclui a cláusula geral do dever de restituir, mas estabelece que ela não pode ser invocada quando o legislador tiver fornecido soluções específicas para situações de restituição[447].

Portanto, não seria apropriado aplicar a cláusula geral e investigar o alcance do enriquecimento real se o reivindicante, com base no art. 1.222[448] do CC/2002, buscar restituir apenas o custo das melhorias necessárias ao possuidor de má-fé (um critério aproximado ao conceito criticado de empobrecimento). Igualmente, não seria adequado afirmar que os pressupostos da cláusula geral do dever de restituição são suficientes para regular casos de pagamento indevido, dispensando a prova do erro, em contradição com o art. 877[449] do CC/2002, segundo o qual aquele "que pagou voluntariamente o indevido deve provar que o fez por engano"[450].

No mais, destaca-se que o enriquecimento sem causa foi acolhido pelo direito brasileiro positivo por meio de cláusula geral (art. 884 do CC/2002), o que confere ao instituto um âmbito de incidência mais elástica, privilegiando a abertura e a mobilidade do sistema jurídico. Essa opção do legislador foi feliz, pois a enumeração das hipóteses constitutivas do enriquecimento sem causa é impossível, sendo preferível utilizar-se cláusula aberta que permite a sistematização dos novos casos, conferindo ao sistema a característica de mobilidade interna considerada[451]. A cláusula geral do enriquecimento sem causa é amplamente aplicada nas relações privadas e tem como objetivo principal abordar situações nas quais os institutos jurídicos tradicionais não conseguem corrigir

---

446. MICHELON JÚNIOR, *op. cit.*, p. 259-260.
447. SILVA, Rodrigo da Guia. *Enriquecimento sem causa*: as obrigações restitutórias no direito civil. 2. ed. São Paulo: Thomson Reuters Brasil, 2022. p. 214.
448. BRASIL. Código Civil (2002). Art. 1.222. O reivindicante, obrigado a indenizar as benfeitorias ao possuidor de má-fé, tem o direito de optar entre o seu valor atual e o seu custo; ao possuidor de boa-fé indenizará pelo valor atual.
449. BRASIL. Código Civil (2002). Art. 877. Àquele que voluntariamente pagou o indevido incumbe a prova de tê-lo feito por erro.
450. SILVA, *op. cit.*, 2022, p. 214-215.
451. MARTINS-COSTA, *op. cit.*, 2018, p. 179.

atribuições patrimoniais injustas[452.] Adequado, portanto, aplicar-se a cláusula geral para se discutir o destino da contraprestação, na ocorrência de impossibilidade[453.]

É nesse ponto que se volta a defender a aplicação ampla do modelo jurídico do enriquecimento sem causa, que deve servir como baliza no processo de liquidação quando configurada a impossibilidade não imputável de determinada prestação. Nele, se discute as atribuições patrimoniais para reembolsar prestações já realizadas, indenizar as que não são mais viáveis, compensar umas e outras, e desvincular as prestações ainda não executadas (sem olvidar que o sinalagma não impõe uma equivalência absoluta entre prestação e contraprestação). O objetivo é evitar enriquecimento ou empobrecimento injustificados de qualquer uma das partes[454.] Nesse "processo", ressalta-se que, em certos casos, a liberação decorrente da resolução é acompanhada por outras vantagens juridicamente relevantes, como economia de despesas ou eliminação de danos certos relacionados à execução do contrato[455.]

Também não se pode olvidar que o enriquecimento sem causa vai além da questão patrimonial. O enriquecimento não patrimonial ocorre quando uma prestação específica, que pode ser avaliada economicamente, resulta em um benefício que não tem caráter estritamente patrimonial, como nas situações em que alguém presta serviços médicos ou fornece aulas sem a existência de um contrato prévio de prestação de serviços[456.]

Nesse ponto, o raciocínio aqui se aplica a toda e qualquer obrigação (inclusive em relação àquelas comumente taxadas como obrigações de meios), pois, conforme defendido neste livro, o princípio do exato adimplemento (art. 313 do CC/2002), impede dizer que o adimplemento é alcançado tão somente por meio da conduta do devedor. Toda e qualquer prestação tem um conteúdo finalístico. Sob essa perspectiva, se o resultado não se alcança, por razões externas ao devedor, e por ele irresistíveis, está configurada a hipótese de impossibilidade (de uma prestação, e não da obrigação como um todo), ocasião em que se instaura o procedimento de liquidação para averiguar se a contraprestação deve ou não ser mantida.

---

452. MORAES, op. cit., 2021, p. 192.
453. Nesse sentido, como exemplo, vê-se que o art. 248 do CC/2002 ("se a prestação do fato tornar-se impossível sem culpa do devedor, resolver-se-á a obrigação; se por culpa dele, responderá por perdas e danos") trata da resolução da obrigação na hipótese de impossibilidade, mas não vai além disso, para tratar do destino da contraprestação.
454. GONÇALVES; PEREIRA, op. cit., p. 869.
455. Ibidem, p. 869.
456. "Convém, por fim, lembrar que no direito brasileiro, assim como no direito comparado, alguns desses casos de enriquecimento não patrimonial estariam regulados pelos dispositivos relativos à gestão de negócios. Todavia, o suporte fático da gestão de negócios contém elementos adicionais, como a intenção altruística do gestor, cuja ausência excluiria a possibilidade de aplicação das regras do instituto. Em todos esses casos em que os demais pressupostos da gestão de negócios não se verificam, mas sim os do enriquecimento sem causa, a exegese do art. 884 não autoriza a exclusão dos casos de enriquecimento moral economicamente quantificável do rol das formas de enriquecimento que podem dar ensejo ao direito à restituição. Por essa razão, deve-se concluir que aquele que foi beneficiado de modo não patrimonial também deve restituir o valor da prestação que lhe trouxe esse benefício (MICHELON JÚNIOR, op. cit., p. 195).

Diante disso, imagina-se um médico que, após diversas consultas e exames, decidiu por realizar uma cirurgia para retirar um tumor no pulmão de um paciente (o que, segundo a doutrina majoritária, revelaria obrigação de meios). Durante o procedimento, porém, descobre-se que o paciente apresenta uma condição clínica específica que inviabiliza a retirada do tumor, pois se der continuidade, levará o paciente à morte. Diante disso, o médico decide interromper o procedimento, suturar o paciente e, posteriormente, após prestar todos os esclarecimentos, indicar uma série de tratamentos alternativos independentes de cirurgia. Nesse caso, seria privilegiar o enriquecimento sem causa do paciente e violar a boa-fé objetiva, dispensar o pagamento dos honorários médicos, afinal, a impossibilidade de se alcançar o resultado se deu por causas que não lhe são imputáveis. Por outro lado, embora o paciente não tenha obtido a vantagem esperada da cirurgia, se beneficiou do atendimento médico, de todas as informações e orientações recebidas, o que justifica pagar a contraprestação. As vicissitudes ocorridas na obrigação inicial devem inevitavelmente afetar a relação de liquidação ou o conteúdo dos deveres de restituição, no que a doutrina chama de sinalagma restitutório[457].

Assim, considerando como topoi i) a tentativa de manutenção do sinalagma contratual, ii) a necessária ligação da causa da impossibilidade à pessoa ou aos bens do credor ou do devedor, e iii) a vedação do enriquecimento sem causa, é possível realizar uma análise casuística direcionada, e adaptar o destino (total ou parcial) da contraprestação, na ocorrência da impossibilidade.

Considera-se, ainda, a seguinte hipótese: uma renomada restauradora é contratada para restaurar uma bíblia de 1000 páginas enterrada com um rei há centenas de anos, pelo pagamento acordado de 100 dólares por página restaurada. As imagens obtidas pelos primeiros robôs que acessaram a tumba, depois de séculos lacrada, indicavam que a bíblia não aparentava ter folhas completamente desintegradas, apesar do avançado estado de decomposição. Após o resgate do livro, por terceiro, ele fora levado a um centro de referência acordado entre as partes para dar continuidade ao processo de restauração. Esse processo levaria vários dias, e, devido ao estado da bíblia, era necessário armazená-la em uma câmara especial que controlava temperatura e pressão para evitar danos durante a recuperação.

No entanto, durante uma determinada madrugada, devido a um acidente de carro que derrubou um poste de energia, causando a queda de energia, e à falta de combustível específico no mercado em razão de uma greve dos caminhoneiros, o gerador não funcionou, o que levou à falha da câmara especial. Como resultado, houve a formação de gostas de condensação que molharam mais de 20 páginas da bíblia secular. Esse incidente, fora do controle da restauradora e do próprio contratante, impediu a conclusão adequada do trabalho, resultando na restauração parcial da bíblia.

Diante dessa situação, seria justo para o contratante reduzir proporcionalmente a contraprestação a ser paga à restauradora (deduzindo 2000 dólares), considerando o

---

457. GONÇALVES; PEREIRA, *op. cit.*, p. 865.

evento como fortuito ou de força maior, impedindo a conclusão do trabalho conforme inicialmente planejado? Evidentemente, não seria justo. O tempo, o esforço e os custos incorridos pela restauradora foram exatamente os mesmos a despeito do imprevisto. Na verdade, ela teve um trabalho originalmente não previsto, pois precisou lidar com uma situação adversa no início do projeto (embora, sob outra perspectiva, tenha evitado restaurar 20, das 1000 páginas, da bíblia). Manter a contraprestação, nesse caso, é uma solução em conformidade a tentativa de manutenção do sinalagma contratual, revelando-se a solução mais adequada, considerando as circunstâncias específicas do caso, sob a ótica da boa-fé objetiva.

Agora, imagine-se, na mesma hipótese, que, em vez de molhar 20 páginas, as gotas da condensação geradas pela queda de energia tivessem destruído muitas páginas, a ponto de fazer perecer completamente a bíblia a ser restaurada. Nesse caso, a solução merece outro caminho. O fato impede, de modo absoluto, a restauração. A resolução do negócio, por impossibilidade, portanto, aniquila o dever de contraprestação, pelo contratante, ou, caso ele já tenha efetuado, impõe a sua integral devolução, pela restauradora[458]. Se a contraprestação tinha causa, ela deixou de existir com a destruição da bíblia, pelo que a manutenção da contraprestação, pela restauradora, revelaria hipótese de enriquecimento sem causa[459], além de contrariar o sinalagma contratual.

Significa dizer que a eficácia retroativa da resolução do negócio por impossibilidade e as regras gerais de distribuição de riscos não podem ser rígidas e inflexíveis, mas dinâmicas e adaptáveis às especificidades do caso concreto. Afinal, "a potencial multiplicidade de estações intrínsecas ao mesmo programa contratual propende a apresentar variado arranjo, que não é passível de discriminação"[460-461].

---

458. Nesse caso, convém ressaltar que a simples restituição não se confunde com o enriquecimento sem causa: "É equivocado atribuir equivalência às configurações da restituição e do enriquecimento sem causa, pois assentam em extremos distintos: o enriquecimento sem causa é o evento, a mola propulsora e a restituição, a consequência da aplicação desse remédio. Diferentemente, o fator que impulsiona a restituição aqui não é o enriquecimento sem causa, trata-se da ineficácia superveniente, que despontou com o acionamento da ferramenta resolutiva, cujo efeito regressivo impõe a reposição para preservar o equilíbrio" (NANNI, op. cit., 2021b, p. 639).
459. [...] "resolvida a obrigação, deve ser restaurado o estado anterior. Consequentemente, a fim de evitar o enriquecimento sem causa do devedor, tendo o credor adimplido total ou parcialmente a contraprestação que lhe cabia, o devedor é obrigado a restitui-la, uma vez que a causa, o objeto da prestação, deixou de existir, tornando indevida a vantagem obtida (art. 885 do CC)" (NANNI, op. cit., 2018, p. 382).
460. NANNI, op. cit., 2021b, p. 632.
461. "Não custa relembrar que não se destrói o liame contratual como se jamais houvera existido nem produzido efeitos, não se trata de vício que nulifica o específico programa. A ineficácia superveniente, provocada pelo manejo da dissolução da relação contratual, irrompe a restituição a fim de resguardar o equilíbrio entre os contraentes, igualando o que neles pesou em termos de vantagens e de sacrifícios já realizados no curso da execução do que pactuado. No entanto, as variáveis são infindáveis, porquanto, apenas o episódio concreto é capaz de ditar o que deve ser reintegrado, requer examinar a espécie de obrigação ou a multiplicidades delas em sua individualidade [grosso modo, dar, fazer e não fazer] e sopesar o programa contratual, o que foi adimplido e em qual extensão, o que não foi, o que encontra realização correspectiva, o que não encontra, o que foi contínua ou duradouramente executado em definitivo, o que não foi. Mesmo na eficácia "ex tunc", a retroatividade opera, em regra, com moderação, incidindo nos deveres principais, salvo peculiaridades identificadas "in casu" ou convenção contrária entre as partes, que legitimem providência diversa. Em consequência, não é factível definir de antemão o objeto da restituição. É o caso real que indica os interesses a serem reposicionados com

Em casos não complexos, nos quais existe uma relação muito direta e simples entre prestação e contraprestação, e sem especificidades que exijam uma análise mais densa e pormenorizada, o sinalagma contratual impõe que, ocorrendo a impossibilidade não imputável ao devedor (ou ao credor), a obrigação deve ser resolvida, e a contraprestação deixa de ser devida (ou deve ser restituída, caso tenha sido prestada). Nesses casos, não há motivo para se perseguir uma solução diferente.

No entanto, há casos complexos que demandam relativização dessa regra básica. Retome-se um dos exemplos de Maria de Lurdes Pereira, acima descrito: uma empreiteira é contratada para reformar um imóvel, mas, antes de iniciá-la, o dono do imóvel resolve demoli-lo. Nesse caso, a impossibilidade se deu por parte do credor, que, ao fazê-lo, renunciou ao direito à prestação (reforma do imóvel), no entanto, essa renúncia não pode afetar o direito do devedor à contraprestação, que se mantém devida. Nesse caso, o efeito retroativo da resolução não deve se dar à risca, já que não pode afetar a contraprestação, pois a causa da impossibilidade é imputável ao credor.

Se, no entanto, o imóvel ruir em virtude de um terremoto, não há causa imputável ao credor, e, em tese, a contraprestação deixa de ser devida. Mas, na hipótese de a reforma estar em andamento, e pouco faltar para a sua conclusão, ainda que não haja causa imputável ao credor, ela está muito mais ligada ao credor (proprietário do bem), do que ao devedor. Por isso, a contraprestação deve ser mantida, não integralmente, já que dela deve ser abatida a parte que deixou de ser realizada, considerando os benefícios obtidos pelo devedor com a perda da prestação (reforma), por exemplo, o material que deixou de ser usado e as diárias dos funcionários que deixaram de ser pagas[462].

Considerando o mesmo exemplo, se a casa ruiu antes mesmo de o devedor começar a reforma, não há razão para se manter a contraprestação, que deixa de ser devida, ou deve ser devolvida, caso já tenha sido prestada. Manter a contraprestação seria promover o enriquecimento sem causa do devedor.

Observa-se que a análise da manutenção, ou não, da contraprestação, deve ser casuística, considerando os axiomas relacionados à distribuição de riscos e à retroatividade da obrigação resolvida pela impossibilidade, mas eles não devem ser considerados absolutos, pois, em diversas situações, merecem relativizações.

Indo além e em reforço: não sendo imputável ao credor ou ao devedor, na ocorrência da impossibilidade, deve-se analisar qual é o nível de proximidade do credor ou do devedor com a zona de risco de impossibilitação. Se descoberta uma condição de saúde do paciente que impossibilita a conclusão da (já iniciada) operação de retirada de tumor, embora não possa ser a ele imputada a impossibilidade, a causa está muito mais ligada a ele, credor, do que ao devedor. O mesmo se diz em relação ao exemplo do navio que, minutos antes de ser rebocado, afunda. A impossibilidade se deu por causa não

---

efeito regressivo, repete-se, normalmente em relação às prestações primárias que emergem do contrato, o que se perfaz por meio de restituição" (NANNI, *op. cit.*, 2021b, p. 640-641).

462. PEREIRA, *op. cit.*, 2001, p. 234.

imputável ao dono do navio, mas a causa é muito mais ligada a ele do que ao rebocador. Nessas hipóteses, não se afigura justo que o médico e o rebocador deixassem de receber ao menos parte da contraprestação, ou tivessem que arcar, ainda, com as despesas feitas para (tentar) cumprir a obrigação.

Nesses exemplos, atribuir ao médico ou ao rebocador todo prejuízo relacionado às despesas e à perda da contraprestação é contrário à boa-fé objetiva.

Utilizando as mesmas hipóteses, imagine-se o navio afundando antes mesmo de o rebocador começar a se deslocar, ou a condição do paciente ser descoberta logo após o agendamento da cirurgia. Nesses casos, a perda do direito à contraprestação é evidente, sem especificidades que demandem uma flexibilização da regra geral da retroatividade da obrigação resolvida.

Assim, na discussão sobre a manutenção ou não da contraprestação, e acerca de quem arcará com as despesas relativas à prestação impossibilitada, propõe-se considerar alguns fatores como *topoi*: i) a tentativa de manutenção do sinalagma contratual; ii) a necessária ligação da causa da impossibilidade à pessoa ou aos bens do credor ou do devedor; e iii) a vedação do enriquecimento sem causa.

4.8 CONCLUSÃO DO CAPÍTULO 4: O TRATAMENTO FRAGMENTADO DA IMPOSSIBILIDADE PELO DIREITO BRASILEIRO E O USO DA TÓPICA NA DEFINIÇÃO DO DESTINO DA CONTRAPRESTAÇÃO

O direito não tem como alterar as leis da física, nem pode, por meio de abstração, impor a superação do impossível. Teve, então, que adaptar-se, para regular as situações afetadas pela impossibilidade – o que fez desde o direito romano, do qual se extrai a máxima *impossibilium nulla est obligatio*. Por mais legítimo e tutelável que seja o interesse do credor na prestação, assim como também o é o do devedor, em relação ao recebimento da contraprestação, ele não pode ir além do que é possível.

Por mais que a impossibilidade seja uma situação empírica revelada da mesma forma em todo e qualquer lugar do mundo (como se dá em relação aos axiomas da natureza), os ordenamentos jurídicos a regulam distintamente, conferindo-lhe efeitos jurídicos diversos. No direito francês, a impossibilidade é tratada de modo vinculado às figuras do caso fortuito ou de força maior, o que não ocorreu no direito alemão, no qual se reconheceu na impossibilidade uma figura autônoma, e se projetou a importante distinção dogmática entre as figuras das impossibilidades originárias e superveniente, conferindo a elas efeitos jurídicos diversos: enquanto aquela afetaria o campo da validade, dando causa à nulidade do negócio jurídico, esta golpearia o campo da eficácia, dando causa à resolução.

O direito brasileiro, por sua vez, prevê a impossibilidade (*lato sensu*) desde as Ordenações Afonsinas e Manoelinas, e o seu tratamento atual (cujo germe partiu do Esboço de Teixeira de Freitas) se dá de forma fragmentada. Assim, como no direito francês, utiliza-se da figura do caso fortuito e de força maior (sem limitar a impossibilidade à configuração dela), mas, aos moldes do direito alemão, distingue as impossibilidades originária e superveniente, conferindo a elas os mesmos efeitos do ordenamento germânico, além de dispor de artigos específicos do CC/2002 para tratar da configuração da impossibilidade nas obrigações de dar (art. 865), fazer (art. 879) e não fazer (art. 882).

Outra especificidade do ordenamento jurídico brasileiro: ao contrário de sistemas jurídicos que exigem três elementos para configurar caso fortuito e força maior (imprevisibilidade, inevitabilidade e exterioridade), o CC/2002 não inclui a imprevisibilidade como requisito. Significa dizer que, no sistema jurídico brasileiro, o caso fortuito e de força maior se configuram com a ocorrência de um evento necessário, isto é, que revele obstáculo externo ao seu controle, imposto pelo evento natural ou por ação de terceiro, a formar uma barreira intransponível para o adimplemento da prestação, e inevitável, o que se revela na impossibilidade de a vontade ou diligência do devedor superar a força do evento externo.

A inevitabilidade é um conceito dinâmico, que parte da análise do estado da técnica no momento da ocorrência do fato. Por esse motivo, alguns eventos que, antes, eram considerados inevitáveis, agora, devido ao avanço tecnológico, que permite a adoção de medidas técnicas preventivas, não mais o são. Nesse cenário, ganha destaque a análise preditiva realizada a partir das estatísticas, dos algoritmos, e até mesmo da inteligência artificial, que não mais se revela uma ficção, mas uma realidade.

Sobre o assunto, não se pode olvidar que os modelos dos fortuitos externo e interno, encampada e desenvolvida por Agostinho Neves de Arruda Alvim, no Brasil, encontra extensa aplicabilidade. Nas hipóteses cujo fator de imputabilidade é o risco (notadamente nas relações de consumo), o evento extraordinário ligado à organização da empresa, e que se relaciona aos riscos da atividade por ela desenvolvida (como o estouro de um pneu do ônibus, o incêndio do veículo ou um mal súbito do motorista, no transporte coletivo), não seria capaz de afastar a responsabilidade do prestador de serviços. Por outro lado, ocorrendo evento imprevisível e inevitável alheio à organização do negócio (como a morte de um passageiro de ônibus causada por uma bala perdida), configurado estaria o fortuito externo, um excludente de responsabilidade.

Outras figuras congêneres surgem a partir do estudo da impossibilidade: i) a perda do sentido prático da prestação, quando se verificou a realização do fim por via diversa do cumprimento, ii) o desaparecimento do fim e da iii) frustração do fim. Ao se considerar o fim como um conceito intrínseco à prestação, e a possibilidade como um conceito ligado à própria finalidade do negócio, revela-se necessária a imbricação das três figuras ao instituto da impossibilidade.

Afinal, não havendo ou inviabilizando-se o resultado (ou porque já atingido por via diversa, ou porque este deixou de existir, no campo prático, ou ainda, porque ele perde o sentido), caracterizada está a impossibilidade. Não é possível rebocar o veículo que já deixou o local por seus próprios meios; não é viável rebocar um navio afundado;

e nem se pode transportar uma criança à escola durante o *lockdown* decretado em razão de uma pandemia. O conceito de impossibilidade deve ser amplo, abarcando uma perspectiva sociocultural múltipla, e estar diretamente relacionado ao resultado efetivo (ou à sua perda, anterior ao momento do adimplemento) que, numa perspectiva finalística, dinâmica e funcional, se almeja alcançar em cada prestação (resultado positivo).

Essas conclusões são importantes para se tratar de uma questão não regulada pelo direito brasileiro: o destino da contraprestação na configuração da impossibilidade. Fato é que a "obrigação" se resolve, em razão do disposto nos arts. 234, 248 e 250 do CC/2002. Mas não como um todo.

Considerando-se a relação obrigacional como um fenômeno complexo, funcional e finalístico, a impossibilidade não resolve a obrigação por completo, mas direta e especificamente a prestação impossibilitada, de maneira que todas as outras (porque possíveis) se mantêm, e se intensificam, inclusive, para protegerem condigna e equilibradamente as partes envolvidas, diante da crise que atingiu a relação obrigacional. Impossibilitada, a prestação é golpeada no campo da eficácia, o que, não é demais dizer, não a anula. "Apenas" torna inapta a irradiação dos efeitos próprios e finais imputados pela norma, o que não impede que continue irradiando outros efeitos, não relacionados ao seu fim.

Sob essa perspectiva, vislumbra-se que, ocorrendo a impossibilidade, instaura-se uma relação de liquidação relacionada tão somente à prestação impossibilitada, a permitir que o credor e o devedor encerrem situações jurídicas pendentes, visando à readequação ou ao restabelecimento da posição de interesses que se mostre adequada ao episódio efetivo. Nesse momento, merecem um olhar crítico os efeitos restitutórios os quais a doutrina costuma atribuir à resolução. Nem tudo se soluciona a partir da retroação ao *status quo*. O regresso ao estado prévio é restrito, não invalida as prestações já cumpridas ou que ainda devem ser cumpridas, tampouco anula a obrigação como se jamais tivesse ocorrido no mundo jurídico. A retroatividade deve alterar a ordem jurídica, sem negar a realidade dos eventos passados.

As relações são complexas, as situações são muitas e variadas, e o estabelecimento de critérios fixos, não dinâmicos e não adaptáveis aos fatos, que ignoram as especificidades dos casos concretos, para se definir o destino da contraprestação, não é adequado. Dessa forma, assim como a utilidade e o interesse do credor, na verificação do adimplemento/inadimplemento, na definição da manutenção, ou não, da contraprestação, na ocorrência de impossibilidade, deve-se recorrer a *topoi* a serem considerados no processo voltado a encontrar a melhor solução que se adeque, de forma justa, à casuística.

Nesse processo, é incabível o recurso isolado ao pensamento lógico-dedutivista voltado à direta subsunção de fatos a normas. Deve-se privilegiar, ao revés, a conjugação do processo lógico-formal de subsunção ao raciocínio tópico, muito mais flexível e ajustável às mais variadas hipóteses reveladas pelos problemas concretos, partindo de tópicos que, a título propositivo, são apresentados neste livro.

Para encontrá-los, buscou-se identificar, a partir do problema, pontos de vistas aceitáveis, construções ou operações estruturantes e, a partir desses elementos, orientar a argumentação, com o objetivo de auxiliar o alcance de conclusões fundamentadas em relação ao problema dado: o destino da contraprestação na impossibilidade da prestação.

Nesse processo, identificou-se que a raiz da discussão sobre o destino da contraprestação é o sinalagma, sem deixar de notar a acentuada importância que se dá (e se deve dar) à equivalência entre prestação e contraprestação, como exigência de justiça contratual. A tentativa de manutenção do sinalagma, nessa operação tópica, é um ponto de vista que não pode ser ignorado, mas sem olvidar que o equilíbrio não implica uma equivalência absoluta entre prestação e contraprestação. A complexidade das relações obrigacionais, no mundo moderno, impõe superar, nessa operação, a figura da balança de dois pratos, e se projetar algo mais parecido com um móbile, no qual vários elementos coexistem em situação de estabilidade, considerando-se, entretanto, o conjunto em relação aos seus específicos pesos e contrapesos, além de todas as demais prestações cuja eficácia não foi atingida pela impossibilidade.

Também nessa análise, se propôs considerar, nessa operação dialética, a proximidade da pessoa ou dos seus bens à causa da impossibilitação. Muito embora a impossibilidade se dê, em muitos casos, por razão não imputáveis a quaisquer das partes, muitas vezes, a causa da impossibilitação está mais próxima a uma delas, fator que não pode ser ignorado. Se o navio naufragou minutos antes de ser rebocado, ou o voo foi cancelado pouco tempo antes de o passageiro ser deixado no aeroporto, a causa da impossibilidade (nesse caso, pela frustração do fim) está muito mais ligada ao dono do navio e à pessoa do passageiro, do que ao proprietário do barco rebocador, ou ao taxista. Não há como atribuir a estes, portanto, o risco da perda da contraprestação, que deve ser mantida, no todo ou em parte, a depender das especificidades do caso concreto.

Ressalte-se que a natureza ("de meios") da relação obrigacional não é fator que autoriza a manutenção integral da contraprestação, mediante a comprovação de que o credor agiu de forma diligente. O raciocínio aqui empreendido se aplica a toda e qualquer obrigação, logo, a dicotomia francesa não é relevante nesse processo.

Por fim, ao se analisar o destino da contraprestação, não se pode deixar de observar que a vedação ao enriquecimento sem causa é um princípio informador de todo o direito brasileiro, e que gera efeitos em toda e qualquer relação obrigacional. Por isso, na análise casuística, esse deve ser um *topos* que, somado aos já mencionados outros *topoi*, deve guiar a definição do destino da contraprestação na ocorrência da impossibilidade de uma prestação.

CONCLUSÃO

O propósito desse livro foi investigar o modelo dogmático das obrigações de meios e de resultado, notadamente a partir das consequências comumente atribuídas à distinção, para o desenvolvimento de um exercício da análise da compatibilidade do referido modelo com o sistema jurídico brasileiro. Também se objetivou aprofundar o estudo sobre a dogmática do instituto da impossibilidade superveniente, pois se enxergou, nesse modelo dogmático, um caminho para resolver questões de ordem prática que até hoje são solucionadas a partir da dicotomia francesa.

Nesse contexto, a doutrina desempenha dois papéis cruciais: interpretar normas e modelos jurídicos, e criar modelos dogmáticos para solucionar lacunas ou questões mal reguladas. Estes últimos são teorias teóricas destinadas a fornecer soluções para casos não previstos. Modelos dogmáticos têm força indicativa, não prescritiva. Eles podem surgir da ressignificação de soluções existentes, transposição de soluções de outros domínios semânticos, comparação com direito estrangeiro ou criação de figuras originais para lidar com novas realidades fático-valorativas.

René Demogue desenvolveu o modelo dogmático em análise (que chegou a ser considerado a *summa divisio* do direito obrigacional) a partir da conclusão de que as obrigações que recaem sobre o devedor nem sempre teriam a mesma natureza. Por vezes, ao devedor se exigiria um resultado, e, por outras, só se exigiria do devedor certas medidas que, apesar de serem voltadas a um resultado, nem sempre o garantiriam (meios). Mas todos os critérios desenvolvidos até então para diferenciar essas obrigações revelaram-se problemáticos. A "qualificação profissional", o "grau de determinação da prestação" e a "intenção das partes" não demonstram ser critérios claros e objetivos para distinguir as obrigações. Além disso, a divergência sobre as consequências práticas da classificação – como i) a definição da responsabilidade civil (subjetiva ou objetiva) a ser observada; a ii) distribuição do ônus probatório; e iii) a repartição dos riscos entre os contratantes (para definir o conteúdo da relação obrigacional) – é um desafio decorrente desse modelo dogmático.

Para além disso, partindo-se de uma perspectiva funcional da relação obrigacional, que considera a sua complexidade e o seu caráter finalístico, a classificação das obrigações de meios e de resultado revela-se limitada, pois não reflete a complexidade das relações contemporâneas. As obrigações devem ser enxergadas como um conjunto, ou um sistema de conjuntos, envolvendo diferentes tipos de prestação (principais, secundárias, anexas e de segurança), de conduta e, necessariamente, de resultado (tendo em vista o caráter finalístico da prestação), de modo que não é razoável pinçar apenas uma delas (normalmente tida como a principal) para classificar a obrigação como um todo e, com isso, definir, muitas vezes à revelia das partes, o tipo de responsabilidade civil a ser aplicado se houver inadimplemento imputável (objetivo ou subjetivo), o regime de distribuição do ônus probatório (de modo diverso do CPC/2015) e até mesmo a repartição dos riscos (em desfavor do credor, nas obrigações de meios, e do devedor, nas obrigações de resultado) que cada um teria assumido de modo tácito.

A incidência das normas positivadas deve ser tido como um código forte, que não merece ser derrogado, sem explicações, por meio de um modelo dogmático (código fraco). Por mais que o jurista possa tirar partido da elasticidade normativa, ele deve manter a compatibilidade lógica e ética com o ordenamento jurídico, sendo-lhe vedado recusar eficácia a uma regra de direito positivo, na sua atividade interpretativa, pois isso fere o valor da certeza jurídica.

Quanto à definição do tipo de responsabilidade civil, o ordenamento jurídico brasileiro introduziu uma cláusula geral no art. 927, parágrafo único, do CC/2002, flexibilizando a aplicação irrestrita da responsabilidade subjetiva. Em situações nas quais a atividade normalmente exercida pelo autor do dano apresente riscos aos direitos de terceiros, essa cláusula estabelece a aplicação da responsabilidade objetiva, exigindo reparação independentemente de culpa. Com isso, dotou-se o sistema jurídico de mobilidade e flexibilidade, permitindo ao jurista desenvolver novos esquemas de resolução de problemas, sempre observando a norma como ponto de partida, e não como código fraco a ser suplantado em razão de um modelo dogmático criado a partir da realidade de outro ordenamento jurídico (o francês).

Ao proceder dessa forma, é de se ver que a aplicação da responsabilidade objetiva, conforme a cláusula geral do art. 927, parágrafo único, do CC/2002, está associada ao exercício de uma atividade (reiterada, notadamente empresarial, que tenha o potencial de gerar dano à coletividade) e não a um ato específico, isolado. Assim, nas relações civis e empresariais, não é a natureza da obrigação (de meios ou de resultado) que determina a aplicação do tipo de responsabilidade civil (subjetivo ou objetivo). Portanto, a responsabilização objetiva não deve ser aplicada em hipóteses não previstas pelo ordenamento jurídico, mesmo diante do inadimplemento de uma obrigação de resultado. Também não se justifica a incidência da responsabilidade subjetiva, sob o argumento de que se está diante do inadimplemento de uma obrigação de meios.

Nas relações consumeristas, o CDC, nos arts. 12 e 14, também estabeleceu normas específicas para determinar o tipo de responsabilidade civil que deverá ser observado, na ocorrência de danos indenizáveis. Entretanto, essas normas são frequentemente ignoradas, e a determinação sobre a necessidade de culpa passa a depender da natureza (de meios ou de resultado) da relação obrigacional. Essa perspectiva coloca em risco a estabilidade jurídica, sujeitando-a a interpretações que, muitas vezes, refletem posições variáveis e incertas, como ocorre com o conceito das obrigações de meios e de resultado, o qual, conforme demonstrado, está longe de ser consensual.

Por outro lado, segundo rege o art. 51, I, do CDC, são nulas as cláusulas que impossibilitem, exonerem ou atenuem a responsabilidade do fornecedor por vícios de qualquer natureza dos produtos e serviços (quando se trata de pessoa natural). Afirmar que determinada obrigação é de meios, numa relação consumerista, é algo que atenua, ou até mesmo exonera (em determinados casos), a responsabilidade do fornecedor, em razão da dificuldade imposta ao consumidor no que diz respeito ao ônus probatório.

A incidência normativa desse dispositivo legal impede, portanto, a aplicação do modelo dogmático das obrigações de meios, e, por derivação lógica, todas as suas consequências atinentes à definição de responsabilidade civil, à distribuição do ônus probatório, e à realocação de riscos entre as partes, nas relações consumeristas.

O princípio do exato adimplemento, consagrado no art. 313 do CC/2002, também se revela um impeditivo à aplicação, no Brasil, da dicotomia. Esse dispositivo legal visa a proteger o interesse do credor ao garantir que a prestação recebida seja exatamente aquela acordada no contrato, priorizando a satisfação desse interesse. Ao se examinar uma obrigação sob a perspectiva de um processo dinâmico em direção ao adimplemento, é essencial compreender o interesse do credor como algo que vincula o devedor a uma finalidade específica. Esse interesse, sob uma abordagem factual e realista, é alcançar um resultado concreto que atenda às suas necessidades, no contexto de qualquer obrigação. Se se compreende, como um *prius*, que as obrigações podem ser cumpridas mediante a simples conduta do devedor, inclusive em hipóteses que demonstrem, posteriormente, que o resultado sempre foi impossível de ser atingido, como se faz ao se aplicar o modelo dogmático das obrigações de meios, violado está o princípio do exato adimplemento, e, por corolário lógico, o art. 313 do CC/2002.

Diante disso, revela-se descabido afirmar que as obrigações de meios e de resultado serviriam para determinar o conteúdo da prestação, portanto, para auxiliar na constatação de que houve, ou não, o adimplemento (pois não há adimplemento na mera conduta).

Assim, na hipótese de se permitir que obrigações de objeto originalmente impossível (o que pode vir a ser descoberto posteriormente) sejam adimplidas por meio da simples conduta do devedor, como se faz na aplicação das obrigações de meios, deixa-se de reconhecer a incidência do art. 166, II, do CC/2002, que repercute no campo da validade do fato jurídico. Isso acaba por admitir uma hipótese de convalidação de fatos jurídicos nulos, em hipótese não prevista em lei. Essa é mais uma razão a impor uma barreira à transposição, sem qualquer adequação, do modelo dogmático ao sistema brasileiro.

No que diz respeito à distribuição do ônus da prova, surgem outros empecilhos à aplicação do modelo. O art. 373, § 1º, do CPC/2015, consagrando a teoria da distribuição dinâmica do ônus probatório, estabeleceu um sistema específico visando a garantir o acesso à justiça no processo. Esse sistema permite flexibilizar a regra geral, atribuindo o ônus probatório à parte mais capacitada para produzir uma determinada prova em certos casos – e isso não está vinculado à natureza da relação obrigacional. Assim, se o sistema jurídico, além de estabelecer uma regra geral de distribuição do ônus da prova (prevista no art. 373, I e II: "o autor deve provar o fato que constitui seu direito e ao réu cabe demonstrar a existência de fato impeditivo, modificativo ou extintivo do direito do autor"), oferece um modelo dinâmico que permite essa distribuição conforme as circunstâncias do caso concreto, não faz sentido impor, sem previsão legal, inversões de ônus probatórios baseadas na suposição sobre a natureza da relação obrigacional.

Além disso, o art. 373, § 3º, do CPC/2015, proíbe às partes modificarem, por acordo, as regras gerais de distribuição do ônus da prova quando se tratar de direito indisponível, ou quando essa convenção torna excessivamente difícil o exercício do direito por uma das partes. Como demonstrado neste livro, a situação do credor se agrava ao se concluir que a obrigação assumida é de meios, chegando ao ponto de, em certos casos, privilegiar a impunidade, dada a dificuldade de provar o inadimplemento pelo devedor (como nas relações obrigacionais entre médico e paciente). Por essa razão, ainda que se adotasse o modelo dogmático das obrigações de meios e de resultado, isso não pode afetar a distribuição do ônus probatório.

Em conclusão, defende-se, neste livro, que há uma vedação implícita no sistema impedindo as partes de acordarem que uma determinada obrigação é de meios ou de resultado (com o objetivo de distribuir o ônus da prova), sempre que essa convenção levar a uma das situações previstas no art. 373, § 3º, do CPC/2015. Numa relação médica, por exemplo, as partes não podem convencionalmente estabelecer que uma obrigação é de meios, pois, se ocorrer um erro médico, esse arranjo tornaria excessivamente difícil para a vítima (paciente) produzir provas do seu direito. Mas, muitas vezes, é o juiz que define a natureza da obrigação assumida pelo médico (ante a ausência de convenção expressa sobre isso). Nessa hipótese, se se entende que o paciente estabeleceu com o médico uma obrigação de meios, estar-se-ia admitindo que aquele, ao contratar o serviço, convencionou sobre um direito indisponível, ou seja, sua vida, o que é vedado pelo art. 373, § 3º, do CPC/2015.

Diante desses argumentos, percebe-se que, ao aplicar-se o modelo jurídico das obrigações de meios e de resultado, nega-se eficácia a uma série de artigos de Lei que integram o sistema jurídico brasileiro (arts. 166, II, 313 e 927, parágrafo único, do CC/2002; arts. 12, 14 e 51, I, do CDC; e art. 313, §§ 1º e 3º, do CPC/2015), sem se vislumbrar qualquer lacuna ou antinomia que justifique a utilização de algum método integrativo previsto na LINDB.

Isso quer dizer, em resposta à primeira pergunta inserida na introdução do livro – i) **o modelo dogmático das obrigações de meios e de resultado é compatível com o ordenamento jurídico brasileiro?** – que, da forma como é aplicado, o modelo das obrigações de meios e de resultado se revela incompatível com o ordenamento jurídico. Não se pode negar eficácia a todas as normas mencionadas acima, e essa classificação não deve influenciar a definição do tipo de responsabilidade civil a ser observado, a distribuição do ônus probatório, a alocação de riscos entre as partes ou a definição do conteúdo da relação obrigacional.

Como dito, não há lacuna no ordenamento jurídico que viabilize o recurso a métodos integrativos para solucionar questões que, hoje, são instavelmente resolvidas a partir do modelo das obrigações de meios e de resultado. E isso se dá, especialmente, em razão de o ordenamento jurídico brasileiro (desde as Ordenações Afonsinas e Manoelinas) positivar o instituto da impossibilidade superveniente, cuja aplicação, no contexto da obrigação vista sob uma perspectiva funcional, finalística e dinâmica (como um processo), revela-se adequado para dar contornos claros e solucionar problemas comumente resolvidos a partir do modelo dogmático francês.

Se a relação obrigacional é um processo complexo tensionado a um fim (o adimplemento), assim o são as prestações que o integram. As prestações são finalísticas, dinâmicas e funcionais, e nascem com um propósito específico, que é o atendimento do interesse do credor, o qual, por sua vez, deve ser encarado sob uma perspectiva real, e não ficcional: a obrigação de quem contrata é necessariamente dominada pelo desejo de se alcançar um fim, que não se satisfaz ao se assistir à mera conduta. E, aqui, não se refere ao "motivo", a razão contingente e subjetiva do negócio, mas à causa, ao fim.

Se o fim não é atingido, fato é que o interesse do credor não foi satisfeito. Essa é uma realidade que não pode ser abordada com eufemismo a partir da construção de uma abstração que, desconsiderando a própria razão de ser da obrigação (o interesse do credor), conclui que a obrigação foi adimplida pelo mero exercício de uma conduta. Posicionar-se nesse sentido é, de alguma forma, desconsiderar o próprio conteúdo finalístico da relação obrigacional, e caminhar por uma fórmula redutora de complexidade que desconsidera o interesse do credor como a verdadeira razão de ser da relação obrigacional.

Sem melindre, realista é dizer que, se determinada prestação não atingiu o seu resultado, ela não foi adimplida, não cumpriu o seu propósito de ser. Não significa, necessariamente, que ela foi inadimplida, pois o ordenamento jurídico prevê outras hipóteses de extinção da prestação diversas do inadimplemento. É nesse ponto que se chega (ou se volta) ao instituto da impossibilidade: há situações nas quais o interesse do credor, plasmado em determinada prestação, não foi atendido, o que nem sempre ocorre por causa imputável às partes, mas a fatores externos que impediram o cumprimento.

Diante disso, e para responder ao segundo questionamento proposto na introdução do livro – ii) **o modelo jurídico da impossibilidade, acolhido pelo direito positivo brasileiro, oferece caminhos para resolver as questões comumente solucionadas a partir do modelo dogmático das obrigações de meios e de resultado?** – ressalta-se que a impossibilidade superveniente é o modelo jurídico mais adequado (e rente ao sistema) do que o modelo dogmático das obrigações de meios e de resultado para solucionar as questões que, atualmente, são tratadas a partir da polêmica dicotomia.

Assim, se uma determinada prestação se tornar impossível por causas não atribuíveis a nenhuma das partes, não é automática a *resolução* imediata da obrigação como um todo, imputando unicamente ao devedor qualquer prejuízo decorrente desse fato.

Deve-se, em vez disso, priorizar, sempre que possível, a manutenção do vínculo obrigacional, considerando as diversas prestações envolvidas, e realizar uma análise específica para determinar a distribuição dos possíveis prejuízos, se ocorrerem. Nessa hipótese, as demais prestações (notadamente as laterais e de segurança) até se intensificam, para proteger-se condigna e equilibradamente, as partes envolvidas, diante da crise que atingiu a relação obrigacional.

Nesse ponto, ressalta-se que a impossibilidade superveniente não invalida o negócio jurídico, mas afeta apenas a sua eficácia, resolvendo o negócio jurídico sem anulá-lo, de maneira a permitir que os obrigados ajustem situações jurídicas pendentes. Também não há que se falar, nessa hipótese, em retroatividade irrestrita, característica da resolução das obrigações. Na visão contemporânea da relação obrigacional, que inclui não só prestações primárias, mas também secundárias, laterais, e de segurança, é simplista e equivocado afirmar que a eficácia retroativa "anula" completamente o estabelecido na obrigação. Quando isso ocorre, os efeitos liberatórios da prestação impossibilitada se dão, e se instaura uma relação de liquidação. Esta se apresenta como etapas dentro de uma relação mais ampla, que perdura até o exaurimento de todos os efeitos advindos da extinção do vínculo.

Durante esse processo de liquidação, deve-se decidir não só quem deve arcar com as despesas efetuadas em prol do cumprimento da obrigação atingida por impossibilidade, mas, sobretudo, enfrentar a questão: iii) **qual deve ser o destino da contraprestação, na hipótese de impossibilidade superveniente sem culpa do devedor**?

A resposta ao questionamento não é fácil, e não deve ser simplificada por meio da alusão a regras gerais de atribuição de riscos, pois as situações são muitas, complexas e variadas, de maneira que uma análise casuística e meticulosa é imperiosa. A solução não pode derivar de um pensamento lógico-dedutivista, pois necessário recorrer ao raciocínio tópico, muito mais flexível e ajustável às mais variadas hipóteses reveladas pelos problemas concretos, como se faz na análise da conversão da mora em inadimplemento absoluto (utilizando-se os tópicos da utilidade da prestação e do interesse do credor). E, para guiar a solução da contraprestação, propõe-se que a análise tópica seja conduzida pelos seguintes topoi: i) a tentativa de manutenção do sinalagma contratual, ii) a necessária ligação da causa da impossibilidade à pessoa ou aos bens do credor ou do devedor, e iii) a vedação do enriquecimento sem causa.

REFERÊNCIAS

AGUIAR JÚNIOR, Ruy Rosado de. Extinção dos contratos. *In*: FERNANDES, Wanderley (coord.). *Contratos empresariais*: fundamentos e princípios dos contratos empresariais. São Paulo: Saraiva, 2007.

AGUIAR JÚNIOR, Ruy Rosado de. Responsabilidade civil do médico. *Revista dos Tribunais*, v. 718, p. 33-53, ago. 1995.

ALTERINI, Atilio Aníbal; AMEAL, Oscar José; LÓPEZ CABANA, Roberto M. *Derecho de obligaciones civiles y comerciales*. 4. ed. Buenos Aires: Abeledo-Perrot, 1995.

ALVES, José Carlos Moreira. Orlando Gomes e o direito civil. *Civilistica.com*. Rio de Janeiro, ano 8, n. 1, 2019, p. 8.

ALVIM, Agostinho Neves de Arruda. *Da inexecução das obrigações e suas consequências*. 5. ed. São Paulo: Saraiva, 1980.

ALVIM, Agostinho Neves de Arruda. Direito das obrigações: exposição de motivos. *Revista do Instituto dos Advogados Guanabara*, v. 24, p. 2-107, 1973.

ALVIM, Agostinho. Do enriquecimento sem causa. *Revista dos Tribunais online*, São Paulo, v. 259, p. 3-36, maio 1957.

AMARAL JÚNIOR, Alberto do. A responsabilidade pelos vícios dos produtos no Código de Defesa do Consumidor. São Paulo, *Revista de Direito do Consumidor*, v. 2, p. 100-123, abr.-jun. 1992.

ASSIS, Araken de. *Resolução do contrato por inadimplemento*. 6. ed. São Paulo: Thomson Reuters Brasil, 2019.

AZEVEDO, Antônio Junqueira de. A boa-fé na formação dos contratos. *Revista de Direito do Consumidor*, v. 3, p. 78-87, jul.-set. 1992.

AZZALINI, Marco. Obbligazioni di mezzi e obbligazioni di risultati. *Rivista di Diritto Civile*. Italia: Cedam, 2012.

BECKER, Anelise. Elementos para uma teoria unitária da responsabilidade civil. *Revista de Direito do Consumidor*, v. 13, p. 42-55, jan.-mar. 1995.

BEDAQUE, José Roberto dos Santos. *Direito e processo*: influência do direito material sobre o processo. 6. ed. São Paulo: Malheiros, 2011.

BETTI, Emilio. *Teoria geral das obrigações*. Trad. Francisco José Galvão Bruno. Campinas: Bookseller, 2006.

BEVILÁQUA, Clóvis. *Código Civil dos Estados Unidos do Brasil*. 9. ed. Rio de Janeiro: Paulo de Azevedo Ltda., 1954. v. 5. t. 2.

BEVILÁQUA, Clóvis. *Direito das obrigações*. Rio de Janeiro: Editora Rio, 1977.

BIAZI, João Pedro de Oliveira. *A impossibilidade superveniente da prestação não imputável ao devedor*. Rio de Janeiro: GZ, 2021.

BICHARA, Maria Carolina. O interesse do credor na prestação como critério de distinção entre as hipóteses de execução específica e execução pelo equivalente pecuniário. *In*: VALVERDE TERRA, Aline de Miranda; CRUZ GUEDES, Gisela Sampaio da (coord.). *Inexecução das obrigações*: pressupostos, evolução e remédios. Rio de Janeiro: Processo, 2020. v. I.

BOBBIO, Norberto. *Da estrutura à função*: novos estudos de teoria do direito. Trad. Daniela Beccaccia Versiani. São Paulo: Manole, 2007.

BRASILEIRO, Luciana; CAON, Felipe Varela. Famílias poliafetivas e simultâneas como entidades familiares. *Revista Brasileira de Direito Civil (RBDCivil)*, Belo Horizonte, v. 32, n. 2, p. 89-127, abr.-jun. 2023.

BRITO, Alexis Augusto Couto de. Princípios e topoi: a abordagem do sistema e da tópica na ciência do direito. *In*: LOTUFO, Renan (coord.). *Sistema e tópica na interpretação do ordenamento*. São Paulo: EPD, 2019.

BRUNO, Aníbal. *Direito penal*: parte geral. 3. ed. Rio de Janeiro: Forense, 1967b. t. 1: introdução – norma penal – fato punível.

BRUNO, Aníbal. *Direito penal*: parte geral. 3. ed. Rio de Janeiro: Forense, 1967a. t. 2: fato punível.

BUSTAMANTE, Thomas da Rosa de. Tópica e argumentação jurídica. *Revista de Informação Legislativa*. Brasília: RIL, 2004. Disponível em: https://www2.senado.leg.br/bdsf/bitstream/handle/id/985/R163-10.pdf?sequence=4&isAllowed=y. Acesso em: 24 set. 2021.

CALIXTO, Marcelo Junqueira. *A culpa na responsabilidade civil*: estrutura e função. Rio de Janeiro: Renovar, 2008.

CALLONEC, Joseph Le. Le Calonnec Joseph. Le progrès technique et la distinction des obligations de résultat et des obligations de moyens. *Revue Judiciaire de l'Ouest*, 1986-2, p. 186-196.

CANARIS, Claus-Wilhelm. O novo direito das obrigações na Alemanha. *Revista de Direito da EMERJ*, Rio de Janeiro, v. 7, n. 27, 2004.

CANARIS, Claus-Wilhelm. *Pensamento sistemático e conceito de sistema na ciência do direito*. Trad. António Manuel da Rocha de Menezes Cordeiro. 3. ed. Lisboa: Fundação Calouste Gulbenkian, 2002.

CAON, Felipe Varela. A biopolítica, o capitalismo de vigilância e os avanços do direito brasileiro sobre o tema da proteção dos dados pessoais. *Conjecturas*, v. 22, p. 1.024-1.038, 2022.

CAON, Felipe Varela. A funcionalização das obrigações e o inadimplemento antecipado. *Revista de Direito Privado*, v. 117, ano 24, p. 13-24. São Paulo: RT, jul.-set. 2023.

CAON, Felipe Varela. *Análise crítica das obrigações de meio e de resultado*. Dissertação (Mestrado em Direito), Universidade Federal de Pernambuco, Recife, 2018. Disponível em: https://repositorio.ufpe.br/handle/123456789/38252. Acesso em: 4 ago. 2023.

CAON, Felipe Varela. Fundamentos e instrumentos de tutela dos dados sensíveis. *In*: PINHO, Anna Carolina (org.). *Discussões sobre direito na era digital*. Rio de Janeiro: GZ, 2021b, v. 1, p. 317-339.

CAON, Felipe Varela. *O problema das obrigações de meios e de resultado*. Belo Horizonte: Dialética, 2021a.

CAON, Felipe Varela. Reflexões sobre a distinção entre as obrigações de meios e de resultado, sob a ótica da diminuição do papel da culpa como elemento do dever de reparar e da teoria da distribuição dinâmica do ônus da prova. *Revista de Direito e Medicina*, v. 4. São Paulo: RT, out.-dez. 2019.

CAON, Felipe Varela; MAZARGÃO, Sílvia Felipe. Os direitos da personalidade e o direito das famílias: pontos de convergência. *Revista Nacional de Direito de Família e Sucessões* (IBDFAM), v. 1, p. 5-28, 2023.

CAPITANT, Henri. *De la causa de las obligaciones*. Granada: Comares, 2019.

CARNELUTTI, Francesco. *A prova civil* – parte geral: o conceito jurídico da prova. Trad. e notas: Amilcare Carletti. 2. ed. São Paulo: Pillares, 2016.

CARNELUTTI, Francesco. Appunti sulle obbligazioni. *Rivista di Diritto Commerciale e del Diritto Generale delle Obbligazioni*. Milano: Francesco Vallardi, 1915. v. 13, parte primeira, p. 617-629.

CASTRO, Torquato. *Da causa no contrato*. Recife: Oficinas Gráficas do Jornal do Commercio, 1947.

CATALAN, Marcos Jorge. *A morte da culpa na responsabilidade contratual*. São Paulo: RT, 2013.

CAVALIERI FILHO, Sergio. *Programa de responsabilidade civil*. 16. ed. Barueri, São Paulo: Atlas, 2023 (*ebook*).

CAVALIERI FILHO, Sergio. Responsabilidade civil no Novo Código Civil. *Revista da EMERJ*, v. 6, n. 24, 2003.

COGO, Rodrigo Barreto. *Frustração do fim do contrato*. São Paulo: Almedina, 2021 (*ebook*).

COGO, Rodrigo Barreto. Risco da frustração do fim do contrato. *In*: NANNI, Giovanni Ettore; TERRA, Aline de Miranda Valverde; Pires, Catarina Monteiro (coord.). *Riscos no direito privado e na arbitragem*. São Paulo: Almedina, 2023.

COLIN, Ambroise; CAPITANT, Henri. *Cours elementaire de droit civil français*. 4 ed. Paris: Dalloz, 1924. t. 2.

COMPARATO, Fábio Konder. Obrigações de meios, de resultado e de garantia. *Revista dos Tribunais*, São Paulo, v. 386, p. 26-35, dez. 1967.

COMPARATO, Fábio Konder. Obrigações de meios, de resultado e de garantia. *In*: COMPARATO, Fábio Konder. *Ensaios e Pareceres de Direito Empresarial*, p. 521-539. Rio de Janeiro: Forense, 1978.

CORDEIRO, António Menezes. *Da boa fé no direito civil*. Coimbra: Almedina, 2015.

CORDEIRO, António Menezes. *Tratado de direito civil*: direito das obrigações. 2. ed. Coimbra: Almedina, 2012. v. 6.

CORDEIRO, António Menezes. *Tratado de direito civil*: direito das obrigações. 3. ed. Coimbra: Almedina, 2017. v. 9.

CORDEIRO, António Menezes. *Tratado de direito civil*: direito das obrigações. Rio de Janeiro: Almedina, 2014. v. 8.

COSTA, Márcio Henrique da. *Cláusula de melhores esforços – best efforts*: da incidência e efetividade nos contratos, intepretação e prática. Curitiba: Juruá, 2016.

COSTA, Mário Júlio de Almeida. *Direito das obrigações*. 12. ed. Coimbra: Almedina, 2006.

COTTINO, Gastone. *L'impossibilità sopravvenuta della prestazione e la responsabilità del debitore*: problemi generali. Milano: Dott. A. Giuffrè Editore, 1955.

COUTO E SILVA, Clóvis do. *A obrigação como processo*. Rio de Janeiro: FGV, 2006.

COUTO E SILVA, Clóvis do. O conceito de dano no direito brasileiro e comparado. *Revista dos Tribunais*, São Paulo, v. 667, p. 7-16, maio 1991.

COUTO E SILVA, Clóvis do. *Princípios fundamentais da responsabilidade civil em direito brasileiro e comparado*. Porto Alegre: Sergio Antonio Fabris, 2022.

D'AMICO, Giovanni. *La responsabilidad ex recepto y la distinción entre obligaciones de médios y de resultados*: contribuición a la teoria de la responsabilidad contractual. Santiago: Ediciones Olejnik, 2018.

DANTAS, San Tiago. *Programa de direito civil*. Rio de Janeiro: Rio, 1978. v. II.

DE CUPIS, Adriano de. *Il danno*. 2. ed. Milano: Dott. A. Giuffrè, 1966. v. 2.

DEMOGUE, René. *Traité des obligations en general*. Paris: Rousseau, 1925. v. 5.

DIAS, Felipe da Veiga. Algoritmos de predição no sistema penal: as profecias tecnopolíticas que se autorrealizam no século XXI. *Revista Brasileira de Ciências Criminais*. v. 183, ano 29, p. 99-124. São Paulo: RT, set. 2021. Disponível em: https://www.revistadostribunais.com.br/. Acesso em: 1º out. 2023.

DIAS, José de Aguiar. *Cláusula de não indenizar*. 4. ed. Rio de Janeiro: Forense, 1980.

DIAS, José de Aguiar. *Da responsabilidade civil*. 11. ed. revista, atualizada de acordo com o Código Civil de 2002, e aumentada por Rui Belford Dias. Rio de Janeiro: Renovar, 2006.

DIAS, José de Aguiar. *Da responsabilidade civil*. 4. ed. Rio de Janeiro: Forense, 1960. v. 1.

DICK, Philip Kindred. *Minority report* – a nova lei. Rio de Janeiro: Record, 2002.

DÍEZ-PICAZO, Luis. *Fundamentos del derecho civil patrimonial*: las relaciones obligatorias. 6. ed. Madrid: Civitas, 2008. v. 2.

DINIZ, Maria Helena. *As lacunas no direito*. 10. ed. São Paulo: Saraiva, 2019.

DONINNI, Rogério. *Responsabilidade civil na pós-modernidade*. Felicidade, proteção, enriquecimento com causa e tempo perdido. Porto Alegre: Sergio Antonio Fabris, 2015.

DONNINI, Rogério. Arts. 927 a 954. *In*: CARVALHO, Washington Rocha de *et al*. *Comentários ao Código Civil brasileiro*. Rio de Janeiro: Forense, 2013. v. VIII: dos atos unilaterais, dos títulos de crédito, da responsabilidade civil.

DONNINI, Rogério. Pandemia, caso fortuito e imprevisão. *Revista de Direito Civil Contemporâneo*, v. 27, ano 8, p. 33-43. São Paulo: RT, abr.-jun. 2021. Disponível em: https://www.revistadostribunais.com.br/maf/app/search/run#:~:text=PANDEMIA%2C%20CASO%20FORTUITO%20E%20IMPREVIS%C3%83O. Acesso em: 28 set. 2023.

EHRHARDT JUNIOR, Marcos. *Responsabilidade civil pelo inadimplemento da boa-fé*. Belo Horizonte: Fórum, 2014.

FARIAS, Cristiano Chaves de; ROSENVALD, Nelson. *Curso de direito civil*: obrigações. 11. ed. Salvador: JusPodivm, 2017.

FERNANDES, Wanderley. Caso fortuito e força maior: um assunto que permanece moderno. *In*: NANNI, Giovanni Ettore; TERRA, Aline de Miranda Valverde; PIRES, Catarina Monteiro (coord.). *Riscos no direito privado e na arbitragem*. São Paulo: Almedina, 2023.

FERRANTE, Edoardo. *Ad impossibilia*: la prestazione del debitores in um saggio de Franz Wiacker. Bologna: Il mulino, 2021.

FERRAZ JUNIOR, Tercio Sampaio. *Função social da dogmática jurídica*. 2. ed. São Paulo: Atlas, 2015.

FERRAZ JUNIOR, Tercio Sampaio. *Introdução ao estudo do direito*: técnica, decisão, dominação. 11. ed. São Paulo: Atlas, 2019.

FERRAZ JUNIOR, Tercio Sampaio. *Teoria da norma jurídica*: ensaio de pragmática da comunicação normativa. 5. ed. São Paulo: Atlas, 2016.

FONSECA, Arnoldo Medeiros. *Caso fortuito e teoria da imprevisão*. 2. ed. Rio de Janeiro: Imprensa Nacional, 1943.

FRADERA, Vera Maria Jacob de. Interpretação dos contratos. *In*: BARBOSA, Henrique; SILVA, Jorge Cesa Ferreira da (coord.). *A evolução do direito empresarial e obrigacional*, São Paulo: Quartier Latin, 2021. p. 417-441. v. 2.

FRAGA, Francisco Jordano. Obligaciones de medios y de resultados: (a propósito de alguna jurisprudencia reciente). *Anuario de derecho civil*, v. 44, n. 1, 1991, p. 5-96.

FRANÇA, Cour de cassation, Civ., 20 maio 1936, Mercier. *Revue générale du droit online*, 1936, n. 6.815. Disponível em: www.revuegeneraledudroit.eu/?p=6815. Acesso em: 8 ago. 2023.

FRANÇA. Cour de Cassation. *Chambres réunies, du 13 février 1930*-JAND'HEUR Ch. Réunies 13 février 1930 D.P. 1930.1.57. Disponível em: https://www.legifrance.gouv.fr/juri/id/JURITEXT000006952821/. Acesso em: 29 jul. 2023.

FROSSARD, Joseph. *La distinction des obligations de moyens et des obligations de resultat*. Imprenta: Paris, Libr. Generale de Droit Et de Jurisprudence, 1965.

FULGENCIO, Tito. *Manual do Código Civil brasileiro*: do direito das obrigações, das modalidades das obrigações: arts. 863-927. Rio de Janeiro: Jacintho Ribeiro dos Santos Editor, 1928. v. 10.

FURTADO, Gabriel Rocha. Inadimplemento por perda do interesse útil para o credor. *In*: TERRA, Aline de Miranda Valverde; GUEDES, Gisela Sampaio da Cruz (coord.). *Inexecução das obrigações*: pressupostos, evolução e remédios. Rio de Janeiro: Processo, 2020. v. 1.

GARCÍA AMADO, Juan Antonio. Tópica, derecho y método jurídico. *Doxa* – Cuadernos de Filosofia del Derecho, Alicante, n. 4, 1987, p. 164. Disponível em: https://rua.ua.es/dspace/bitstream/10045/10908/1/Doxa4_12.pdf. Acesso em: 23 set. 2021.

GARZÓN, María Dolores Cervilla. *Jurisprudencia y doctrina en torno a las obligaciones de medios*. Espanha: ARANZADI, 2021 (*ebook*).

GAUDEMET, Eugene. *Théorie générale des obligations*. Paris: Recuel Sirey, 1937.

GIDDENS, Anthony. *As consequências da modernidade*. Trad. Raul Fiker. São Paulo: Unesp, 1991.

GIORGIANNI, Michele. Obligazione (diritto privato). *In*: *Novissimo Digesto Italiano*. Torino: UTET, 1965. v. XI.

GODOY, Claudio Luiz Bueno. *Responsabilidade civil pelo risco da atividade*. 2. ed. São Paulo: Saraiva, 2010.

GOMES, Orlando. *Anteprojeto de Código Civil*. Rio de Janeiro, 1963.

GOMES, Orlando. *Contratos*. 8. ed. Rio de Janeiro: Forense, 1981.

GOMES, Orlando. *Obrigações*. 5. ed. Rio de Janeiro: Forense, 1978.

GOMES, Orlando. *Raízes históricas e sociológicas do Código Civil Brasileiro*. Salvador: Livraria Progresso, 1958.

GOMES, Orlando. *Transformações gerais do direito das obrigações*. 2. ed. São Paulo: RT, 1980.

GOMEZ, Jésus Miguel Lobato. Contribución al estudio de la distinción entre las obligaciones de medios y las obligaciones de resultado. *Anuario de Derecho Civil*. Espanha, v. 45, n. 2, 1992.

GONÇALVES, Diogo Costa; PEREIRA, Rui Soares. Retroatividade, restituição e sinalagma na resolução. *Revista de Direito da Responsabilidade*, ano 5, 2023, p. 848-869.

GRAU, Eros Roberto. *Por que tenho medo dos juízes*: a interpretação/aplicação do direito e os princípios. 7. ed. São Paulo: Malheiros, 2016.

GRECO, Roberto Ernesto. *Extincion de las obligaciones*: tres analisis de supuestos particulares del fenômeno extintivo. Buenos Aires: Abeledo-Perrot, 1987.

GUEDES, Gisela Sampaio da Cruz; BICHARA, Maria Carolina. Impossibilidade temporária da prestação: entre atrasos e incertezas quanto ao cumprimento da prestação pactuada. *In*: BARBOSA, Henrique; SILVA, Jorge Cesa Ferreira da (coord.). *A evolução do direito empresarial e obrigacional*: os 18 anos do Código Civil. Obrigações e contratos. São Paulo: Quartier Latin, 2021. p. 627-652. v. 2.

GUEIROS, Nehemias. Impossibilidade. *In*: SANTOS, João Manoel de Carvalho. *Repertório enciclopédico do direito brasileiro*. Rio de Janeiro: Borsoi, v. 25, [s.d.], p. 220-227.

HALL, Stuart. *A identidade cultural na pós-modernidade*. Trad. Tomaz Tadeu da Silva e Guacira Lopes Louro. 12. ed. Rio de Janeiro: Lamparina, 2019.

HUDELOT, A.; METMAN, E. *Des obligations*: sources, extinction e prevue. 4. ed. Paris: Marescq Jeune, 1908.

HUNGRIA, Nélson. *Comentários ao Código Penal*: Decreto-lei n. 2.848, de 7 de dezembro de 1940. 2. ed. Rio de Janeiro: Forense, 1953a. v. 1. t. 2: arts. 11 a 27.

HUNGRIA, Nélson. *Comentários ao Código Penal*: Decreto-lei n. 2.848, de 7 de dezembro de 1940. 2. ed. Rio de Janeiro: Forense, 1953b. v. 6: arts. 137 a 154.

INTELIGÊNCIA artificial: Elon Musk, Harari e mais mil especialistas pedem suspensão de pesquisas. *Estadão*, 29 mar. 2023. Disponível em: https://www.estadao.com.br/link/elon-musk-especialistas-executivos-carta-aberta-pausa-inteligencia-artificial-npre/. Acesso em: 1º out. 2023.

JHERING, Rudolf von. *Bromas y veras em la jurisprudência*. Trad. por Tomás A. Banzhaf. Buenos Aires: Juridicas Europa-America, 1974.

JORGE JUNIOR, Alberto Gosson. *Cláusulas gerais no novo Código Civil*. São Paulo: Saraiva, 2004.

JOSSERAND, Louis. Evolução da responsabilidade civil. *Revista Forense*, Rio de Janeiro, v. 86, n. 454, 1941.

KFOURI NETO, Miguel. A responsabilidade civil do médico. São Paulo, *Revista dos Tribunais*, v. 654, p. 57-76, abr. 1990.

KIRCHNER, Felipe. *Interpretação contratual*: hermenêutica e concreção. Curitiba: Juruá, 2016.

KONDER, Carlos Nelson; KONDER, Cíntia Muniz de Souza. A contratualização do fortuito: reflexões sobre a alocação negocial do risco de força maior. *In*: TERRA, Aline de Miranda Valverde; GUEDES, Gisela Sampaio da Cruz (coord.). *Inexecução das obrigações*: pressupostos, evolução e remédios. Rio de Janeiro: Processo, 2021. v. 2.

LARENZ, Karl. *Base del negocio jurídico y cumplimiento de los contratos*. Santiago: Ediciones Olejnik, 2018.

LARENZ, Karl. *Derecho de obligaciones*. Trad. para o espanhol de Jaime Santos Briz. Madrid: Editorial Revista de Derecho Privado, 1958. t. I.

LARENZ, Karl. *Derecho de obligaciones*. Trad. para o espanhol de Jaime Santos Briz. Santiago: Ediciones Olejnik, 2020.

LARROUMET, Christian. Pour la responsabilité contratctuelle. *Le droit privé français à la fin du XXe siècle*. Études offertes à Pierre Catala. Paris: Litec, 2001.

LEÃES, Luiz Gastão Paes de Barros. A obrigação de melhores esforços (*best efforts*). *Revista de Direito Mercantil Industrial, Econômico e Financeiro*, ano XLIII, n. 134, 2004.

LEAL, Adisson; BORGES, João Paulo Resende. O Código Civil de 1916: tão liberal quanto era lhe permitido ser. *Revista Brasileira de História do Direito*, Brasília, v. 3, n. 1, p.16-35, jan.-jun. 2017.

LEITÃO, Luís Manuel Teles de Menezes. *Direito das obrigações*. Lisboa: Almedina, 2018. v. 1.

LIMA, Alvino. *Culpa e risco*. 2. ed. São Paulo: RT, 1999.

LÔBO, Paulo. *Obrigações*. São Paulo: Saraiva, 2013.

LOPES, Miguel Maria de Serpa. *Curso de direito civil*: obrigações em geral. 6. ed. Rio de Janeiro: Freitas Bastos, 1995. v. 2.

LOPEZ, Teresa Ancona. *Nexo causal e produtos potencialmente nocivos* – a experiência brasileira do tabaco. São Paulo: Quartier Latin, 2008.

LOPEZ, Teresa Ancona. *Princípio da precaução e evolução da responsabilidade civil*. São Paulo: Quartier Latin, 2010.

LORENZETTI, Ricardo Luis. *Fundamentos de derecho privado*: Código Civil y Código Comercial de la Nación Argentina. Buenos Aires: La Ley, 2016.

LORENZI, Valeria de. *Obbligazioni di mezzi e obbligazioni di risultato*. *Digesto delle discipline privatistiche* – sezione civile. Torino: Utet, 1995. v. 13.

LOTUFO, Renan. A codificação: o Código Civil de 2002. *In*: LOTUFO, Renan; NANNI, Giovanni Ettore (coord.). *Teoria geral do direito civil*. São Paulo: Atlas, 2008.

LOTUFO, Renan. *Código Civil comentado*: obrigações: parte geral (arts. 233 a 420). São Paulo: Saraiva, 2003. v. 2.

LUZES, Cristiano. *Legalidade e fraude à lei*: o "real" e o "aparente" no discurso da dogmática jurídica. São Paulo: Noeses, 2021.

MACÊDO, Lucas Buril; PEIXOTO, Ravi. *Ônus da prova e sua dinamização*. 2. ed. Salvador: JusPodivm, 2016.

MAIA JÚNIOR, Mairan Gonçalves. O impacto do coronavírus (covid-19) no inadimplemento contratual e suas consequências. *Revista de Direito Civil Contemporâneo*, v. 34, ano 10, p. 31-46. São Paulo: RT, jan.-mar. 2023.

MAILART, Adriana da Silva; SANCHES, Samyra Dal Farra Naspolino. Os limites à liberdade na autonomia privada. *Revista Pensar*, Fortaleza, v. 16, n. 1, p. 9-34, jan.-jun. 2011.

MANCUSO, Rodolfo de Camargo. Responsabilidade civil do banco em caso de subtração fraudulenta do conteúdo de cofre locado a particular – da ação ressarcitória cabível. *Revista dos Tribunais*, São Paulo, v. 616, p. 24-33, fev.1987.

MARINONI, Luiz Guilherme; ARENHART, Sérgio Cruz. *Prova e convicção*. 6. ed. São Paulo: Thomson Reuters Brasil, 2022.

MARINONI, Luiz Guilherme; ARENHART, Sérgio Cruz; MITIDIERO, Daniel Mitidiero. *Novo curso de processo civil*: teoria do processo civil. São Paulo: RT, 2015. v. 1.

MARQUES, Cláudia Lima; MIRAGEM, Bruno. *O novo direito privado e a proteção dos vulneráveis*. 2. ed. São Paulo: RT, 2014.

MARTINEZ, Pedro Romano. *Cumprimento defeituoso em especial na compra e venda e na empreitada*. Coimbra: Almedina, 1994.

MARTINEZ, Pedro Romano. *Da cessação do contrato*. 2. ed. Coimbra: Almedina, 2006.

MARTINS-COSTA, Judith. *A boa-fé no direito privado*: critérios para sua aplicação. 2. ed. São Paulo: Saraiva, 2018.

MARTINS-COSTA, Judith. A concha do marisco abandonada e o nomos (ou os nexos entre narrar e normatizar). *Revista do Instituto do Direito Brasileiro*, ano 2, n. 5, 2013, p. 4.121-4.157.

MARTINS-COSTA, Judith. A culpa no direito das obrigações: notas para uma história de conceitos jurídicos fundamentais. *In*: PIRES, Fernanda Ivo. *Da estrutura à função da responsabilidade civil*: uma homenagem do Instituto Brasileiro de Estudos de Responsabilidade Civil (IBERC) ao Professor Renan Lotufo. Indaiatuba: Foco, 2021. p. 163-178.

MARTINS-COSTA, Judith. A obrigação de diligência: sua configuração na obrigação de prestar melhores esforços e efeitos do seu inadimplemento. *In*: VALVERDE TERRA, Aline de; CRUZ GUEDES, Gisela Sampaio da (coord.). *Inexecução das obrigações*. Rio de Janeiro. Processo, 2020. v. I. p. 133-174.

MARTINS-COSTA, Judith. Apresentação. *Modelos de direito privado*. São Paulo: Marcial Pons, 2014.

MARTINS-COSTA, Judith. *Comentários ao Código Civil*. São Paulo: Forense, 2003. v. 1.

MARTINS-COSTA, Judith. *Comentários ao novo Código Civil*: do adimplemento das obrigações. Rio de Janeiro: Forense, 2004. v. 5. t. II.

MARTINS-COSTA, Judith. O Novo Código Civil brasileiro: em busca da ética da situação. *Revista da Faculdade de Direito da UFRGS*, v. 20, 2001, p. 611-612. Disponível em: https://seer.ufrgs.br/ppgdir/article/download/49214/30844. Acesso em: 9 fev. 2022.

MARTINS-COSTA, Judith. O risco contratual (e os significados do risco). *In*: NANNI, Giovanni Ettore; TERRA, Aline de Miranda Valverde; PIRES, Catarina Monteiro (coord.). *Riscos no direito privado e na arbitragem*. São Paulo: Almedina, 2023. p. 25-54.

MARTINS-COSTA, Judith; PARGENDLER, Mariana Souza. Usos e abusos da função punitiva *(punitive damages* e o direito brasileiro). *Revista CEJ 28/24* [*online*], jan.-mar. 2005.

MARTINS-COSTA, Judith; SILVA, Paula Costa e. *Crise e perturbações no cumprimento da prestação*: estudo do direito comparado luso-brasileiro. São Paulo: Quartier Latin, 2020.

MAZEAUD, Henri; MAZEAUD, Léon. *Traité théorique et pratique de la responsabilité civile*: délictuelle et contractuelle. 4. ed. Paris: Librairie Du Recueil Sirey, 1938. v. 1.

MELLO, Marcos Bernardes de. *Teoria do fato jurídico:* plano da eficácia: 1ª parte. 10. ed. São Paulo: Saraiva, 2015b.

MELLO, Marcos Bernardes de. *Teoria do fato jurídico:* plano da validade. 14. ed. São Paulo: Saraiva, 2015a.

MENGONI, Luigi. Obbligazioni "di risultato" e obbligazioni "di mezzi" (studio critico). *Rivista del Diritto Commerciale*, Milano, anno 52, n. 5-10, parte 1, 1954.

MICHELON JÚNIOR, Cláudio. *Direito restitutório*: enriquecimento sem causa, pagamento indevido, gestão de negócios. São Paulo: RT, 2007.

MIRAGEM, Bruno. *Direito das obrigações*. São Paulo: Forense, 2021.

MONTEIRO FILHO, Carlos Edison do Rêgo. Unificação da responsabilidade civil e seus perfis contemporâneos. *In*: PIRES, Fernanda Ivo. *Da estrutura à função da responsabilidade civil*: uma homenagem do Instituto Brasileiro de Estudos de Responsabilidade Civil (IBERC) ao Professor Renan Lotufo. Indaiatuba: Foco, 2022. p. 551-561.

MONTEIRO FILHO, Carlos Edison do Rêgo; ROSENVALD, Nelson. Cláusula geral do risco da atividade: a maioridade do parágrafo único do art. 927 do Código Civil. *In*: BARBOSA, Henrique; SILVA, Jorge Cesa Ferreira da. *A evolução do direito empresarial e obrigacional*: os 18 anos do Código Civil. Obrigações e contratos. São Paulo: Quartier Latin, 2021. v. 2.

MONTEIRO, Washington de Barros. *Curso de direito civil*: obrigações. 3. ed. São Paulo: Saraiva, 1965. v. 1.

MORAES, Maria Celina Bodin de. *Danos à pessoa humana*: uma leitura civil-constitucional dos danos morais. 2. ed. Rio de Janeiro: Processo, 2017.

MORAES, Renato Duarte Franco de. *Enriquecimento sem causa e o enriquecimento por intervenção*. São Paulo: Almedina, 2021.

MORSELLO, Marco Fábio. *Contrato de transporte*: novos paradigmas do caso fortuito e força maior. São Paulo: RT, 2021 (*ebook*).

NANNI, Giovanni Ettore. A evolução do direito civil obrigacional: a concepção do direito civil constitucional e a transição da autonomia da vontade para a autonomia privada. *In*: LOTUFO, Renan (coord.). *Cadernos de Direito Civil Constitucional*. Curitiba: Juruá, 2001. Caderno 2.

NANNI, Giovanni Ettore. Abuso do direito. *In*: LOTUFO, Renan; NANNI, Giovanni Ettore (coord.). *Teoria geral do direito civil*. São Paulo: Atlas, 2008b.

NANNI, Giovanni Ettore. Arts. 233 a 420. *In*: NANNI, Giovanni Ettore (coord.). *Comentários ao Código Civil*: direito privado contemporâneo. São Paulo: Saraiva, 2018.

NANNI, Giovanni Ettore. Desconto de proveitos (*"compensatio lucri cum damno"*). In: PIRES, Fernanda Ivo (Org.); GUERRA, Alexandre; MORATO, Antonio Carlos; MARTINS, Fernando Rodrigues; ROSENVALD, Nelson (Coord.). *Da estrutura à função da responsabilidade civil*: uma homenagem do Instituto Brasileiro de Estudos de Responsabilidade Civil (IBERC) ao professor Renan Lotufo. Indaiatuba: Editora Foco, 2021a, p. 281-284.

NANNI, Giovanni Ettore. *Enriquecimento sem causa*. 3. ed. São Paulo: Saraiva, 2012.

NANNI, Giovanni Ettore. Frustração do fim do contrato: análise de seu perfil conceitual. *Revista Brasileira de Direito Civil* (RBDCivil), Belo Horizonte, v. 23, p. 39-56, jan.-mar. 2020.

NANNI, Giovanni Ettore. *Inadimplemento absoluto e resolução contratual*: requisitos e efeitos. São Paulo: RT, 2021b.

NANNI, Giovanni Ettore. O dever de cooperação nas relações obrigacionais à luz do princípio constitucional da solidariedade. *In*: NANNI, Giovanni Ettore (coord.). *Temas relevantes do direito civil contemporâneo*: reflexões sobre os 5 anos do Código Civil. Estudos em homenagem ao Professor Renan Lotufo. São Paulo: Atlas, 2008a.

NANNI, Giovanni Ettore; TERRA, Aline de Miranda Valverde. A cláusula resolutiva expressa como instrumento privilegiado de gestão de riscos contratuais. *In*: NANNI, Giovanni Ettore; TERRA, Aline de Miranda Valverde; PIRES, Catarina Monteiro (coord.). *Riscos no direito privado e na arbitragem*. São Paulo: Almedina, 2023. p. 55-88.

NEDEL, Antônio. *Uma tópica jurídica*: clareira para a emergência do direito. Porto Alegre: Livraria do Advogado, 2006.

NERY JUNIOR, Nelson. Os princípios gerais do Código Brasileiro de Defesa do Consumidor. São Paulo, *Revista de Direito do Consumidor*, v. 3, p. 44-77, jul.-set. 1992.

NERY, Rosa Maria de Andrade. *Vínculo obrigacional*: relação jurídica de razão. 334 f. Tese (Livre-docência). Pontifícia Universidade Católica de São Paulo (PUC-SP), São Paulo, 2004.

NERY, Rosa Maria de Andrade; NERY JUNIOR, Nelson. *Instituições de direito civil*: das obrigações, dos contratos e da responsabilidade civil. 2. ed. São Paulo: Thomsom Reuters Brasil, 2019b. v. 2.

NERY, Rosa Maria de Andrade; NERY JUNIOR, Nelson. *Introdução à ciência do direito privado*. 2. ed. São Paulo: Thomsom Reuters Brasil, 2019a.

NEUMANN, Ulfrid. Teoria científica da ciência do direito. *In*: KAUFMANN, Arthur; HASSEMER, Winfried (org.). *Introdução à filosofia do direito e à teoria do direito contemporâneas*. 2. ed. Lisboa: Calouste Gulbenkian, 2009.

NEVES PEREIRA, Manuel de Sousa Domingues das. *Introdução ao direito e às obrigações*. Coimbra: Almedina, 1992.

NOGUEIRA, Lavyne Lima. Responsabilidade civil do profissional liberal perante o Código de Defesa do Consumidor. *Revista de Direito do Consumidor*, v. 40, p. 199-226, out.-dez. 2001.

NONATO, Orozimbo. Aspectos do modernismo jurídico e o elemento moral na culpa objectiva. Rio de Janeiro, *Revista Forense*, n. 56, p. 5-26, 1931.

NONATO, Orozimbo. *Curso de obrigações* – generalidades e espécies. Rio de Janeiro: Forense, 1959. v. I.

NORONHA, Fernando. *Direito das obrigações*. 4. ed. São Paulo: Saraiva, 2013 (*ebook*).

OLIVEIRA, Nuno Manuel Pinto de. *Princípios de direito dos contratos*. Coimbra: Coimbra Editora, 2011.

OSTERLING PARODI, Felipe; CASTILLO FREYRE, Mario. El tema fundamental de las obligaciones de medios y de resultados frente a la responsabilidad civil. *Derecho PUCP*, [s.l.], n. 53, p. 475-512, dec.

2013. Disponível em: http://revistas.pucp.edu.pe/index.php/derechopucp/article/view/6568. Acesso em: 6 ago. 2022.

OSTI, Giuseppe. Impossibilità sopravveniente. *In*: AZARA, Antonio; EULA, Ernesto (Dir.). *Novissimo Digesto Italiano*. Torino: UTET, 1957. v. 8. p. 287-300.

OSTI, Giuseppe. Revisione critica della teoria sulla impossibilità della prestazione. *In*: OSTI, Giuseppe. *Scritti Giuridici*. Milano: Dott. A. Giuffrè Editore, 1973. t. 1. p. 1-169.

PARAISO, Fall. *Le risque d'inexécution de l'obligation contractuelle*. Aix-en-Provence: Presses Universitaires d'Aix-Marseille, 2011.

PEREIRA, Caio Mário da Silva. *Instituições de direito civil*. 15. ed. Rio de Janeiro: Forense, 1996. v. 2.

PEREIRA, Caio Mário da Silva. *Responsabilidade civil*. 9. ed. Rio de Janeiro: Forense, 1999.

PEREIRA, Maria de Lurdes. *Conceitos de prestação e destino da contraprestação*. Coimbra: Almedina, 2001.

PEREIRA, Maria de Lurdes; MÚRIAS, Pedro. Obrigações de meios, obrigações de resultado e custos da prestação. *In*: CORDEIRO, António Menezes (coord.). *Centenário do Nascimento do Prof. Doutor Paulo Cunha*. Estudos em homenagem. Coimbra: Almedina, 2012. p. 999-1.018.

PERLINGIERI, Pietro. *Perfis do direito civil*: introdução ao direito civil constitucional. Trad. Maria Cristina de Cicco. 2. ed. Rio de Janeiro: Renovar, 2002.

PINTO, Carlos Alberto Mota. *Cessão da posição contratual*. Coimbra: Almedina, 1985.

PINTO, Paulo da Mota. *Interesse contratual negativo e interesse contratual positivo*. 2. ed. Coimbra: Gestlegal, 2023. v. 2.

PIRES, Catarina Monteiro. *Contratos*: perturbações na execução. Coimbra: Almedina, 2020b.

PIRES, Catarina Monteiro. *Direito das obrigações em tempos de calamidade* – reflexões durante um ano de pandemia. Coimbra: Almedina, 2021.

PIRES, Catarina Monteiro. *Impossibilidade de prestação*. Coimbra: Almedina, 2020a.

PIRES, Catarina Monteiro. Limites dos esforços e dispêndios exigíveis ao devedor para cumprir. *Revista da Ordem dos Advogados*, n. 76, Lisboa, 2016.

PLANIOL, Marcel. *Traité élémentaire de droit civil*. 9. ed. Paris: Librairie generale de droit e de jurisprudence, 1923. v. 2.

PONTES DE MIRANDA, Francisco Cavalcanti. *Fontes e evolução do direito civil brasileiro*. 2. ed. Rio de Janeiro: Forense, 1981.

PONTES DE MIRANDA, Francisco Cavalcanti. *Tratado de Direito Privado*. Campinas: Bookseller, 2003. t. XXIII.

PONTES DE MIRANDA, Francisco Cavalcanti. *Tratado de Direito Privado*. 2. ed. Rio de Janeiro: Borsoi, 1954. t. III.

PONTES DE MIRANDA, Francisco Cavalcanti. *Tratado de Direito Privado*. 2. ed. Rio de Janeiro: Borsoi, 1955. t. V.

PONTES DE MIRANDA, Francisco Cavalcanti. *Tratado de Direito Privado*. 2. ed. Rio de Janeiro: Borsoi, 1959a. t. XXV.

PONTES DE MIRANDA, Francisco Cavalcanti. *Tratado de Direito Privado*. 2. ed. Rio de Janeiro: Borsoi, 1959b. t. XXVI.

PORTO, Mário Moacyr. O ocaso da culpa como fundamento da responsabilidade civil. *In*: PORTO, Mário Moacyr. *Temas de responsabilidade civil*. São Paulo: RT, 1989a. p. 15-22.

PORTO, Mário Moacyr. Pluralidade de causas do dano e redução da indenização: força maior e dano ao meio ambiente. *In*: PORTO, Mário Moacyr. *Temas de responsabilidade civil*. São Paulo: RT, 1989b, p. 178-182.

POTHIER, Robert Joseph. *Teoria das obrigações*. Trad. Adrian Sotero de Witt Batista e Douglas Dias Ferreira. Campinas: Servanda, 2001.

PRATA, Ana. *A tutela constitucional da autonomia privada*. Coimbra: Almedina, 2016.

PRATA, Ana. *Cláusulas de exclusão e limitação da responsabilidade contratual*. Coimbra: Almedina, 2020.

REALE, Miguel et al. *Anteprojeto do Código Civil*. Brasília: Ministério da Justiça, 1972.

REALE, Miguel. *Estudos preliminares do Código Civil*. São Paulo: RT, 2003.

REALE, Miguel. *Fontes e modelos do direito*: para um novo paradigma hermenêutico. São Paulo: Saraiva, 1994.

REALE, Miguel. *Lições preliminares de direito*. 27. ed. São Paulo: Saraiva, 2002.

REALE, Miguel. Nota introdutória. *O direito como experiência*: introdução à epistemologia jurídica. 2. ed. São Paulo: Saraiva, 1992.

REALE, Miguel. *Teoria tridimensional do direito*. 5. ed. São Paulo: Saraiva, 2001.

REALE, Miguel. *Visão geral do projeto de Código Civil*, [s.l], [s/d]. Disponível em https://edisciplinas.usp.br/pluginfile.php/3464464/mod_resource/content/1/O%20novo%20C%C3%B3digo%20Civil%20-%20Miguel%20Reale.pdf. Acesso em: 20 set. 2023.

REMY, Phillipe. La responsabilité contractuelle: histoire d'um faux concept. *Revue trimestrielle de droit civil*. Paris: Sirey, n. 2, p. 323-355, abr.-jun. 1997.

RENTERÍA, Pablo. *Obrigações de meio e de resultado*: análise crítica. Rio de Janeiro: Forense, 2011.

RIBEIRO, Ricardo Lucas. *Obrigações de meios e obrigações de resultado*. Coimbra: Coimbra, 2010.

RIPERT, George. *A regra moral nas obrigações civis*. Campinas: Bookseller, 2009.

RODOTÀ, Stefano. *A vida na sociedade de vigilância* – Privacidade hoje. Rio de Janeiro: Renovar, 2008.

RODOTÀ, Stefano. Diligenza (diritto civile). *Enciclopedia del Diritto*. Varese: Giufrè, 1964. v. XII.

RODRIGUES JUNIOR, Otavio Luiz. Problemas na importação de conceitos jurídicos. Coluna Direito Comparado. *Consultor Jurídico*. 8 ago. 2012. Disponível em: http://www.conjur.com.br/2012-ago-08/direito-comparado-inadequada-importacao-institutos-juridicos-pais. Acesso em: 11 ago. 2023.

ROPPO, Enzo. *O contrato*. Trad. Ana Coimbra, M. Januário C. Gomes. Coimbra: Almedina, 2009.

SAVATIER, René. *La théorie des obligations*: vision juridique et économique. 3. ed. Paris: Dalloz, 1974.

SAVAUX, Eric. La fin de la responsabilité contractuelle? *Revue Trimestrielle de Droit Civil*. Paris: Dalloz, n. 1, p. 1-26, jan.-mar. 1999.

SCHREIBER, Anderson. A tríplice transformação do adimplemento: adimplemento substancial, inadimplemento antecipado e outras figuras. *Revista Trimestral de Direito Civil*. Rio de Janeiro, v. 32, out.-dez. 2007, p. 5-6.

SCHREIBER, Anderson. Revisitando a tríplice transformação do adimplemento. *In*: TERRA, Aline de Miranda Valverde; GUEDES, Gisela Sampaio da Cruz (coord.). *Inexecução das obrigações*: pressupostos, evolução e remédios. Rio de Janeiro: Processo, 2021. v. 2.

SERRA, Adriano Paes da Silva Vaz. Impossibilidade superveniente por causa não imputável ao devedor e desaparecimento do interesse do credor. *Boletim do Ministério da Justiça*, n. 46, 1955, p. 5-152.

SILVA, João Calvão da. *Cumprimento e sanção pecuniária compulsória*. Dissertação (Pós-Graduação em Ciências Jurídico-civis), Faculdade de Direito, Universidade de Coimbra, Coimbra, 1995.

SILVA, Jorge Cesa Ferreira da. *Adimplemento e extinção das obrigações*. São Paulo: RT, 2007.

SILVA, Manuel Gomes da. *O dever de prestar e o dever de indemnizar*. Lisboa: Imprensa FDUL, 2020.

SILVA, Rodrigo da Guia. A renovada bilateralidade contratual: por uma releitura do sinalagma no paradigma da heterointegração dos contratos. *Revista da Faculdade de Direito de São Bernardo do Campo*, [s.l.], v. 25, n. 2, p. 24, 2019. Disponível em: https://revistas.direitosbc.br/fdsbc/article/view/987. Acesso em: 8 out. 2023.

SILVA, Rodrigo da Guia. *Enriquecimento sem causa*: as obrigações restitutórias no direito civil. 2. ed. São Paulo: Thomson Reuters Brasil, 2022.

SILVEIRA, Reynaldo Andrade da. Responsabilidade civil do médico. São Paulo, *Revista dos Tribunais*, v. 674, p. 57-62, dez. 1991.

SIMÃO, José Fernando. *Direito civil em tempos da peste*. São Paulo: Edição do Kindle, 2020.

SIQUEIRA, Galdino. *Tratado de direito penal*: parte geral. 2. ed. Rio de Janeiro: José Konfino, 1950. t. 1.

SOTTOMAYOR, Maria Clara. A obrigação de restituir o preço e o princípio do nominalismo das obrigações pecuniárias: a propósito do acórdão do STJ de 11 de Março de 1999. *Estudos em homenagem ao Professor Doutor Jorge Ribeiro de Faria*. Coimbra: Coimbra, 2003. p. 547-606.

SPIELBERG, Steven (diretor). *Minority report*. USA: Twentieth Century Fox e Dreamworks Pictures, 2002.

STEINER, Renata Carlos. *Descumprimento contratual*: boa-fé e violação positiva do contrato. São Paulo: Quartier Latin, 2014.

STEINER, Renata Carlos. Impossibilidade do objeto, invalidade e falta de cumprimento no direito das obrigações: diálogos com a solução adotada no Código Civil Alemão. In: TEPEDINO, Gustavo; FACHIN, Luiz Edson. *Diálogos sobre direito civil*. Rio de Janeiro: Renovar, 2012. v. 3.

STELLA, Giovanni. *Impossibilità della prestazione per fatto imputabile al creditore*. Milano: Dott. A. Giuffrè Editore, 1995.

STERN, Walter. Obbligazioni. *Nuovo Digesto Italiano*. Torino: Editrice Torinese, 1939. v. VIII.

STOCO, Rui. A teoria do resultado à luz do Código de Defesa do Consumidor. *Revista de Direito do Consumidor*, v. 26, p. 200-220, abr.-jun. 1998.

TAGLIAPIETRA, Susanna. *La prestazione*: struttura e contenuti dell'obbligazione. Padova: Cedam, 2013.

TEIXEIRA DE FREITAS, Augusto. *Esboço*, ed. fac-sim., Brasília, Ministério da Justiça e Fundação Universidade de Brasília, 1983a. v. 1.

TEIXEIRA DE FREITAS, Augusto. *Esboço*, ed. fac-sim., Brasília, Ministério da Justiça e Fundação Universidade de Brasília, 1983b. v. 2.

TERRA, Aline de Miranda Valverde. Cláusula resolutiva expressa e resolução extrajudicial. *Civilistica.com*. Rio de Janeiro, ano 2, n. 3, jul.-set. 2013, p. 5-6. Disponível em: http://civilistica.com/clausularesolutiva-expressa-e-resolucao-extrajudicial/. Acesso em: 7 out. 2023.

TERRA, Aline de Miranda Valverde. *Cláusula resolutiva expressa*. Belo Horizonte: Fórum, 2017.

TERRA, Aline de Miranda Valverde. Execução pelo equivalente como alternativa à resolução: repercussões sobre a responsabilidade civil. *Revista Brasileira de Direito Civil* (RBDCivil), Belo Horizonte, v. 18, p. 49-73, out.-dez. 2018.

TERRA, Aline de Miranda Valverde. *Inadimplemento anterior ao termo*. Rio de Janeiro: Renovar, 2009.

TERRA, Aline de Miranda Valverde; GUEDES, Gisele Sampaio da Cruz. Resolução por inadimplemento: o retorno ao *status quo ante* e a coerente indenização pelo interesse negativo. *Civilistica.com*, v. 9, n. 1, p. 1-22, 9 maio 2020.

THEODORO JÚNIOR, Humberto. As sentenças determinativas e a classificação das ações. *In*: COSTA, Eduardo José da Fonseca; MOURÃO, Luiz Eduardo Ribeiro. NOGUEIRA. Pedro Henrique (org.). *Teoria quinária da ação*: estudos em homenagem a Pontes de Miranda nos 30 anos do seu falecimento. Salvador: JusPodivm, 2010. p. 315-330.

THOMAS, Claude. La distinction des obligations de moyens et des obligations de résultat. *Rev. Crit. de Legisl. et de Jurisp.*, 1937.

TOMASEVICIUS FILHO, Eduardo. *O princípio da boa-fé no direito civil*. São Paulo: Almedina, 2020.

TUNC, André. A distinção entre obrigações de resultado e obrigações de diligência. *Revista dos Tribunais*, São Paulo, v. 89, n. 778, p. 755-764, ago. 2000.

URBANO, Hugo Evo Magro Corrêa. *O enriquecimento sem causa no direito brasileiro*: da teoria unitária à teoria da divisão. Andradina: Meraki, 2021.

VARELA, João de Matos Antunes. *Das obrigações em geral*. 10. ed. Coimbra: Almedina, 2000. v. 1.

VARELA, João de Matos Antunes. *Obrigações em geral*. 7. ed. Coimbra: Almedina, 1997. v. 2.

VENOSA, Sílvio de Salvo. A cláusula de melhores esforços nos contratos. *Migalhas de Peso*. 12 jan. 2003. Disponível em: https://www.migalhas.com.br/depeso/936/a-clausula-de-melhores-esforcos-nos-contratos. Acesso em: 25 set. 2022.

VIEHWEG, Theodor. *Tópica e jurisprudência*: uma contribuição à investigação dos fundamentos jurídicos-científicos. Trad. Alflen da Silva, Kelly Susane. Porto Alegre: Sergio Antonio Fabris, 2008.

VINEY, Geneviève. A favor ou contra um princípio geral de responsabilidade civil por culpa. Trad. Camila Ferrão dos Santos. *Revista Brasileira de Direito Civil* (RDBCivil), Belo Horizonte, v. 31, n. 2, p. 185-200, abr.-jun. 2022.

VINEY, Geneviève. La responsabilité contractuelle en question. *In*: VINEY, Geneviève. Le contrat au début du XX è siècle: études ofertes à Jacques Ghestin. *Revue Internationale de Droit Compare*. Paris: Persee, 1988.

VINEY, Geneviéve. *Traité de droit civil*. La responsabilité: conditions. Paris: LGDJ, 1982.

VINEY, Geneviéve. *Tratado de derecho civil*: introducción a la responsabilidad. Trad. Fernando Montoya Mateus. Bogotá: Universidad Externado de Colombia, 2007 (*ebook*).

WALD, Arnoldo. *Direito das obrigações*: teoria geral das obrigações e contratos civis e comerciais. 14. ed. São Paulo: Malheiros, 2001.

WALD, Arnoldo. Do regime legal da responsabilidade das instituições financeiras pelo extravio de títulos de crédito que lhes foram entregues para cobrança através de endosso-mandato. São Paulo, *Revista dos Tribunais*, v. 718, p. 63-78, ago. 1995.

WAYAR, Ernesto Clemente. *Derecho civil*: obligaciones. Buenos Aires: Depalma, 2004. t. I.

WIEACKER, Franz. *El principio general de la buena fe*. Trad. para o espanhol de Luis Díez-Picazo. Santiago: Ediciones Olejnik, 2019.

ZANETI, Paulo Rogério. *Flexibilização das regras sobre o ônus da prova*. São Paulo: Malheiros, 2011.

ZANNONI, Eduardo A. *Elementos de la obligación*: concepto, fuentes, contenido, objeto, cumplimiento. Buenos Aires: Editorial Astrea de Alfredo y Ricardo Depalma, 1996.

ZUBOFF, Shoshana. *A era do capitalismo de vigilância*: a luta por um futuro humano na nova fronteira do poder. Trad. George Schlesinger. Rio de Janeiro: Intrínseca, 2020.

REFERÊNCIAS NORMATIVAS

(Associação Brasileira de Normas Técnicas – ABNT)

ABNT NBR 10520: 2023 – Informação e documentação – Citações em documentos – Apresentação

ABNT NBR 6028: 2021 – Informação e documentação – Resumo, resenha e recensão – Apresentação

ABNT NBR 6023: 2018 – Informação e documentação – Referências – elaboração

ABNT NBR 6022: 2018 – Informação e documentação – Artigo em publicação periódica técnica e/ou científica – Apresentação

ABNT NBR 6027: 2012 – Informação e documentação – Informação e documentação – Sumário – Apresentação

ABNT NBR 14724: 2011 – Informação e documentação – Trabalhos acadêmicos – Apresentação

ABNT NBR 15287: 2011 – Informação e documentação – Projetos de pesquisa – Apresentação

ABNT NBR 6034: 2005 – Informação e documentação – Índice – Apresentação

ABNT NBR 12225: 2004 – Informação e documentação – Lombada – Apresentação

ABNT NBR 6024: 2003 – Informação e documentação – Numeração progressiva das seções de um documento escrito – Apresentação